咏春搏击功夫教程

YONGCHUN BOJI GONGFU JIAOCHENG

舒建臣 / 著

【流传不朽咏春拳术 综合实用搏击教程】

山西出版传媒集团
山西科学技术出版社

咏春拳研究中心成员名单

(排名不分先后)

舒建臣	李川林	李　杰	袁文标	温国志	毛若宇
甘丛婷	杨东辉	马旭君	杨　刚	刘太全	曹宏康
李小莉	万　里	彭立群	孙振英	刘雪梅	朱继虎
李胜恒	梁晓春	张文梅	张春燕	马中玉	胡金明
郭风兰	李文卓	程丽芬	蔡传喜	李志平	罗明飞
陈振勇	张芳芳	王园园	田文波	韩　萍	何志龙
刘国立	王亚慧	孙　傅	朱宗海	赵艳洁	周　权
牛爱军	朱益兰	周世勤	马长勋	孙小田	朱宝珍
林建生	赵　玲	祖仲芳	刘万义	陈元慧	孙玉滨
齐金娣	李明智				

自 序

大道至简
—— 习武之困惑

学习拳术拳法或随名师学拳时，发现大师用招如他自己所说，往往从无到有，然后又从有到无，也可以说是一个从简单到复杂，又从复杂到单纯的用招用式过程。著名拳术拳法或名师拳术拳法看似简单，实际上里面蕴藏着丰富的武术神韵。"无"不是不存在，是蕴藏在丰富的拳术拳法中。"大道至简"的"简"不能理解为简单，而是繁复演变为精髓，表面上看似简单，实际上是经过了浓缩后的表现。千百年来关于武术的书籍可以说汗牛充栋，拳术拳法的方法也是成千上万。南方和北方都不一样，南方人喜欢用拳，北方人喜欢用腿，所以有"南拳北腿"的说法。南方人个子不高，打架的地方又小，深街小巷，挤挤巴巴，难以施展，还是用拳头方便。北方天高地阔，一马平川，好汉们又一个个人高马大，一脚飞起，能把对方踢出数米远，很是过瘾，所以愿意在腿脚上下功夫。现在各种关于拳术拳法的文章与视频更是让人目不暇接。拳术拳法原本很简单的道理和方法，出于各种原因，被搞得极其繁杂，让人无所适从。

关于拳术拳法的一句话"法于阴阳，合于术数"，用今天的话来说就是人所做的一切都要符合人和自然的规律，不能乱来，要根据人体的生理科学运动，不能和天较劲。这就是古人（古拳法等）经过无数人的生死教训得出的至理名言。但是，这样一种拳术拳法的精髓，千百年来却很少有人能够领会和实践。为什么会这样？这和大道的另一属性相联系，就是"知易行难"。初学拳术拳法或随名师学拳，很难模仿他们。因为名拳师的技艺已到至境，不是反复练习就能成功的，而是需要全面的艺术修养才能

完成。拳术拳法看似简单，但是要做到也非常之难。就拿今日之按时吃饭睡觉来说吧，当今社会有几人能做到？各种诱惑无处不在，经得住考验的又能有几人？

"大道至简"还揭示了一个认识真理和实践真理的过程。有人认为拳术拳法之道既然这么简单，何必花时间学习。人活在世都想走一遍人生之路，这条路走得顺不顺、好不好，是浑浑噩噩瞎胡混，还是认真学习前人的经验，效果决然不同。只有认认真真学习，并不断总结自己的实践，才能在众多的拳术拳法中化繁至简，找到适合自己的拳术拳法之道，并且逐渐把拳术拳法同化为自己的日常生活，转化为人生内容，而不是外加的一种负担，这时拳术拳法之道就浓缩为无，变成一种简单的生活了。

前　言

我们纵观今日武术现象，柔术、空手道、桑搏、搏击、剑道、跆拳道等等国外武术，虽然在中国也有练习的人，但这些技术最早很多都是来自于中国的武术，现在反而把中国武术远远抛在后面，这不能不引起我们国人深刻的反思。时至今日，中国武术拳种繁多，鱼目混珠。在今天传承中多是存在着以利字当先的问题。一些武术人为利，将武术故弄玄虚，把简单的、明了的问题复杂化，把直接的东西曲折化，把一些自己都弄不懂的问题胡扯乱攀弄得谁都不懂了，以至于中国很多喜欢武术的人都不知自己要习什么武术拳种了。

即使在功夫片逐渐被西方文化所接受的今天，中国武术文化却从未抓住过其中的契机让中国武术借此扬名立本。相反地，越来越多的功夫片被作为一种噱头大加炒作，人为地神化与夸大武术，致使外国人对中国武术文化的认识出现严重的误区。但是这能怪谁呢？古今文人墨客用手中的笔创造了上天入地、无所不能的武术世界，在祖祖辈辈的口中、书中流传，神秘无比、技法无边的思想在国人心中已经根深蒂固，尽管这些都是虚构的幻影，却令中国很多人深信不疑。在高科技快速发展的今天，很多人依然追捧蹦去飞来、神出鬼没的武功，依然相信在某座大山深处、大庙仙观中有所谓"隔山打牛、飞踪无影"的高手存在，依然期盼着有一天得到一本秘籍而一举成名。实践证明，一种文化的传播、发扬，最好的方法就是真实、明了、简捷、易懂、可见、有用，纵观日本的柔道、合气道、空手道、相扑，韩国的跆拳道，巴西的柔术，已经以最容易上手的简单方法融入世界。虽然我们中国人都喜欢说武术是"源于中国，属于世界"，那么，我们应该如何去做，才能让难以为国外主流文化所理解的武术，真正属于

世界呢？遗憾的是，我们中国自己的武术却仍还在"实"与"虚"中徘徊。虚，则热衷于用玄虚之道来掩盖唯利是图的丑念，或是用神秘的帽子遮掩武术的本质；实，则是从底蕴深厚的武学，从文化沦为肢体伸缩的简单运动，武术从搏击沦为套路，从实用沦为表演，这有些可悲，令国人心酸。

中国武术文化具有最伟大的人道理想、价值方法，中国武术文化决不能再在怀旧、念古的习俗下还去自缚手脚，更不能用玄虚之道和神秘的幌子来欺世盗名。我们要用实实在在的努力，把真实的中国武术介绍给世界，要让世界知道，中国武术其独有的价值方法，是人类享受生命健康乐趣的必需品，而这就是我们中国武林所有有志之士共同的文化担当和历史责任。咏春拳的推广，就是其中的一种方法，这种以显著的身体运动为表现的拳术进化成诸多拳术套路之后，在众多有志之士共同努力下被国内外众多的喜爱者所接受，并了解其独有的价值方法，而从中享受生命运动的健康与乐趣。

咏春搏击功夫，是两人按照一定的规则，并运用咏春拳中的踢、打、摔、拿等攻防技法制服对方及徒手对抗的搏击术，它是咏春拳的重要组成部分，分为古传咏春搏击（杀伤性强）和现代咏春搏击（限制较多）。古传咏春搏击要能对抗单人和兵器，或对抗多人的格斗，用头、指、掌、拳、肘、肩、膝、腿、胯、臂等部位攻击，主要的技法为打、戳、踢、拿、跌、摔等，其中还有肘膝等技法，在格斗中讲究出其不意，不讲究花法只讲究打赢实用。现代咏春就是常见的以冲拳、铲拳、抄拳、撑腿、踩腿、扫脚、摔法等技法组成的以踢、打、摔结合的攻防技术。咏春搏击功夫，亦可称为咏春搏击术或咏春自由搏击功夫，是从咏春拳套路束缚中解放出来的搏击功夫，只有单招和组合，见招拆招。

咏春搏击功夫之所以具有比较强的感染力和生命力，是由它本身的特点和作用决定的。咏春搏击功夫在形式上消除了武术给人以神化夸张的错觉而造成的误解，并把咏春之精华融入简单易行的运动形式中，不仅能自卫还能强身，这样才能使咏春有广泛的生命力，才能真正走向社会，走向世界。于是，我们经过试验、论证后，认为咏春搏击功夫的技法是以增强体质，交流技艺，防身自卫，提高技术水平为出发点，从传统的咏春徒手搏击术中取舍动作，将技击术融于日常运动之中，使咏春可以成为简单的运动，并融入生活，这样咏春才能得以顺利地开展和推广。从现代的咏春搏击术运动形式来看，它与其他体育运动项目基本相同，但又突出地反映出咏春这一武术拳种的特殊本质——技击性，同时又明显地区别于使人致伤致残的技击术，不包含置人于死地的技法。

本书内容可供咏春、截拳道（大部分内容适合截拳道）、散打和传统南北各拳术拳种爱好者，以及海外泰拳、自由搏击、跆拳道、空手道、腿拳道、马伽术、合气道、巴西柔术、卡里拳术、卡拉里帕亚特等等武术武道爱好者引用借鉴。

当然，对于咏春搏击功夫教程方面的构思与尝试，鉴于学识所限，不当之处在所难免，诚望专家不吝赐正。在出版本书的过程中，得到了各方同仁的大力支持，在此谨向他们表示感谢！

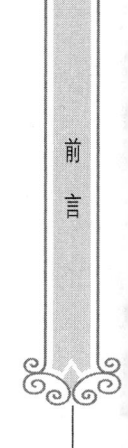

目 录

第一章　咏春拳 ·· 1
　第一节　咏春拳的教化 ·· 1
　第二节　传统武术的精粹——咏春拳 ································ 4
　第三节　咏春拳启示 ··· 5
　第四节　咏春搏击艺术 ·· 6

第二章　咏春搏击应用解剖知识 ·· 10
　第一节　咏春搏击应用解剖知识的意义 ·························· 10
　第二节　咏春搏击应用解剖知识图说 ······························ 13
　第三节　头部应用解剖图说 ··· 29
　第四节　颈部应用解剖图说 ··· 33
　第五节　胸部应用解剖图说 ··· 36
　第六节　腰腹部应用解剖图说 ·· 38
　第七节　上下肢应用解剖图说 ·· 44
　第八节　搏击致伤的机理 ··· 54
　第九节　常见的搏击损伤 ··· 57
　第十节　搏击损伤的急救 ··· 67

第三章　咏春搏击基本技术 ··· 70
　第一节　拑阳马 ·· 71
　第二节　转马 ·· 76
　第三节　侧身马 ·· 79
　第四节　步箭马 ·· 81
　第五节　问手式 ·· 83

- 第六节 走马（步法） …… 90
- 第七节 走马运用要诀 …… 102
- 第八节 走马训练 …… 105

第四章　咏春拳法 …… 109
- 第一节 日字冲拳 …… 110
- 第二节 抽撞拳 …… 176
- 第三节 勾撞拳 …… 192

第五章　咏春掌法 …… 209
- 第一节 标指 …… 209
- 第二节 正（推）掌 …… 236
- 第三节 侧（切）掌 …… 253
- 第四节 铲（砍）掌 …… 268
- 第五节 横掌 …… 280
- 第六节 昂掌 …… 290

第六章　咏春肘法 …… 299
- 第一节 及肘 …… 300
- 第二节 跪肘 …… 317
- 第三节 批肘 …… 332

第七章　咏春踢法 …… 346
- 第一节 前撑腿 …… 347
- 第二节 侧撑腿 …… 373
- 第三节 十字腿 …… 395
- 第四节 斜撑腿 …… 411
- 第五节 斜踩腿 …… 421
- 第六节 扫脚腿 …… 430

第八章　咏春膝法 …… 440
- 第一节 前顶膝 …… 441
- 第二节 上顶膝 …… 450

第九章　咏春摔法 …… 463

第一节　擒摔基本知识 …………………………………… 464
　第二节　上体擒摔法 ……………………………………… 469
　第三节　下体擒摔法 ……………………………………… 507
　第四节　扭转至极限擒摔法 ……………………………… 529

第十章　咏春擒拿技法 …………………………………………… 541
　第一节　擒拿技法基本知识 ……………………………… 542
　第二节　擒拿头部技法 …………………………………… 545
　第三节　擒拿颈部技法 …………………………………… 556
　第四节　擒拿上肢技法 …………………………………… 561
　第五节　擒拿下肢技法 …………………………………… 612
　第六节　地躺擒拿技法 …………………………………… 621

第十一章　咏春防守技法 ………………………………………… 637
　第一节　攻防之道 ………………………………………… 637
　第二节　防守原理 ………………………………………… 651
　第三节　问手桩式防护 …………………………………… 655
　第四节　基本防守技术 …………………………………… 656
　第五节　四门挡法 ………………………………………… 672
　第六节　擸手技法 ………………………………………… 689
　第七节　抄抱技法 ………………………………………… 694
　第八节　走马闪躲技法 …………………………………… 698
　第九节　闪躲技法 ………………………………………… 705
　第十节　综合（立体）防守技法 ………………………… 719
　第十一节　防守反击技法 ………………………………… 721

总　结 ……………………………………………………………… 726
　咏春搏击功夫进攻、防守和反击技法 …………………… 726
　咏春自由搏击功夫 ………………………………………… 726

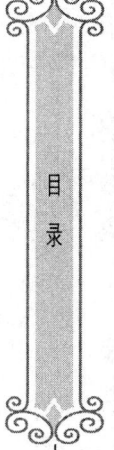

第一章　咏春拳

咏春拳是中国拳术中较著名的一种拳术，早年流行于广东、福建各地。除了多种现有的传说，亦有传说此拳初传于福建永春县，为该县严三娘所创，以地名为拳名，故名"永春拳"，亦有以严氏名咏春，称之为"咏春拳"者。这种拳术成了现代最流行的中国武术拳种之一，在海外也得到快速发展。咏春拳以人体结构、关节活动及人体力学开始研究改进，完全脱离了传统武术中的五行八卦及象形神意等非科学逻辑性的近似哲学的解释。

此拳主要手型为凤眼拳、柳叶掌，拳术套路主要有小念头、寻桥和标指三套拳及木人桩法。基本手法以摊手为主，还有抱排手、寻桥、黐打等。主要步型有拑阳马、二字马、追马、跪马、独立步等。咏春拳是一种集内家拳法和近打于一身的拳术。它立足于实战，具有招式多变、运用灵活、出拳弹性、短桥窄马、擅发寸劲等主要特点，是以大闪侧、小俯仰、耕拦摊膀、黐摸荡捋、曲手留中的手法，以搭、截、沉、标、膀、腕、指、黐、摸、荡、偷、漏和"二字拑阳马"的身形步法为标志，凭借手部肌肤灵敏的感觉，发挥寸劲力量的内外家合一的搏击拳法。

第一节　咏春拳的教化

咏春拳，是一种男女均适合练习的拳术，也是一种特殊的技巧，其不仅仅是一种体力活动与搏击手段，更是一种精巧的搏击艺术。这对于较为传统的中国人来说，咏春拳是一种心灵与实用技巧相配合的精妙艺术。咏春拳拳理或原理不是可以随意学得到的，它并非像科学技术那样，可以通过求证事实或者通过事实的教学可以掌握的。咏春拳的拳理必须顺其自然，使练习者摆脱感情与欲望的羁绊，从思想中绽放出来。

宇宙万物变化规律的阴阳原则，在咏春拳中同样可以引用。阴阳之意，即二者相互依存，相互争斗，相互转化，循环不息。引用阴阳原则的运用体现在和谐统一的韵律中，它要陈述的一点就是，对于对手的力量不是要对抗，而是要顺势而为。即凡事要顺其自然，绝不刻意或竭力勉强而为之。其意是说，在搏击中，当对手发力时，即是为"阳"，而另一方则不必以力去抗击它，也就是说不以"阳"克"阳"，应是以柔克刚，以阴制阳，将对手的力量转卸到别的方向。当对手的力量即将用尽之际，"阳"即开始转为"阴"，则另一方在对手力道将竭之际，发动力量（阳）来攻击或反击对手。这样，所有的动作过程纯系发乎自然，并非是竭力为之。即另一方则是以其和谐、连贯的动作来击破对手，动作纯是顺势而为，而不勉强自己。

由此也让练习者联想到其相关的法则，即"自然无为"的法则。自然无为的法则实际上就是告诉练习者，当学练咏春拳（或其他形式的武术）之后，应该忘掉自己，进入无人之境，并将自己的力量融于对手的发式、变式的动作中。练习者不需要先发制人，而是随着对手的动作而相应地做动作。因此，战胜对手的基本观点就是因循利导，借力发力。这也是为什么咏春拳练习者从不自以为是，不首先出手，以免暴露自己攻击目标的根本所在。咏春拳认为，面临攻击，首先要做到并非对抗，而是尽力控制对手的攻击。这也是咏春拳以柔克刚的体现，也是咏春拳价值的体现。

练习者在学练咏春拳时，施展的动作与头脑的反应理应是一致的。事实上，通过训练头脑是支配身体动作的主导因素，身随意念而动，随着心指挥着身体动作。因此，控制思想显得非常重要，但要想做成这样并非易事。所以，咏春拳练习者为了更好地演练咏春拳中的每招每式，再三地强调放松动作。因为，在放松身体之前，意念和精神亦同样得到了放松，为了达到这一点，练习者必须能够保持一种静谧与平和的心态，即掌握好"无心"的原则。"无心"原则并非是说练习者大脑要一片空白，而是讲它摒弃了所有的情感,它也并非指简单的心平气和。"无心"(非意念)的主要原则是思想的无欲无求。练习者练习咏春拳的意识就像自己的一面镜子,它一无所有,但又包罗万象,它接纳一切,但又毫无保留,无为无欲,却随时准备接纳,以非意识用以支配整个意识。当能够以非意识支配动作时,那时思想能随意简单地运作,不会受潜意识或自我意识的影响。即在练习咏春拳时让思想随意,不受潜意识的干涉。只要让思绪不受任何自我意识的干扰,阻力的消失也就是潜意识的消失。练习咏春拳的每一个过程中,都不要刻意而为,每时每刻让一切顺其自然,既来之,则安之。"无心"因此并不是没有情感和感觉,而是一种感觉没有阻滞的状态,它可以抵抗任何情感的影响。这就如同我们用眼睛去看东西,有时为了歇歇眼睛,虽然眼睛并没有闭上,而是盯着某个物体在看,但是实际上却是视而不见、眼中无物的状态。非意识就是像用眼睛一样运用所有的思想。

因此,在咏春拳中要求的注意力集中,并非是指通常的集中全部精力在唯一的目标上,而仅仅是在对外界随时可能发生的事件之前,保持一种静态的警觉。正如面对一个对手,不只是盯住对手的双眼,同时还要顾及对手身体的全部。在对付一个对手或多个对手时,均要求这样做,这样才能使自己的思想毫无阻滞。

咏春拳练习者最终练习的结果,是旨在达到自身和对手的和谐一致。而且,达到它不需要通过蛮力的武力,因为这种武力会引起更大的冲突和反作用力,而需要采取的是一种柔顺的态度。换言之,习练咏春拳者推动了对手自发性的发展,不会冒险去用自己的行为来干涉对手。习练咏春拳者放弃了所有的自我反抗的意念,忘记自己的存在,随着对手动作而动。在习练咏春拳者的意识之中,其和对手已经是相互合作,而不是相互排斥,以自己的动作去适应对手的动作。

咏春拳不只是教会练习者拳术招式,其目标在于自我教化,使练习者了解到"内在的自我"才是一个真正的自我。因此,为实现真实的自我,练习者并不让自己生活在别人的观点支持下,练习者追求于不断的自我充实和提升过程中。咏春大师们与初学乍练的后生小辈们不同的是,大师们的优点是善于自制，保持平和与谦逊的心态，没有流露出一丝一毫的欲望。通过不断的磨炼，大师们在精神上最大限度地放松自我，进入更加自由的天地。

第二节 传统武术的精粹——咏春拳

咏春拳是传统武术的精粹，是一门搏击功夫哲学艺术。它不仅能够帮助人们强身健体、陶冶心智，还为人们提供了一种最有效的自卫之术。

咏春拳的基础是传统武术和思想，其最理想的状态不是将对手的力量打垮，而是要与对手协调配合，随着对手的动作而动，以保护自己不受伤害。

咏春搏击功夫，是通过锻炼和训练达到终极目的，即强身健体、陶冶心智和自我保护。事实上，自己和对手并没有区别，因为这两者是相辅相成的整体，而不是对立的部分。二者之间不存在征服、争斗或是控制。咏春搏击功夫的意思就是要将自己的动作协调地融入对手的动作中。对手进时，你就退；对手退时，你就进。因此，进退伸缩互补，反之亦然，两者相生相克，互为因果。

在咏春搏击时，与对手相互相持作用的运动中，刚与柔是一种不可分离的力量。要想在搏击中取胜对手，必须将刚和柔作为一个整体，刚柔并济；时而以刚为主，时而以柔为主。

在与对手搏击的运动中，要摒弃的姿势是过刚和僵硬，最僵硬的树木往往最容易被折断，而竹子和柳树却能够随风摇摆而存活下来。

咏春拳在搏击运用中，其基础是简单、质朴。它是几百年来千锤百炼的结果，它精密、复杂。咏春拳所有的技巧都已蜕去了冗余和修饰，直指最基本的目的。咏春拳一切的动作都是直截了当，既简单，又符合人的逻辑和常识，以最少的动作和最小的能量来表达最大的内容。在以最少的动作和能量搏击中，还能使身体的功能保持正常。

咏春拳之所以被视为传统武术的精粹，是因为咏春拳没有任何特别之处，它仅仅只是靠最少的招式和力量来直接表达一个人的情感。每个动作都是它自身的，不掺杂任何使其复杂化的人工修饰。越接近咏春搏击真功夫，表达的咏春拳就越精炼、越纯粹。

第三节　咏春拳启示

咏春拳没有复杂特殊的套路，咏春拳认为越复杂、越花哨的招式会阻碍动作简单、直接、高效地发挥。

对于咏春拳而言，其特别之处就是它的简单质朴。咏春拳就是以最小的动作和力量，对自我感情的直接表达。每个动作都有其自身的特性，不掺杂任何使其复杂化的人工修饰。

在咏春拳练习中，都尽量将各式攻守动作直接以面对实战为主，反对有花哨凌乱的招式，以防止扭曲和限制练习者发挥动作，并避免了练习者在真正的搏击理念上分心。

咏春认为，实战的方法非常简单、直接和非经典。因此，即使咏春拳有套路练习，也是为实战而设的，且每一招式均注重攻守。虽可经由这些机械的套路进行练习，同样强调避免动作僵化，要将这些套路中的攻守动作不断运用到实践中，以提高它们的运用能力。在通过套路练习之后，要逐步摆脱套路攻守招式的束缚，使其达以致用。

咏拳不需要漂亮的装饰，其本身没有什么秘密可言，即使有也是人为地使咏春拳显得深奥了。

咏春拳的练习，与其他武术拳种一样，最终是对练习者自我的表达。因此，招式越复杂越限制人，表达原始自由感的机会就越小。尽管套路在咏春拳练习中扮演了一个早期的重要角色，但它也不应该复杂、太局限或太机械。如果练习者受它的牵制羁绊，就会被其局限性所累。练习者所要做的，就是通过各式咏春拳的练习去最终自然地展现技巧，而非"做"技巧。

这也是咏春拳应用于搏击功夫的重要启示。

第四节 咏春搏击艺术

咏春拳，是在训练中适应搏击实战的最终实现方式。最终实现方式是回到人的最初自由状态，它显现出来的是简单、直接，并不受咏春拳招式的束缚。

面对搏击瞬息万变的各种情形，练习咏春拳的人应该适应具体环境，而不拘泥于咏春拳的招式。其行动应如影随形，以自己的动作适应对手的动作。

咏春拳的练习最终是使练习者返璞归真。因此，重要的并不是一个练习者积累了咏春拳多少招式或知识，而是只有将这些招式或知识灵活地运用到实际中才起作用。

对于咏春拳的理解真正源于个人的感觉，在不同的境遇中，每一时刻感受都不同。因此，当练习者每进一步时，其体悟又都是不同的。

学练咏春拳，遵守咏春拳的规则，然后将咏春拳融化于心。换言之，进入咏春拳的模式，但不受制于它，遵守咏春拳的规则，以达到从心所欲而不逾矩。

咏春拳练习的最初阶段，所有的方法都成为咏春拳的方法，而不拘束于其一。一旦了解到咏春拳的真理，练习者就处于无形之形的阶段。练习者可以运用任何技巧和方式，以实现其目的。

需要注意的是，一个练习者心存偏见，或者掌握一种固定的招式，其就不能充分、完整地表达自己。实战的情形是完整的，它包括那些在场的和不在场的因素。它没有固定的线条、角度，没有边界，总是充满活力和生命力，它并非一成不变，而是瞬息万变。实战不受个人好恶、招式、环境条件和身体状况的制约，虽然这些因素是整体中的部分，然而恰恰是这种特殊的套路或绝招妨碍了练习者的个人发展。因此，练习者在练习咏春拳套路或招式时要注意，任何专门的咏春拳技巧，无论在传统看来是多么的正确，或设计得如何巧妙，如果痴迷其中，在实战中反而成为一种致命的弱点。

咏春拳并不是什么特殊形式的制敌条件，其中加了一些信条和方法。它并不是从某一个角度，而是从许多可能的角度观察实战。为了实现此目的，尽管咏春拳采用了各种方法和手段，但它毕竟强调的是实效。因为，咏春拳不受制于所有的方法，练习它的人从而获得了自由。换言之，尽管咏春拳从不同的角度考虑实战，它本身反而不受某一特殊角度的制约。正如前所述，任何咏春拳套路或招式在设计上不管如何有效，如果练习者痴迷其中，就会被束缚，将其能够适应搏击中方为上乘。

学练咏春拳不仅仅是模仿，或者是积累固定的知识，最后照本宣科地去做。学练咏春拳是一个不断发现的过程，永远没有终结。在学练咏春拳时，练习者不是靠积累开始，而是从发现无知的原因开始。这是一个不断蜕变的过程。咏春拳的招式、技巧或概念等等只涉及真正理解的皮毛罢了，其核心在于人体的心灵。因此，终极的咏春拳知识是关于练习者自我的知识，只有在不断探索自我、发现自我和充满活力的过程中，学练咏春拳才显得有意义。

事实上大多数的练习者都循规蹈矩，不敢越雷池半步。咏春拳弟子们很少学会用自己的方式表现自己。相反，练习者们会忠实地盲从，对于处于权威地位的师傅言听计从，学习师傅强加给他们的固定套路。如此这样下去，练习者通过日积月累的练习，他们会掌握某一个套路的技法，但是他们不会理解自己。笔者的恩师则避开这些问题，用心引导每一个练习者进行练习。恩师善于因材施教，唤醒弟子，帮助他们在身体上和精神上发现自我，最终使弟子们达到咏春拳的较高水平。

因为，在完全实战中是没有标准的，而表现应该是自由的，它所揭示的真理是，现实需要体验，要通过个体亲自去体验生活，这条真理应该超越所有的咏春拳招式和训练。练习者还要记住，咏春拳只是一个引导其过渡的渡船，一旦抵达彼岸就应抛弃，而不应该背负在肩。这些的描述即谓"一指望月"（标月指之意）。即告诉练习者不要把指头当成了月亮，或者紧紧盯着指尖，而错过了欣赏美丽的夜空。指头的作用在于指向照亮指头的明月罢了。

第一章 咏春拳

咏春拳仅有三个套路，通过这简短的套路练习使练习者的身体产生本能的感觉，以锻炼找到最有效的、最有活力的方法，完成每个动作。即每个练习者会保持适当运动平衡，以一种最经济、有效的方式使用动作，体现质量，并通过这些套路的练习不拘泥于其中，使练习者在不断的练习过程中体悟到在完全无形无招与心中有形有招之间存在微妙的区别。前者意味着无知，后者意味着超越。

咏春拳预先演练的套路，不能适应不断变化的实战，然而如何才能获得这种无拘无束的自由，在这里不能用语言表述出来，因为一旦表述出来它就成为一种方法。这里只能告诉练习者什么不是咏春拳，但不能说什么是咏春拳。练习者需要自己去发现，必须清醒地认识到这样一个简单事实，天助自助者。

咏春拳不仅仅是用精确的动作来填补时空的拳术运动。练习者会随着其技艺的成熟，会意识到其踢腿或出拳动作，并不特别紧要，它们只不过是制服对手的工具而已，但是，工具只有通过自我意识、心理恐惧或心理障碍才能爆发出巨大能量。踢腿或出拳最终只不过是深入自我内心深处的手段，只有这样，练习者才能恢复内心重力的平衡，达到和谐境界。内心放松的表现是外表手段的使用。有造诣的咏春拳家的每一个动作是与整体的自我和谐为一，这是一种海纳百川的胸襟。

练习者在学练咏春拳时要注意咏春拳的根本，而非仅有的套路或招式上。无须关心何者是柔，何者是刚，踢击与拳打、擒摔与手打脚踢、长距离与贴身搏击之好坏。因世上的拳术并无谁比谁强。唯一需防范的是，切勿使部分琐碎的杂念，剥夺了真实的整体性。

在咏春拳自由搏击功夫的艺术中，一直有着如何使自己技巧更加成熟的更高问题。成熟是一个人的本质，实体上表现为渐进的进步。这也唯有从自由表达中反省自我，从严要求，方可达成，而绝非是模仿、重复咏春拳的模式动作所可及的。可能有些拳术门派偏重直线的动作，也有些拳术门派偏好曲线或圆形的动作。此种偏于某一面的武术皆非自由的。而咏春拳之技巧是在自由运动中做各种动作，它是一种启发自我之武术。咏春拳术绝非是装饰物。一种选择的方法，无论多么正确，亦唯有使人限制于一种固定模式内。搏击是瞬间千变万化的。依循着咏春拳某种模式的练习只会导向阻碍自己前进之途，欲由之深解自己是绝无可能的。搏击之道绝非是限于一个人的好恶、选择的。唯有每时每刻在搏击中追寻方可悟到，也唯有不受偏颇、斜曲或任何的模式所限时方可能摸索到。因此，咏春拳虽然是有套路的、有招式的、有形的，但亦是无所谓形的，故亦可适于任何形；且因其无分派别，故亦可适于任何派别。它能善用各种方法技巧，以求达到武术之最高境界。武术的至高境界必是趋向简捷，以不变应万变。而境界不高的亦唯有流于花拳绣腿罢了。搏击绝不因你是不同的派别，无论是传统武术或自由搏击功夫或其他的武术而有所不同。咏春拳面对的是实际，而非徒然的形式。练习者自我的表达是无法以形式化的练习来完成的，而形式的练习都是表达咏春拳的一部分。无形的形并非意味着无形。无形之形系由形进化至更高深更完美的自我表达咏春拳的境界，也是使练习者由咏春拳的模式脱离出来，不使自己身陷其中，才为习练咏春拳自由搏击功夫的境界。

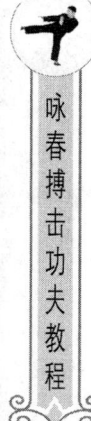

第二章 咏春搏击应用解剖知识

咏春搏击应用解剖学是研究与咏春搏击密切相关的人体形态结构和搏击制敌原理的内容。咏春搏击应用解剖学内容，可以使练习者掌握运用人体的哪些部位进行攻击；攻击对手的哪些部位，即所谓人体的薄弱环节和要害部位，同时并有助于练习者进行自我保护、防止对手攻击；应用咏春搏击解剖学内容，可以更好地发挥咏春搏击功夫制敌。

第一节 咏春搏击应用解剖知识的意义

人体本身存在着若干要害部位，这些要害部位构成了人体生命系统以及各局部器官的薄弱环节。人体要害部位的存在是不容无视的客观事实，搏击中打击这些要害部位，常常会造成出人意料的严重后果。而咏春拳是近体实战功夫的拳术，其招式的形成也是以人体要害部位刻意攻击的目标而定型。因此，咏春搏击术应用解剖学的意义就是研究揭示人体要害的内在规律，使咏春拳练习者认识并掌握人体各部位要害的生理机制及致伤、致命的机理，有利于将咏春拳招式更好地应用于搏击中，以发挥咏春拳术制敌的威力。

一、咏春搏击术应用解剖知识的意义

咏春拳搏击术应用解剖学揭示了人体要害的内在规律，使练习者认识并掌握人体各部位要害的生理机制及致伤、致命的机理，有利于将咏春拳术更好地应用于自由搏击中。同时，练习者还可以在同对手的搏击中，以此

来加强自身要害部位的防护，避免或减少自身被击致伤事件的发生。

如果搏击是一场友谊比赛还好定论，但若是对敌的一场生死较量，在搏击中不可避免地要处于危险之中，易于受到对手的暴力抵抗和攻击，时时可能受到人身伤害。为了有效地制服或击败对手，就要掌握过硬的咏春搏击术，并应具体了解和掌握有关人体要害的应用解剖学知识。掌握这一项知识，可以帮助练习者在搏击中使用咏春拳技术对付对手更为理智，更加有的放矢。既可以提高咏春技术攻击的威力，又可以避免因使用咏春技术过当造成意外的或过于严重的伤害。

实际上练习者在掌握较高水平的咏春搏击功夫后，对人体要害部位打击所造成的直接后果都能了如指掌，那么其也就必然能够在不同的情况下，清楚地判明可能发生的危险程度，以及如何制敌，并采取相应的防卫措施。这对于练习者以及对手无疑都是十分重要的。

如今所根据人体解剖学定义的符合咏春搏击术特点的人体应用解剖要害说，也是根据咏春拳形成以来的无数前辈们在长期的实践中，不断摸索、尝试，将无数的直接经验加以总结、归纳、积累而成的。

二、人体要害的确定

对于人体要害的确定，必然要涉及它的概念。咏春拳对于人体要害的认识，不只是由前辈们从经络、穴位上为后辈积累了丰富的经验，如今又能依靠解剖学、生理学及创伤医学等学科知识，使练习者能更好地认识人体要害的概念。

人体是一个完整的有机体。由各组织器官组成的人体八大系统，分别执行各自的生理功能，共同参与人的生命运动。对于一般的外界侵害，人体有一套自然的生命力保护系统。但实际上，人体的不同部位、不同组织器官对搏击中的暴力侵害的承受力差异很大。往往同一性质、同样大小的暴力作用在人体的不同部位，会产生出不同的打击效果。因此，咏春拳术在根据不断的实践中，逐步认识了人体的薄弱环节，并约定俗成地将那些与生命活动息息相关，同时又易遭受打击，打击后容易引起死亡、昏迷或严重伤害的部位，统称为人体要害。

具体来说，人体要害部位包括以下三个方面：

一是，人体生命系统的重要器官，包括主要的生命器官和对人的生命活动有着重要影响的器官。这些主要的生命器官与人的生命活动息息相关，损伤后可以当即致死或迅速致死。局部损伤应成为直接的死因，而不是广泛身体创伤而致。例如，心脏或脑干损伤可以当即造成被击者死亡；大脑损伤可能随时危及生命；肝脾破裂可能在一小时后死亡；呼吸器官损伤或呼吸系统窒息也可能在短时间内死亡。其直接死因都为局部脏器损伤所致。

二是，最容易遭受到打击而又易致伤的部位，以不太强大的暴力或轻微的暴力打击这些部位，即可轻易造成严重伤害。这些容易遭暴力打击、又易于损伤的部位，是人体各器官系统最薄弱的部位，其在解剖结构及生理特征方面有明显的弱点。且这些部位在人体上比较暴露，对外界暴力侵害的承受力相对较差，遭暴力打击时，损伤比非要害部位更容易形成，损伤造成的危害也比非要害部位显得更为严重。例如，打击后脑部，容易震荡大脑；打击耳根部，容易损伤脑干；打击下颌部，容易损伤颅底；打击颈侧部，容易在第5、6椎节造成骨折，并危及生命；打击上臂的上三分之一或下三分之一处，也容易造成肱骨骨折等等。

三是，比较敏感、受外界暴力作用后反应强烈的部位，轻微的损伤即可造成严重的局部功能障碍或伤残。这些部位包括行走于人体表浅组织中的神经支干、动脉血管及一些重要的经络穴位。如果打击或掐拿这类部位，可以造成受击者程度不同的局部功能障碍，且又不需要十分强大的暴力即可以达到。例如，挫压神经支干，可以造成损伤部位以下支配区麻痹、肢体伤残或昏厥等。身体某些特殊部位的神经、血管由于在皮下的位置比较表浅，有时尽管看上去损伤轻微，但直接后果却往往较为严重。

三、搏击中打击人体要害部位的方法

咏春在搏击中，其多数招式都是以攻击对手要害部位为主。因为，这种以弱胜强的拳术，在很多情况下有时使练习者难免在身材、技术、力量及体力处于不利的地位，所以要求练习者在搏击时要迅速、准确地打击对

手要害部位，以便使对手即刻丧失抵抗能力。打击对手要害部位，是以小制大、以弱制强的有效手段。咏春这种攻击人体要害部位的拳术，一般不需要特殊的杀伤性技术，也不需要特别强大的暴力，同时还可以避免大量的体力消耗。

咏春徒手搏击时，可用身体的不同部位攻击敌人要害部位：

1. 以手法可以攻击人体多个要害部位。可用手指点按或掐拿头部、颈部及四肢的重要穴位或要害部位。以拳面打击头、颈、胸、腹部的要害部位。或用手掌砍击头、颈部等要害部位。

2. 以肘部打击人体多个要害部位。可用肘部打击面门、鼻梁、下颌、胸腹、腰背等要害部位。

3. 以脚（足）蹬踢人体多个要害部位。可以用脚蹬踢胸腹、腋窝、上肢、腰肋、裆部、膝关节等要害部位。

4. 以膝顶撞人体多个要害部位。可以用膝顶撞腹、腰肾、裆部等，甚至在特殊情况下以膝顶撞面门等要害部位。

5. 以两手手法配合实施擒拿控制人体关节要害形成擒拿态势。

第二节　咏春搏击应用解剖知识图说

咏春搏击基础，在于巧制对手要害部位，以及快速的动作配合。了解人体骨节、筋肉、经穴等要害结构及其运动生理功能，是学练咏春拳必须具备的重要基本知识。

学练咏春拳，必须熟悉人体要害筋骨穴位，结合咏春搏击功夫练习，才能将咏春拳技发挥得更加高效，并使咏春拳的发挥相得益彰。

下面将与咏春拳搏击术相关的人体要害的骨与关节、筋与肌肉、经络与穴位逐一叙述。

一、骨与关节

人体是由骨、骼、肌三部分所组成的运动系统，在神经系统的调节和配合下，对身体起着保护、支持和运动的作用。胸廓骨骼保护着心、肺、肝、脾等重要脏腑，颅骨保护着脑，椎管保护脊髓，骨盆护卫着膀胱，筋肉则附着于骨面。肌肉收缩，以骨关节为支点，牵引骨骼，产生各种运动。在运动中，骨起杠杆作用，骨连接的关节部位是运动的枢纽，而肌肉则是运动的动力。

作为人体的骨骼，在形状上，方圆长短，大小扁斜，其状繁多，并按人体生理的功能而生长排列着，按主体可分为躯干骨与四肢骨，按动态可分为固定骨、可动骨和微动骨。例如头盖骨、肋骨等为固定骨，锁骨是微动骨，四肢及脊椎骨为可动骨。

习咏春拳者，首先应对骨与关节的结构要完全了解，才能灵巧施展咏春拳技制敌。

人体骨骼主要由头骨、脊椎骨、锁骨、肩胛骨、胸骨、肋骨、肱骨、桡尺骨、腕骨、掌骨、指骨、骨盆、股骨、胫腓骨、跗骨、脚趾骨等组成（图2-1~图2-4）。

二、筋与肌肉

人体的肌肉分为三类，即：一是平滑肌，在内脏；二是心肌，在心脏；三是骨骼肌。在咏春拳搏击术中，主要以攻取骨骼肌（即筋肌）。

在人体的各骨骼肌中皆有动脉、静脉、神经伴行入肌肉。骨骼依赖血管供给营养，靠神经支配张弛，其运动是直接受人的意志管理的。

骨骼肌包括肌腹、肌腱两部分，有伸肌、屈肌、收肌、展肌、旋前肌、旋后肌之分，它们分别有屈伸、内收、外展和旋转关节等作用。肌肉的形状有长短、粗细、窄阔、扁圆的区别。通常来说，屈筋在内弯，伸筋在外侧，旋筋在两侧，展筋在上外方。筋起于近端，止于远端，长肌引发运动，短肌衔接关节，大致如此，纵横交错，有条不紊。肌腹一般呈棱状，能收缩活动；肌腱是呈扁带状，不具有收缩能力。当肌腹受到暴力时，则肌腹的纤维可能断裂，或肌腹与肌腱连接处断裂，或是肌腱的附着处被拉脱，甚至有可能带下一块附着处的骨片。

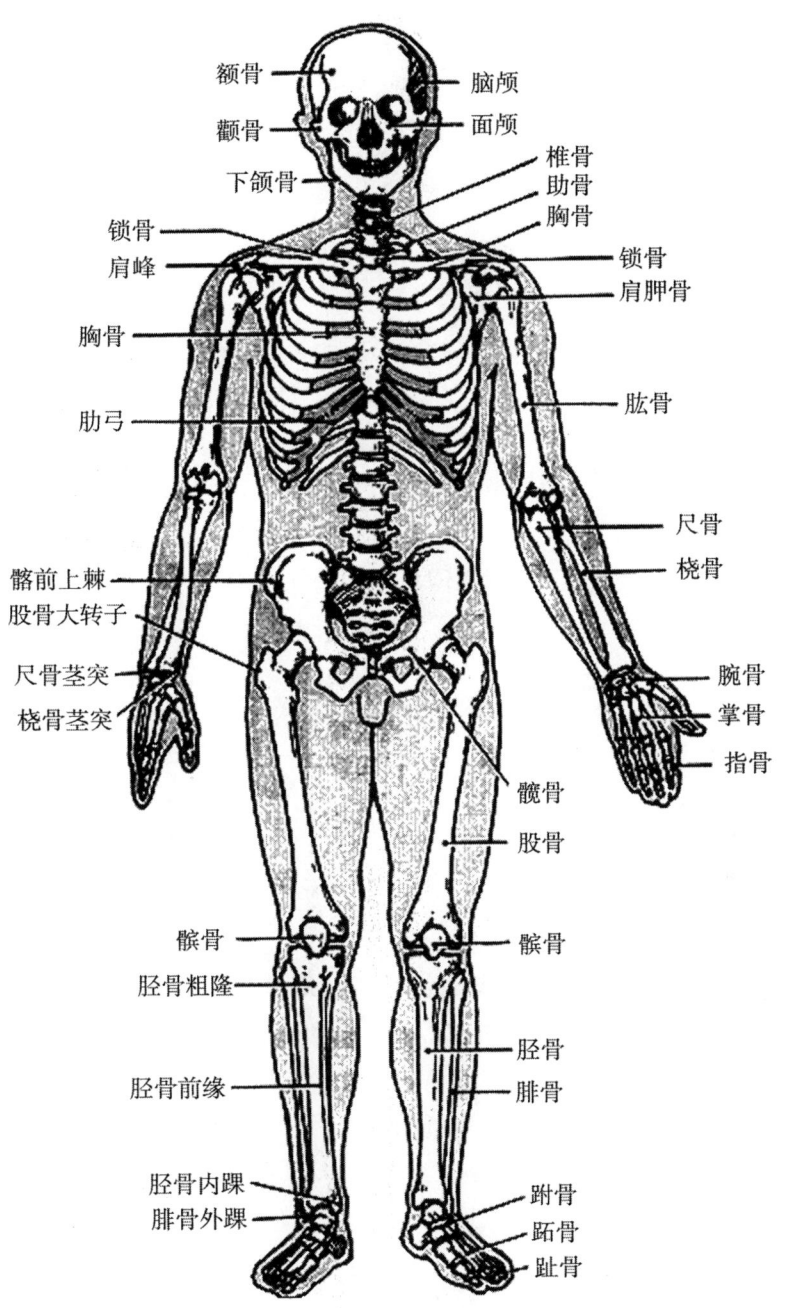

图 2-1 人体正面骨骼分布图

咏春搏击功夫教程

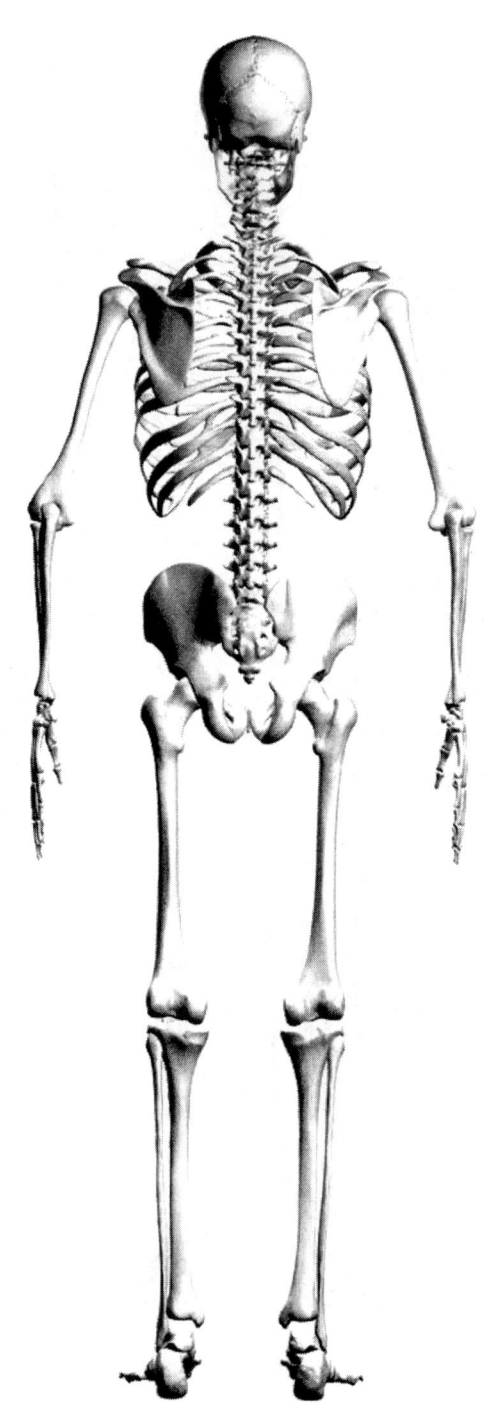

图 2-2 人体骨骼背面图

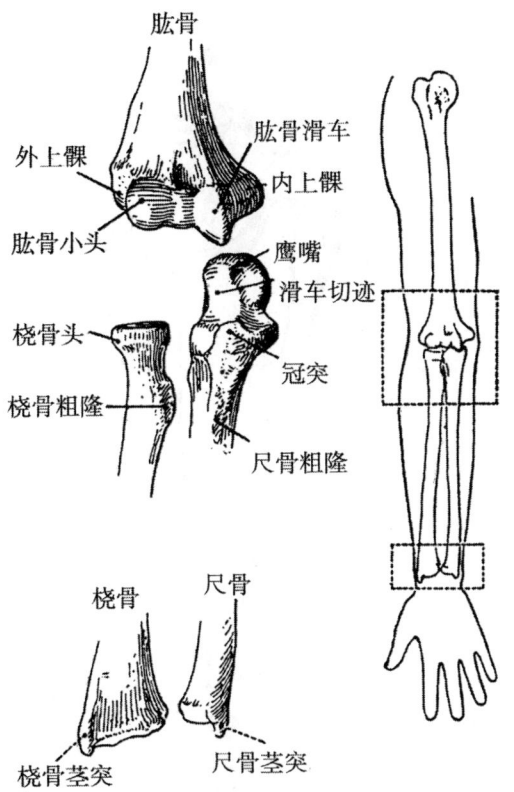

图 2-3　肘关节的组成及桡尺远侧关节的组成

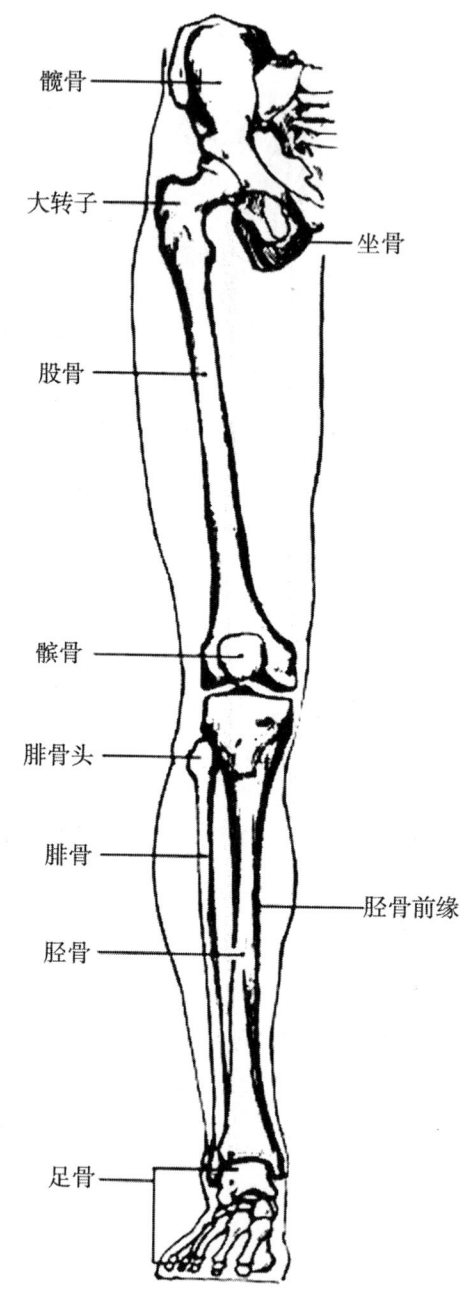

图2-4　腿部关节的组成

骨骼肌主要附着于躯体和四肢骨，共有肌肉四百多块，裹被着骨骼形成人体。人体中的长短诸骨，因肌收缩而运动，其大小关节，因受肌腱韧带所保护，使之坚牢而稳固。肌肉、肌腱、韧带（筋）可动静开合，屈伸张弛，动则肢灵节活，静则肢停节止。

咏春拳有较多细腻且威力强劲的手法，因此在搏击中可以用手法的指力来拿取对手的筋肉，使对手的筋肉挫、裂、断、脱。这种损伤，不只是在筋肉，并可牵连相关血管、神经，使其相应地受到不同程度的刺激和损伤。因此，以手法精湛见长的咏春拳，在拿打技术中，注重筋肉、骨节的拿制，是其妙处所在。运用咏春拳拿打技术，拿制对手骨节筋肉，可令其失去张弛收缩的功能，从而导致对手完全丧失反抗能力。

人体全身筋肉繁多，各施其生理功能，在此不作详述，仅就以涉及咏春拳擒拿制取法的有关部位作一论述。咏春搏击擒拿法对于筋与骨具体施技时是同时拿制的。即动其筋必拿其骨，拿其骨必涉其筋；甚至在很多情况下，骨节、筋肉、经穴皆可同时拿制，使对手遭到重创。

这里叙述与咏春搏击擒拿相关的筋肉部位。头面部，可以用扳、托、扭、旋、点、推、扣、抠等手法拿取鼻孔肌、眼眶肌部轮匝骨、嘴角、鼻梁、颧肌、颞肌等。颈项部，可以用手法打、掐，致使受击颈项部位吞咽不适，或甚至导致窒息气绝。肩部，可用手法拿制肩筋、三角肌、肱二头肌、长头肌腱、腋窝等。上肢，可用手法重拿肱二头肌、肱三头肌肌腹，以挫伤肌纤维，损伤毛细血管，刺激或挫伤神经；或扣拿肘部尺神经处，使受击手臂失灵；或对腕掌部位上的腕横韧带、拇指对掌肌、骨间肌等拿制，均可使受击者遭到重挫。下肢，则多是采取踢法，如踢点比目鱼肌、胫骨前肌、腓肠肌、跟腱、踝部韧带，或踢点膝部等，使受击者下肢遭到重挫伤或筋肉痉挛。腰部，则主要以踢法踢点腰部两侧腹外斜肌为主（图2-5～图2-8）。

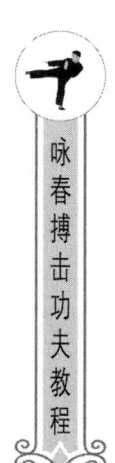

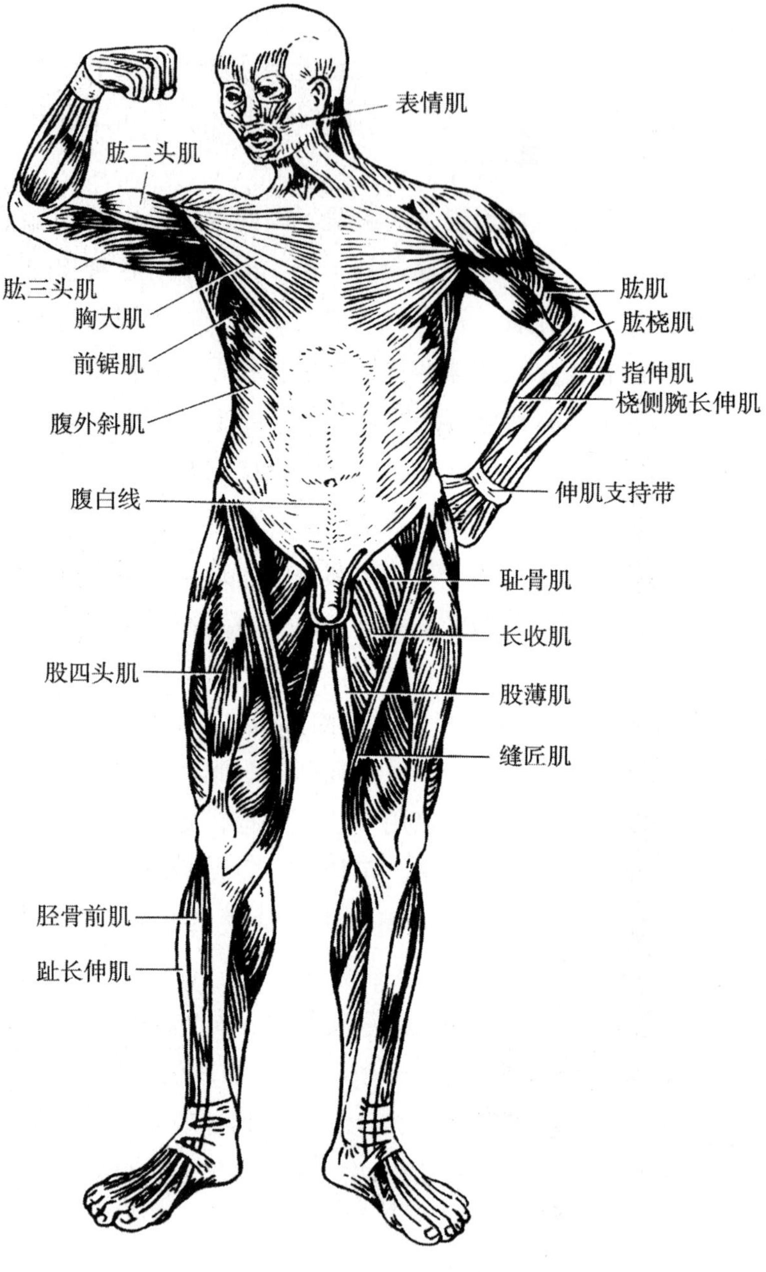
表情肌
肱二头肌
肱三头肌
胸大肌
前锯肌
腹外斜肌
腹白线
股四头肌
胫骨前肌
趾长伸肌
肱肌
肱桡肌
指伸肌
桡侧腕长伸肌
伸肌支持带
耻骨肌
长收肌
股薄肌
缝匠肌

图 2－5　人体正面肌肉图

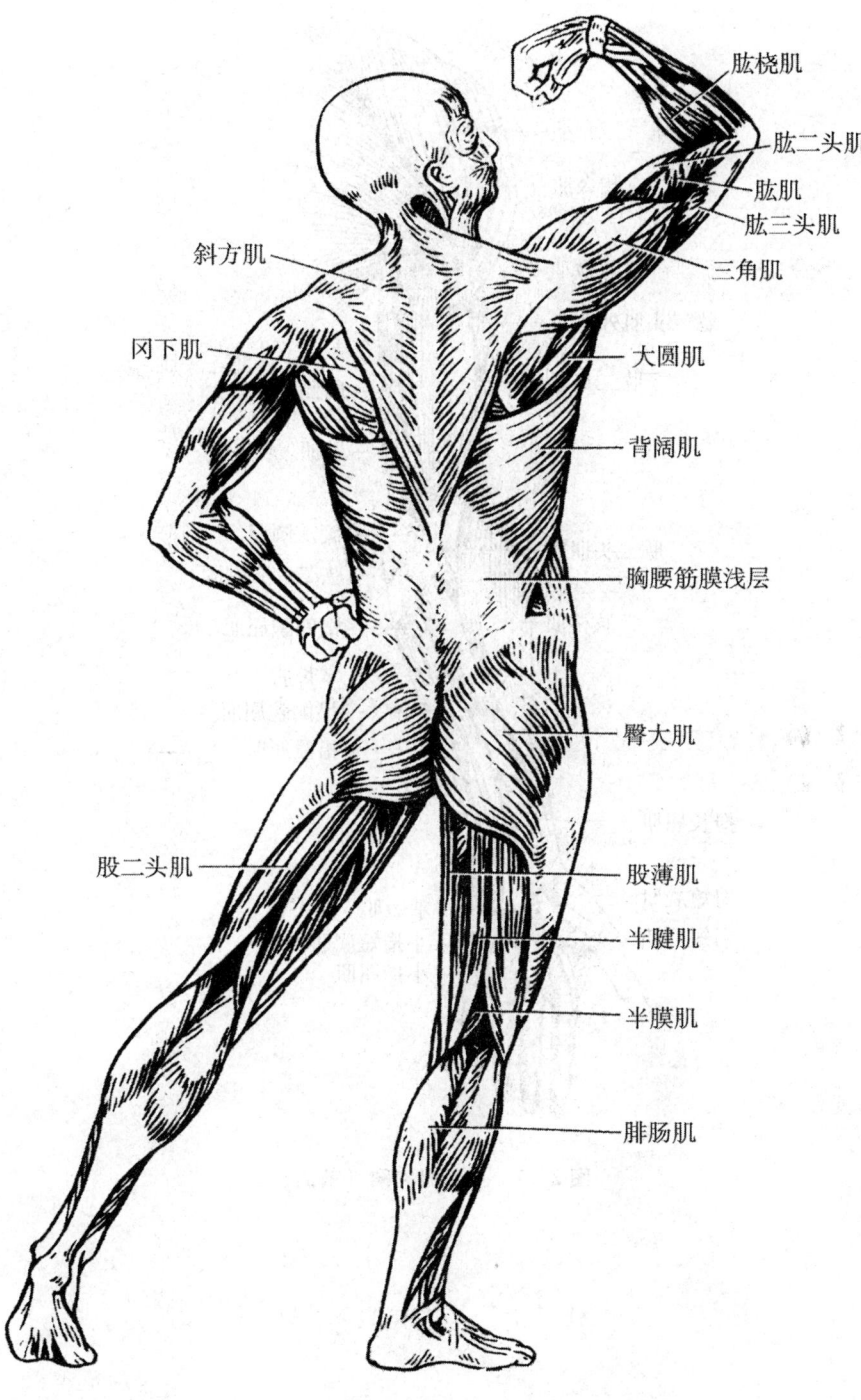

图 2-6 人体背部肌肉图

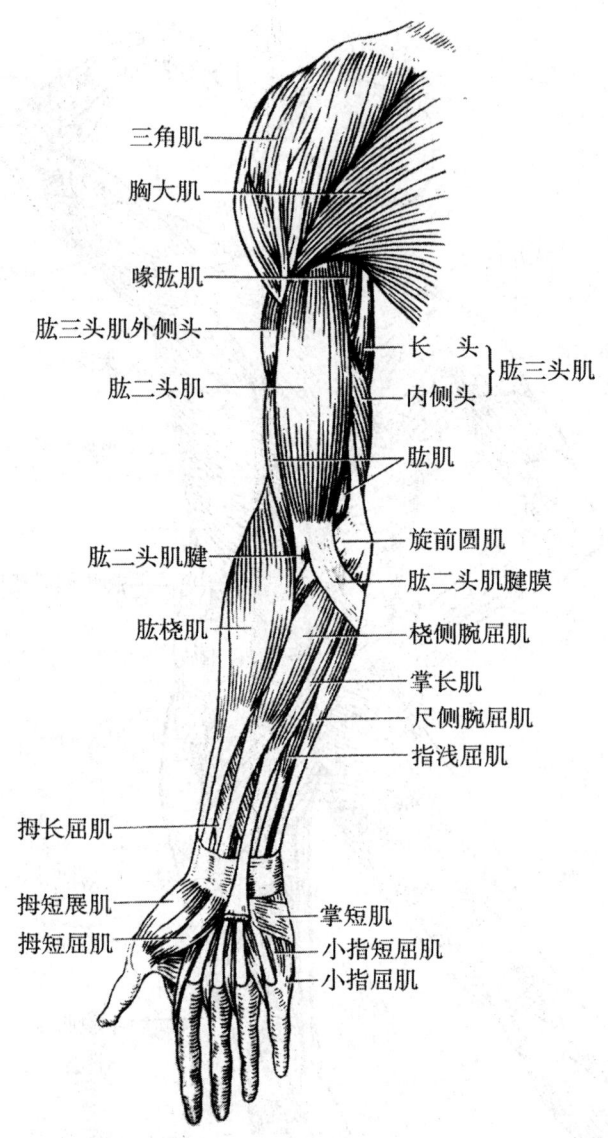

图2-7 上肢肌肉图（前面）

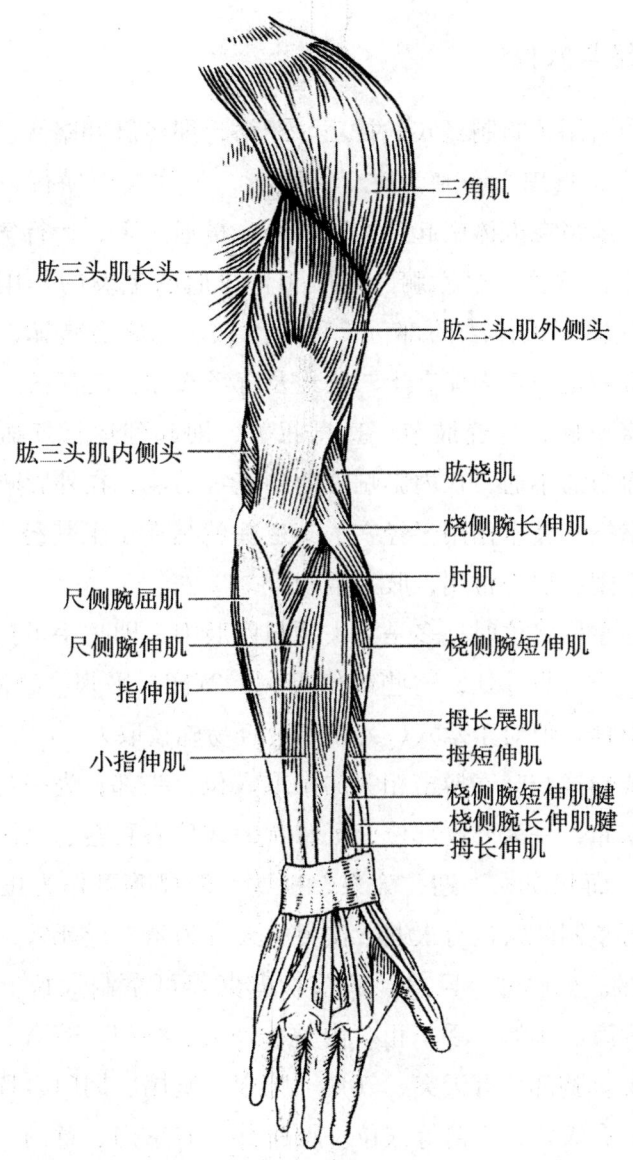

图2-8 上肢肌肉图（后面）

咏春中的擒拿技术拿取对手筋肉，多是配合拿制关节，抠拨韧带（筋），狠创受击者肌部纤维，挫其神经，伤其血管，使以弱胜强的咏春拳术达到以巧制敌的效果。

三、经络与穴位

咏春拳中引用了施制经穴的技巧。经络,即经脉和络脉。经脉,在人体深层而纵行,贯串上下,为主干;络脉,为浅层而横行,网罗遍布周身,为分支。经络在人体中起到沟通内外,贯通上下,运行气血,调和肌体,平衡阴阳,营养五脏六腑、四肢百骸、肌肤毛发的作用。穴位为脏腑,经络之气输至人体表的部位,称为腧穴。腧之意转输;穴,是指孔隙。据有关资料记载,人体有十二正经及奇经八脉,穴有三百六十之多。

经络内接脏腑,外连肢节,息息相关,即起到运行气血的作用。相反,如果气血阻滞不通,在内影响脏腑的正常功能,在外影响筋骨关节的灵活。咏春拳擒拿技术作用于经穴,其道理就是在于阻其经,闭其穴,使受击者气滞血阻,肘失常用,肢失常动。

咏春拳在拿取穴位时,多是在头颈与四肢上,即一手可擒范围。例如头、胸、背、腰、腹等处,这些部位粗大、宽阔、平坦,缝隙浅薄致密,易于点打、抠挫。但对于晕穴、死穴不可轻易施技取人。

这里主要叙述与咏春搏击相关的拿取穴位。头部,为一身之主,在这个部位经穴密布,是为要害部位,可拿制的穴位有百会、太阳、迎香等为晕穴或死穴;而颊车、大迎、廉泉、玉枕、翳风等可作为正常拿制的穴位。颈部,可拿制的穴位有人迎、扶突、天容为晕穴或死穴,施技不可轻易制人。肩部,有肩井、巨骨、肩前、肩贞等可拿制穴位。上肢,有尺泽、曲泽、少海、小海、手三里、内关、外关、神门、劳宫、中渚、合谷等可拿制穴位。胸部,有天突、气户、膻中、鸠尾、期门、日月等可拿制穴位。背部,有天宗、心俞等穴位。腰腹部,有京门、章门、肾俞、关元等穴位。下肢有髀关、风市、伏兔、血海、膝眼、承山、跗阳、昆仑、解溪、仆参、陷谷、涌泉等可拿制穴位(图2-9~图2-13)。

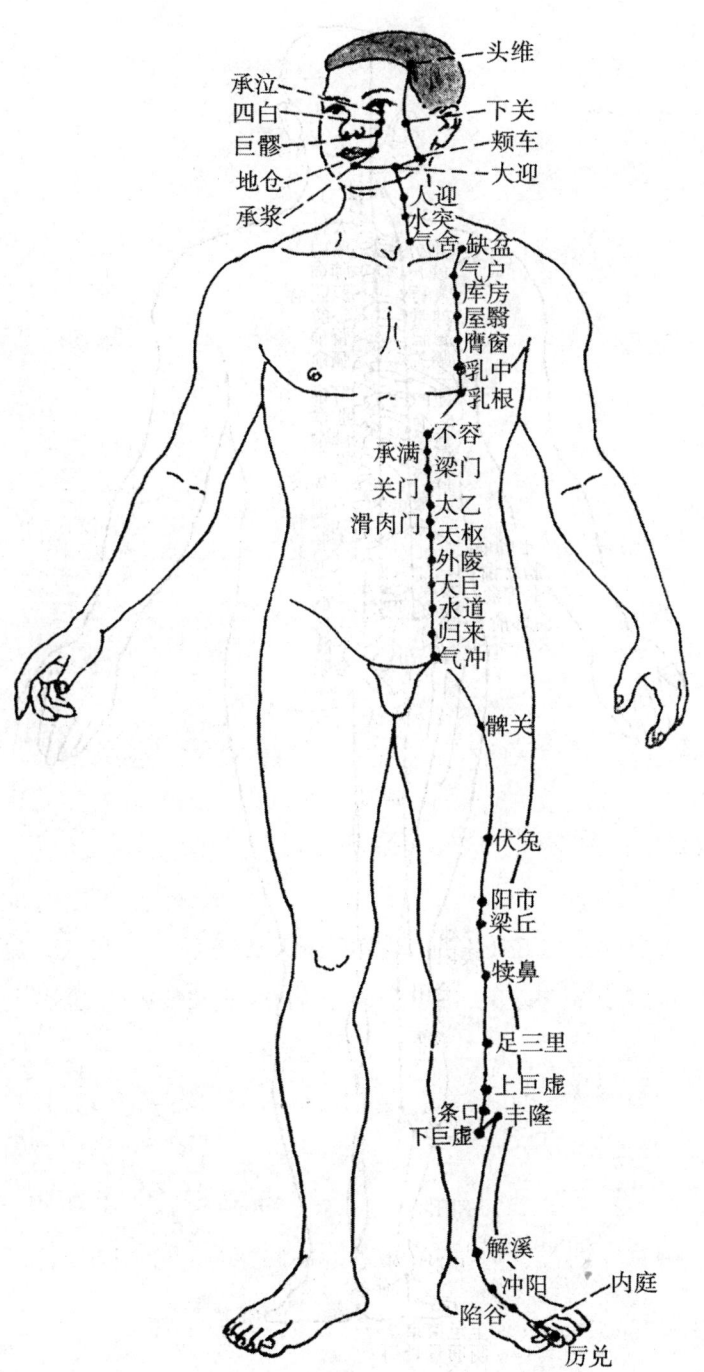

图 2-9　足阳明胃经与腧穴概观

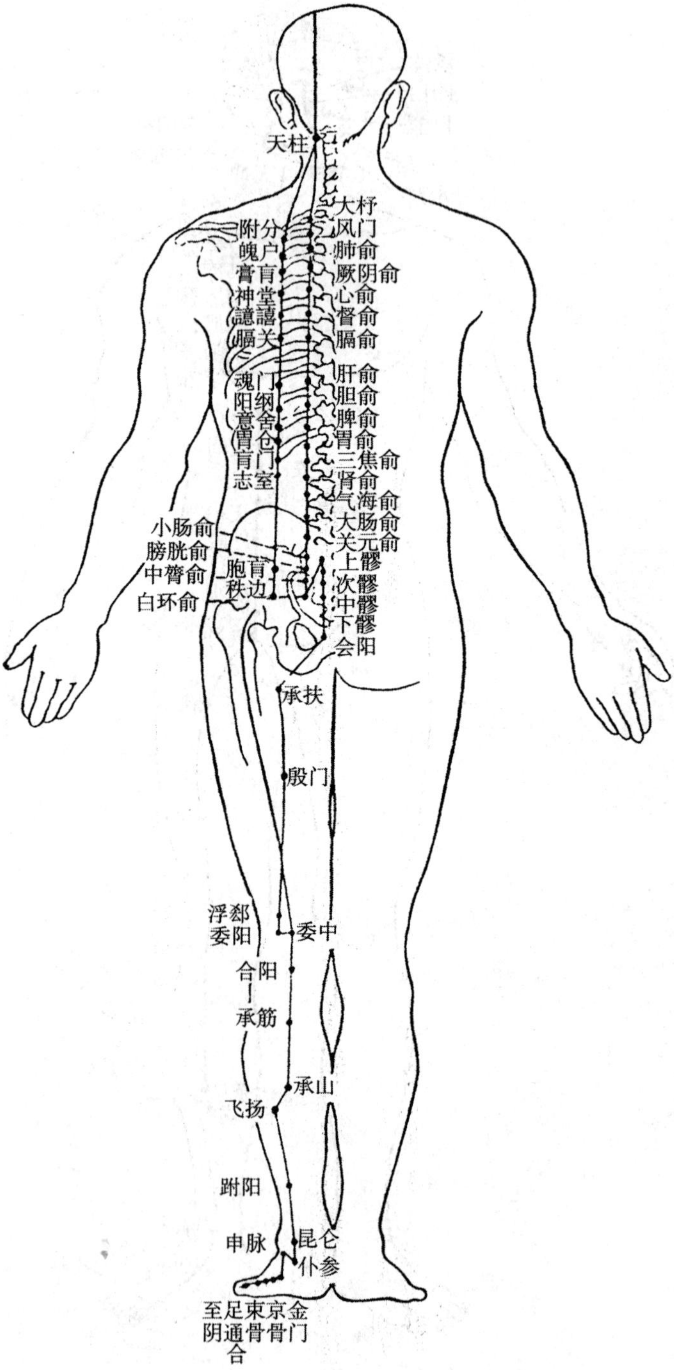

图 2-10 背部与下肢经络及穴位图

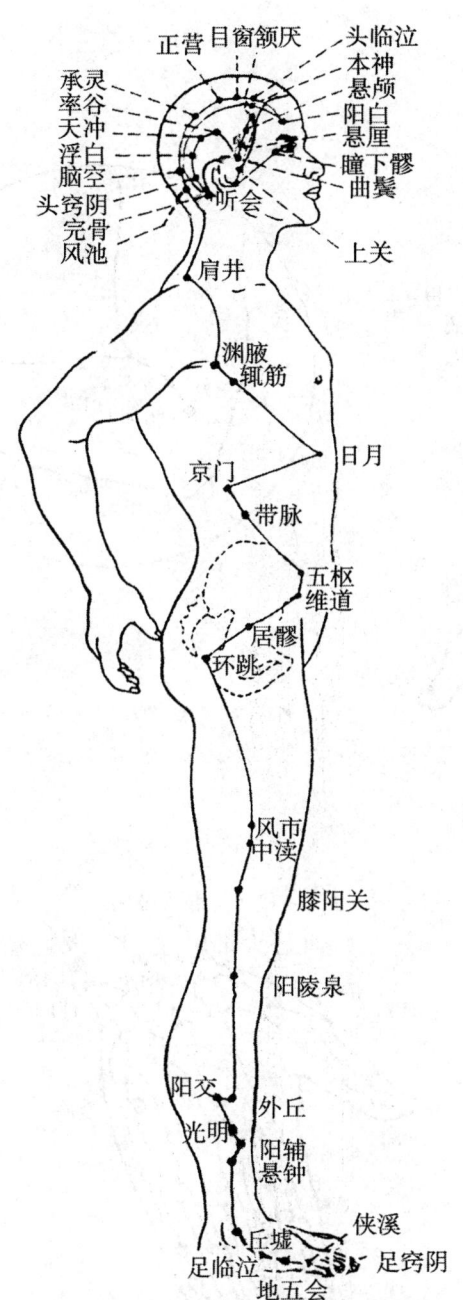

图 2-11 头部与上体和下肢经络及穴位图

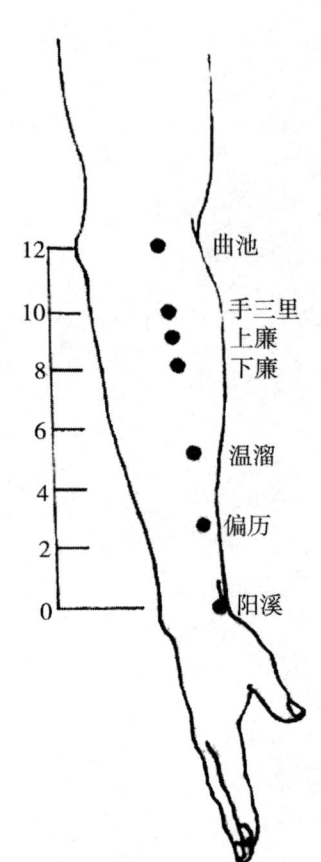
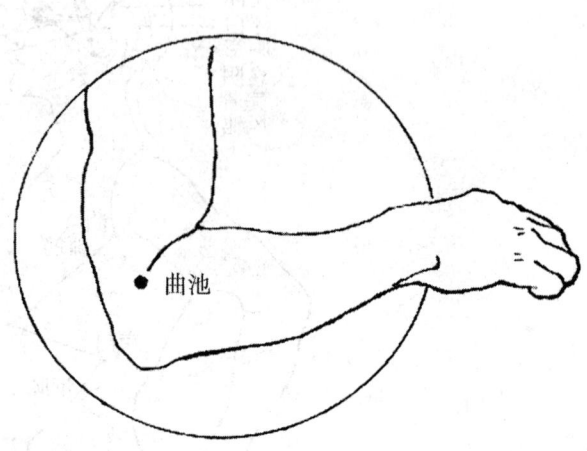

图 2-12 上肢穴位图

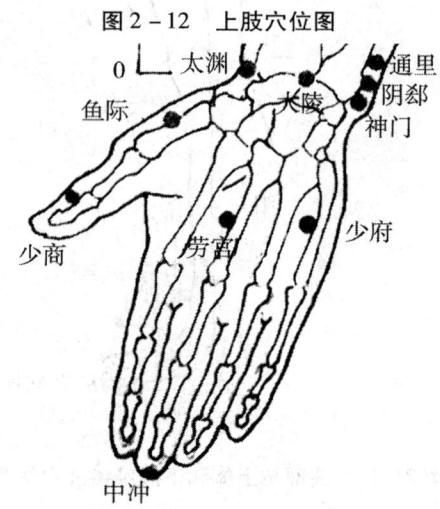

图 2-13 指腕部穴位图

在本文中关于咏春拳搏击术应用解剖学图说只作一概述，欲有精进的咏春拳练习者可以参考相关的文献资料，以求自身拳技进一步的发展。

第三节　头部应用解剖图说

头为人身五阳之首，是生命的重要部位。在头部表面有耳、眼、鼻等重要的人体感官，头部深层又有大脑、小脑及脑干等人体最重要的生命器官。

头部要害包括：太阳穴、眼睛、鼻面三角区、耳门、耳根部、后脑枕部、颌下角（图2-14）。

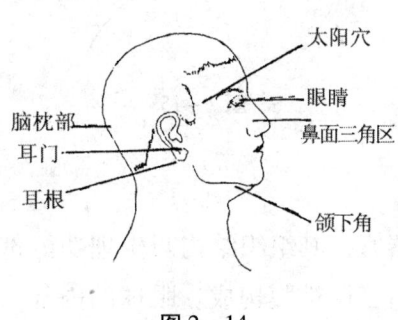

一、太阳穴

太阳穴在耳廓前面，前额两侧，外眼角延长线的上方。太阳穴在经络学说上被称为经外奇穴，也是被武术中最早列为要害部位的死穴之一。

太阳穴是颅骨骨板最薄弱的部位，其位置是颅顶骨、额骨、蝶骨及颞骨的交汇处，称为"翼点"或"翼缝"。太阳穴深层颅内有众多的出血来源，在颅内的这一部分血管分布相当丰富，因此构成了众多的颅内出血来源。

用咏春拳的拳或掌法或肘法打击，或用踢法踢点太阳穴部位（图2-15），可因颅骨颞鳞部骨折损伤脑膜中动脉，且常可在颅骨完好的情况下损伤脑膜中动、静脉，在中颅窝底部形成硬膜外血肿。太阳穴受到暴力打击，还会首先震动大脑颞叶的位听中枢，使位听神经受到强烈刺激，造成暂时性的平衡感觉丧失，全身肌紧张，调节紊乱。同时，会刺激太阳穴皮下的神经，而使人头晕、目眩、两眼发黑，不能维持平衡。

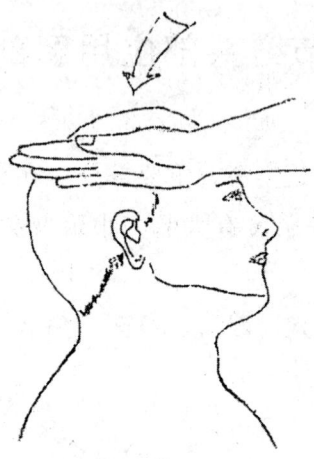

图 2-15

二、眼睛

眼睛是人的视觉器官，其组织结构与生理功能都有一定的特殊性。眼睛的眼球构造外壁是由三层被膜构成。眼球的内部为房水、晶状体和玻璃体，都是无色透明的冻胶样液体，是眼的折光装置。在眼球底部靠近两侧鼻梁的部位，有视神经和大脑相连。

用拳或掌或指等打、插、戳，或用肘法顶击眼部，可使眼睑皮下迅速发生出血和水肿（图2-16）。这是因为上下眼睑皮肤较薄，皮下组织疏松，容易积存血液，因此遇到暴力打击，充血和水肿比其他部位更容易发生。如果用拳或掌指端直戳眼窝，可致使眼球球体破裂，眼内大量出血，眼内容物脱出，视力完全丧失。视力丧失虽不能直接危及生命，但也可直接影

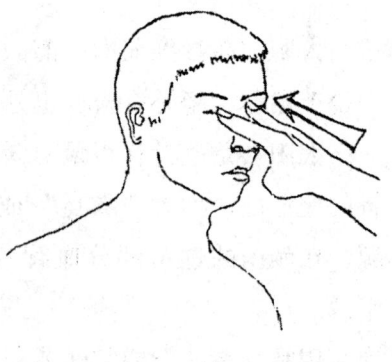

图 2-16

响人的行动能力。因此，在对敌的生死搏斗中，咏春拳多数用拳法或掌指法戳击敌人的眼部。

三、鼻面三角区

鼻面三角区，是指外鼻和面三角区。外鼻位于颜面中央，由骨和软骨构成的骨性结构。面三角区是指面部鼻根以下，鼻尖以上，鼻两侧至嘴角外的三角区域。

用拳或肘打击、或踢法踢击鼻面三角区，可直接损伤鼻骨，并常常潜藏着生命危险（图2-17）。以拳用力打击鼻梁可将鼻骨击碎，造成鼻梁塌陷。打击鼻梁一侧，除可击碎鼻骨，亦可致使下眼眶骨折。鼻骨被击碎，可使鼻内大量出血，疼痛异常，使两眼流泪不止，造成暂时视力障碍。

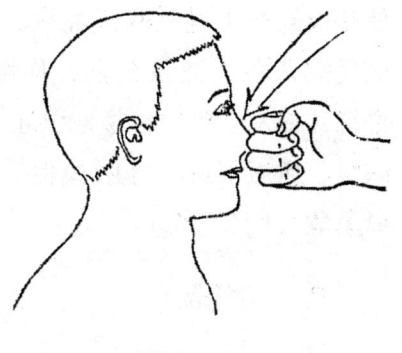

图2-17

四、耳门

耳是人的听觉器官，同时又是位觉器官。耳除了感受听觉，还有感受人体空间体位变化，维持身体平衡的功能。耳可分为内耳、中耳和外耳。外耳包括耳廓、外耳道、鼓膜三个部分。中耳位于内外耳之间，起着传导声波的作用。内耳由骨迷路和膜迷路构成，分为感受听觉的部分和感受空间体位变化的部分。

用拳面或手掌打击、或肘法顶击、或踢击耳部，轻则可致击穿耳膜、损害平衡机能，重则使人昏迷或造成脑脊液外漏，使人毙命（图2-18）。

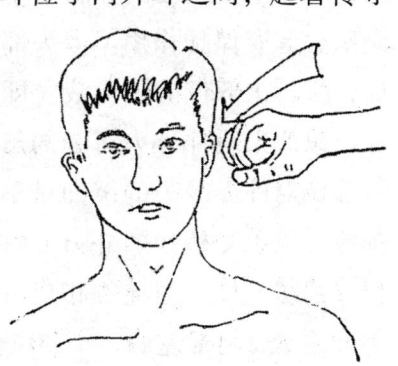

图2-18

五、耳根部

耳根部，即耳垂后根部，在耳垂后，颌下角以上，颞骨乳突以下的凹陷处。此部位又称为厥阴穴或耳后穴。在耳根部皮下，有耳大神经、枕小神经等多条神经分支重叠分布。因此，耳根是一个极为敏感的部位。

以拳或掌打击、掐拿或肘击耳根部，可使耳根部产生剧烈的酸痛感，并很容易使颅底受到震荡，波及延髓，使脑干受到震荡、牵拉，或发生侧向移位，引起心跳突然减弱、减慢，血压下降，呼吸短促、困难，造成生命垂危（图2-19）。

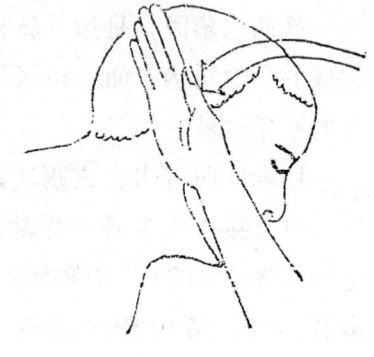

图2-19

六、脑枕部

脑枕部，是指后脑枕骨粗隆上下这一部分。脑枕部与后颅窝相对应，向下与颈部没有明显的界线。脑后正中的枕骨穴被列为致命穴。

脑枕部遭到拳击、肘击或其他手段打击，极易形成脑震荡或脑颅内损伤（图2-20）。因此，脑组织受着颅骨的直接保护。颅骨下面，三层脑被膜之间和脑室中的脑脊液对脑组织也起着保护作用。当头部遭到暴力打击时，被打击部位的脑脊液立即向其他部分分流，以此来缓冲外力对脑的震荡。只是头的各部位对外界暴力的缓冲是不均衡的。人的前额可以承受较强的外力，对外力震荡具有很好的缓冲性；与前额相比，脑枕部是对外力冲击承受力最差的一个部位。

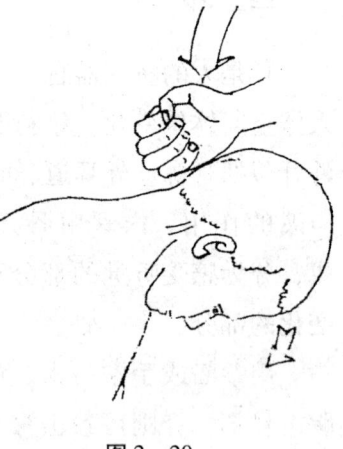

图2-20

七、颌下角

颌下角也称为颌下三角区。颌下角是下颌底部的下颌骨下缘与下颌支前缘及上部颈根之间围成的一个三角区。颌下角向下与颈部相连，向上通过下颌头与颅腔底部相连。下颚两侧的下颌头与颅底部的颞骨下颌窝共同组成下颌关节。因下颌关节的存在，使得颌下角与颅底腔部在骨结构上形成了紧密的关系。且在颌下三角区正中，有一个重要的经络穴位，即任脉的廉泉穴。此穴位是要害穴位。

用拳或肘打击或脚踢击颌下角，可直接造成颅底部损伤。整个颌下角处于下颌底部，一般只能以拳或掌根由下向上打击才能伤及。单纯的颌下角损伤并不会十分严重，其真正能够对生命构成严重威胁的，是由打击颌下角引起的颅底损伤（图2-21）。

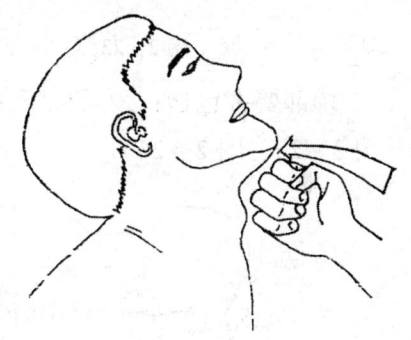

图 2-21

第四节 颈部应用解剖图说

颈部，为人体上连头部、下连躯干的部位，是人体重要的神经通道、呼吸通道和血循环通道。颈部以胸锁乳突肌为界，前为颈内侧三角，后为颈外侧三角。两侧胸锁乳突肌之间的"V"形区域称为颈前区。颈后部又称为项部（图2-22～图2-24）。颈部有许多要害器官。颈前区内有咽喉、气管和迷走神经分支。颈内侧之三角区内有颈动脉鞘。颈总动脉、颈内静脉和迷走神经于颈动脉鞘中上行。颈外侧三角区内有颈神经丛和臂神经丛穿过。颈后部有颈椎和脊髓向上连接脑干。

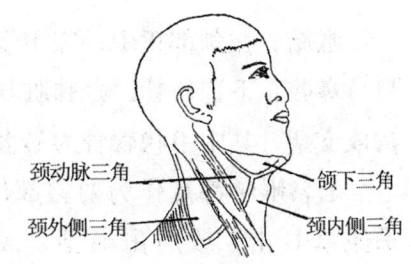

图 2-22

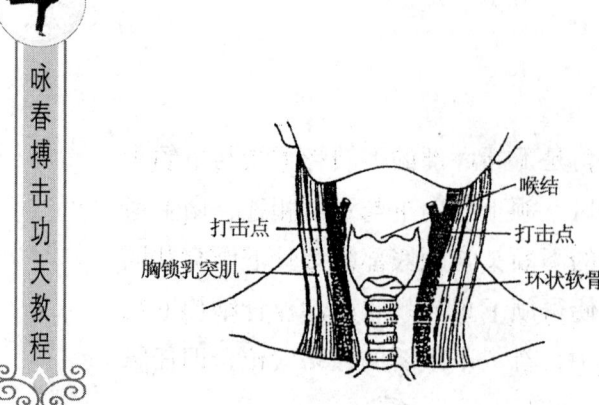

图 2 - 23

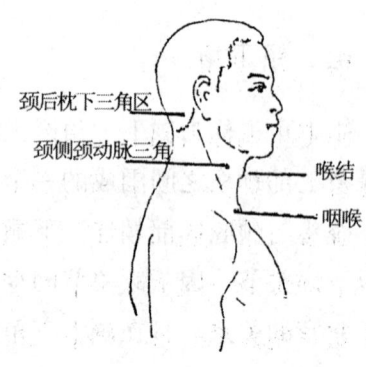

图 2 - 24

颈部要害包括：颈后枕下三角区、颈侧颈动脉三角、颈前喉结和咽喉（图 2 - 25、图 2 - 26）。

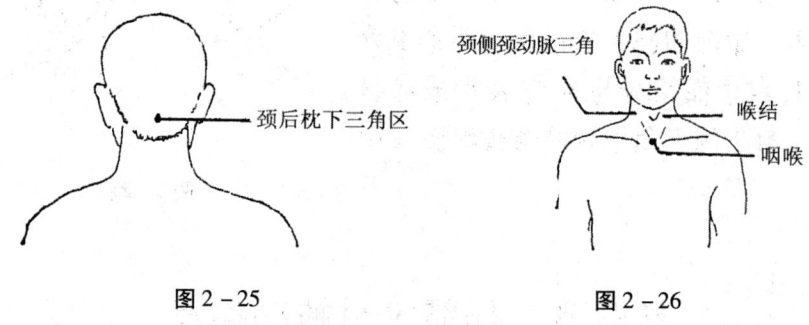

图 2 - 25　　　　　　　　图 2 - 26

一、喉结

喉结，在颈部正中，突出于皮下，成年男子较为显著。喉结上通咽和口、鼻腔，下连气管，是肺脏与外界进行气体交换的通气要道。喉由软骨构成支架，其中甲状软骨为最大的一块，其在颈前突出的部分即为喉结。

通常喉结都被作为要害部位。如果用拳或掌打击，或肘击喉结，或用手法扼喉，不只是可使喉结部位受到重挫，甚至都有可能置人于死地（图 2 - 27）。

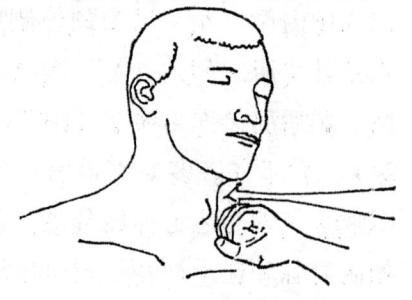

图 2 - 27

二、咽喉

咽喉，在颈部前面，两锁骨内侧、胸骨柄上缘的凹陷处。这个凹陷内有下行的无名静脉、气管、食管以及膈神经和迷走神经分支。此部位又称天突穴，被视为要害部位。

用掌指法戳或用手掐拿、打击咽喉，可以猛烈地压迫气管，刺激迷走神经和膈神经，引起反射性的呼吸困难和剧烈咳嗽，甚至引起窒息（图2-28）。

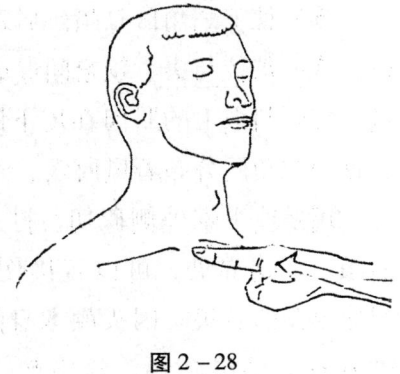

图2-28

三、颈侧颈动脉三角

颈动脉三角位于胸锁乳突肌前缘的颈内侧三角中。颈动脉三角处接近皮下，颈总动脉在此分支为颈内动脉和颈外动脉。因此，可以在颈侧的颈动脉三角处，用手可触摸到颈动脉的搏动。

用掌切砍或拳打或肘击颈动脉三角，常常可导致立即昏厥或死亡。致昏、致死的原因是压迫刺激了迷走神经和颈动脉窦的结果（图2-29～图2-31）。

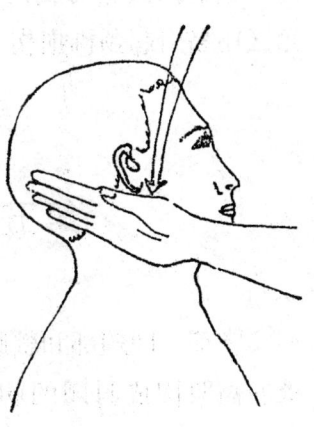

图2-29

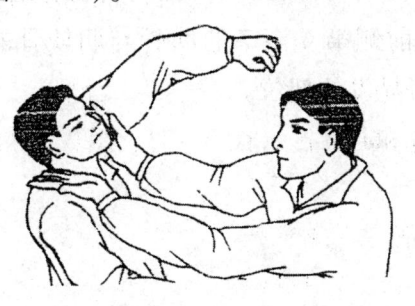

图2-30

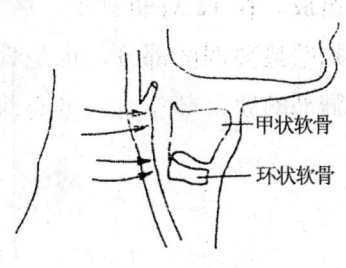

图2-31

四、颈后枕下三角区

颈后枕下三角区是指颈后发际以上，枕骨粗隆以下，颅、颈交界的部位。这一部位与头、颈之间形成了一个明显的斜坡，深层是颅底的枕骨斜坡。枕骨斜坡上的肌肉在皮下围成了一个三角，因而被称为枕下三角区。在这个三角区分布着风府穴、天柱穴、藏血穴等要害穴位。

用拳或手掌外侧砍切、打击或肘击颈后颅、颈交界处，可以直接伤害到脑干，引起致命的后果。因头颅本身的重量和颈椎有较大的灵活性，打击颅、颈交界部位，会使头部产生剧烈的鞭打摆动作，而使大脑受到强烈的震荡。打击颈后枕下三角区还易引起颈椎损伤（图2-32）。

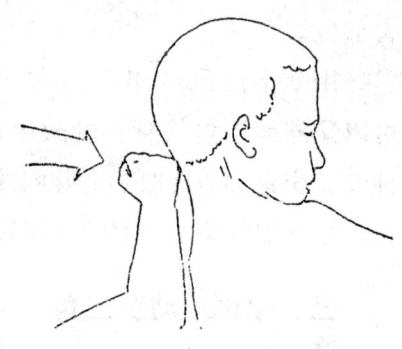

图2-32

第五节　胸部应用解剖图说

胸部，即颈部和腰腹之间，由皮下组织、骨性胸廓、胸膜及胸膜交界处的膈肌围成封闭的胸腔。胸腔内有气管、支气管、食管、大血管、心脏、肺脏等人体重要器官。

胸壁的骨性支架由胸廓前面的胸骨、两侧的12对肋骨，以及胸后12个胸椎组成。在12对肋骨中，胸臂前侧第4至7肋肋骨与肋软骨的交界处，是胸壁最薄弱的部分，也是骨折易发的部位。

在胸部的要害部位有胸壁心前区和心后区（图2-33、图2-34）。

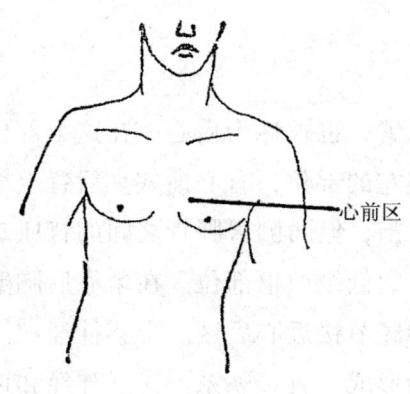 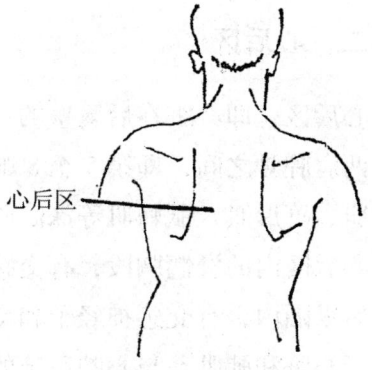

图 2－33   图 2－34

一、胸壁心前区

胸壁心前区是心脏在体表的投影位置。心脏整体的三分之二偏于胸腔左侧，位于左、右两肺之间的胸腔纵隔内，在体表的胸骨体和左侧第 2 至 6 肋软骨的后面。心前区是胸壁较为薄弱的部分，其大部分处于胸前壁第 4 至 7 肋之间，这个部位缓冲力极差，遇到暴力打击，肋骨骨折较易发生。在 12 对肋骨中的上三根肋骨因有锁骨、肩带和胸骨的保护不易崩裂。第 8 至 10 肋前端由肋软骨上下相连形成了肋弓，并具有很大的弹性来缓冲外力，因此也不易骨折。第 11 至 12 肋前端较为游离，成为浮肋，活动度更大，因此也不易骨折。胸壁最容易骨折的部位恰恰在胸壁的心前区。

心前区，如果遭到拳打、脚踢，以及肘顶、膝撞等打击，都较易引起肋骨在与肋软骨的交界部位发生骨折。如果强力打击心前区，虽未造成胸臂骨折，但由于暴力的传导作用，却能够造成严重的心脏震荡，而使心脏遭受不同程度的损伤（图 2－35）。

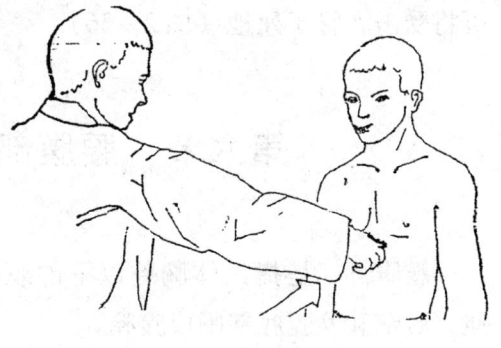

图 2－35

二、心后区

心后区，即心脏在后胸壁的投影位置，也被称为后心。在这个部位的后壁两肩胛骨之间，即第5至8胸肋偏左的部位，有心俞穴。后背上部有斜方肌、菱形肌、骶棘肌等深浅两层肌肉，但两侧肩胛骨之间的背肌却较薄。心后区内的脊髓胸段，有交感神经的低级中枢部位。在紧靠后胸壁的胸腔后纵隔内，有交感神经干和交感神经节接近心后区。交感神经广泛地分布于心脏和肺脏，与心肺系统的活动形成了直接联系。交感神经和迷走神经都有节后纤维终止于心传导系统的窦房结、房室结和房室束，对心脏的兴奋和抑制起着平衡、调节作用。同时交感神经又与迷走神经组成了肺神经丛，分布于支气管及肺内的支气管树，对肺的呼吸起着支配、调节作用。

用拳、肘打击或脚踢击两肩胛骨之间的心后区，可以强烈刺激胸椎段的交感神经中枢，并因通过交感神经的反射作用，影响心传导系统的功能，使心脏的自律性遭到破坏，而导致了心律不齐、心悸不清，甚至引起心力衰竭和闭气、窒息。强力的外力打击可以对心脏产生震荡作用，可将受击者置于死地（图2-36）。

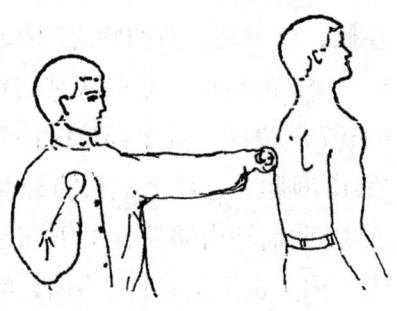

图2-36

第六节　腰腹部应用解剖图说

腰腹部，是指人体胸腔以下的躯干部位，在腰腹部、胸膜之间的膈肌、腹壁和盆腔底部围成腹腔。

腹部的体表面积最大，腹腔内容纳着肝、胃、脾、胰、十二指肠、肾脏、膀胱等脏器，且腹腔脏器都紧靠腹腔壁下。腹前壁在胸廓以下仅有软组织，因此腹腔脏器最不易保护。腰腹部的要害部位多与腹腔器有一定的关系。在这个部分上分布着较多的死穴。

腰腹部要害包括腹前三角区、左软肋、右软肋、腰肾部、腰椎，以及会阴等部位（图2-37~图2-42）。

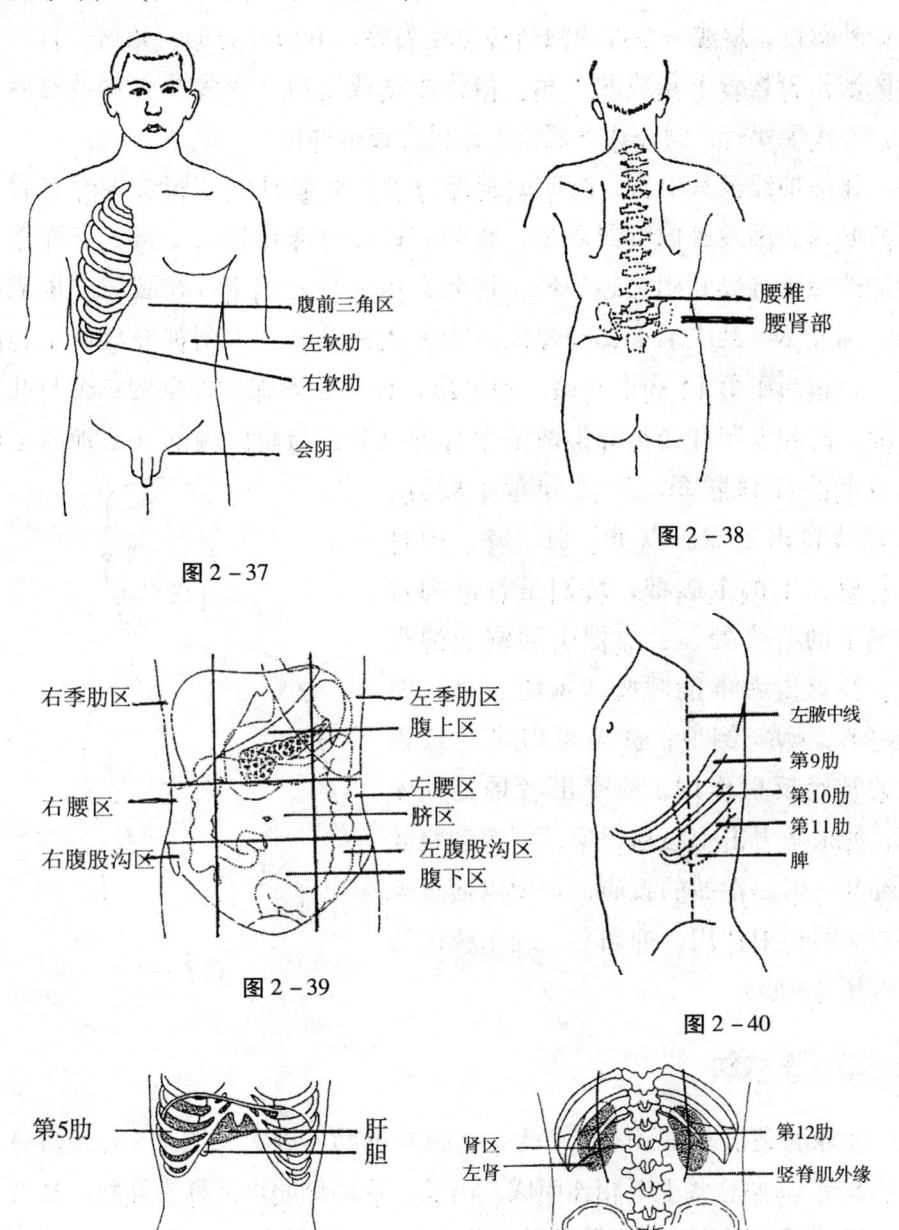

图2-37

图2-38

图2-39

图2-40

图2-41

图2-42

一、腹前三角区

腹前三角区，在上腹部中区，胸骨剑突以下，两侧肋弓由上向下、由内向外斜行，形成一个以两侧肋骨边缘为界，下口开放的三角区，这一三角区被称为胸骨下角或腹上角，俗称心窝或心口。在腹前心窝处有巨厥穴、心穴等死穴，因此这个部位也被视为要害部位。

腹部神经极其丰富，腹壁的神经分布与腹膜神经及腹腔神经有着密切的联系。因腹腔内脏器众多，腹腔的神经分布也较为丰富，支配着各脏器的交感神经和副交感神经，彼此交错成神经网络，在腹腔内形成很多的神经丛，其中最主要的神经丛为太阳神经丛。太阳神经丛位于腹腔正中，相当于第12胸椎至第一腰椎段，体表位置在腹前壁的剑突与肚脐之间。腹腔太阳神经丛分为两个半月神经节，与腹腔内的其他神经丛构成复杂的神经联系，广泛分布于腹壁、腹膜及腹内脏器。以拳、肘、膝、脚打击肚脐以上的上腹部，特别是打击胸骨剑突下的心窝处，会立即引起剧烈的腹痛，使受击者不能呼吸，不能直立，腹部痉挛，瘫痪倒地；甚至重击可导致强烈的神经反射作用，使受击者昏迷或晕厥；如果暴力击中腹部胃部，可牵动腹腔神经丛，引起剧烈的腹痛，并可以通过迷走神经的反射作用，抑制心、肺系统的活动（图2-43）。

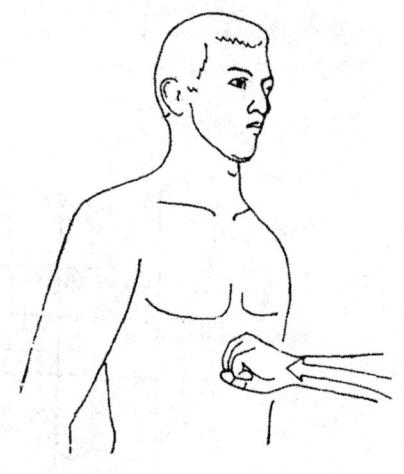

图2-43

二、左软肋

左软肋是指上腹部脾区，就是上腹左侧肋弓处，见图2-37。肋弓是由第8至10肋软骨上下相连而成。因此，这两侧肋弓又称为软肋。软肋一直被视为要害部位，在左肋软骨下缘有膈门穴，膈门穴为致命穴位。左侧肋软骨下，也是脾脏的所在部位，脾脏的位置在横结肠上方、左季肋下，被第9至11肋所遮盖。脾脏是人体内最大的一个淋巴器官，其构造与淋巴结相似。脾脏主要是由网状内皮和大量的血窦构成，其有极为丰富的血液循环，是人体重要的造血器官，又是人体重要的储血器官，又兼有防御和免疫的功能。

用拳、肘、脚打击左软肋易导致脾破裂。脾脏是腹腔脏器中最易破裂的器官。特别是以拳或脚打击左上腹部，可因突然的暴力作用使脾脏于腹腔内发生大的移位，引起脾破裂；或来自左季肋的侧面打击，可以直接损伤脾脏。脾脏破裂后，会导致严重的腹腔内出血和剧烈的腹痛，甚至导致死亡。

三、右软肋

右软肋，是指上腹部肝区，也就是上腹部右侧肋弓处。右肋弓同样是由肋软骨构成的。因肝脏所在，右肋弓也是作为人体的要害部位。在右肋软骨下有血囊穴、章门穴等被视为死穴的穴位。

肝脏的位置在腹腔上部，大部分位于右上腹，在右季肋下与深层的膈肌紧贴。肝脏的前面被肋骨遮盖，上界与横膈膜同高，下界与右肋弓下缘平行。肝脏是维持生命活动的最主要器官之一，是人体中最大的腺体，其不仅直接参与物质代谢，且又是机体主要的产热器官，并有解毒的功能。肝脏也是人体最大的造血和储血器官。

用拳或脚击打右软肋易导致肝脏移位或破裂，甚至强力打击可使右季肋骨骨折，而骨折断端易刺伤肝脏，造成其破裂。肝脏是腹腔脏器中最容易破裂的器官，仅次于脾脏。肝脏破裂后，会造成严重的腹腔内出血，血液及外溢的胆汁刺激腹膜，会立即出现剧烈的腹痛，严重者甚至导致休克或死亡（图2-44）。

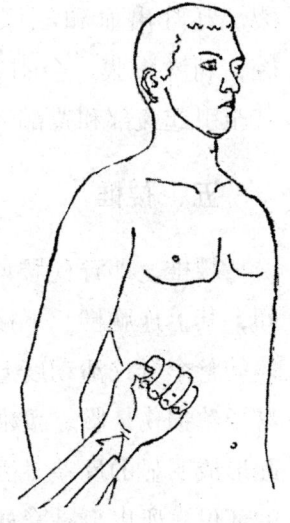

图2-44

四、腰肾

腰肾部，是指腹后壁肾区。它是指腹后壁脊柱两侧，上至第 11 肋缘，下至髂骨。在腰肾部位有被列为死穴或要害的部位。

腰肾部位中的肾脏是人体重要的生命器官，其分为左、右两肾。肾脏的主要功能是造尿，还可将人体的一部分代谢产物、无机盐和多余的水分排出体外，因此，它对维持人体内环境的相对恒定起着重要作用。肾脏在腹腔内没有专门的固定装置，肾脏的固定完全是通过肾蒂实现的。肾蒂是指出入肾门的肾动、静脉，淋巴管，神经和输尿管等肾门处集聚的总称。但实际上对肾脏起主要支持、固定作用的，是肾动、静脉和肾淋巴管。肾脏仅仅是靠出入肾门的肾动脉、静脉和淋巴管联结在腹主动脉及下腔静脉上，这使得肾脏极易遭受震荡、牵拉而发生撕裂，造成严重的肾蒂损伤。

用拳、掌、肘、膝、脚技术打击腰肾部，可直接造成肾脏挫伤、肾脏破裂或肾蒂撕裂。肾脏如被打击挫伤会造成剧烈的肾区疼痛；如果强力打击可导致肾脏破裂、肾脏出血和原尿外渗，尿液进入腹腔，刺激腹膜，会引起广泛的腰腹疼痛，甚至引起腹部和背部的疼痛（图 2-45）。

图 2-45

五、腰椎

腰椎，即脊柱腰段，为胸椎和骶椎之间，其上连胸椎、下接骶椎，是除了颈椎以外脊柱活动度最大的部位。人体的整个脊柱活动度差异很大，活动度越大的节段其稳定性就越差，越容易导致损伤。胸、腰椎之间，因胸椎活动度很小，腰椎活动度却很大，彼此形成明显的反差。因此，胸、腰椎连接部位实际成为脊柱的一个较薄弱的部位，所以也是脊柱损伤的多发部位。胸部以下脊柱损伤多发生在第 12 胸椎与第 1、2 腰椎之间。腰椎在搏击术中一直被视为人体的要害部位，其中有命门穴等死穴在此分布。

如果用拳、肘、膝、脚打击脊柱部位，轻者受挫伤，重者可以造成上位腰椎骨折或脱位，导致下肢截瘫，使受击者立即失去活动能力（图2-46）。

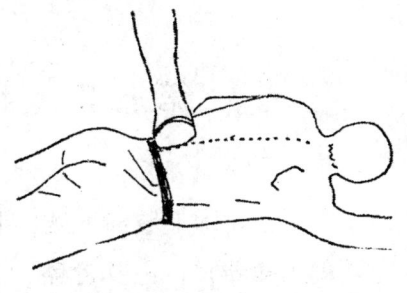

图2-46

六、下裆

下裆，又称为会阴。广义上的会阴部位是指盆腔底部。盆腔底部是由皮肤、筋膜和肌肉等软组织组成，前方以耻骨为界，后方以尾骨尖为界，两侧以坐骨结节为界，外观呈一菱形。两侧坐骨结节的连线将会阴分为前、后两个三角。前方的三角是生殖三角，后方的三角则是肛门三角。狭义的会阴则是指肛门与外生殖器之间的部位。会阴是人体一个特殊的部位，不仅有人的生殖器官，且又是神经、血管分布最为密集的部位。

会阴遭到膝顶、脚踢或拳击、掐拿时，可在外力的作用下受到重挫。下裆受到打击，轻者使受击者出现恶心、呕吐，重者可导致休克的发生。通常搏击中攻击裆部可以轻易使受击者失去抵抗能力（图2-47、图2-48）。

图2-47　　　　　　图2-48

第七节　上下肢应用解剖图说

上下肢，即上肢和下肢。上下肢与头、颈、胸、腹相比虽然没有人体重要的生命器官，但其骨骼、关节亦同样各有其薄弱部位，上下肢神经、血管有多处行走较浅，较为暴露，如果打击这些部位，即使不能轻易致命，也可以造成严重的后果。在上下肢上分布着许多被列为要害穴位的部位，这些要害穴位遭到打击可以使受击者致晕或致残，另外还有致命穴位分布在上下肢。

上下肢骨骼。上肢骨骼包括有：肩胛骨、锁骨、肱骨、桡尺骨、腕骨、掌骨、指骨。下肢骨骼包括有：股骨、髌骨、胫骨、腓骨、跗骨、跖骨、趾骨等。这其中上下肢的每一根长骨在解剖学特点上几乎都有易于骨折的薄弱部位。

上下肢关节。上下肢的主要关节包括有：肩关节、肘关节、腕关节、指关节、髋关节、膝关节和踝关节等。其中较易损伤的关节有：肩关节、肘关节、腕关节、指关节和膝关节。通常较易损伤的关节多是灵活性较大或活动负担较重的关节。因为这类关节在其结构和机能上都有相应的薄弱环节，既容易受到损伤，也容易拿制（图2-49）。

上下肢神经。上下肢的神经均由脊髓发出的脊神经支配，脊神经分为颈丛、臂丛、腰丛、骶丛等几个神经丛。上下肢各神经主支的分布深浅不一，有的节段行走较深，有的节段行走表浅。同时，各神经主支还都向表皮下分出许多神经浅支。这些神经所行走的表浅部位，也常常成为神经外伤点。通常损伤的主要神经有：臂神经丛、正中神经上段、尺神经中段、桡神经上段和下段、股神经上段、坐

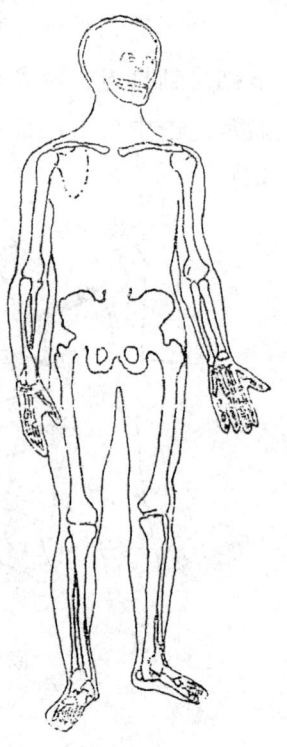

图2-49

骨神经下段、腓总神经上段等。

上下肢血管。人体的血液循环是通过体循环来完成的。人体的动脉、静脉、毛细血管及心脏组成了一个封闭的循环网络。由心脏泵出新鲜血液经动脉流向全身，再经由毛细血管网进入静脉血管回流到心脏，完成一次大循环。上下肢的动、静脉血管也多是相互伴行的。上下肢的主要动脉多行走于软组织深面，也有多处行走表浅、位于皮下。因体循环的压力，凡动脉血管破裂，常会造成急剧的大出血，直接危及人的性命（图2-50）。上肢动脉来自于锁骨下动脉，是锁骨下动脉的分支和延续，上肢动脉包括：腋动脉、肱动脉、桡动脉、尺动脉。下肢动脉来自髂外动脉，是髂外动脉的分支和延续。下肢动脉包括：股动脉、腘动脉、胫前动脉和胫后动脉。

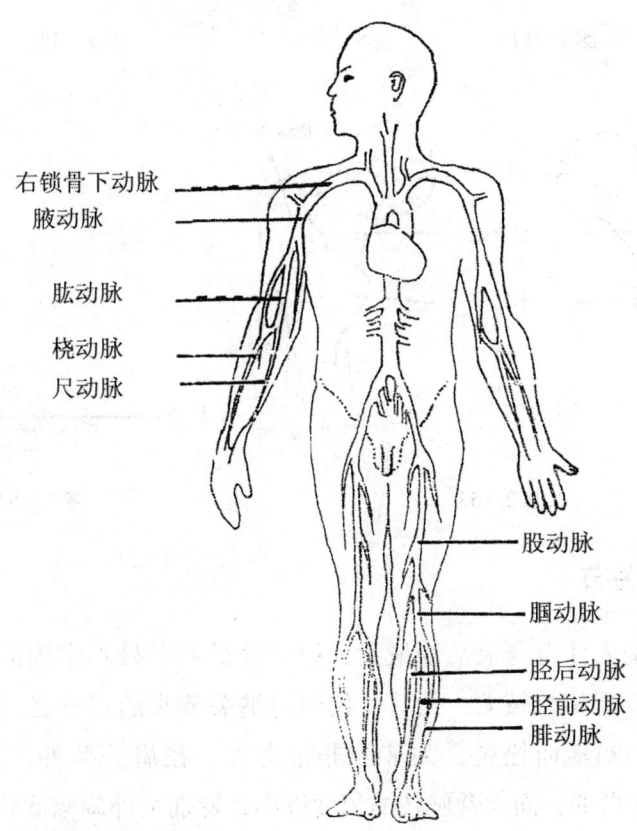

图2-50

上下肢要害部位,如图2-51~图2-54。

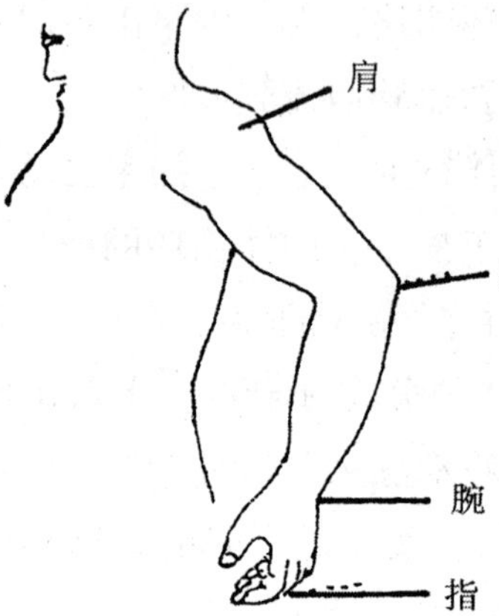

图2-51

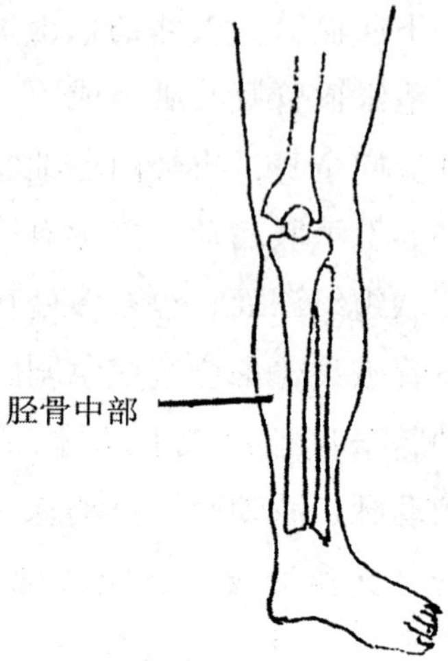

图2-52

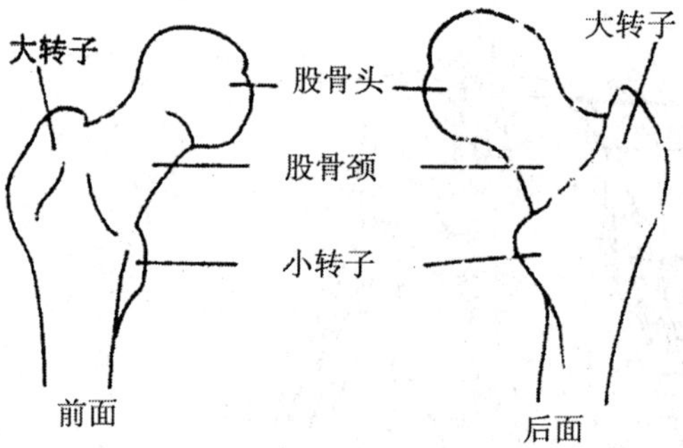

图2-53

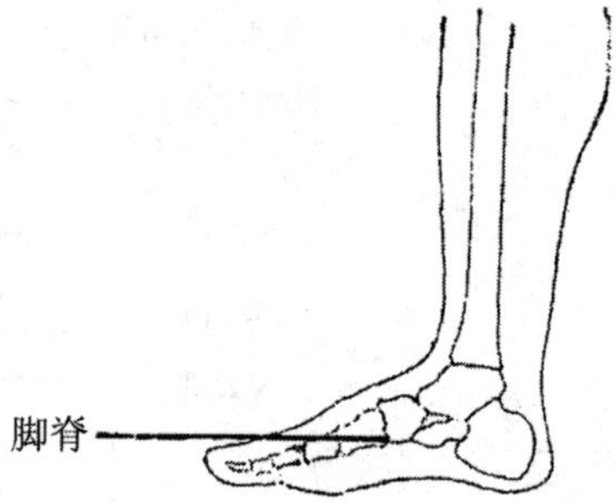

图2-54

一、肩关节

肩关节是人体全身灵活性最大、稳定性最差、最不牢固的关节。肩关节的两个关节面相差较大,关节盂仅能容纳关节头的三分之一甚至是四分之一,且关节囊薄而松弛,关节腔非常宽大。在肩关节外,大臂屈、伸、展、收、环转自如,而大臂旋转的幅度极小,特别是外旋幅度较甚微。肩关节部位即使有多条韧带加固,但关节韧带都是从上面、前面和侧面来加固关节，对过度屈、伸、展、收起一定的限制作用。因此，肩关节对过度屈、伸、展、收的抵抗力相对较强，对旋转的抵抗相对较差，见图2-51。

如果用拳、脚由前向后暴力击打肩关节，可以使关节头滑出关节盂，造成肩关节后脱位。如果是用擒拿技术，两手配合，一手抓握对手小臂配合膝顶之力，猛力向外、向上，或向内、向后扭动，撕拉，可以使肱骨头在外力作用下脱出关节盂，造成关节前脱位（图2-55）。或者运用咏春拳的手法极度向内扭动对手上臂，使其上臂内旋，并突然加力向外扭动牵拉，迫使对手肩关节大幅度外展，可造成受击对手的肩袖韧带和肌腱撕裂或完全断裂（图2-56）。

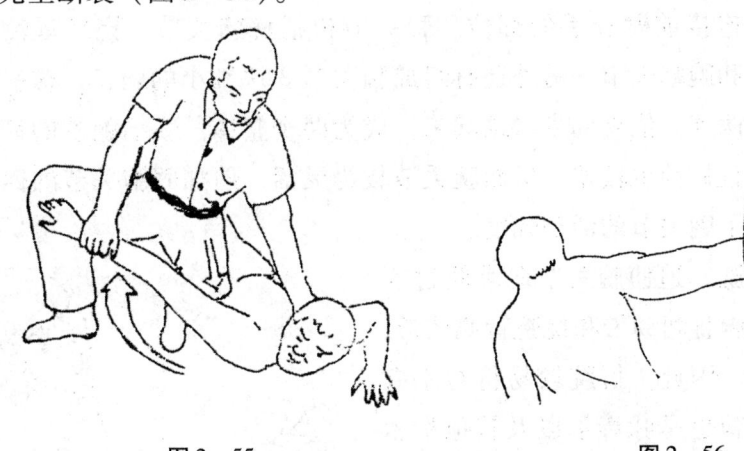

图2-55　　　　　　　　　图2-56

二、肘关节

肘关节是上肢关节中较为脆弱的关节，它是由肱尺关节、肱桡关节和桡尺关节组成，其共同包在一个关节囊内。关节囊前后薄弱，两侧较硬，且两侧还有韧带加固。因三个关节的活动相互制约，使肘关节的整体运动受到很大限制，因而肘关节仅能做屈伸和旋转的运动。

用擒拿手法迫使对手肘关节过度后伸是造成肘关节损伤的多数原因。擒拿对手手腕或小臂，采用反关节的技术方法，向对手肘关节背后施加压力，迫使其肘关节过伸，可使对手肘关节脱位、尺骨鹰嘴骨折，甚至可造成韧带、关节囊损伤（图2-57）。

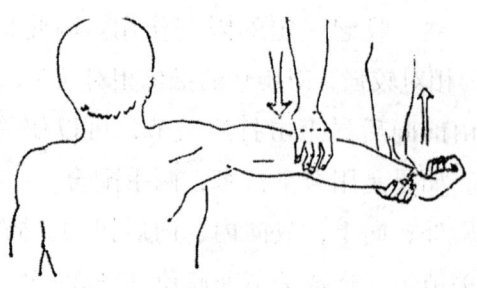

图 2-57

三、腕关节

腕关节是连接前臂和手的部位。腕关节包括桡腕关节、桡尺远侧关节、腕间关节和腕掌关节。另外还有组成腕关节 8 块细小的腕骨，这些腕骨排成远、近两列，依靠韧带联结起来，成为两个整体。联结腕骨的韧带都极为细小，且韧性也较差。虽然腕关节较为灵活，但加固腕关节的四条主要韧带限制了腕关节的活动幅度。

用手法折腕，迫使腕关节向掌侧过度前屈，可损伤腕骨间韧带和桡腕背侧韧带，使人疼痛难忍。因此，折腕较易将对手拿制。用手法折腕也是咏春拳以及其他拳术中常用的技术。极度折对手的腕后，再加力向外扭转，迫使对手腕关节极度外旋，可造成其桡尺远关节分离脱位，并可造成分隔桡腕关节的腕三角关节软骨盘破裂，使腕关节完全丧失活动能力（图 2-58）。

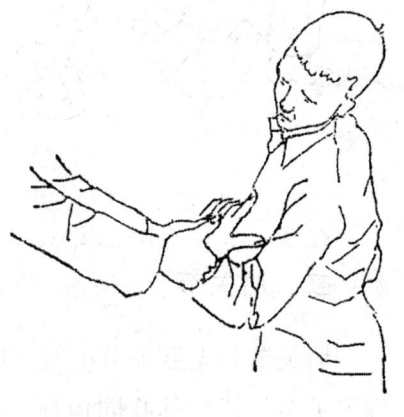

图 2-58

四、指关节

指关节，实际上包括掌指关节和指间关节。手指骨骼细小，关节囊多为软骨构成，背侧松弛，关节韧带薄弱。指间关节的加固，主要依靠关节两侧的副韧带。如此，使指关节的背向运动及侧向运动受到限制，见图 2-51。

用手法抓住对手的手指向后、向侧折别，无需用较大的力即可轻易造成其掌指关节或指间关节脱位、关节囊撕裂、侧副韧带断裂。其中拇指的掌指关节与其他四指分离、支持最少，最容易损伤脱位。且拇指掌指关节损伤，使全手的抓握对掌运动不能完成。因此，伤其一指等于伤其五指（图2-59）。

五、膝关节

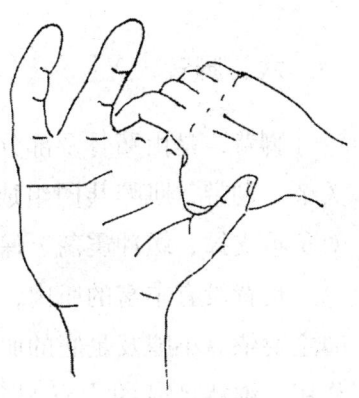

图 2-59

膝关节是人体关节中关节面积最大、关节窝最浅、用力杠杆最长、活动负担最重的关节。膝关节的主要运动形式是屈伸，不能展收，只能做小幅度的旋转。在膝关节处于半屈曲位时，其旋转的幅度最大，也最不稳定。膝关节的稳定是依靠关节韧带来维持的。关节内的十字韧带保护胫骨、股骨不至于前后错动，防止关节过伸。关节内、外侧副韧带保护关节不至于左、右侧向移动，并防止膝关节过伸及过度回旋。另外，髌韧带和腘韧带还分别在前、后膝关节起加固作用。在膝关节弯曲时，内、外两侧的副韧带及后面的腘韧带都松弛下来，对关节的加固作用减弱。当膝关节旋转的幅度加大，关节的稳定性变得最差。

在膝关节伸直时，对其实施暴力打击易造成损伤，而当膝关节屈曲时，受侧面暴力打击易造成损伤。即对手膝关节伸直时，以踢法用脚底猛蹬踏对手膝关节正面，迫使其膝关节过伸，可造成膝关节内十字韧带及侧副韧带断裂，使其关节剧痛，不能支撑站立。当对手膝关节屈曲时，其膝内、外侧副韧带及腘韧带都处于松弛状态，用脚踢击可造成其膝关节严重外翻，使内侧副韧带及内侧半月板撕裂。严重踢击会伤及其关节面，造成胫骨软骨平台塌陷骨折，关节疼痛更为明显剧烈（图2-60）。

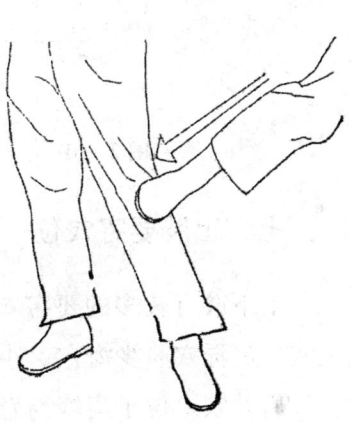

图 2-60

六、脚背

脚背，是由跖骨及部分跗骨构成。在脚背部，跗骨、跖骨，与足部的关节、韧带、肌腱共同组成了一个拱形结构，称为足弓。足弓富有弹性，对负重支撑、缓冲震荡、保护足底结构起着重要的作用，见图2-54。

足背没有丰富的肌肉，仅是在足背外侧有两块伸趾短肌，走、跑或跳时主要依靠小腿及足底的肌肉，而在站立时，小腿及足底的肌肉不能发挥作用，维持足弓的力量显得很弱，只能依靠足骨间的韧带及其他结缔组织。

如此，在对手站立时，用踩脚法以脚底部向下猛踩踏对手支撑脚脚背，可使对手脚跖骨断裂，足弓塌陷，甚至使对手因足部剧痛倒地，不能支撑、行走，失去行动能力（图2-61）。

或者运用两手配合拿取扭旋错挫对手脚背，同样可以使受击者遭到重创，使脚跖骨受到伤害（图2-62）。

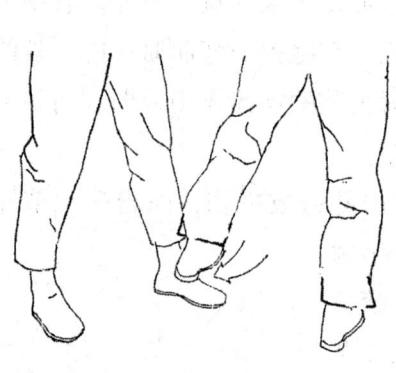

图2-61

图2-62

七、上肢要害穴位

上下肢有较多的要害穴位分布。在上肢分布有：肩井穴、极泉穴、青灵穴、消泺穴、少海穴、小海穴、曲泽穴、手三里、脉腕穴（图2-63）。

肩井穴。位于肩峰与脊柱连线的中点，在肩上最高处。这个部位是臂丛神经的密集部位，臂丛神经由此向下进入腋窝。因此，肩上成为臂丛神

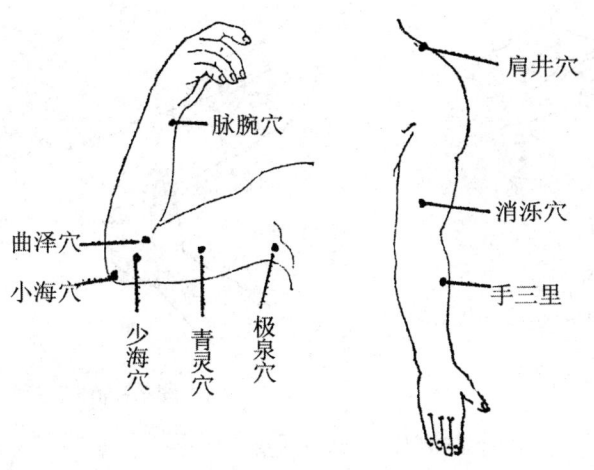

图 2-63

经的外伤点。肩井穴对压迫刺激十分敏感。用手指从肩前或肩后掐拿肩井穴,可使整个肩部和手臂酸痛难忍,失去抵抗能力,而将受击者轻易拿制(图 2-64)。

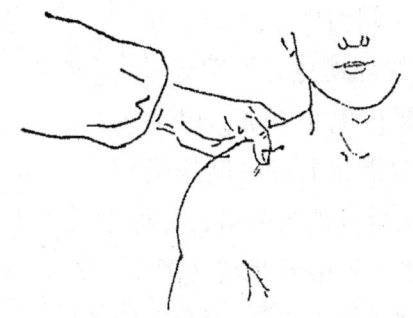

图 2-64

极泉穴。位于肩关节下的腋窝正中。腋窝则是上肢血液循环和神经支配的必经之路,整个上肢的血管、神经都汇集于此。腋动脉、腋静脉和臂神经丛一起由筋膜包裹从肩部进入腋窝,穿过腋窝深层。在腋窝内,臂神经丛与腋动脉联系紧密,它从外、后、内三面包围着腋动脉,如此使腋窝既是臂丛神经外伤点,又是腋动脉外伤点,见图 2-63。用手掐拿腋窝内的极泉穴,可促使整个手臂酸痛无力(图 2-65、图 2-66)。如果强力打击腋窝,可使受击者产生剧烈疼痛,并可造成神经失调,使臂丛神经麻痹,整个手臂暂时失去活动能力。

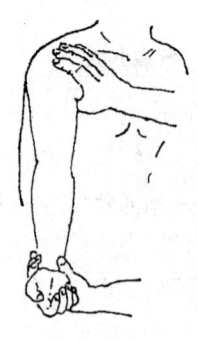

图 2-65

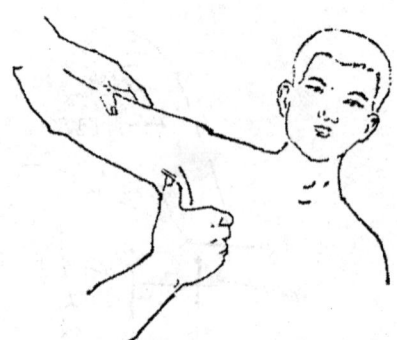

图 2-66

青灵穴。位于上臂内侧中下部，肱二头肌尺侧沟内。肱二头肌尺侧沟是上臂内侧肱二头肌与肱三头肌之间的一条体表浅沟，位置表浅，仅被肱二头肌腱膜及皮肤所遮盖。由正中神经与肱动脉并列行走于上臂内侧的肱二头肌尺侧沟中。这个地方为正中神经和肱动脉的外伤点，见图2-63。如果用手法从上臂内侧中下部，以手指点压青灵穴，或以拇指在上臂内侧按压

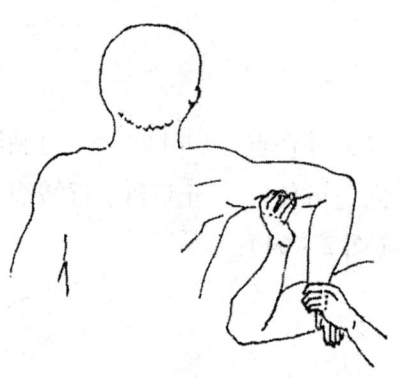

图 2-67

青灵穴，其余四指在上臂外侧与拇指合拢抓拿肱二头肌，都可以压迫或牵动正中神经，使受击者上臂酸麻胀痛（图2-67）。

消泺穴。位于上臂外侧正中间，见图2-63。上臂外侧为桡神经上段的行经路线。桡神经在上臂外侧肱三头肌深面紧贴肱骨骨面下行。如此使上臂外侧中部成为桡神经外伤点。用手法握住对手上臂以拇指或中、食指掐拿消泺穴，可将桡神经压向肱骨骨干，使整个手臂酸痛无力（图2-68）。

少海穴。位于上臂内侧最下端肱骨内上髁处。屈肘时，以肘横纹尺侧纹头尽处即是少海穴。尺神经由上臂内侧向下经肱骨内上髁进入肘后尺神经沟，在肱骨侧上髁处比较表浅。如果用手法掐拿少海穴，可以将尺神经压向肱骨内上髁，使受击者手臂产生强烈的酸麻胀痛感（图2-69）。

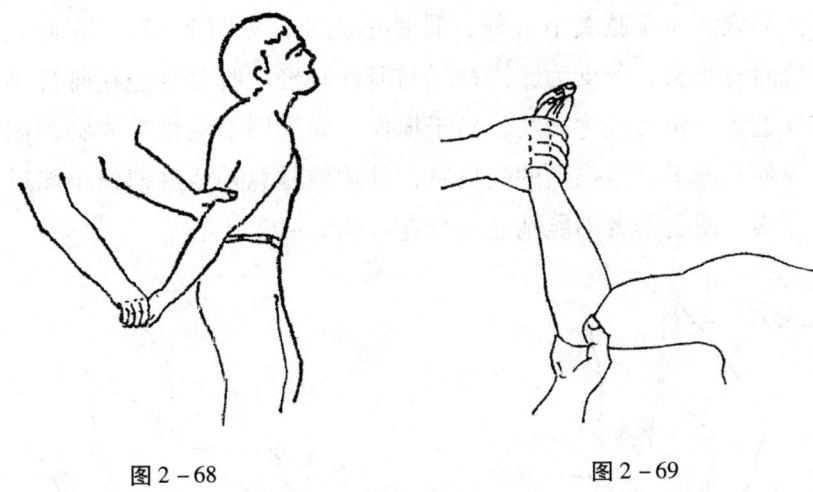

图 2-68　　　　　　　　图 2-69

手三里穴。位于前臂外侧、桡骨上段，见图 2-63。前臂外侧为桡神经和桡动脉的行经路线，桡神经和桡动脉在前臂上部被肱桡肌所遮盖。如果用手法掐拿手三里穴，可以压迫桡神经，使前臂酸痛异常（图 2-70）。

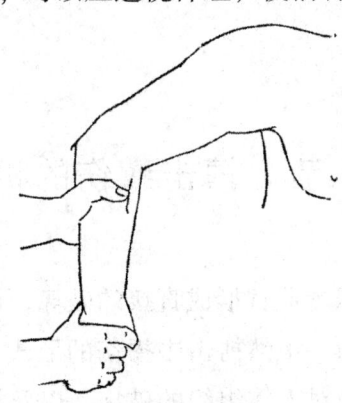

图 2-70

八、下肢要害穴位

急脉穴。位于大腿内侧的腹股沟处（图 2-71）。在腹股沟下，腹股沟韧带与外侧的缝匠肌和内侧的长收肌围成了一个特殊的局部结构，称为股三角。股三角是支配下肢神经和血液循环的重要通道，同时也是下肢神经、血管最为暴露的部位。股动脉、股静脉和股神经在腹股沟韧带中点向下通过股三角。以拳法打击或脚尖踢击此处，可以使受击者感到剧痛。

阳陵泉穴。位于膝关节外侧，腓骨小头前，见图2-71。在此处，腓总神经绕腓骨小头，分支为腓深神经与腓浅神经。腓总神经在腓骨小头处仅有皮肤遮盖，位置极为表浅，易于损伤。如果用手法掐拿或脚踢阳陵泉穴，可以使受击者产生强烈的酸痛感，并致使腓总神经麻痹，小腿后群肌肉暂时瘫痪，使受击者不能站立或行走（图2-72）。

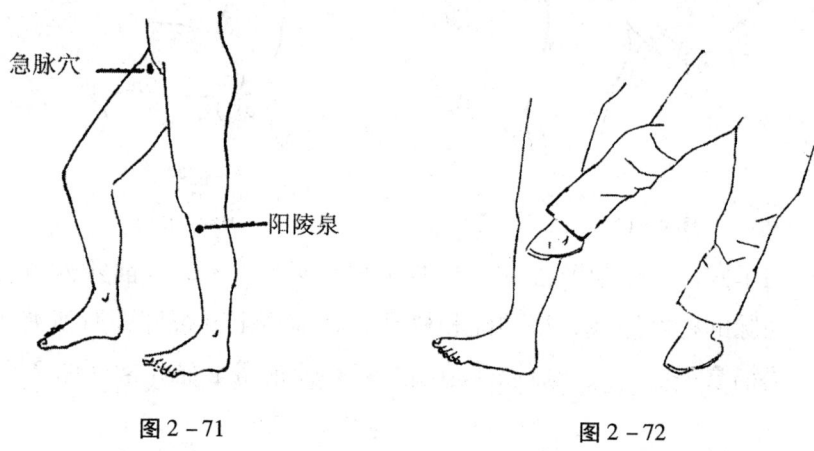

图2-71　　　　　　　　　图2-72

第八节　搏击致伤的机理

搏击损伤对人体组织、器官形成直接的破坏，严重的损伤还会直接或间接地危及受击者的生命。虽然搏击中损伤的形式、轻重程度及损伤部位有很大的随机性，但损伤对人体组织的破坏，以及损伤引起的病理生理改变，却有很多共同的特性。

下面将搏击致伤的机理伤叙述如下：

一、疼痛

疼痛，是搏击中创伤打击作用于感受器引起的痛苦感觉，疼痛可以迅速降低对手的反抗能力，剧烈的疼痛甚至可以导致对手休克。

二、休克

休克，是搏击中严重创伤导致微循环障碍、血液灌流时急剧下降引发的全身器官及组织遭受的损害。其主要表现有：神志恍惚、皮肤苍白、乏力、脉细、血压下降和呼吸困难，严重者甚至可导致死亡。

三、组织破损

组织破损，多是因搏击中身体上的重要组织、器官，因损伤而致破坏，最常见的是出血。出血是血管壁破裂后引起的血液外溢。根据血管类型可分为动脉出血、静脉出血和毛细血管出血。根据体表是否完整可分为外出血、内出血。

四、呼吸困难

呼吸困难，多是因搏击中创伤打击造成气道梗阻，有效呼吸面积减少产生的缺氧或二氧化碳滞留，导致呼吸功能紊乱和代谢障碍。其主要表现为呼吸费力。

五、气胸

搏击中，遭受打击创伤可导致气胸。胸膜腔为包绕在肺周围的由胸膜构成的一个封闭的腔隙，正常人的胸膜腔为负压，使肺组织得以膨胀。当搏击创伤导致肋骨骨折，骨折断端刺破胸膜和肺，引发空气进入胸膜腔时，肺组织被压缩引起呼吸困难。

六、眩晕

眩晕，是搏击中发生的平衡感觉障碍或身体在空间定向上的感觉障碍。其表现为感觉自身和周围景物在旋转或摇动，身体位置和行动控制不灵或不稳，并常伴有恶心、呕吐、头痛或跌倒的情况。

七、昏迷

昏迷，为搏击中被重挫或重创时出现的严重意识障碍。其表现为意识丧失，对各种刺激均失去正常的反应。

八、昏厥

昏厥，多是搏击中由于重创使脑供血不足引发的急性而短暂的意识丧失。在搏击中压迫双侧颈总动脉、刺激两侧颈动脉窦可引起血管性的昏厥。昏厥和昏迷是不同的，昏迷的意识丧失时间持久而不易迅速恢复；昏厥和眩晕也不同，眩晕是一种运动性幻觉，感觉自身和周围景物发生旋转或摇动，一般来说是无意识丧失。

九、脑震荡

脑震荡，多是搏击中因打击头颅引起的脑部震荡或脑部挫伤，即颅脑损伤。发生脑震荡和脑挫伤都可造成不同程度的昏迷。脑震荡为轻型的颅脑损伤，原发性昏迷不会超过 30 分钟，无明显神经系统阳性体征，无生命体征（心跳、呼吸、血压等）改变，没有或只有简单颅骨骨折；而脑挫伤是中型或重型的颅脑损伤，原发性昏迷超过 30 分钟以上，并有明显的神经系统和生命体征改变，甚至常伴有复杂的颅骨骨折发生。

十、瘫痪

瘫痪，是搏击中受击者身体某部位随意运动功能的丧失。在搏击中多数因打击脊椎引起瘫痪的发生。特别是重击腰椎部位。

十一、骨折

骨折，是搏击中骨组织或软骨组织在打击作用下引起的结构连续性的破坏。根据骨折线走行方向可分为粉碎性骨折、离断性骨折、撕脱性骨折、凹陷性骨折、压缩性骨折等。在搏击中被重创发生骨折，会伴有骨折局部的疼痛、肿胀、运动障碍和畸形的发生。

十二、脱臼

脱臼，是搏击中因打击使构成关节的各关节面失去正常的对合关系。发生脱臼时，并常伴有关节囊或韧带的撕裂、局部肿胀、疼痛，关节运动障碍或畸形，有时可能会伴有骨折。

十三、反关节

反关节，多是在搏击中的打击或拿制作用下强迫关节做超出生理极限的反常运动。咏春拳搏击术多用擒拿技术通过对四肢的反关节打击，控制对手身体的姿势平衡，达到取胜或制服对手。

咏春拳搏击术运用最终目的是将对手（敌人）制服、致伤或致死。制服或致死都是通过攻击对手身体薄弱环节和要害部位，使被击对手出现突发的、急剧的创伤性病理过程，这也是咏春拳以弱胜强的搏击功夫特点。

第九节　常见的搏击损伤

常见的搏击损伤，是指在咏春搏击术（实际上与其他搏击术打击均相同）中通过人为的暴力打击侵害所形成的普遍性的、比较典型的单一损伤。但实际上，搏击损伤是较为复杂的，一次搏击中的打击重创侵害，给人体造成的损伤不仅仅是单一的，甚至可以造成多处的、多种损伤同时发生。例如，打击时表皮损伤合并内脏损伤，血管断裂同时伴有神经断裂等。

下面对常见的搏击损伤分别叙述。

一、表皮擦伤

搏击中典型的表皮擦伤，是指拳或掌、肘，或脚与皮肤表面发生强烈摩擦或划过皮肤，致使人体局部失去表皮，使真皮外露，或伴有真皮血管破损的一种表皮损伤。这种皮肤表面组织的完整性被破坏的现象，称为表皮擦伤，也可以称其为表皮剥脱。

表皮擦伤的症状。人体在搏击中发生擦伤，伤处可见明显擦痕，有的完全失去表皮，有的表皮并未完全脱落，一端剥离、另一端仍与真皮相连。擦伤形成后，最初伤处表面会有小的出血点及组织液溢出。擦伤溢出的血液和组织液不久会在外露的真皮或残存的表皮上结痂，伤口也开始愈合。通常伤后如果无感染发生，浅小的擦伤不经治疗可在短期内自行愈合。如果是广泛的、较深的擦伤，大致需要经10至20日方可治愈或自愈。但实际上擦伤愈合得快慢还与受伤者的年龄、体质，以及受伤部位有关。

表皮擦伤形成的原因。搏击中，拳打、脚踢或手法掐伤或抓伤，是在搏击中双方在相互打斗的情况下，在人体的暴露部位和要害部位上形成。

擦伤较易形成的部位。搏击中，特别是在没有穿戴护具进行的自由式搏击中，表皮擦伤的出现没有特定的部位，比较而言，在人体近骨质的表皮上更容易形成。例如，头、面、肘、膝、髋部，以及小腿迎面骨（胫骨）处。

二、皮下出血

皮下出血，也被称为血斑或瘀血。皮下出血是因为体表受打击暴力作用，致真皮和皮下组织的血管发生破裂，血液自血管破裂处流出，在皮下组织间形成凝积状态。这种皮肤表面虽完好，但皮下组织遭到破坏，致使血液在皮下瘀积的现象称为皮下出血。如果皮下出血与表皮擦伤合并出现，可致使血液自擦破的皮肤表面溢出很多。

皮下出血的症状。实际上根据皮肤的层次，皮下出血可以按出血位置的深浅，分为皮内出血和皮下出血。覆盖人体表面完整的皮肤分为三层。即分别为表皮层、真皮层和皮下脂肪层。最外面的一层叫作表皮。表皮下面一层叫真皮。真皮下面一层，即皮肤的最下层叫皮下脂肪层。皮下脂肪层中含有皮下浅动脉、皮下静脉和皮下神经。根据皮肤的分层结构，可以严格地将真皮内的出血称为皮内出血，而把皮下脂肪层内的动静脉出血称为皮下出血。通常来说，皮下动静脉破裂出血要比皮内出血严重。程度最轻的为皮内出血，一般只在皮肤表面显露出若干小的出血点，小至针头，大到黄豆，此也可称为瘀斑。这也是损伤很轻的真皮内瘀血。皮下出血是在真皮及皮下脂肪组织内形成广泛的积血，并在皮肤的表面显现出清晰的血斑。严重的皮下出血可使皮下脂肪组织内形成一片血肿。血肿是因为出血量较大，大量的血液在皮下瘀积，将皮肤、黏膜隆起，或将组织分离。血肿实际上不只是可以在体表形成，也可以在人体深部柔软的内脏器官上形成。皮下出血后皮肤会出现一系列的颜色变化。通常情况下，皮下瘀积的血液会逐渐被人体组织吸收而消失。一般来说在外观上，损伤部位的皮肤会由损伤初期的深红色逐渐变紫、变青、变蓝、变绿、变黄，直至最后瘀血完全消散，肤色恢复正常。然而瘀血消散得快慢，还取决于出血量的大小，同时也取决于皮下出血的部位。一般面积较大的瘀血相对消散要慢一些。位置较高及靠近躯干心脏部位的瘀血，比位置较低或远离心脏部位的瘀血消散要快些。同时，人的年龄、体质状况都会影响到瘀血的消散速度。如果是严重的皮下瘀血能引起短时间的器官机能障碍。例如，关节部位瘀血，使该关节不能自然地运动；肌肉丰厚的部位瘀血，使该部位肌肉不能自由地用力。且多数皮下出血，还会发生触压疼痛和局部红肿、寒热的现象。

　　皮下出血形成的原因。皮下出血与表皮擦伤一样，属于轻微的损伤，且常与表皮擦伤合并发生。造成皮下出血的原因，多数与搏击中的强力打击有关。如用拳击头部时，可以在头、面部皮下形成严重的血肿，但不能排除颅内损伤的可能性。脚踢四肢时，可以在体表形成皮下出血和表皮擦伤。拳击或脚踢腹部时，可在腹壁上形成皮下瘀血，但不能排除腹内脏器损伤的可能性。因此，即使以拳脚打击人体要害部位，即便外观只是显现轻微的皮下出血，有时也会发生休克或死亡的严重后果。如果用掌指手法扼颈，或手指掐压受击者颈部，均可造成颈部皮下出血。或者以掌指用力在软组织较厚的部位用力揪拧，也可以形成皮下出血。

　　皮下出血易形成的部位。皮下出血易形成的部位多数是在皮下软组织较厚的部位、人体组织疏松的部位及血管分布丰富的部位。软组织丰厚的部位为肩、背、腿、臀部，这些部位在遭强力打击时，因软组织自身的韧性和弹性，使表皮不致轻易破损，而使出血瘀积在皮下，形成了皮下出血或血肿。在眼睑或阴囊等人体组织较疏松的部位，因皮下组织间能容纳较多的血量，因此在遭打击后皮下出血很容易在疏松的皮下组织间大量地积蓄充盈，形成血肿，甚至皮下出血、血肿的范围会很快地遍及整个眼睑或阴囊，甚至可能累及损伤部位的对侧。在面、唇等人体血管分布较丰富的部位，遭到打击后因局部血管较多，皮下出血也较易形成。在搏击中出现的皮下出血虽属轻微的损伤，但发现皮下出血时，绝不能由此忽略了深部损伤的可能性。例如，胸肋发生瘀血，要考虑到肋骨是否会有骨折；头、面部发生瘀血，要考虑到颅内是否有损伤。

三、挫伤

挫伤，是搏击中人体受拳脚打击所致的皮下软组织损伤，即人体在遭到打击的挫压作用后，皮肤保持完好，而深层软组织受到破坏。

挫伤的症状。挫伤表现为皮肤完整，皮下血管破裂，肌纤维断裂，及软组织挫碎，局部肿胀、压痛，有明显的局部功能障碍。深层肌肉挫伤出血量往往很大，即使瘀血不太容易显现，但局部肿胀却明显严重。

挫伤形成的原因。搏击打斗中，拳打脚踢在人体肌肉等软组织丰厚的部位形成挫伤。如果踢打的力量强大，则能加大损伤的深度，加重损伤的程度。当然，如果以拳面击打或着硬底鞋蹬踢人体近骨质的部位，即使踢打的力量不太大，但只要超出了皮肤弹性所能承受的限度，均可引起表浅的挫裂伤。搏击中拳脚打斗属于程度较轻的损伤，只要不是伤在要害部位，多数不会造成严重后果。

挫伤易形成的部位。在搏击中发生挫伤，一般较难具体确定挫伤易形成的部位。通常来说，单纯挫伤多出现在人体肌肉等软组织较丰厚的部位，如臀、腿、肩、背等处。有时，在头、肘、膝、踝、小腿迎面骨部位等处也会发生挫伤。挫伤虽是搏击中出现较轻微的损伤，但要注意挫伤在人体的某些特殊部位却具有一定的危险性。例如，在小腿及前臂的肌肉挫伤在任何情况下比起其他部位都显得更为严重、危险些。因此，当这些部位发生挫伤时，要注意及时救治。

四、扭伤和关节脱位

扭伤和关节脱位的形成多是在搏击扭打中合并出现较多。

扭伤，通常是指在搏击中某些关节在打击暴力作用下或因用力不当受到损害，致使关节囊、关节韧带，及关节周围的神经、血管、肌肉、肌腱等软组织发生损伤，使关节的正常功能活动受到限制。

关节脱位，是指组成关节的骨关节面脱出正常的解剖位置，致使受伤关节暂时性地完全失去了正常的活动功能。

扭伤和关节脱位的症状。关节扭伤时，组成关节的骨关节面并没有明显的解剖位置改变，只是关节周围软组织肿胀，有疼痛感，有撕裂伤和内出血，并出现明显的关节活动障碍。压疼点较清楚，易借此判断损伤部位及受损的组织。关节脱位时，因骨关节面的正常解剖位置发生了改变，使受伤处常显现外观畸形，两骨关节面脱离，在受伤关节处，两骨之间可以触摸到一个凹陷，或一个异常的骨隆起。通常脱位的肢体在外观上较正常肢体延长或者缩短，关节迅速肿胀，并有广泛的压痛，有明显的运动障碍，脱位关节以下部位不能做随意运动。甚至严重的关节脱位，还可同时造成关节内出血及关节周围软组织损伤。这种关节脱位损伤，可连带关节软组织损伤，对关节及关节软组织的破坏性比单纯性扭伤要严重得多，其可造成大神经断裂、血管破裂、肌肉断裂。

扭伤和关节脱位形成的原因。搏击打斗中，关节扭伤多是出自于不合理的用力或外力过度扳折、旋拧。搏击中暴力侵害造成的关节扭伤，多是在力量对比悬殊的情况发生。如抓住受击者一侧肢体的远端，采用反关节的方式，用力扳折、牵拉、旋拧，迫使受击者关节屈、伸、展、收及回旋的幅度超过了关节的正常活动范围。甚至有些弱小关节的扭伤，例如指间关节及掌指关节扭伤，并不需要悬殊的力量对比，不需太大力即可以发生。关节脱位在搏击中遭受强力的打击侵害时较易发生，强力打击关节部位可以直接造成关节脱位。在搏击打斗中，用擒拿手法揪扭、抓握对手肢体，用力反折关节、极度旋拧，或在对手比较放松的情况下，抓住对手肢体，趁其不备猝然用力牵拉，都可以直接造成关节脱位。用反折关节和极度旋拧造成的关节脱位，往往同时损伤关节周围组织，造成关节囊、关节韧带，及神经、血管、肌腱、肌肉断离或者撕裂，造成关节重伤。当然，如果是过度牵拉造成的关节脱位，一般不连带关节软组织损伤，只是单纯的关节脱位。

扭伤和关节脱位易发生的部位。扭伤和关节脱位，在搏击中实际上任何关节都能形成，但关节扭伤多发生于灵活性较差或较小的关节上，例如踝关节、腕关节、指关节，及腰、颈椎关节。关节脱位则在灵活性大的关节上较易发生。通常来说，上肢关节脱位多于下肢；小关节脱位多于大关节；单关节脱位多于复合关节和联合关节。搏击中，发生在肩关节、肘关节、指关节及膝关节上的损伤脱位较为常见。

五、骨折

骨折，即在搏击中遭受强力打击作用引起骨质的连续性破坏，使骨质分离，包括骨裂在内。骨折可根据损伤的程度，分为完全骨折和不完全骨折两类。完全骨折是指整个骨质完全断离，或一分为二的横断、斜断，或断为多块。形成多块断离的骨折又称为粉碎性骨折。不完全骨折是指骨质的一部分被破坏，骨质的另一部分尚保持联系，并未完全断开。

骨折的症状。骨折形成后，在骨折处均有明显的疼痛和压痛。沿骨骼纵向在骨的远端叩击，会出现传导疼痛。且因骨折造成局部出血，骨折的部位会常伴有严重的组织水肿，外伤着力部位或骨折处的下方还可能出现瘀血。完全骨折后，会因断骨错位，常常造成肢体畸形，骨折处会出现异常的骨突起，甚至有拉长、短缩、旋转、折角等现象。同时还可能伴有严重的功能障碍，可表现为局部活动受限或肢体完全不能活动。如果是严重的骨折损伤还常常合并有肌肉、筋膜、肌腱、神经、血管等软组织捻挫伤及撕裂伤，有的甚至会造成内脏损伤。

骨折形成的原因。搏击中发生的骨折损伤既与外界打击暴力作用有关，也与骨骼的受力情况和骨骼本身的状况有关。在搏击打斗中引起骨折损伤的原因主要是暴力打击，即暴力打击直接作用在骨骼上易造成骨折，骨折的部位往往就在暴力打击与骨质相接触的部位，即在着力部位处。例如，以拳或脚击打头部，可以在头的着力部位形成颅骨线性骨折、凹陷骨折或粉碎性骨折。以拳或脚击打四肢，常常发生横断骨折，骨折线横贯长骨纵轴，骨折面与骨纵轴几乎是成直角的。

骨折易形成的部位。人体的骨骼大致是由长骨、短骨、扁骨和不规则骨四类不同形状的骨骼组成。骨的化学成分使骨骼具有一定的硬度和弹性。因此，骨骼的这些物理特性又使骨骼对外力打击具有一定的抵抗能力。其中扁骨和短骨对外力打击的承受力最强，不规则骨其次，而长骨对外力打击的承受力最差。所以，在暴力打击作用下，较易损伤的往往是人体的长骨，例如上肢的肱骨及桡尺骨、肩带的锁骨、下肢的胫腓骨、躯干的肋骨等，都是较易被打击形成骨折损伤的部位。

六、内脏破裂

搏击中，因暴力打击作用引起的人体内脏器官破损，称为内脏破裂。

内脏破裂包括：心脏破裂，肝、脾破裂，肾脏破裂，膀胱破裂，肠、胃破裂等。如果在搏击中发生内脏破裂，大都会造成严重的后果，甚至是导致死亡的重要原因。

内脏破裂的症状。搏击中发现被打击造成内脏破裂时，内脏破裂的具体症状会因破损脏器的不同及损伤程度的不同而不同。但其有共同的特点：一是，首先发生器官机能障碍和腹痛；二是，大量的内脏出血；三是，有器官内容物漏出。然而，无论任何脏器发生破裂，必定先是破坏该器官本身的生理功能，引起剧烈腹痛，并迅速导致全身各器官、系统的机能发生障碍。特别是以心脏的器官机能障碍来得最迅速、最突出，也是最危险的。内脏器官破裂，并不为体表外伤的轻重所决定。有时，内脏破裂可以连带有严重的体表外伤，例如严重的挫伤或骨折。有时也可能在内脏破裂的体表，仅有轻微的损伤或根本不显露伤迹，而内脏器官却损伤得相当严重。

内脏破裂的原因。搏击中发生内脏器官破裂的主要原因是暴力打击的直接作用和受力脏器的生理状况。搏击中，拳打、脚踢，或肘击、膝撞等打击，力量即使不是特别大，但因打击方向往往都是直接作用于人的要害部位上，使内脏器官直接受力，因此较易引起内脏器官破裂。

内脏脏器易损伤的部位。人体脏器很多，其形态、功能各不相同，可以简单地将其分为实质脏器和管腔脏器两大类。实质脏器，主要有心、肝、脾、肺、肾；管腔脏器，主要有胃、肠、膀胱。搏击中，通常遇外力打击的情况下，实质脏器较管腔脏器更易于破裂，其中肝脏和脾脏又是实质脏器中最容易破损的器官。而管腔脏器充盈时比空虚时更易于破裂，例如，饱食后的肠、胃是充满尿液的膀胱即使只受一般外力的打击，也可能引起破裂。由于人体各脏器分布的位置不同，胸腔内的心脏、肺脏因为有骨性胸廓的保护，损伤相对较少；而分布在腹腔内的脏器，如肝、脾、胃、肠、肾则因位置相对暴露，易于遭到攻击，比起心、肺更易损伤。

七、脑损伤

脑损伤，是搏击中发生的较为严重的神经损伤之一。脑损伤是指脑组织遭到暴力打击作用，致使脑的结构和功能受到破坏。在搏击中，脑损伤实际上包括脑震荡、脑挫伤、脑干损伤等几个方面。

脑损伤的症状。在正常的人体内，人脑是一个半固态的凝胶样物质，含有很高的水分。脑组织全部是由神经细胞组成的，伴随着每一次神经冲动，神经细胞内外的正、负离子要不断地进行交换，而这种正、负离子的相互交换又必须依赖大量的体液才得以完成。因此，神经细胞的含水量必然是较高的。脑组织的正常含水量约占整个容量的72%。所以，脑组织含有大量水分，这使脑组织也就更显得柔嫩，也更易遭受损伤。脑组织处于坚硬的颅骨外壳的包围之中。正常情况下，颅腔内维持着一定的压力，称为颅内压，而决定颅内压高低的主要因素有三方面，即：一是，脑组织自身的体积；二是，脑脊液的体积；三是，颅腔内的血液或脑血管的容积。通常情况下这三者相互间在体积上各占一定的比例，并保持相对的稳定和平衡，以维持颅内压的恒定。同时，脑血流和脑脊液循环在颅内构成了一种复杂的生理状态，有限制体内某些有害物质和过多水分进入颅腔内的作用，此称为脑血屏障。当搏击中，打击头部使头部外伤时，脑血屏障会因暴力打击作用首先被破坏。于是多余的水分会透过脑血屏障大量地进入颅腔内储留，导致脑组织发生水肿，而颅内压力的平衡会因此受到破坏，造成了颅内压增高。如果头部遭强力打击，即使不一定引起颅内出血，但仅因脑血屏障被破坏，脑组织中水分会急剧增多，当脑的含水量达到脑容量的90%时，即可导致重度脑水肿，甚至可能导致受击者死亡。

　　脑损伤的原因。下面将脑损伤相关的脑震荡、脑挫伤、脑干损伤作一叙述。脑震荡，是头部受暴力打击后，脑的组织结构没有明显的解剖病理改变，只是引起大脑发生一时性功能障碍，称为脑震荡。脑震荡是脑损伤中最轻微的一种，可在打击下单独发生，亦可与其他严重颅脑损伤合并发生。通常情况下，严重的颅脑损伤如脑挫伤和颅内血肿发生时，都会合并有脑震荡发生。打击使脑震荡发生后，受击者会有数秒钟、数分钟，甚至是数十分钟不等的意识丧失，四肢肌肉松弛。受击者清醒后常有逆行性健忘现象，对受伤当时的情况失去记忆。搏击中出现脑震荡，可以引起脑血管运血功能紊乱及脑脊液储留，导致颅内压增高。因此，当受击者因脑震荡清醒后，会常伴有头晕、头痛、恶心、呕吐等症状的发生。脑挫伤，是指头部受外伤后，脑组织发生肉眼可见的器质性损伤。脑挫伤一般会在脑组织表面即在大脑皮层发生散在的出血点、局部瘀血或脑血肿，甚至会发生脑组织挫裂；并因脑出血所致，脑脊液中常常混有血液。如果发生脑挫裂伤，受击者意识会立即丧失，且昏迷程度往往较深，持续的时间也较长，可以长达数小时或数日；受击者清醒后常出现头痛、恶心、呕吐。且头痛的现象可因头部活动或体位的活动而加重。脑干损伤，多是在搏击中暴力打击脑部使间脑、中脑、脑桥和延脑遭受损伤。头部会因受到打击后，引起脑组织在颅腔内发生移位，使连接于脊髓的脑干受到牵拉，或使脑干撞击在颅底枕骨斜坡或颅骨小脑，引起脑干挫伤或出血。脑干中有许多重要的脑神经核，有维持意识活动的网状结构，有感觉和运动神经的传导束。脑干体积虽小，但对人的生命活动起着举足轻重的作用。脑干控制着人的体温、血压、呼吸、脉搏等所有的基本生命活动，是人的生命中枢所在，因此搏击中发生脑干损伤是颅脑损伤中最为严重的一种，甚至是导致死亡率极高的损伤。

　　脑损伤的原因和易发部位。脑损伤多是由于搏击中强力打击脑部造成的，且不同类型的脑损伤，如脑震荡、脑挫伤、脑干损伤等多与头部外伤的受力部位有重要关系。脑震荡，即头的任何部位受到强力打击，只要暴力强度适度，均可以发生脑震荡；一般情况下，脑震荡多是在头部正面和后面受打击后发生，受力部位多见于额部及脑枕部。脑挫伤，多见于严重的头部外伤；脑挫伤常常合并发生头皮裂伤和颅骨骨折；脑挫伤的易发部位除头颅的受力部位外，并多见于颅底；因颅腔底部的骨面凸凹不平，当头部遭受到打击后，脑组织在颅腔内常常发生移位，较易与凸凹不平的颅底骨发生撞击和摩擦，而引起颅底的脑组织发生挫伤。脑干损伤，多是因强力直接打击头部使脑干发生挫伤及裂伤。

八、脊髓损伤

　　脊髓损伤，是搏击中对人体危害极大的一种神经损伤。脊髓在脊柱管内共分31个节段，上连着脑干，下连着外周神经。脊髓向外发出的21对脊神经分别支配四肢、躯干及部分脏器的感觉和运动，并完成一些基本的反射活动。因此，大脑在作为人的高级神经中枢时，而脊髓则是人的低级神经中枢。在搏击中，如果脊髓被打击受到损伤，就直接切断了脑与外周神经的联系，使脊髓损伤平面以下的躯体感觉及运动机能全部丧失。

　　脊髓损伤的症状。脊髓损伤在搏击中多是受强力打击后，使脊髓在椎管内受到强烈的震荡或牵拉，出现暂时性的神经功能障碍，其表现为短时间的局部感觉障碍、四肢运动麻痹或截瘫。脊髓震荡后的功能障碍，一般可以自行恢复，少则需要数分钟、数小时，多则需要数日后才能恢复。

　　脊髓损伤的原因和易发部位。脊髓存在于人体脊柱的椎管中，受到脊柱的保护，因此脊髓损伤又与脊柱外伤密切相关联。在搏击中出现的脊柱骨折、脊椎脱位往往是造成脊髓损伤的基本原因。这样很明显，脊柱损伤的严重性并不在于脊柱本身，而是在于损坏的脊柱对脊髓造成的危害上。通常情况下，脊柱、脊髓损伤是一般暴力所不能达到的，除非是强力打击此脊柱要害部位，才能造成椎体骨折移位压迫或刺伤脊髓。如果强力打击是在脊柱旁，脊髓及神经根可能因震荡而受到间接损害。搏击中出现的脊柱、脊髓损伤也多是发生在活动度较大的颈椎部位和腰椎部位上。

第十节 搏击损伤的急救

咏春拳具有强健体魄和防身制敌的作用,而大多数的咏春拳前辈们又擅长精通跌打或中医学,两者虽属不同学科,但都以认识人体生命活动规律,认识自然环境、药物作用、物理刺激、导引肢体对人体的影响等作为基础。可见医学与咏春拳的关系可谓形成相互联系、融合。在咏春搏击中难免会出现跌打损伤的情况,而跌打损伤疗法又属古中医疗科范围。因此,在搏击损伤的急救中,可以借鉴中医学这一知识,并结合现代医学知识,让习咏春拳者学会在出现搏击损伤时进行自救或互救。大量实践证明,在搏击损伤时进行现场急救能够有效地控制伤情,甚至有很多致命的危重损伤,如果能在现场得到及时、正确的处置,通常都可能成功地挽救生命。所以,在咏春拳学练中推广和普及急救知识,对于提高处理紧急情况的能力,以及避免或减少损伤都有着重要的意义。

下面叙述搏击损伤的急救基本知识。

一、现场急救的原则

在搏击损伤的现场必须兼顾现场的伤情,处理好各个环节的关系。

1. 分清主次

现场对被打受击者的救助,应以抢救生命为主,首先处置危及生命的重大损伤。对不危及生命的一般小伤可不必急于处置,以免因小失大。必须明确的是,现场急救的首要目的是挽救生命。

2. 争分夺秒

现场急救必须以对伤者高度负责的精神,行动果断,分秒必争,不可有丝毫的迟疑或怠慢。

3. 就地抢救

对被打击后生命垂危的伤者必须就地取材,就地处置,就地控制伤情,不要把赢得生命的宝贵时间浪费在搬动和转运上。如果是不加任何处

置，盲目转送，就可能失去了抢救生命的时间。

4. 尽快转送

伤者伤情一经处理应尽快设法转送，尽量缩短损伤至决定性治疗的时间。

5. 减少搬动

在转送伤者中，对危重的伤者应注意减少搬动和翻转身体，以免加重损伤。

二、迅速准确地掌握伤情

搏击中出现损伤时，正确地进行急救处置有赖于准确判断伤情。现场判断伤情应掌握以下几方面：

（一）根据呼吸、神志和脉搏判伤情

呼吸、神志和脉搏是生命攸关的三项重要体征，进行现场急救时应快速掌握。

1. 急救时要靠近伤者面部，耳听呼吸，观察面色，了解呼吸是否正常，有无窒息。如果发现伤者口唇苍白或发紫、通气不利、呼吸困难，其表明机体已陷入缺氧状态，并随时可能出现窒息或呼吸循环骤停。

2. 手摸伤者桡动脉或颈动脉，了解脉搏是否正常。如果发现脉搏快速细弱，或脉搏不清，表明伤者已经或者将陷于休克，并预示生命将受到严重威胁。

3. 直接询问伤者，了解其神志是否清醒。如果伤者意识丧失，神志昏迷，一侧瞳孔散大，肢体出现痉挛性抽搐，表明其颅内压增高，有脑血管或脑实质损伤。如果伤者神志淡漠，面色苍白，身出冷汗，手足冰凉，且脉搏细数，表明其有严重的内出血，随时可能陷入休克。

（二）根据出血多少判断伤情

检查伤口，看伤者伤口有无大出血。如果伤者伤口有急剧的或喷射状出血，且伤口靠近人体动脉外伤点，表明大动脉破损无疑。此时注意选择有利的止血点，立即采取止血措施。

如果伤者伤口仅有暗红色血液涌出，出血并不急剧，表明为静脉血管破损。有时，伤者外伤后体表出血并不严重，但脉搏情况很差，脉搏速弱或细数不清，不能排除严重内出血的可能性。

（三）根据损伤部位判断伤情

头部损伤后，注意观察伤者呼吸、神志和脉搏变化，同时还要注意检查瞳孔及耳、鼻、口腔，判断有无颅内损伤口。

颈部损伤后，颈部出现疼痛，应怀疑颈椎是否骨折或脱位。颈椎骨折、颈髓损伤可累及膈神经，致使膈肌瘫痪，造成呼吸困难。

胸部损伤后，如果出现胸壁浮动，呼吸时两侧胸廓运动不对称，可判明有肋骨骨折，且不能排除胸内脏器损伤。

腹部损伤后，如果出现广泛的腹痛，腹壁紧张并有明显压痛，可判明有腹内脏器损伤。

四肢损伤后，如果肢体变形，局部疼痛，不能自主运动，可判明有骨折或关节脱位。

三、现场急救的基本措施

搏击损伤时，现场急救都是在紧急、特殊的情况下进行的，不仅不具备起码的卫生条件或医疗设备，且没有充裕的时间。急救措施常常需要根据伤者伤情、伤势及现场的环境情况来决定。

通常采用的基本急救措施有：保持呼吸道通畅、止血并包扎伤口、固定伤肢、防止休克等方法。各具体方法属医疗急救专业知识，在此不再复述。

第三章 咏春搏击基本技术

咏春搏击功夫技巧高超地发挥于搏斗中，还必须有良好的基本功或基本技术相配合方可谓完美。事实上，咏春基本技术包括拳法、掌法、肘法、踢法、膝法、摔法、擒拿法等技术，都是咏春基本功夫技术和小念头、寻桥、标指中攻守技术的演变。因此，在咏春搏击术学练中要注意这些搏击术的攻守动作与咏春拳套路中的关系。

咏春搏击术，是指利用人体各个部位的功能实现咏春拳搏击攻防目的的专门动作技术技法。科学的咏春搏击技术体系，是由手型、脚型、步型、身法以及桩马式、基本进攻技术和防御技术等基本要素构成的完备复杂的动作系统。咏春搏击术是咏春拳三套拳以及相关技术融汇综合的结果。是在充分运用身体可利用的各个部位，加入搏击行列的原则指导下，以简练、实效为要求，建立起来地体现了咏春精华、全面立体、综合多样化的技法体系，其深度与广度随着咏春搏击术实践的发展和宏观形势的变化，还会不断地自我充实与完善。咏春搏击的技术或技法是在体能训练基础上的搏击实战能力训练的核心内容。尽管咏春搏击技术千变万化，然而万变不离其宗，无非是在有限的基本技法基础上，不断地组合转换与综合运用而已。因此，掌握娴熟、规范的咏春搏击功夫技术技法，是发挥人体各部机能于实战，提高攻防动作效率，争取搏击胜利的保证。

为适应全面立体化的自由搏击形式，学习咏春搏击功夫既要掌握扎实、全面的搏击技术，为提高自身技战术整体水平打下基础，同时，咏春搏击术在技术发展上又特别强调练习者个人风格特点的培养。

第一节 拑阳马

拑阳马式,是咏春搏击最基本的应敌姿势,它与问手式等各种应敌姿势作用基本相同,又是咏春拳的基本功和基本技术。拑阳马,在咏春拳中又称二字拑阳马。

一、二字拑阳马技术

1. 预备式:两脚并拢成立正姿势,两手分别自然下垂于两腿侧,两眼向前平视,呼吸自然,精神集中(图3-1)。

2. 收拳:两手同时握拳,分别收于两胸侧(即两腋底),两拳与胸乳持平(图3-2)。

3. 沉身:两膝同时弯曲,上身稍往下沉(图3-3)。

图3-1　　　　　　图3-2　　　　　　图3-3

4. 马开半步:以两脚脚跟为轴,两脚同时向两侧外旋成"人"字形(图3-4)。

5. 二字拑阳马:随即以两脚尖为轴,将两脚跟向外旋转半步,成二字拑阳马式(图3-5)。

图 3－4　　　　　　　图 3－5

以下为二字拑阳马侧身视图（图 3－6～图 3－10）。

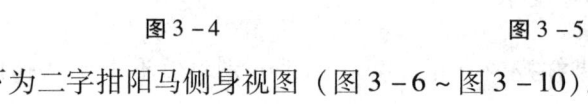

图 3－6　　　　图 3－7　　　　图 3－8

图 3－9　　　　　　　图 3－10

二、要领

开始做预备式动作时,身体直立,两臂自然下垂,头要端正;眼向前平看;精神要集中,面部要自然,口要闭合,牙齿轻扣,下颌略向内收;舌尖可抵住上腭;挺胸、直背;两肩向下松垂,肩窝处略有向后缩之意;全身任何部分都不可紧张,要适度地放松。

三、说明

练习拑阳马式时,全身放松,精神集中,心无杂念,双手由自然下垂姿势分别握拳收于两腋下,与双乳成一水平线,两膝适度弯曲,上身自然下降,两脚分别以脚跟为轴自然向两侧打开,使两脚形成双脚脚尖向内相对而脚跟向外的等边三角形,此谓之二字拑阳马。

开始学练这类动作时,包括其他所有的动作,可以在不熟悉动作的情况下,先大概了解所要学的动作,然后一式一式地进行练习,如果是完整的动作进行分解练习掌握后,必须要连贯、一气呵成地完成所学练的动作。练习时,除了要求姿势正确,还要适度放松身体,尽可能地避免精神、肉体紧张,并时刻保持警觉之心,要随时做到由拑阳马准备向对手发动攻势和对对手动作做出迅速反应。

二字拑阳马(有称为二字钳羊马、二字箝阳马、正身二字拑阳马如此等等,在此不作争论)是传统咏春拳特有的姿势,叶问系流传的咏春拳入门姿势也是采取此种桩马。在练习时务必要安排好各个练习要求。二字拑阳马不只是一个简单的入门桩马姿势和对敌应战姿势,这个姿势对于培养练习的内在力量,调节呼吸很有帮助。更重要的是,它集中体现了咏春拳的基本要求和特点,练习者可以从这里直接体会到练习的要点,打好基本功,给以后的练习做好准备。即使是有一定基础的练习者,也要经常做这种桩马练习,以便进一步掌握咏春拳法要领,巩固桩步根基。

二字拑阳马也是咏春拳的基本站桩手段。中国的武术向有"南拳北腿"之称。咏春拳取二字拑阳马姿势,注重多练手上功夫,是因为南方地理环境造成的,南方自古多水也多船,所以南方人大部分练习功夫讲究要实用，此就必须考虑到水上的战斗力。而在船上攻击，下盘必须扎稳，咏春拳属于南拳派系，自然对此也有要求。具体而言，咏春拳的桩马讲究身体重心下沉，两脚脚尖稍微朝内，此可随攻击灵活旋转，并利于做到"手到脚到，手脚一致"。

对于练习者来说，拑阳马式的妙用和细微之处，还需通过反复正确的练习实践方可领悟，方可感到自身肉体的均整轻灵、身体内部质（内气、意念力）的流动，直至达到身心合一、有感即发的境界，并可由此式随时做出攻守的动作。

桩式（包括以下各桩式以及问手式）的训练方法如下：

拑阳马式以及以下几节内容中的转马、侧身马、步箭马以及问手，均可借鉴此训练方式进行练习，各应敌桩式在训练和比赛中，为了始终能保持准确的姿势，充分发挥其效用，初学时必须要重视基本桩式的训练。特别是要重视在变化的条件下保持正确桩式的训练，以培养出巩固的动力定型和时刻保持基本应敌桩式的习惯。

其基本训练步骤是：

首先是掌握静止状态下正确的基本桩式姿势；

然后在此基础上练习移动中保持基本桩式；

最后练习在攻击、防御以及反击过程中能保持基本桩式。

整个训练中都要求重视基本桩式的练习，在思想上绝对不能前松后紧或前紧后松。

（一）定桩练习

1. 首先正确理解基本桩式的要领，明确双手、双脚攻守分式与心体一致的关系。对镜调整试做各部位正确姿势，表情自然地练习，以形成动作概念，体会肌肉（姿势）本体感觉。

2. 在地上画"十"或"井"字图形，明确桩式的方向和位置，按正确桩式要领做静桩练习。静站时默想动作姿势（身体放松，表情自然），或保持实战攻防联想和意志。一般练习 2~5 分钟。左、右桩式要互换进行练习。

（二）活桩练习

1. 反复进行快速解散和恢复桩式的练习。
2. 反复进行左右桩式的快速变换练习。
3. 在跑步过程中迅速摆出基本桩式。
4. 在步法移动和各种技能技巧训练中，始终保持（或迅速恢复）桩式，要在思想上形成重视与自觉。

（三）强化练习

对训练或实战中较容易出现的严重桩式错误进行重点纠正，强化训练：

1. 为强化耸肩收颌垂肘姿势，可以通过下颌夹拳套（或小皮球），肘部夹书等方式练习基本姿势。
2. 为强化双手配合和一手出、一手护的习惯，可用一条布带缚于双手搭在后颈上进行练习左右拳。

四、作用

二字拑阳马是咏春拳最基本的应敌姿势，拑阳，"动则生阳"，"阳"是指人体中的阳经、阳气、肾阳、心阳、肝阳，以及督脉、阳跷脉和足太阳膀胱经等。所有凡带拑阳的都要用些力，驱使阳经脉紧些，使阴经畅通，练以达阴阳平衡，故名拑阳马。

拑阳马式，是咏春拳最重要的基本功。它把人体各部按照咏春拳的要领组合成一个完整合理的姿势，所有的咏春拳动作都离不开这个姿势的基本法则。咏春各路拳法尽管变化万端，但原理和要领与拑阳马是一致的，例如问手式及变式均可由二字拑阳马姿势开始变式。

在搏击运用上，二字拑阳马除了具备咏春拳的桩马攻守变式作用，单独运用这个动作进行搏击时，还可在双手变拳向后收的同时，用双肘向后顶击身后对手的腰肋部位。

第二节 转马

转马，是在拑阳马式的基础上进行左右转体的桩马变式。转马，同样可以在拑阳马的基础上，使身体有利于机动地施展出攻守的动作，它同样也能让身体放松，使肌肉做出迅速反应。

一、转马技术

1. 正身二字拑阳马：由自然姿势做二字拑阳马式（图3-11）。

2. 左转马：以左脚掌心为轴，身体向左转，重心落在右腿上，两脚形成45度角，对角线平衡相对，左膝与右膝同时保持内拑，此也称为侧身拑阳马（图3-12、图3-13）。

图3-11

图3-12

图3-13

3. 正身二字拑阳马：接着以左脚掌心为轴，身体向右转，成正身二字拑阳马式（图3-14、图3-15）。

4. 右转马：动作不停，由二字拑阳马式，紧接以右脚掌心为轴，身体向右转，重心落在左腿上，两脚形成45度角，对角线平衡相对，右膝与左膝同时保持内拑，此也称为侧身拑阳马（图3-16）。

图 3－14　　　　　　图 3－15　　　　　　图 3－16

5. 正身二字拑阳马：动作不停，接着以右脚掌心为轴，身体向左转，成正身二字拑阳马式（图 3－17、图 3－18）。

图 3－17　　　　　　图 3－18

按以上步骤可以左、右转体交替进行练习。

二、要领

保持正确的正身二字拑阳马式以备随时左右转马；向左或向右转马时，身体重心由后腿支撑，前腿随势平稳有力地自然踏在地上，保持身体重心的平衡稳定；向左或右转马时，上下要随转体协调一致，全身放松，保持警觉；避免精神、肉体紧张，并随时做好由转马发动攻守的准备。

三、说明

咏春拳中，由正身二字拑阳马转至侧身（二字）拑阳马的过程称为转马。转马在咏春拳中有着重要的作用和意义，需经常进行练习。

转马练习时，如果向左转，以双脚脚跟为中心摆动，身体重量移右脚重心脚，左脚成虚踏脚，轻轻用力内拑；虚踏脚膝关节要保持微屈，既要踏实于地上，也要做好随时起脚的攻防准备；身体与重心脚保持正立；俯视两脚掌，双脚脚趾均朝向左方；注意虚踏脚膝关节不可蹬直；否则，两脚间便失去了内拑力作维持，地面会产生反作用力，导致马步重心偏离或升高，或摇摆不稳；或虚踏脚滑离站正身马的位置；此也使转马抵御冲击力变弱，卸力时亦难以借力。向右转马与向左转马动作方法相同，唯方向相反。转马后，双脚脚掌不可超过45度线，否则，马步会摇摆不稳，于单式练习，常配合膀手或摊手连同护手或冲拳一起运动。

初练转马时，可能会出现两脚间距不时变宽或变窄，这是因为练习者未能掌握两脚间以内拑力维持的法度，转左或右至侧身马时，上身会多靠右或左边偏倚，注意上身与重心脚需保持正立。

四、作用

咏春拳中有侧身以膊为子午的拳理，其意是说当由正身马转侧身马时，本身的子午线（中线）已变成与敌人的肩臂相对。相反，对方的子午线亦变成与自己的肩臂相对。例如，运用时以对手用直拳打向我方上路时，我方如果以正身马转为侧身马，即可令对手的拳处于我方肩臂之外了，对手的拳自然也就落空。

由此可以看作，转马，即侧身马的作用主要是将自己整个上身移离被对方攻击的范围之外。然而，这需要正确及时的转马动作才能达到。且转马还能锻炼腰马的运转能力，以备搏击时腰马能够随时灵活地转动或侧闪。

第三节 侧身马

侧身马是由转马形成的，其不只是固定在正身二字拑阳马上，还可以不同的桩马对付搏击的变化形式。

一、侧身马技术

1. 正身二字拑阳马：由自然姿势做二字拑阳马式（图3-19）。
2. 左侧身马：以左脚掌心为轴，身体向左转，重心落在右腿上，两脚形成45度角，对角线平衡相对，左膝与右膝同时保持内拑，称为左侧身拑阳马（图3-20、图3-21）。

图3-19

图3-20

图3-21

3. 右侧身马：动作不停，以右脚掌心为轴，身体向右转，重心落在右腿上，两脚形成45度角，对角线平衡相对，右膝与左膝同时保持内拑，称为右侧身拑阳马（图3-22~图3-24）。

图 3-22　　　　　　　图 23　　　　　　　图 24

按以上步骤可以左、右侧身马交替进行练习。

二、要领

保持正确的正身二字拑阳马式以备随时进行左右转侧身马；向左或向右转形成侧身马时，身体重心由后腿支撑，前腿随势平稳有力地自然踏在地上，保持身体重心的平衡稳定；向左或右转马时，上下要随转体协调一致，全身放松，保持警觉；避免精神、肉体紧张，并随时做好由转马发动攻守的准备。整个要领与左右转马几乎相同，唯不同的是保持侧身马时，可以停留在侧身马姿势上。

三、说明

咏春拳中，由正身二字拑阳马转至侧身（二字）拑阳马的过程称为侧身马。侧身马在咏春拳中同样有着重要的作用和意义，也需要经常进行练习才能体会其作用。

初练侧身时，要注意保持两脚间距宽窄适宜，两脚间要形成内拑力，上身与重心脚需保持正立。

四、作用

咏春拳有正身拑阳马对敌应战的姿势，亦需要侧身对敌应战的姿势，侧身马就是以侧身对敌有效的搏击姿势。侧身马，使前后腿屈膝摆置着，身体的重量落在后腿脚上，前脚只占稍许的重量，这使得前脚可以随时灵活地行动，并不受任何阻碍。做侧身马时，同样要身体放松、自然，身体的肌肉包括手和脚才能运用自如。虽然这种姿势是机械的，但仍需具备警觉之心才能发挥其效果。

第四节　步箭马

咏春拳的步箭马，同样作为一种对敌应战的基本姿势，主要以进攻时运用。这种姿势与侧身马动作有些相同，唯具体运用时有所区别。咏春拳这种独特的步箭马姿势可由正身二字拑阳马或侧身马直接变式运用搏击中。

一、步箭马技术

1. 正身二字拑阳马：先以正身二字拑阳马为准备动作（图3-25）。
2. 左步箭马：以左脚掌心为轴，身体向左转，重心落在右腿上，两脚稍内拑，左膝与右膝同时保持内拑，称为左步箭马（图3-26）。左步箭可以配合膀手护手动作（图3-27）。

图3-25　　　　　　　图3-26　　　　　　　图3-27

3. 右侧身马：由正身二字拑阳马动作准备（图3-28），以右脚掌心为轴，身体向右转，重心落在右腿上，两脚稍内拑，右膝与左膝同时保持内扣,称为右步箭马(图 3 - 29)。右步箭马同样可以配合膀手护手动作(图 3 - 30)。

图 3 - 28

图 3 - 29

图 3 - 30

以上左、右步箭马可以交替进行练习。

二、要领

由正身二字拑阳马或侧身马变式成步箭马时,前腿脚不要担负重量,以后腿支撑身体重心;保持前腿脚的随时灵活性;上身与下盘协调一致,平稳灵活。注意多配合膀手与护手动作,形成上下严密的防守体系。

三、说明

练习步箭马要注意与转马、侧身马的区别。步箭马也是一种以双腿一前一后的站式桩马,运用时同处在中线上,与敌人正面相对时,这个步箭马姿势犹如射箭般将伸出的前腿脚射入对方的双腿之间,使对方进退不能,而利于我方施展攻击密集招式的桩马,因此称其为步箭马,在咏春拳中也称为子午马或子午步箭马。

步箭马在搏击中运用时,可以根据搏击的情形随时由正身二字拑阳马或侧身马变式,以便应付突变的搏击局势。

四、作用

步箭马在具体运用时,可以根据需要灵活地摆置前伸的腿脚。前置的腿脚虽不担负身体重量，以便随时应对突来的变化，而不受身体重量的牵制，但在具体运用时要注意，在搏击中当遇到对手的拉力时，前置的腿脚此时即可产生有如支柱的作用，使上身不被拉力所致向前倾倒；而如果是在遇到对手的推力时，同样，前置的腿脚又可以以脚掌紧贴地面如同平衡铊或铁锚撑在地面上，来稳定身体，甚至是上身在受到对方的推力时而不致使整个身体有往后倾倒的情况发生。

第五节　问手式

问手式，是除了拑阳马、转马、侧身马、步箭马之外，为咏春拳最具代表性的应敌姿势，其这种桩式的特点也可以称为咏春拳摆桩，或左右式摆桩。

在观看咏春拳搏击对抗比赛时，可以看到从一开始，比赛的运动员都会摆出特定的应战姿势来，并会贯彻于比赛的始终。在咏春拳中，此种基本的应战姿势，即为咏春拳的摆桩桩式，常称为问手式等。问手式的功用，在于提供给实战者一个正确合理的预备（应战）姿势，为在搏击中灵巧地移动、有效地攻击和防守反击提供保证。

问手式桩式在咏春拳进攻和防御中均是最有效的姿势。这种由拑阳马基础上形成的姿势是格斗中的完美姿势。因为它可使身体始终处于有力的状态。这一姿势，无论是发起进攻，还是防御反击，都不需要事先做任何调整动作。它是一个既轻松自如，又能保持平衡的姿势。它能使全身放松，同时又可在一瞬间很快地做出反应。问手式在运动时协调稳固，并能不受任何约束地为下一动作做好准备。这种姿势还能够给对手造成错觉或假象，以便隐蔽自己进攻的意图。

问手式可以说是咏春拳中的经典桩式，是搏击实战的起始点和支撑点，亦是在阴阳循环整体连贯性的步法移动之中，隐蔽意图蓄势待发的阴柔静止姿势；此是进可攻退可守、保持有力状态的最有效姿势，同时也是在进退移动或变式侧向移动中保持动态平衡连贯性的最佳姿势。

一、问手式技术

（一）左式问手

1. 二字拑阳马：按照拑阳马式动作方法，先做二字拑阳马式（图3-31）。

2. 左式问手：动作不停，左手成掌随左臂向前伸直，归肘，以肘部发力，以左腕外侧为力点向前猝然荡出成问手式，右手同时由拳变掌出至胸前，归肘成护手（图3-32）。

图3-31　　　　　　　　图3-32

由左侧视左式问手如图3-33，由右侧视左式问手如图3-34。

图3-33　　　　　　　　图3-34

（二）右式问手

1. 二字拑阳马：按照拑阳马式动作方法，先做二字拑阳马式（图3-35）。

2. 右式问手：动作不停，右手成掌随右臂向前伸直，归肘，以肘部发力，以右腕外侧为力点向前猝然荡出成问手式，左手同时由拳变掌出至胸前，归肘成护手（图3-36）。

由左侧视右式问手如图3-37，由右侧视右式问手如图3-38。

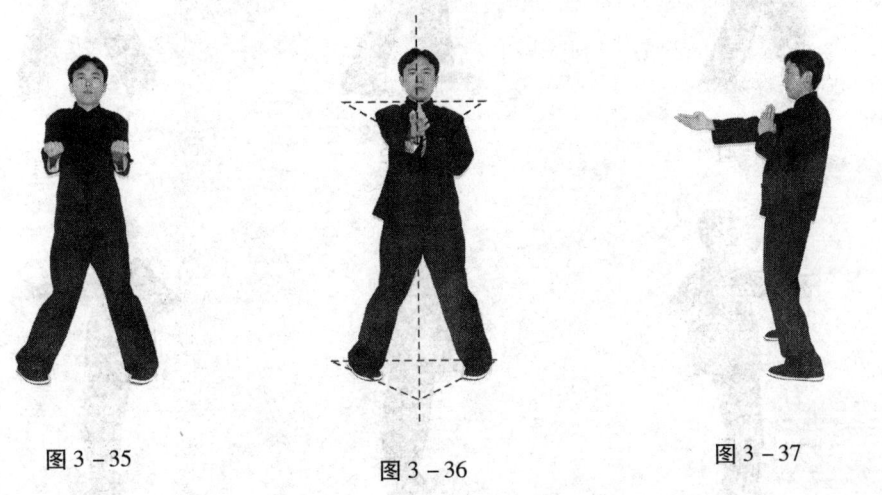

图3-35　　　　　图3-36　　　　　图3-37

除可以在二字拑阳马的基础上做问手式，也可以在侧身马基础上做问手式。侧身马左式见图3-39、图3-40，侧身马右式见图3-41、图3-42。

图3-38　　　　　图3-39　　　　　图3-40

其他在此问手式基础上演变的各式应敌问手式，有左拳右荡手对敌式（图3-43、图3-44）、右拳左荡手对敌式（图3-45、图3-46）。

图3-41

图3-42

图3-43

图3-44

图3-45

图3-46

其他形式的对敌应战姿势见图3-47、图3-48。

图3-47

图3-48

二、要领

练习时，要养成由自然姿势动作开始的习惯，精神集中，头颈自然竖直，面部表情自然，口要闭合，全身放松以备让肌肉随时做出迅速反应。

由桩马摆出问手式，动作要轻松、自然、快速，手法与腰马要合一，两手要摆放在胸前中线位置。

要求自然呼吸配合，不要强求故意改变呼吸方式，以免出现错误练习。精神与技法要融合为一。

三、说明

咏春拳的攻守动作基本上是由二字拑阳马开始变式成问手式，是为搏击对敌的基本姿势。进行问手式练习时，要先进行基本的左、右式问手练习，在此基础上才能根据自身特点去练习其他形式的问手应敌姿势。

问手式具体在搏击中运用时，不只是固定在二字拑阳马的桩马姿势中，要根据具体的搏击情况，将两脚左右或前后移动变化，以令自己更好地实施攻守动作，并要善用两脚的灵活性随时做出迅速的反应。

进行问手式练习时，应使精神与肉体适当放松，以舒适、自然、警觉为度，并有随时应付可能发生意外情况的意识。

练习者在练习问手式时需注意，身体姿势的正确与否、正确自然的问手可简捷攻击动作，减少身体能量的消耗，便于练习者随心所欲地施展浑身解数去搏击对手。因此，在练习中练习者要用心体会问手式这一基本姿势的正确与否对攻防技术直接或间接的影响，应及时在练习中发现缺陷，并予以弥补。

搏击中，双方进攻和防守交替进行，变化多端，身体的位置也在不断地移动变化，这就要求练习者要有一个最佳的姿势来保证身体能安全有效地移动，既能有效地击中对方，又能有效地保护自己。为达到搏击实战的要求，在练习中就必须从严、从细、扎扎实实地练习问手式这一基本功，同时还必须从这一基本姿势动作上来理解它的深远含义。

问手式的妙用与细微之处需通过大量地练习方可领悟。

四、作用

问手式，左式与右式的作用是相同的，唯手的摆放姿势左右相反。问手式是咏春拳用于搏击最重要的对敌基本姿势，也是最重要的基本功，它把人体按照咏春拳的要领安排成一个圆满科学合理的姿势，所有的咏春拳攻守动作都离不开这个姿势的基本法则。

用问手式发起进攻、防守或反击时，都不需要事先做任何调整动作，它是一个既轻松自如、又能保持平衡的姿势，它能使全身放松，同时又能在一瞬间令人做出反应。问手式，不仅仅是咏春拳搏击的攻防基础，亦对于加深练习内劲等方面也大有益处。

问手式具体释义如下：

1. 头部

在搏击或对抗比赛中，头部被认为是最重要的部分，像一棵大树的主干部。所以，在打斗时，脸部一定要小心保护，尤其是贴身搏击时更要加倍小心；如果头部转动不够灵活的话，便处于下风。有时，双手因忙于攻击和抵挡，无暇顾及脸部，所以最好把脸在中线的基础上向肩膀方向转去，把肩膀略微提高，把头略微垂下，使肩膀保护脸。脸转向左面则由左肩保护，转向右边则由右肩保护，此方法一定要纯熟，才能应付自如。

脸庞切不可贴着肩膀，除非脸部受到攻击时，否则颈部的转动非常不自然，视线亦略微受阻，还有一个严重的后果，便是使颈部容易疲倦。在打斗时，一定要提高警惕，稍一不慎，即为对方所乘，所以正确的动作和正确的姿势极为重要。

既然脸庞不能贴着肩膀，那么应如何安置呢？应该让下巴略微贴着颈骨，使肌肉和骨骼组织均在舒适状态下，这样颈部就不易产生疲劳。在此状态下，差不多整个脸部的下半部都受到了保护，目标和范围都小了，较容易抵挡敌人的攻击。最低限度，也使敌人难以打着自己的脸庞。

2. 四肢

肩膀的肌肉一定要松弛，同时随落臂手腕轻微下垂，随时准备搏击。整个双臂放松的好处有很多，最低限度可使手部快速打出。手部的位置和活动也要多练习，手可随时自由活动，但尽量不要移动肘部。肩膀下的手臂也要尽量减少急剧移动，以免过度疲劳，这是"保留实力"的最佳方法，可以应付持久战。

手部略微下垂的原因是要保护身体中部和下部。一般人在这方面容易吃亏，他们不是不想保护自己，而是无法抵抗对手向自己的身体中下部进击。另一方面，手臂不能运用自如亦是一个大弱点，一旦手忙脚乱时，以往一切的准备动作便成白费。若专心一致地去保护自己身体中下部的话，那么头部又成了敌人攻击的目标，上下身难以兼顾。所以，身为咏春拳技击家要攻守兼备，把握机会进攻，采取主动，这是十分重要的。

打斗时，应战姿势固然要正确，但切不可"摆姿势"摆得太久，这样只消弱了自己的进攻力和防守力，所以一旦有机会，切不可错过立刻采取主动进攻或防守的机会。

1. 在进攻方面

收缩手臂，随时准备出击。手臂像压紧的弹簧一样，一放松便会弹出来。在桩马的基础上，防护自身中线，随时准备变招攻击。

2. 在防守方面

以手臂形成的消解或格挡动作，随对手的动作而灵活防守。即使受到敌人"埋手偷袭"，纵然受挫，亦不要气馁，手和上臂便可自由活动而痛击敌人，直至胜利。

3. 躯干

身体（躯干）的位置有赖于手脚和腿的活动，假如脚和腿的位置正确，身躯的位置亦可视为正确（事实上，步法正确，身躯自然而然正确，所以只要注意步法正确即可）。

4. 马步

屈膝和内拑膝姿势可谓最佳的技击姿势，一来身体支撑情形良好，再者随时可维持安适平衡的态势，无需准备动作即可攻击。它的特点可述之于下：

姿势适当，步伐也不过宽或过窄，换步时正适宜用小而快的移步，争取速度。而控制良好的平衡姿势当可瞬间快捷地追击敌人，且不易为对方所乘。

然而此姿势并非是静止的或是固定的,而是攻击或防御的中途阶段之一,必须经常地予以改变。

5. 问手式的姿势变换

问手式基本姿势变换是一切的基础,其意味着:

动作精简,但能与心智、思想与肉体做到有效地结合。

姿势安适、舒服,并能适当保持良好的"精神姿势"。

简捷、动作不滞,一切守中庸,无过与不及。

问手式姿势变换意味着:

它是一种移动的状态,一种正欲有所为的形式或态度。

常可由屈膝马步来变换至新位置,使对方更不易看清自己的意图。

因对方的警觉程度而改变姿势。

问手式对敌时,意味着:

运用的攻击方式当需使对敌的姿势改变至最小。出拳踢脚时并不会改变对敌的姿势。

练习由不偏不倚的对敌姿势突然发招,然后立刻恢复原来的位置。动作需一贯流畅。

练习经常能运用身体各部位作为武器,由对敌姿势直接发招,并瞬间恢复原来姿势。一步一步地减少出招与收招的时间。最重要的一点,切勿划地自限。

以上问手式作用亦同样适用于咏春拳的拑阳马、侧身马等桩马姿势中。

第六节 走马(步法)

走马,又称步法,或走马步法,是咏春拳特有的步法,也是发挥咏春搏击功夫机动、灵活的根本。在这里则统一为走马。

桩式、走马是咏春搏击功夫技术技法变化的基础。脚是走马的根基。

走马的稳健、轻灵和敏捷，直接影响着咏春搏击术发挥的优劣。手、眼、身、法、步协调一致，密切配合，才能使动作完整、和谐。

咏春拳有自己的走马（步法），最常用的有进马、退马、换马等等。走马，也是下肢运动变化的基本动作方法。

保持静止状态下的平衡姿势是容易的，但变化与流动的咏春自由搏击技术却要求搏击者能在快速移动中平衡自如地攻守，由此产生的在搏击中按照一定规律移动和变换方向的脚步方法，称之为咏春拳步法，咏春拳的传统上则更多称为走马。

咏春拳中非常强调灵活性，因为对打是一种运动形式。要运用有效的技巧，就要依赖于自己的步法。快速灵巧的走马（步法）有助于迅速地出拳和起脚。如果脚下动作慢了，手的动作也就慢了。

灵活的使用技艺是技击的原则。在咏春拳中，走马应该是十分轻松自如有活力的，而且动作要坚决。

咏春拳的走马讲求自然，它不仅有助于增快招式的速度，而且能够利用一个小动作闪避开对方的攻击，进而趁机予以反击；总之，走马本身就是一项强猛有力的武器。

综合而言，格斗的状况瞬息万变，而走马即格斗的基石。

咏春拳的走马技术，主要以基础进马或退马、变角度走马形成。

下面所述咏春拳各种走马步法均以侧身马桩式示范，即以左脚在前的侧身马式做走马步法动作；相反，如果以右脚在前的侧身马式做走马动作，则改变姿势即可。

一、二字拑阳马式基本进退马

（一）动作

1. 二字拑阳马：先做正身二字拑阳马动作（图3-49）。
2. 左进马：动作不停，左脚沿着中线向前踏一自然步，同时身体重心亦随左脚进马踏前移动（图3-50~图3-52）。

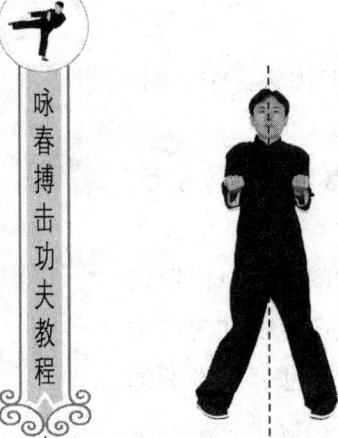  

图 3-49　　　　　　　图 3-50　　　　　　　图 3-51

3. 左退马：紧接左脚由原路退回成二字拑阳马式（图 3-53、图 3-54）。

图 3-52　　　　　　　图 3-53　　　　　　　图 3-54

以上为二字拑阳马式左脚进马动作，右脚进马动作与左脚动作方法相同，唯改为右脚进马。

同样，也可以由问手式做基本进退马动作技术，唯手法以问手摆置，下肢动作则和二字拑阳马式基本进退马动作大致相同（图 3-55～图 3-60）。

图 3-55　　　　　图 3-56　　　　　图 3-57

图 3-58　　　　　图 3-59　　　　　图 3-60

（二）要领

保持正确的二字拑阳马式，以左脚先进马时，左脚贴地前滑移动，以腰马为中心，保持重心平衡与上体稳定；左退马恢复开始的二字拑阳马时，同样要保持重心平衡与上体稳定；精神与技法要融合为一。

（三）说明

二字拑阳马式基本进退马，是让练习者在拑阳马的基础上学会如何由此式准备做脚的基本移动。当能够掌握这一技巧后，即可由二字拑阳马的基础上变式成问手式，以其他姿势进行走马动作。

基本走马练习与所有的走马步法练习一样，在初学阶段皆显笨拙，但经由体悟一段时间之后，自可感觉进入连贯流畅、轻松弹性的状态。

（四）作用

锻炼基本的走马移步技巧，为各走马步法打下基础。

当能够掌握由二字拑阳马式做基本进退马动作时，下面的走马步法动作则是以侧身马做进马、退马、交替进退马、侧移马等。

二、进马

（一）动作

由二字拑阳马开始，两脚左转成侧身马，左脚向前进一步，右脚随即跟上，迅速恢复二字拑阳马，眼视前方（图3-61～图3-63）。如果是继续向前进，重复此过程即可。

图3-61　　　　　　　图3-62　　　　　　　图3-63

如果以右脚在前的进马，与左脚在前进马动作方法相同，唯改为右脚在前做进马动作（图3-64～图3-66）。

图 3-64　　　　　　图 3-65　　　　　　图 3-66

做此动作亦可直接由问手式做进马动作。以下其他走马动作均可配合问手式做动作。

（二）要领

保持正确的二字拑阳马准备姿势，或以问手式做进马动作；要保持自身平衡和随时防御各种可能面临的意外情况；切忌平足死踏地面（全脚掌）移动，应保持脚掌灵敏；两腿的膝要微屈，且适度放松，为减少身体紧张程度，前脚亦可随情况而展开，但不能死死钉在地上；无论静止与移动时，两脚均要利于步法技巧的施展；做进马移动时，除脚步需轻巧以外，身体重心应置于后脚上，除向前进马前移时，重心才瞬间略移向前；无论是以拑阳马或问手做进马动作，均要谨慎、警觉。

（三）说明

进马，也可称为前进步法，是一种不影响身体平衡的前进步法。这种步法脚步移动步伐小，前进时两脚可以贴地向前滑移，在移动中突然遭到攻击时，仍可以使自己随时采取防御动作，同时可令自己随时确保基本的防御姿势。因此，进马可以配合问手式或其他手法攻守运用。

（四）作用

前进步可以调整缩短距离以待机进攻，这种步法的关键在于稳捷，其作用可逼使对手产生防御性的反应，或诱其先攻而暴露出破绽。

三、交替进马

（一）动作

由二字拑阳马做交替进马动作，先向左转身成侧身马，后脚向前进马一步在左脚前方，同时前脚随即向前进马；左、右脚如此交替移成交替进马；如果继续交替进马，左、右重复此动作即可，不准备前进时，此时要迅速恢复到开始的二字拑阳马式（图3-67~图3-70）。

图3-67

图3-68

图3-69

图3-70

（二）要领

在向前交替进马移动时，两脚交替进马动作使身体成直线，并助于身体向前运动时保持平衡；快速前移时，动作要自然、流畅；动作时，亦用双脚脚掌滑动进马，双膝微微弯曲；移动时不应该连续地跳动，也不应该颠簸摇晃。

（三）说明

交替进马，是在最快的时间内以两脚迅速前移，配合快速的移步走马发动攻击，以便更好地接触对手实施近体或多角度打斗。因此，这类双脚交替进马步法，练习时就要注意进马与身体重心协调一致地动作。

（四）作用

快速向前进马移动，目的可使身体成直线，有利于两脚平稳移动，此移动还可以起到变节奏和弥补因对手后退而拉开的距离。这类步法多用于踢法、手法突击，或发动连续攻击，或配合战术及时迅速攻入对手空隙，或将对手置于攻击圈之内。

四、退马

（一）动作

由二字拑阳马开始，两脚左转成侧身马，左脚向后退一步，右脚随即后退，迅速恢复二字拑阳马，眼视前方（图3-71～图3-73）。如果是继续向后退，重复此过程即可。

图3-71　　　　　　图3-72　　　　　　图3-73

如果以右脚在前的退马，与左脚退马动作方法相同，唯改为右脚在前的退马动作。

做此动作亦可直接由问手式做退马动作。

（二）要领

退马与进马动作要领是基本相同的，唯是做退马动作。保持正确的二字拑阳马准备姿势，或以问手式做退马动作；要保持自身平衡和随时防御各种可能发生的意外情况；切忌平足死踏地面（全脚掌）移动，应保持脚掌灵敏；两腿的膝要微屈，且适度放松，为减少身体紧张程度，前脚或后脚后退时不能死死钉在地上；无论静止与移动时，两脚均要利于步法技巧的施展；做退马移动时，脚步需轻巧，身体重心须置于后脚上；无论是以拑阳马或问手式做进马动作，均要谨慎、警觉。

（三）说明

退马，也可称为后退步法，是一种不影响身体平衡的后退步法。这种步法脚步移动步伐小，后退时两脚可以贴地向后滑移，在移动中突然遭到攻击时，仍可以使自己随时采取各种防御动作，同时可令自己随时确保基本的防御姿势。因此，退马可以配合问手式或其他各种咏春拳手法攻守运用。

（四）作用

退马可以调整拉开距离以利防御或待机进攻，这种步法的关键在于稳捷。

五、交替退马

（一）动作

由二字拑阳马做交替退马动作，先向左转身成侧身马，或直接由二字拑阳马式交替做退马均可，前脚向后退一步，同时后脚随即向后退一步；左、右脚如此交替后退成交替退马；如果继续做交替退马，左、右脚重复以上动作即可，不准备后退时，此时要迅速恢复到开始的二字拑阳马式（图 3-74~图 3-77）。

图 3－74

图 3－75

图 3－76

图 3－77

（二）要领

向后交替做退马移动时，两脚交替退马动作使身体成直线，并助于身体向后运动时保持平衡；快速向后退马时，动作要自然、流畅；动作时，亦用双脚脚掌滑动退马，双膝微微弯曲；移动时同样不应该连续地跳动，也不应该颠簸摇晃地做动作。

（三）说明

交替退马，是在最快的时间内以两脚迅速后退，以便撤离被攻击圈，试图摆脱困境或重新组织攻势。因此，在练习这种双脚交替退马步法时，就要注意退马与身体重心协调一致地动作。

（四）作用

交替退马，可以快速撤离被攻击圈，以最小的力量离开对手的打击范围，当然在实际运用时不能只作一味地后退，而应随搏击状况变化及时实施攻击或反击。

六、侧移马

（一）动作

1. 左侧移马：由二字拑阳马开始向左转身成侧身马做左侧移马动作，左脚向左前方移动 25 厘米，身体成直线并保持平衡，左脚一移出，随着身体重心左移，右脚随即向左侧移相同距离跟上，然后迅速恢复开始时的二字拑阳马式（图 3-78～图 3-80）。

图 3-78

图 3-79

图 3-80

2. 右侧移马：由二字拑阳马开始向左转身成侧身马做右侧步动作，左脚先敏捷地向右前方迈出 25 厘米，在左脚前掌轻快落地时，右脚随即向右侧移出相同距离跟上，然后迅速恢复开始的二字拑阳马式（图 3-81～图 3-83）。

图 3-81　　　　　　图 3-82　　　　　　图 3-83

（二）要领

保持正确的由二字拑阳马式变式的侧身马姿势；在做侧移马动作时，需注意动作的轻快自然、流畅；侧移马时上身、腰马上下要协调一致；要注意控制自身平衡；正确、灵活地转移重心，可提高侧移马动作的灵巧及速度；保持膝关节的弹性（微微的弯曲），充分利用身体肌肉的适度松弛，快速完成移马动作。

（三）说明

侧移马是咏春拳搏击术中向左或向右移马的灵巧步法，其主要用于防御。它是一种身体向左、右移动且不失平衡的移动技巧，并能在桩马的基础上闪避开对方的拳或脚的攻击。

（四）作用

侧移马步法除用于改变角度主动攻击对手外，多用于简捷地移动闪躲反击对手，或者以侧移马步法移动抢占易于攻击、反击的有利位置，有时也可以借以扰乱对手。

以上各种步法，除了在基本的拑阳马式时运用，亦可以由问手式或其他应敌姿势融会贯通运用。

第七节　走马运用要诀

咏春搏击功夫中所惯用的全部走马步法有很多种,在本书中只是介绍几种代表性的,其他有关走马步法多是在这几种走马步法的基础上的演化。因此,其他的走马不作复述了,故将走马步法的内容尽可能叙述代表性的,以引导走马步法为宗旨,以便于对那些使人们容易忽略的格斗状况作进一步探索。

简单地讲,走马就是咏春搏击运动的科学。在咏春拳中,练习者学得越多,也就越懂得走马步法的重要性。即"移动的艺术是格斗术的精华",同时走马移动即是步法。移动的原理构成了咏春拳搏击术的核心。走马步法本身就意味着运动。咏春拳也强调,适当地运用走马步法,对于练习者有两大优点,一是容易找到练习者要进攻的目标;二是可以避开他人的攻击。其功能胜于去练习拳击或脚踢,使练习进退均得心应手。况且易攻易守,顺利摆脱被困的逆境。

一、咏春拳运用走马(步法)的四个组成部分

1. 感应对手的灵敏性;
2. 活力而自然的流畅性;
3. 步测距离的直觉性;
4. 起动和制动的平衡性。

由此可见,如果走马运动步法失灵,则将不可能很有效地运用手和腿,如果是迟缓地移动脚步,那么出手和腿击也将会延误。总而言之,走马既可令攻击成功,又可摆脱挨打被动的困境。对于咏春拳走马的另一要点,是学会如何正确地判断敌我之间的距离。在格斗时,必须非常重视如何去判断敌我距离,因为距离是和对手之间的联系纽带,要完全按照需要的距离与对手接触或埋身,以及根据对手的反应速度而增减距离。

用咏春拳中出色的走马步法能击败任何人对你的进击。因此,咏春拳

要求练习者们坚持勤练走马，以便努力改进和提高其平衡感。如果没有足够的走马训练，就不可能成功地在各个不同的方位去完成格斗任务。

因此，优良的走马步法可以击退任何进攻。

二、走马是非常有目的的移动

在一般人看来走马是某种形式的移动。但有一点，不要单纯仅仅为了移动脚步，而前进或后退。在走马之前，要有很强的自制力和尽量减少多余的动作。

直至看准对方的漏洞空隙，随后再出手，对手可能就会被击倒。每次走马移动时都必须要有意识，或许是为了发动攻击，也或许是为了摆脱对手对你的攻击局面。

走马成功的要诀就在于将动作做到简练，如果你的针对性简明扼要，则远胜过错综复杂的走马步法。

走马如果平滑、准确而有效，而且动作简练，将可一直处于轻松自如的状态。这样对练习者的反应时间和进攻、防守、反击速度起决定性作用。

正确掌握咏春拳走马技术另一个非常大的好处便是，会为练习者提供一种意识去利用惯性力，只要适当的应用这种惯性力，就能使练习者的拳击突然大增威力，这也是重视走马步法的主要原因。同时走马步法也可以增加自身的协调平衡力，以促进格斗更具有压倒性的力量。

再者，从格斗方面来说，正确的走马步法能够提高速度。即走马步法会带领练习者到某个位置上，使练习者充分发挥其技术。并且当对手要展开反击之前，走马步法还能使练习者方便地离开某个位置。走马不仅有利于进攻或回避攻击，还能使练习者投入竞赛状态。因此，走马也是战略的一部分。

咏春拳走马步法的训练并非是令人激动的事，但有朝一日真正地掌握了它，那么当练习者去实际地运用时会发觉它确令人激动不已。从生理上说，它就像对练习者的身体进行保健运动。因为它是掌握咏春拳运动平衡技巧的核心技术。

三、咏春拳走马运用要诀

走马步法简单直接，自然实效，讲究进退轻灵迅速，攻防坚实稳固。其实际运用要诀如下：

1. 随时保持正确的桩式。

无论是静止或是攻防移动时均需尽量放松身体，且双腿要时刻保持微屈的柔韧和弹性状态，此是为了保证随时灵活起动，稳健且有弹性地进退转折，同时亦可有利于节省体力，以利持久战。

2. 任何走马运用均需简洁和讲究效率。

搏击中，应多采取小步移动技巧，尽可能地避免大幅度的移步或跳蹦，以保证步法灵活巧变与移动的平衡。咏春拳搏击的攻防转换节奏非常快，如果移步过大，不仅影响及时反击，也徒耗体力。

3. 移步规律。

无论向任何方位移步，均应是一脚滑动，另一脚互相紧随，连续而非同时进行的平稳动作。且必须是移步方向的一脚先动，另一脚紧随完成动作。

4. 时刻注意走马移动与身体动作的协调一致。

移动中要善用双脚脚掌、脚踝以及小腿的弹性作用，以脚掌擦地，脚跟浮在地面上进行轻巧地滑动。

5. 移步时身体重心应保持在两腿之间随时移位，而不只是偏向一脚。

优秀的咏春拳者在移动中，重心会带有不匀速的左右微动，以此来造成对方产生错觉，此有利随时变换方向。任何移步动作必须坚决，不可迟疑。

6. 走马的步幅要准确，且能自如控制与变换。

准确的步幅可保证拳手抢占准确恰当的距离和位置，充分发挥攻防技能的效应。并可针对对手心理和步幅特征，变换走马移动步法的长短和快慢，扰乱对方判断和准备，抑制对方攻击企图，达到控制局面的目的。

第八节 走马训练

咏春拳中,搏击者快速、自然、轻巧、优雅的走马步法是经过长期艰苦的训练而获得的。走马要于精简中求灵活,移动中求稳健,基本的桩马姿势要善变。至于何时移动,移动至何位置,是凭搏击者直觉把握,搏击者为在实践中战胜对手,获取胜利,必须无条件地进行大量的训练。

进行走马训练之前,搏击者必须具备充沛的体能。如果搏击者的身体不够强壮,首先不应进行步法训练,而是应该进行各项基本功训练。咏春拳纯熟惊人的走马步法亦非搏击者一两日训练可得,在此搏击者应该认识到走马步法训练的长期性和艰巨性。

在实战搏击中我们可以看到,步法占优势的拳手善于移动寻找时机进攻,将对手拳打脚踢至唯有勉强拖延时间。而对抗中的步法发挥,是经过艰苦的训练培养而成的。

一、走马训练步骤

咏春搏击基本走马步法包括进马、退马、交替进退马及侧移马,其他任何复杂深奥的走马步法均以此为根本演化而来。因此走马步法训练首先是要求掌握和熟练基本的走马技术,在此基础上由易到难,再练习复杂走马步法和连续性、综合性的组合走马步法,以培养不论前后左右移动,走马都不致错乱的能力。

因此,在掌握基本(复杂)的走马之后,就要在走马训练中配合使用各种踢法、手法等技术进行综合训练,使其融为一体。同时,亦可借此选择和掌握拥有高级实用的走马步法的拳脚技巧。最后,再通过实践去练习,检验和完善走马技巧,达到运用自如的地步。

二、走马训练要点

进行走马训练,以下几方面要加以注意:

1. 在走马训练之初，动作不宜过快，要在达到能保持身体平衡移动时，方可逐渐加快速度练习。练习时最好在立镜前进行练习，以观察走马和整体动作是否协调。

2. 进行走马训练，重点在控制重心。这就要求在走马移动及相应的身体闪转变化中，努力掌握好身体重心的移动和规律，体验各种平衡与不平衡动作的感觉，以培养敏锐的重心（平衡）感觉和随时调整维持重心的能力。同时，走马移步步幅的准确性与节奏感，在训练中也需要特别强调。咏春拳中许多走马步法都有一定的连续节奏。节奏正确，就意味着动作正确。在此基础上进而掌握各种走马步法节奏的要领，则可使走马本身成为一种欺敌之武器。

3. 训练时，可以就走马移动的方向、重心控制、桩式的保持等方面进行检查和纠正动作。一般情况下，可以将走马训练安排在准备活动之后进行，要求练习时要有良好的精神状态。走马的训练一定要正确规范，并经常进行练习。

4. 训练走马要进行相应的基本体能素质的辅助训练，以求得事半功倍的效果。初学者首先要通过训练使下肢（特别是膝关节以下，例如小腿踝部等）关节和肌肉能够变得协调有力，富有弹性和耐力。可以通过采用跳绳、跑步、单双脚原地蹦跳、负重蹲起、负重提踵等方法进行练习。

三、走马训练方法

咏春走马训练必须遵照从实战出发，力求简捷、高效，并以从难从严要求来进行训练。

（一）单人训练

在教练员的指导下，首先掌握正确的走马技术，再依自身特点，向适合自我、学以致用的方向发展。如果没有教练时，可以认真阅读资料，在助手或镜子的帮助下掌握正确的步法技术。

为提高走马的耐久力和灵敏性，可选择通过跑步、跳绳、打篮球、闪躲沙袋等方式进行练习。

具体的练习时间可根据情况自行决定。

当有良好的身体素质与正确技术时,就需进行提高走马技术的训练了,直至将走马技术练至本能反应和直觉动作。

1. 动作训练

选择一种走马技术,连续做 10 至 15 次为一组的练习,练习时要注意走马的初始速度。再将几种走马混合练习,例如向前进马接向后退马;向后退马接后前脚侧移马等。练习时要注意编排应由简到繁、由易到难、由慢到快,以循序渐进为原则。

2. 缚弹性带训练

选择一条有弹性的带子,橡皮条、弹性绳均可,将两端缚系于双脚踝关节部位,间距约与肩同宽,进行进马或交替进退马练习。

练习 2～3 分钟为一组,连续进行 3 组。

这种练习方法的目的是为纠正练习者在走马移动中双脚的配合脱节。一般初学者在移动时,动作不够连贯、流畅,往往把一个动作分作两次去做,在经过弹性带训练后,短期内双脚走马移步就能自然、轻灵、连贯。练习者在练习时,要领会走马技术要领等要素。

3. 沙袋训练

以拑阳马式或问手式桩式面对沙袋约一臂距离站立,双眼紧盯沙袋,用前手背暗劲触摆沙袋,随沙袋摆动做走马训练。沙袋摆近时,练习者可以做进退马或侧移马;沙袋摆远时,又以进马或侧移马紧随移前;还可做沙袋摆近时的进退马和侧移马闪躲练习。练习时,防护距离适宜即可(以沙袋不接触人体为度)。要避免后移、闪躲距沙袋过远。

练习 2～3 分钟为一组,连续进行 3 组。

4. 负重训练

负重训练是人为地改变训练强度与训练量。可以将沙绑腿缚于小腿上,身穿沙衣负重进行各种走马技术的练习。

练习 2～3 分钟为一组,连续进行 3 组。

5. 对镜练习

练习者在掌握走马技术以后,可以面对镜子做各种走马移动练习,并将攻防技法混合进行练习，需注意观察发现错误与自行体会动作要领所在。

练习2~3分钟为一组，连续进行2~5组。

(二) 助手配合训练

练习者在进行以上的单人训练时，助手或同伴可在旁边给予观察、提醒，以配合练习者进行训练。

练习者与助手将绳索两端各绑于自己的腰部，间距约为2米站立，练习者做进马，助手即做退马；助手做进马，则练习者做退马的练习。注意不能把绳索下垂弯度过大或过紧。

练习3~5分钟为一组。

(三) 其他辅助训练

练习者应该尝试以各种方法进行走马训练，以便迅速提高走马技术的掌握程度。在走马训练时，可以做一些其他的辅助训练。

1. 跑步上、下山练习。练习者可以选择坡度不是很大的山坡做上、下跑步的练习。练习的目的是为了提高脚部蹬地的力量、腿部移动频率和身体的耐久力。

练习情况依自己身体条件自行决定。

2. 用脚前掌走、跳练习。练习者提双脚跟离地，用双脚前掌做下蹲行走和跳跃练习。这种练习可以提高腿部的力量，并有益于平衡能力。

练习20次为一组，连续进行3~5组。

在进行走马练习时，练习者除在走马技术上要精益求精、刻苦训练外，还需在身体柔韧性、灵敏性、耐力及精神等方面均做大量的练习。并要时刻提醒自己认真思考、努力改进和创新训练方法，竭力消除训练与实践差距，追求高效、实用的走马步法技术。

第四章 咏春拳法

咏春搏击术中的各种攻守技术招式，均是由咏春拳中基本技术、三套拳（小念头、寻桥、标指）中的基本技术变化而来，而且咏春拳搏击术自由招式的发挥，也无非是将咏春拳基本技术和三套拳中的基本攻守技法练习和运用到完美程度而已。

咏春搏击术基本攻击技术技法由手法、踢法、摔法、擒拿法等构成，是整个咏春搏击术技法体系的主要组成部分。基本桩马、走马以及防守技法的运用，都是服从于攻击技法运用的必要手段。换言之，咏春搏击术是以充分发挥攻击技法效用，取得搏击胜利为最终目的。

咏春拳虽是多数在近体战中无所不攻、无所不用，而形成全面立体、内容丰富的攻击技法。但要注意的是，各种形式的攻击技法之间的联系运用，绝非是简单地相加，而是互为掩护、互为促进、全面融合地整体性发挥。例如，日字冲拳，在搏击中不只是可以用日字冲拳攻击，亦可以用摊手、拍手或拦手等配合日字冲拳攻击，使日字冲拳攻击同时兼有防守的手法配合，以增强咏春拳搏击攻守兼备的整体效果。

在咏春搏击术中的拳法，主要是指攻击时，以拳体现的动作方法。咏春搏击时以拳法为主体的技术，主要有冲拳（日字冲拳）、抽撞拳、勾撞拳构成，拳法技术注重简练实用、自由发挥，可由这些基本的拳法结合其他攻击技术和防守技术运用。因此，咏春拳拳法在搏击中可与肘、腿、膝、摔、拿等全面技法整体配合和自由运用。

第一节 日字冲拳

日字冲拳（冲拳），其意思是拳头出击时呈直立的，拳型如同一个"日"字一样。日字冲拳，在咏春拳中也称为冲拳。攻击时最好是整个拳面打中目标较佳。如果非要用指根打人，很容易撮伤自己的手腕。拳面与目标呈垂直状才是最佳状态的日字冲拳。这种手法运用时，就是出拳时拳不要握紧，但击中目标的同时瞬间握紧拳头。这时对目标产生的攻击力是最大的。

日字冲拳在咏春拳中的小念头套路中即开始出现，也是咏春搏击功夫中最常用、最基本的主力拳法。这种拳法在实际运用时，既可攻，又可守，它除了可以直接用于攻击或反击对手，亦可以在最短的时间内阻截对方的复杂攻势。它主要在远、中距离中使用，也可在必要情况下于近距离发冲拳短击。

日字冲拳也可以说是咏春搏击的一切基础，是一种直线的攻击手段，因此必须理解和运用身体构造和杠杆作用，如此才能发挥冲拳真正的威力。冲拳前进的路线是一条直线，意谓两点之间距离最短之意，所以直线式的攻击比抽撞拳或回旋式的勾撞拳等曲线式的技法较容易击中目标，此外还具有效用大、攻击距离长等优点。

日字冲拳在咏春拳中可分为前手、后手动作，并可以根据出拳的特点，分为稍降低重心发出的中段冲拳技术，或根据不同的桩马应敌时发出的冲拳技术，实际运用时练习者可以根据自身水平来具体发挥如何出拳。

一、日字冲拳动作

（一）动作

1. 二字拑阳马：先由二字拑阳马式准备动作（图4-1）。
2. 左手日字冲拳：左拳微靠胸侧贴身而出，成"日"字形置于胸前，以肘部发力沿着中线（子午线）全速向前打出，至全臂打尽伸直时止，拳眼朝上，呼气发力，劲力达拳面，眼视攻击方向。动作完成后，迅速由原路收回左拳，恢复二字拑阳马式（图4-2～图4-4）。

图4-1　　　　　　图4-2　　　　　　图4-3

由侧面二字拑阳马式做左手日字冲拳如图4-5～图4-8。

图4-4　　　　　　图4-5　　　　　　图4-6

图4-7　　　　　　　图4-8　　　　　　　图4-9

3. 右手日字冲拳：由二字拑阳马开始，右拳微靠胸侧贴身而出，成"日"字形置于胸前，以肘部发力沿着中线（子午线）全速向前打出，至全臂打尽伸直时止，拳眼朝上，呼气发力，劲力达拳面，眼视攻击方向。动作完成后，迅速由原路收回右拳，恢复二字拑阳马式（图4-9～图4-12）。

图4-10　　　　　　　图4-11　　　　　　　图4-12

（二）要领

保持正确的二字拑阳马式准备随时出左拳或右拳；出左拳时，拳同肩高，拳臂伸直，以肘底发力；拳与小臂、拳背与鼻尖成一直线击向中线前；拳头出击时是直立的，拳型如同一个"日"字；出左拳时左肩臂放松，在拳头完全发出瞬间握紧拳爆发用力；出左拳时，右拳保持在右腋下不变；整个出拳动作要一气呵成，动作要快击快收；拳必须沿中线快速向前击出；发拳时保持重心的稳健，连贯协调；右日字冲拳与左日字冲拳动作要领相同，唯用左、右手不同而已；精神与技法要融合为一。

（三）说明

日字冲拳，是咏春拳搏击术最基本的手法，可以说接下来的各式日字冲拳变式多是在此基础上演变的。因此，在这里将二字拑阳马式日字冲拳作重点叙述，以引导后面各变式拳法在此基础上的变化作用和意义。

练习时，把手由胸侧置于胸口以半握状态放松冲出，在目标点前一掌距离发劲成拳，虎口朝上，拳面成"日"字形。高级日字冲拳手法是手在胸口，掌心朝上，发劲过程中手臂旋转，最后定型为"日"字形。

刚开始练习日字冲拳是用肘部、臂部发力。等练到一定程度就是用腰马配合发力，最后是全身都在发力。发力前，身体要放轻松，然后在一瞬间爆发出力量。日字冲拳的拳路是直接的，打快了看起来好像是在绕圈，主要还是要加强肌肉的训练，等肌肉练到一定程度，凶猛地发日字冲拳自然就简单了。

日字冲拳练习，是进一步训练练习者对身体各部位的良好控制和协调配合，以及训练练习者对日字冲拳出击速度控制、时机距离和出击力量的把握能力。

练习中，收拳时，绝不可将拳放下，必须养成由原路线收回的习惯，养成将手随时摆在适当高度，以锻炼正确的出拳和收拳习惯，这对于接下来的技术技法训练有着重要的意义。

无论是在拑阳马式的基础上运用日字冲拳，还是采取其他侧身马、问手式等应敌姿势出拳，其作用与二字拑阳马式出拳是基本相同的，唯所采取的应敌姿势不同罢了。当然，采取不同的姿势出拳，要注意在熟练掌握拳法的基础上才能任意发挥。

有关咏春拳搏击术各拳法、掌法、肘法、膝法、踢法等高级功夫练习，可以参阅咏春拳搏击功夫相关内容，在本书中则主要叙述技术技法方面的基本训练内容。

（四）作用

咏春拳攻击的宗旨，就是"寻找最近的距离，然后发起最直接的攻击"，日字冲拳（日字冲捶）的攻击路线，就是以进攻对方中线为原则的攻击拳法。进攻时直截了当，并且可以在极短的距离内快速发力（当然拳法威力的大小还要看练习者个人的功力，一般都是用寸劲），要求双拳交替的速度非常之快。

任何的拳法都是在特定的状况下配合相应的攻防招式才能比较好地发挥作用，日字冲拳的应用一般都是在打开对方中路空当之后快速地配合步法连续进攻，此时的杀伤力是相当可观的，也是可想而知的。

日字冲拳攻击目标，多为中线附近的部位，如头部、太阳穴、下颌、腰肋、腹部、心窝等。

二、侧身马日字冲拳

（一）动作

1. 二字拑阳马：先由二字拑阳马准备动作（图4-13）。

2. 侧身马：以左脚掌心为轴，身体向左转，重心落在右腿上，上体同时左转，两脚形成45度角，对角线平衡相对，左膝与右膝同时保持内拑（图4-14、图4-15）。

图4-13

图4-14

图4-15

3. 左手日字冲拳：保持侧身马，动作不停；左拳微靠胸侧贴身而出，成"日"字形置于胸前，以肘部发力沿着中线（子午线）全速向前打出，至全臂打尽伸直时止，拳眼朝上，呼气发力，劲力达拳面，眼视攻击方向。动作完成后，迅速由原路收回左拳，恢复侧身马式（图 4 - 16 ~ 图 4 - 18）。

图 4 - 16　　　　　　图 4 - 17　　　　　　图 4 - 18

4. 右手日字冲拳：保持侧身马，动作不停；右拳微靠胸侧贴身而出，成"日"字形置于胸前，以肘部发力沿着中线（子午线）全速向前打出，至全臂打尽伸直时止，拳眼朝上，呼气发力，劲力达拳面，眼视攻击方向。动作完成后，迅速由原路收回右拳，恢复侧身马式（图 4 - 19 ~ 图 4 - 24）。

图 4 - 19　　　　　　图 4 - 20　　　　　　图 4 - 21

图 4-22　　　　　　图 4-23　　　　　　图 4-24

以下为正面侧身马日字冲拳动作（图 4-25~图 4-28）。

图 4-25　　　　　　　　　图 4-26

图 4-27　　　　　　　　　图 4-28

按以上动作方法，同样可以做以右脚在前的侧身马冲拳动作，动作方法与以上相同，唯向右转身做侧身马动作。

（二）要领

由正身二字拑阳马式随时进行左右转身侧身马，按照侧身马动作要求，身体重心由后腿支撑，前腿随势平稳有力地自然踏在地上，保持身体重心的平衡稳定；出日字冲拳方法与在正身二字拑阳马式出日字冲拳相同，唯不同的是以侧身马进行日字冲拳动作。进行左或右转身侧身马时，出拳要随转体保持侧身马动作，出拳之前同样要求全身放松，保持警觉，避免精神、肉体紧张。精神与技法要融合为一。

（三）说明

侧身马日字冲拳，是在正身二字拑阳马式基础上的变式，除了严格按照侧身马做好桩马动作，其动作方法与要领均与二字拑阳马式日字冲拳出拳和收拳方式相同。具体说明，参阅前面的二字拑阳马式日字冲拳。

（四）作用

侧身马日字冲拳与前面的二字拑阳马式日字冲拳作用基本相同，练习侧身马日字冲拳动作，也是让练习者深入了解咏春拳融会贯通的意义。即日字冲拳，不只是可以在二字拑阳马式基础上出拳攻击或阻击，亦同样可以由其他应敌桩马出拳。

当掌握了以上正身二字拑阳马式日字冲拳和侧身马日字冲拳技术之后，接下来的各式日字冲拳技术均是由此演化而来，运用起来也就自然轻松多了。

三、问手日字冲拳

（一）动作

1. 二字拑阳马：依拑阳马动作方法，先做二字拑阳马式（图4-29）。

2. 左式问手：动作不停，左手成掌随左臂向前伸直，归肘，以肘部发力，以左腕外侧为力点向前猝然荡出成问手，右手同时由拳变掌出至胸前，归肘成护手（图 4－30）。

图 4－29　　　　　　　　　　图 4－30

3. 右手日字冲拳：动作不停，右手握拳成"日"字形置于胸前，以肘部发力沿着中线（子午线）全速向前打出，至全臂打尽伸直时止，拳眼朝上，呼气发力，劲力达拳面，眼视攻击方向；左手保持问手式护于胸前（图 4－31～图 4－33）。

图 4－31　　　　　图 4－32　　　　　图 4－33

4. 左手日字冲拳：接上式，动作不停，在右手日字冲拳完全打出瞬间，左手握拳贴近右肘臂成"日"字形置于胸前，以肘部发力沿着中线（子午线）全速向前打出，至全臂打尽伸直时止，拳眼朝上，呼气发力，劲力达拳面，眼视攻击方向；左手握拳后收护于胸前（图4-34~图4-38）。

图4-34　　　　　　图4-35　　　　　　图4-36

图4-37　　　　　　图4-38

如果继续进行接着的右手日字冲拳，按此动作方法顺序出右手日字冲拳即可（图4-39~图4-41）。

如果以问手式左、右手连续交替出拳，即称为连环日字冲拳。

以上左、右手日字冲拳，当拳法技术熟练后，可以在问手动作基础上直接由左或右手出拳。

图 4-39

图 4-40

图 4-41

或者可以右手在前的问手式使用日字冲拳（图 4-42～图 4-45）。

图 4-42

图 4-43

图 4-44

图 4-45

或者以侧身马问手式出日字冲拳，左脚或右脚在前的问手式出拳动作方法要求均相同，唯问手式姿势相反（图4-46～图4-49），其具体动作方法、要求均可参阅前面侧身马或问手式进行练习。

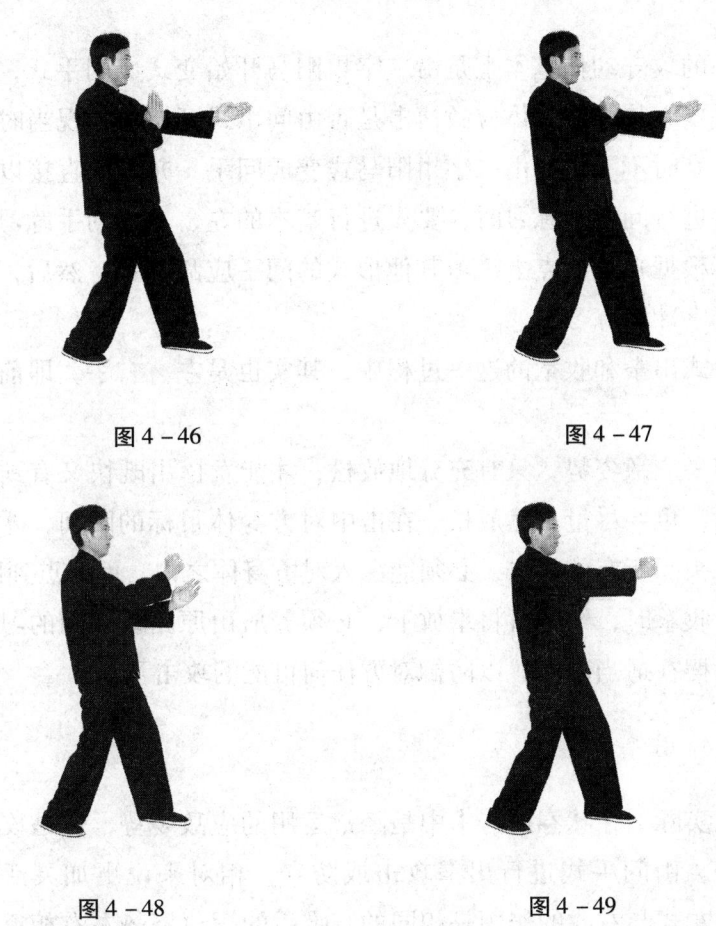

图4-46　　　　　　　　图4-47

图4-48　　　　　　　　图4-49

（二）要领

保持问手式时，要养成由自然姿势施展动作的习惯，精神集中，头颈竖直，面部表情自然，口要闭合，全身放松以备让肌肉随时做出迅速反应；由桩马摆出问手式，动作要轻松、自然、快速，两手与腰马合一，两手要摆放在胸前中线位置；呼吸自然配合；由问手式出拳时注意日字冲拳皆是由左、右手问手式变式握拳出击，收拳亦可同样撑开手掌成问手式应敌；实际上左、右手问手变式出日字冲拳，具体出拳动作要领与方法均与前面的二字拑阳马式日字冲拳基本相同，唯改由问手式出拳和收拳而已。

（三）说明

咏春拳的攻守动作基本上是由二字拑阳马开始变式成问手式，这是搏击对敌的基本姿势；但具体应敌搏击是否由问手式开始，要视当时的搏击情形变化，有时不一定要由二字拑阳马式变成问手，亦可以直接以问手式对敌出拳。进行问手式练习时，要先进行基本的左、右式问手练习，在此基础上才能根据自身特点去练习其他形式的问手应敌姿势，然后，再进行各式配合日字冲拳练习。

由问手式出拳和收拳的这一过程中，其实也是左、右手，即前、后手日字冲拳动作。

无论何种应敌姿势，只有充分地放松，才能发挥出既快又有劲力的出击。出拳时，也要尽量自然放松。在击中对方身体目标的瞬间，才紧张肌肉，握紧拳头。所有的拳击，必须能深入对方身体之内，而非点到即止。

同样，收拳时，绝不可将拳放下，必须养成由原路线收回的习惯，养成将手随时摆在适当高度，以防御对方任何可能的攻击习惯。

（四）作用

问手式实际上在咏春搏击术中是经常运用的应敌姿势，也是攻守皆宜的其本姿势。由问手式进行出拳攻击或防守，相对来说更加灵活、便捷些。问手式左式与右式的作用是相同的，唯手的摆放姿势左右相反，而由问手出日字冲拳攻击或阻击皆可由左手或右手问手发动动作。

四、连环日字冲拳

（一）动作

1. 二字拑阳马连环日字冲拳：先做好二字拑阳马式，在此基础上，左手握拳，贴紧胸部，以肘发力，沿着中线向前打出，当左拳完全打出伸直手臂时，右拳紧接着贴紧胸部，以肘发力，经过左腕臂沿着中线向前打出，左手随着右拳的打出同时稍沉下，以利右拳顺利打出；左拳在右拳打出同时经过右腕臂收回胸前心窝处待发；当右拳完全打出伸直手臂时，左拳同时紧接着贴紧胸部，以肘发力，沿着中线经过右腕臂向前打出，右手随着左拳的打出同时稍沉下，以利左拳顺利打出；左、右手如此在二字拑阳马式上交替连环出日字冲拳（图4-50~图4-53）。

图4-50

图4-51

图4-52

以下为侧面二字拑阳马式连环日字冲拳（图4-54~图4-63）。

图4-53

图4-54

图4-55

图 4－56 　　　　　图 4－57 　　　　　图 4－58

图 4－59 　　　　　图 4－60 　　　　　图 4－61

图 4－62 　　　　　图 4－63

此为二字拑阳马式所做的连环日字冲拳动作。

2. 问手连环日字冲拳：先做好问手式，摆出左手在前、右手在后的问手；接着右手握拳，以肘发力，沿中线直接向前打出，当右拳经过左腕臂时，左手肘轻轻沉下，使右拳顺利打出；在右拳完全打出至全臂伸直的同时，左拳处于中线心窝处待发，随即快速打出左拳，并轻轻收回右拳；当左拳打出后，右拳已相继而出；左、右手如此交替连环不断出拳（图4-64~图4-68）。

图4-64　　　　　　图4-65　　　　　　图4-66

侧视问手式连环日字冲拳如图4-69~图4-80。

图4-67　　　　　　图4-68　　　　　　图4-69

图4-70

图4-71

图4-72

图4-73

图4-74

图4-75

图4-76

图4-77

图4-78

图 4-79　　　　　　图 4-80

如果是以右手右脚在前的问手式做连环日字冲拳，与左手左脚在前的问手式动作方法相同，唯问手式摆置相反罢了。

如果有其他形式的连环日字冲拳动作，均是由以上二字拑阳马式连环日字冲拳、问手连环日字冲拳演变而成的。

（二）要领

保持正确的欲发连环冲拳的桩马式；出单手拳或连环拳时，注意掌握中线（子午线）的要诀，必须使两手拳动作时贴近中线，并以肘部发力以直线将拳头打出；无论是由二字拑阳马式，还是问手式出拳时，每一拳皆要在另一手的手腕之上打出，使双手时常形成封闭状态，同时护住自身中线；拳必须沿中线快速向前击出，发拳时保持重心的稳健，连贯协调；出拳、收拳要快出快收；注意任何细小的动作间隙都会使技术的威力直接受到影响；连环拳整个动作过程中，双手甚至全身都是处于放松状态的；精神与技法要融合为一。

（三）说明

进行连环日字冲拳练习时，要先明确是以哪种桩马开始动作的，明确连环拳动作路线、动作步骤、着力部位。如果细心会发现，无论采取哪种桩马进行连环拳动作，也只是桩马上有所区别，在连环拳具体动作上则基本相同。

两点之间，以直线为最短。而直线之中，则以本身的中线（子午线）与敌人的中线（子午线）之间所连成的中线（子午线）为最短。因此，咏春拳在对敌或出拳时，讲究抢占中线。

　　发连环拳时，不必将每一只手收回到身边后再进行发拳，而是要如同发射子弹般，在最短的距离之间，或配合不断的前冲步法，以双拳快速轮番打向对手，此等就如同手提机关枪朝着敌人不断发射子弹般。在此情况下的连环攻势，敌人是难以消解的。

　　做连环拳动作时，出拳或收拳时，绝不可将拳放下，必须养成由原路线收回的习惯，养成将手随时摆在适当高度，以防御对方任何可能的攻击习惯。

　　实际上连环拳也需要各种手法、各种角度的攻击来加强它的作用，而非局限在某个特定的攻击角度。然而，一个好拳手需能从四面八方、各个有利的角度，运用手和脚，把握最佳的时机来攻击对方。

　　咏春拳连环拳的攻击，并非全凭手打人，而是全身是手，身体上下均是武器。换言之，不仅仅是只利用臂腕的力量，而是利用手臂作为传导，传导由眼、腰、肩、腕等传来的力量。

　　即使是发动连环拳攻势也要注意，冲拳前切勿有准备动作（即动作预兆）。绝大多数的防御，主要是用后手来做，即后护手。当前手出拳时，切勿犯了传统的错误，即将后手置于腰部。后手应该辅助前手，使得攻击时有妥善的防御。例如，自己以前手攻击对方，后手则要防御对方对上盘目标的反击。简言之，当一手出拳时，另一手则是用来封对方的手，或收回护好自己，亦可随时做连续出拳。

　　充分地放松，方能形成既快又有劲力的出击。出拳时，也尽量自然放松。在击中对方的瞬间，才紧张肌肉，握紧拳头。所有的拳击，必须能深入对方身体内，而非点到即止。

　　在手的各种技法中，手总是先于脚而动的。进攻应该从各种角度和任意距离发起，而且攻击时动作越隐蔽越好，特别是双手动作，一定要防止被对手识破。

(四) 作用

无论是连环日字冲拳，还是单手日字冲拳，其攻击目标都是相同的，多为中线附近的部位，如头部、太阳穴、下颌、腰肋、腹部、心窝等。

五、进马日字冲拳

(一) 动作

1. 问手式：先做好问手动作（或二字拑阳马式动作均可）（图4-81）。

2. 右脚进马右日字冲拳：接着，右脚绕过左脚侧旁，沿弧形线滑向前方，同时打出右手日字冲拳，右脚落地与右膝关节形成内拑力，配合右拳随身体前冲之势打出至右臂伸直（图4-82~图4-84）。

图4-81　　　　　图4-82　　　　　图4-83

3. 左脚进马左日字冲拳：动作不停，随即左脚向前再踏一步，同时打出左手日字冲拳，左脚落地与左膝关节形成内拑力，配合左拳随身体前冲之势打出至左臂伸直（图4-85、图4-86）。

图 4-84　　　　　　图 4-85　　　　　　图 4-86

如果继续做以上进马冲拳动作，按其方法同时配合出拳即可，如果是不做出拳，随即两手可变成问手式。

由正面视进马日字冲拳连续动作如图 4-87～图 4-92。

图 4-87　　　　　　图 4-88　　　　　　图 4-89

图 4-90　　　　　　图 4-91　　　　　　图 4-92

（二）要领

保持正确问手式准备动作；进马时，注意进马与冲拳是同时动作的，在进马中前腿将后腿及整个身体拖前时，即刻同时打出所欲击的拳头；出左拳或右拳均要与进马上下协调，同时动作；精神与技法要融合为一。

（三）说明

进马是咏春拳基本走马步法之一，也是咏春拳搏击功夫常用的步法。因此，将进马配合冲拳练习，对于接下来的其他拳法练习均有重要的意义。拳法与走马配合也是咏春拳搏击术必须要具备的技巧之一。

进马冲拳，是在各固定的拑阳马、侧身马、问手式等应敌姿势的基础上，进行移动出拳的技术。不只是可以运用问手式做进马冲拳，亦可以由拑阳马、侧身马等应敌姿势做进马冲拳。

进马冲拳动作正确与否，关键在于进马时前腿将后腿及整个身体拖前与出拳要协调配合，两者必须上下协调，才能使冲拳的力量加上整体身体向前进马冲的力量，促使出拳产生极大的爆发力。

在咏春拳中，这种冲拳与进马步同时进行的动作又称为步箭拳。即以进马不断前冲的步法，配合出拳形成快速而连环的攻势，只要迫近对手，就能令对手难以招架，而使其遭到重创。因此，这种拳步配合的技术也称为迫步密袭战术打法。

（四）作用

进马日字冲拳，除了具有使用冲拳击打目标外，其主要作用是使用拳步配合发动密集攻势。

六、摊手日字冲拳

（一）动作

1. 二字拑阳马：先做好二字拑阳马式。

2. 问手左式：由二字拑阳马式摆好问手左式（图4-93）。

3. 左摊手右日字冲拳：接着，将左手外翻成摊手的同时，右手随势握成日字冲拳向中线前打出（图4-94、图4-95）。

图4-93　　　　　　　图4-94　　　　　　　图4-95

4. 问手右式：然后，将左手内翻成护手，右手手肘同时下沉，五指松开，变为右手在前左手在后的问手摆桩式（图4-96、图4-97）。

5. 右摊手左日字冲拳：动作不停，右手由外翻变为摊手，左手随势握成日字冲拳向中线前打出（图4-98、图4-99）。

图4-96　　　　　　　图4-97　　　　　　　图4-98

6. 问手左式：当左拳打出后，再继续变回问手左式摆桩式（图4-100、图4-101）。

图 4-99　　　　　　图 4-100　　　　　　图 4-101

侧视摊手日字冲拳动作如图 4-102～图 4-104。

图 4-102　　　　　　图 4-103　　　　　　图 4-104

如此重复进行以上摊手日字冲拳动作。

除了以上的正身问手式摊手日字冲拳，这种动作还可以做侧身摊手日字冲拳（图 4-105～图 4-112）。侧身摊手日字冲拳，是由二字拑阳马式开始摆好问手式，接着将上身由正面转向右方，同时打出右冲拳及左摊手；当上身全部重量置于右腿上时形成身体中线面向左方 45 度姿势，左拳同时刚好打尽；当打出右拳之后，随即转身回正身问手式，再以上身转向左方，同时打出左冲拳右摊手；至全身重量置左腿上时形成身体中线面向右方 45 度姿势，左拳刚好打尽；之后，再将身体变回正身问手式，并接着将身体转向右方，如此进行左右重复侧身摊手日字冲拳动作。做侧身摊手

133

日字冲拳动作时，咏春拳中有"转马手先行"的拳诀，因此转马时，双手动作应首先比转马动作稍快一些发出。这是必须要注意的。

图4-105

图4-106

图4-107

图4-108

图4-109

图4-110

图4-111

图4-112

（二）要领

保持由正确的拑阳马式随时变成问手式准备动作；摊手与日字冲拳要同时动作；两手配合要协调一致；摊打要快速、有力；摊打时腰马要稳固；注意左、右问手式与摊打的动作变化；精神与技法要融合为一。

（三）说明

摊手和日字冲拳都是咏春拳套路和搏击功夫中最基本的手法技术。

摊手日字冲拳，也称为摊手冲拳，是使练习者开始掌握日字冲拳进攻技术与摊手防守技术配合的基本技巧。

练习者在掌握基本的日字冲拳技术，以及冲拳与走马配合技术之后，同样要掌握拳法与防守手法的配合技巧，这样才能使咏春拳搏击功夫体现出攻守兼备的风格。

摊手冲拳，是咏春拳的主要打法之一，简便实用。

这种攻守结合的摊打技巧，是以左手前右手后（或右手前左手后）的前锋桩站好，当对方一拳打来，可用左臂由内向外，掌心朝上格压对方攻击的前手，同时右手一记冲拳打向对手。只是，这类摊打结合的技巧，摊防的左臂肘部不可离身体太远，也不可靠在身体上，以一拳左右距离为好，同样，冲拳亦要由中线打出。

摊手冲拳打出时要迅速，左手摊出时右手同时打出，要非常迅猛，不可一前一后，再者，无论左手摊出的效果如何，右手一定要打出。

（四）作用

摊手冲拳，是在搏击中运用时，摊手与冲拳的动作同一时间使出，此为攻防同时的咏春拳打法。

七、伏手日字冲拳

（一）动作

1. 问手式：先由二字拑阳马式摆好左手在前、右手在后的问手式，或直接摆好问手式（图4-113）。

2. 伏手日字冲拳：接着，左手掌内翻成掌心朝下，右手同时置于左臂关节上，以肘底发力由中线推出，在右手掌出至左手掌背上时准备握拳，与左手同时冲出（图4-114、图4-115）。

图4-113

图4-114

图4-115

3. 护手日字冲拳：动作不停，左手由右拳下（右桥底）收回置于胸前，在右拳打尽同时，左掌成护手护于胸前（图4-116、图4-117）。

图4-116

图4-117

图4-118

4. 问手式：动作不停，右拳变掌下沉成前锋手，此时形成右手在前的问手式（图4－118～图4－120）。

图4－119　　　　　　　　　图4－120

按此动作顺序，随即将右手变为伏手，打出右日字冲拳；然后，再变为左手在前的问手式，如此进行左、右式伏手日字冲拳。

侧身伏手日字冲拳左、右式动作，由左手在前的问手式开始，左手掌变成掌心向下，同时右手置于左臂关节上，以肘底力由中线推出，在右手掌出至左手掌背上时，变拳与左手掌同时向前冲出；随后，将左手掌由右拳下收回置于胸前；接着变为右前锋手问手式；随后，立即右手变为伏手，并打出右日字冲拳；接着，再变回左手在前的问手式。按此左、右式做伏手冲拳动作（图4－121～图4－134）。

图4－121　　　　　图4－122　　　　　图4－123

图 4 - 124

图 4 - 125

图 4 - 126

图 4 - 127

图 4 - 128

图 4 - 129

图 4 - 130

图 4 - 131

图 4 - 132

图 4-133　　　　　　　　图 4-134

（二）要领

保持正确的问手式准备姿势以备随时动作；左（右）伏手时要自然、有力；出右（左）拳时，以肘底力推出右（左）拳；伏手与冲拳同时动作，均发自中线前；出拳后与护手两手要配合协调、紧凑；左、右问手变化要自然、协调，左、右式伏手冲拳动作方法均相同，唯改变问手式的不同；精神与技法要融合为一。

（三）说明

伏手，在咏春拳中与摊手一样，为基本的防守手法。伏手是以屈腕腕内侧为力点向下压伏的手法。

护手，可以称为佛掌，是咏春拳小念头以及其他拳套中经常出现的手法，也是最基本的防守手法。护手，起着防守中线的作用，同时可随时变化成不同的掌法或拳法配合伏手攻击。

以伏手结合日字冲拳形成伏手冲拳技术，这也是咏春拳伏打结合法，是咏春拳搏击中常用的基本技术，掌握这些摊打、伏打的技术，对于其他复杂的连环攻守技巧有着重要意义，也是为其他攻守打法打下扎实的基础。

（四）作用

伏手冲拳，有着咏春拳搏击"先消后打"的作用。"先消后打"，即对敌时，敌人出招，要先化解对方的攻势再还击。千万不能不先化解敌人的攻击便还击，因为如果对方的力量比自己强大，不先化解，自己便可能会有危险。例如敌人用冲拳攻击，我可以转马，并利用伏手化解对方的攻势，也可以随势配合"杀颈手"反攻。

在日字冲拳中叙述的各式拳法与防守及步法配合的技术，其对于其他拳法的练习都有着重要的借鉴和引导意义。

八、进马伏手日字冲拳

（一）动作

1. 问手式：可先由二字拑阳马式摆好左手在前、右手在后的问手式，或直接摆好问手式（图4-135）。

2. 进马伏手日字冲拳：接着，将右脚踏前进马一步，同时将左掌内翻成伏手，右手同时握拳与左手伏手直接冲出；在右脚着地、踏实的瞬间，右手伸直手臂，将冲拳完全打出（图4-136~图4-138）。

图4-135

图4-136

图4-137

图4-138

3. 退马问手式：动作不停，右脚向后退一步，成开始的问手式（图4
－139～图4－141）。

图4－139　　　　　　　图4－140　　　　　　　图4－141

按此动作方法重复练习即可。如果以右手为前锋手的问手，则进马伏手冲拳与左手为前锋手的问手式刚好相反。

（二）要领

保持正确的问手式随时准备动作；进马同时要使前锋手成伏手，后手冲拳是要由前锋手伏手上冲出；进马与伏手、冲拳同时完成；整个动作要协调一致；退马时要自然保持问手防护姿势；精神与技法要融合为一。

（三）说明

进马伏手冲拳，是和其他所有的手法一样，能够在保持固定桩马的状态下进行攻守，亦要学会在移动中攻守，才能使所学练的攻守技术适应变化不定的搏击状态。

进马伏手冲拳就是锻炼在移动中手法攻守配合的能力。这种进马伏打的动作主要讲究手脚的配合，即在踏脚向前走马时伏手与冲拳要配合，同时还要注意冲拳与整个身体的冲刺同步配合，才能收到消打重击的效果。

进马伏打也是伏打手法技术与走马配合的运用形式之一。事实上，几乎所有的拳法练习均要配合防守和走马技巧，才能使所掌握的咏春拳搏击功夫达到学以致用。

伏打配合走马，首先是要掌握基本的伏手冲拳动作，在此基础上结合进马或退马进行练习，以求培养正确的攻守与走马配合的正确协调技巧。

（四）作用

进马伏手冲拳，是以走马步法的配合下调整缩短与对手的距离，伺机进行准确的消打。

九、拍手日字冲拳

（一）动作

1. 问手式：先由二字拑阳马式摆好左手在前、右手在后的问手式，或直接摆好问手式（图4-142）。

2. 左拍手右冲拳：接着，左掌内翻同时向右方斜拍挡出，同时右手握拳由中线直接向前打出（图4-143、图4-144）。

图4-142　　　　　　　图4-143　　　　　　　图4-144

3. 问手式：动作不停，右手变掌形成前锋手，左手稍收，上抬成问手式（图4-145、图4-146）。

4. 右拍手左冲拳：动作不停，随即右掌内翻同时向左方斜拍挡出，同时左手握拳由中线直接向前打出（图4-147～图4-149）。

图 4-145　　　　　　　图 4-146

图 4-147　　　　图 4-148　　　　图 4-149

5. 问手式：动作不停，随即左手变掌形成前锋手，右手稍收，上抬成问手式（图 4-150、图 4-151）。

图 4-150　　　　　　　图 4-151

按以上拍手冲拳左、右式重复动作。

（二）要领

保持正确的问手式以备灵活动作；左手拍挡出时，右手同时做冲拳动作；右手拍挡出时，左手要同时做冲拳动作；两手配合要协调，桩马重心要稳定，拍挡与冲拳要自然、有力；同时注意自身中线不要偏倚；左、右式动作要协调；精神与技法要融合为一。

（三）说明

拍手，是咏春拳套路和搏击中最基本的防守手法，将其结合日字冲拳，与摊打、伏打一样，锻炼拍打攻守的基本运用技巧，为以后各种多变形式的搏击功夫技巧打下基础。

拍手冲拳在二字拑阳马式基础上摆好左手在前、右手在后的问手式，进行左拍或右拍配合冲拳，拍手是不分内外门的，只是朝向左或右拍手；如果是以侧身，即同侧手脚在前的问手式或其他应敌姿势时，就分为内门拍手和外门拍手了。此类内外门技术在实际运用时要注意区别。

通常来说，手法上的攻守动作配合练习，应先是掌握好日字冲拳，或单一的拍手动作，然后将其结合起来进行练习，才会收到较好的锻炼效果。

可以说，拍手冲拳形成的拍打、摊打、伏打等，不只是咏春拳搏击的攻守手法，也是对基本功夫的锻炼。

拍打（拍手冲拳）是很简单实用的招数。两人发生冲突时，在脚下站好前锋桩问手式，左手前，右手后，待对方同样摆出架势，可随即上前一步，以左手猛拍对方的前手，将对方前手拍下的同时，右手日字冲拳猛打对方面部或其他要害。拍打这个招数非常简便实用，这种怪招是双管齐下的路子，一旦出手，速度非常快，对没见过这招的人，基本上凡打必中。如果在实战中，一旦击中，不要停下来，迅速连环出拳，像雨点一样打向对方。

拍打这一攻守兼备的招式，亦可称为"突破阻截"的办法，即运用时无法令对手防范而使其中招。

(四)作用

拍手冲拳和前面的摊手冲拳、伏手冲拳等技术,是咏春拳诀"守攻同期""左右兼顾"的具体表现。

守攻同期,是指几乎在破坏对方攻击同一瞬间内攻击对方。多与"左右兼顾"配合施用。

左右兼顾,是指双手一守一攻、相辅相成,实为"一心二用"之功效。

如对方冲拳击来,可"一心二用",以"左右兼顾"攻击对方。

十、进马拍手日字冲拳

(一)动作

1. 问手式:先由二字钳阳马式摆好左手在前、右手在后的问手式,或直接摆好问手式(图4-152)。

2. 进马拍手日字冲拳:接着,右脚踏前一步,同时左掌内翻向右方斜拍挡出,右手同时握拳由中线直接向前打出;左腿及整个上身随进马冲前时,右冲拳同时打尽(图4-153~图4-155)。

图4-152

图4-153

图4-154

图4-155

3. 退马：动作不停，随即退右脚恢复到开始的问手式；然后，依此法改为左脚进马，进行右拍手左冲拳动作（图4-156~图4-159）。

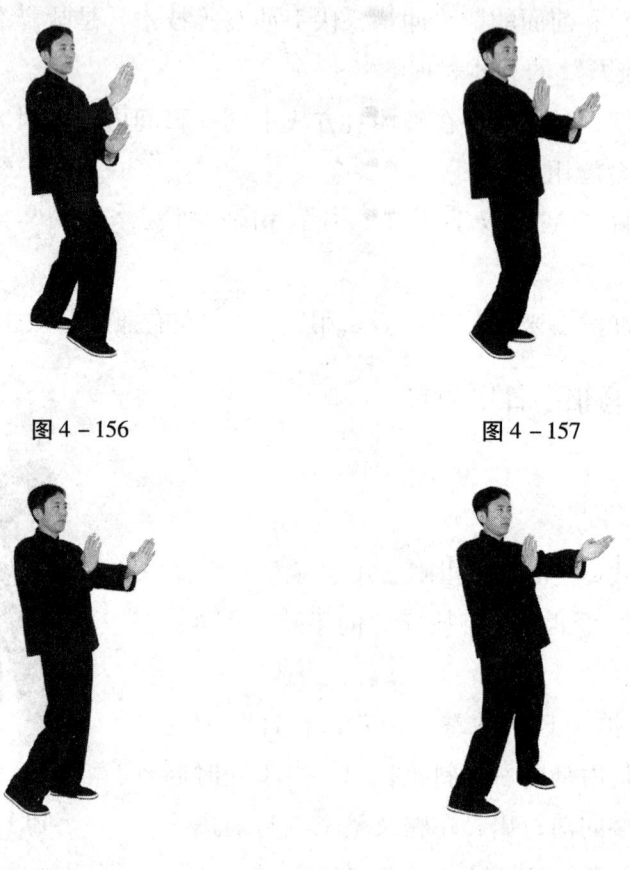

图4-156　　　　　　　　　　图4-157

图4-158　　　　　　　　　　图4-159

（二）要领

保持正确的问手式以备随时进马动作；进马、拍手冲拳上下要同时动作，在身体随进马前冲同时打出冲拳；进马、拍手冲拳时要稳定身体重心，整个动作上下要协调一致、攻守合一；左、右式动作要领均相同，唯动作相对；精神与技法要融合为一。

（三）说明

进马作为基本的咏春拳搏击步法，也是在搏击中常用的走马步法之一，与拍手冲拳配合，可使这种手法攻守技巧得到更好的发挥。

固定的桩马发拳或防守动作做起来较为容易，但搏击的形式是变化不定的。因此，还要锻炼在走马移动中攻守的能力，如此还可以锻炼移动中防守、出招与身体重心的控制配合能力，以及步幅移动的配合能力。

（四）作用

进马拍手冲拳，其搏击中发挥的效用来自于身体动作与走马移动的高度协调性。它更能在走马移动时发挥拍手、冲拳的消打作用。

十一、拦手日字冲拳

（一）动作

1. 二字拑阳马：先摆好二字拑阳马式（图4-160）。

2. 拦手日字冲拳：接着，左手由拳变掌由上向下成直线斜拦下落，右手同时成日字冲拳向前直线打出（图4-161～图4-165）。

3. 二字拑阳马：动作不停，左、右手迅速恢复开始的二字拑阳马式（图4-166）。

此为左拦手右日字冲拳动作，右拦手左日字冲拳动作与左拦手右日字冲拳动作方法相同，唯改向右式动作（图4-167～图4-173）。

图4-160

图4-161

图4-162

图 4－163

图 4－164

图 4－165

图 4－166

图 4－167

图 4－168

图 4－169

图 4－170

图 4－171

图 4–172　　　　　　　图 4–173

如果是以正身问手式或侧身问手式做拦手日字冲拳动作，其与二字钳阳马式上的拦手日字冲拳动作方法相同，唯应敌姿势不同。即先摆好问手式，将左手成掌，左前臂成水平状置于身前，右手四指并拢成竖掌置于左臂近手肘关节处的问手式；随即将左手由上向下成直线斜拦下落，右手同时握拳向中线前沿直线打出；然后，再恢复开始的问手式，此谓问手式拦手日字冲拳（图 4–174 ~ 图 4–179）。

图 4–174　　　　　　图 4–175　　　　　　图 4–176

图 4-177

图 4-178

图 4-179

（二）要领

保持正确的桩马姿势随时准备发动动作；拦手和冲拳要同时动作，不能有先后的顺序出现；两手用力方向虽不同，但动作要协调一致，掌握好动作的路线、着力部位；动作时，腰马要随势稳定；精神与技法要融合为一。

（三）说明

拦手，即咏春拳小念头开始部分出现的交叉摊手动作，亦是捭手（亦称为耕手）动作中的下捭手。因此，也可以称为捭手冲拳。

捭手冲拳（耕手冲拳），也可叫捭打。多数练习咏春者会知道这是一个防守技术，当敌人攻击自己下半身时可以同时起到保护自己和攻击对方的作用。不过却并不是我方消极的等待对方攻击过来的拳或腿，事实上完全也可以用这一技术主动打击，但前提只需对方做出一点很细小的预兆动作，我方就可实施攻击。

在这里则是以单手捭手配合冲拳，因此，此种由上而下拦挡的手法动作也称为拦手。即以肘部发力将手臂沿着腹部由上而下拦挡消解对方的攻击拳法或腿脚。

中线（子午线）在咏春拳各攻守招式中常被频繁运用，拦手也不例外，这种消解手法在动作时，以手腕下削拦的动作始终保持在中线内的轨道上，此也是为了不使用较大幅度的动作达到消解防守的同时，并保护了自身不受突袭的伤害。

这种拦手冲拳，练习时要掌握好冲拳向前冲与拦的同时同步动作，并且可以配合进马步法，同时拦手出拳，可收到较好的攻守效果。

事实上，所有的咏春拳攻守动作均是在保持警觉心与身体适度放松时完成的。

练习时，要注意培养正确的动作习惯，注意拦手冲拳的动作顺序、动作路线、着力部位都要准确无误。

（四）作用

拦手冲拳，是咏春拳搏击功夫中消打兼顾、守攻同期的技巧之一，与前面手法技术一样，在拦挡消解对方攻势的同时，进行攻击。

十二、擸手日字冲拳

（一）动作

1. 问手式：由二字拑阳马式摆好左手在前、右手在后的问手式，或直接摆好问手式（图4-180）。

2. 左擸手右冲拳：接上式，动作不停，右手稍外翻成擸手，五指迅速用力擸抓出；随后，顺势变式握拳，猝然随右臂前伸直接向前打出（图4-181～图4-183）。

图4-180

3. 问手式：动作不停，随即两手收回迅速恢复开始的问手式（图4-184）。

此为左擸手右冲拳动作，右擸手左冲拳动作与左擸手右冲拳动作方法相同，唯改为右擸手左冲拳做动作（图4-185～图4-189）。

图 4 – 181

图 4 – 183

图 4 – 183

图 4 – 184

图 4 – 185

图 4 – 186

图 4 – 187

图 4 – 188

图 4 – 189

擸手日字冲拳动作，多数是由问手式而动作。

（二）要领

保持正确的问手式随时准备发动动作；擸手，是以手抓拉形成的动作；冲拳，是以拳面为力点接触目标；擸手与冲拳配合为攻防一体的手法，动作时，腰马随时自然有稍微的变化，以促手法攻击发力，防守要自然协调；两手攻守动作要紧凑；精神与技法要融合为一。

（三）说明

擸手（擸，广东话音意，拉、牵的意思）。冲拳与擸手配合形成攻守合一的动作。练习时要注意两手的动作步骤、路线、作用，冲拳与擸手要协调动作。

整个擸手与冲拳动作是随应敌姿势直接出击的，不要有先后的顺序。

无论是开始、中间或结束动作，练习时都要避免精神、肉体紧张，要做到放松，以利随时灵活做出各种反应动作。

（四）作用

擸手配合冲拳，可用于主动或被动攻击，并可随搏击状况变化灵活地实施手法攻击。

擸手冲拳，体现了咏春拳"来留去送，守攻同期"的搏击风格效果。

来留去送中的"来留"，即对方向我击来之手法，我们除了消解外最好尽可能将其留住，以便利用咏春桥手相接之技巧将其控制。"去送"，即当敌方强力向我们击来，我们利用手法，把击来之方向改变，令其攻击失效，若可能我们应当再加力顺其势向改变后的方向送去，令敌方完全失势。

守攻同期，即当我们消解对方之攻击时，在可能范围内我们应同时发招攻向对手，这样将会由被动变主动而达到后发制人。

十三、日字冲拳训练

(一) 拳法教学和训练步骤

1. 掌握动作，初步形成技术概念。初步学会技术动作，了解和掌握动作攻防性质、作用，掌握攻防的方法、路线及动作规格，通过练习，在大脑皮层中初步建立一个技术概念。

2. 慢速配合。体会动作要领，两人在慢速配合练习中掌握好攻防动作的先后顺序，步法的移动，距离的调整，暂不求动作的连贯、完整，及速度、力度。

3. 连贯完整，逐渐加快动作速度。主要掌握完整性，待动作熟练后，要逐渐加快动作的速度和加大动作的力量，使所学的动作基本上能适合实战的要求。

4. 交换练习，掌握攻防技术。动作掌握熟练后，双方交换攻防的位置，学习掌握另一方动作，使攻防技术能全面掌握。

5. 实战练习，提高反应判断能力和灵活运用技术的能力。主要是通过条件实战和自由实战，来提高实战对抗能力。开始只能进行条件实战，逐步取得一些实战经验。待基本技术掌握比较熟练后，有了一定的实战经验，才能进行有条件限制的自由实战，以提高灵活运用各种技术、战术的能力。

(二) 教学和训练中常见的错误和纠正方法

练习者在学习和练习动作的过程中难免会出现各种错误动作，这些错误动作的出现，是由多种原因造成的，有的是技术规范上的，有的是因心理因素影响的，有的是由于实战临场经验不足而造成的。尤其是在咏春拳实战中，由于技术、心理等各方面因素的压力，更容易造成动作变形，出现错误。所以，教练或老师在咏春拳教学中要善于及时发现和纠正错误，能针对不同错误的原因采用不同的方法、手段来改正错误。

一般在拳法训练中，一些主要动作易出现错误，错误如下：

1. 出拳的速度太慢，力量不足；

2. 出拳时不能利用肩髋的转动来增加击打的力量；

3. 击打不准，常放空拳。

纠正方法：

1. 利用击打沙袋来提高出拳的速度和力量；

2. 可利用手靶练习来提高击打的准确性，手靶不要固定，要经常变换位置；

3. 可在沙袋上标明击打标志，在移动中击打沙袋；

4. 加强步法移动练习，提高目测距离的能力。

（三）拳法空击训练

1. 对镜空击

先由桩式开始，分别进行徒手练习日字冲拳各式动作技术。

练习 10~15 次或 2~3 分钟为一组。

如此反复进行练习，以熟练掌握拳法技术。

对着镜子进行的空击练习能直接观察到自己的拳法技术是否正确。主要是用来学习和纠正咏春拳基本技术，熟练各种进攻与防守技巧。例如，各种拳法的正确姿势，击打力量以及快速、准确性，配合步法来完善各种拳法的连击与组合，培养距离感等。

一般的情况下，对着一面落地大镜，首先练习好日字冲拳、抽撞拳和勾撞拳等单一拳法的击打方法，在练习中观察身体的动作是否平衡协调，发力是否能勇猛正确，动作的方向、路线轨迹是否清晰准确，完成动作是否快捷迅速。然后，再结合步法完善单一拳法的进攻击打，观察拳法与步法、身法的配合情况。边观察边改进，反复练习直至熟练掌握后，进一步练习前手的一、二连击和组合拳法的配合。每次击打都要讲究质量，不能马虎草率。注意前手的速度与准确性，掌握好最后一拳和后手拳的击打力量与时机，便可以在实战中控制对手攻势，争取主动。此外，防守技术动作也可以通过拳法的结合来改进。

记住，对镜空击要克服发力不够、拳不到位、速度不快等问题，对镜空击的运动量根据具体情况可大可小。

技术熟练后,可以手持小哑铃或轻器械进行练习,以适当增加负荷,还可按比赛的练习要求进行密度大、速度快、力量大的不同间歇的大运动量训练。

每回合密度安排,步子要不停地移动,击拳的次数要达到100次以上。以发展习练者实战所需的体力、速度耐力和力量耐力。其关键在于细心体会本体感觉。边观察边改进,反复练习方能提高实战中进攻与防守的能力。

2. 假想空击

其是指与假想对手进行实战的徒手练习。旨在发展习练者的竞赛潜意识,丰富其战术头脑和想象力。正因为假想空击是没有对手的徒手练习,很容易使习练者盲目地胡打,没有任何战术意识,建议习练者在每次练习时都要有针对性地具体假想对手,每拳都要包含战术意图,为下阶段的实战打下良好的基础。

假想空击练习不受拳法击打常规的限制,充分发挥个性特点,不忌讳习拳怪招,形成拿手实用的"绝"招和风格。还可以意想与不同风格的对手进行实战,以奇制胜。

假想空击的突破点在于战术思维与技术动作的配合协调,达到完成战术任务的目的。这就需要习练者排除纷繁杂念,集中注意力,尽可能地调动意念动力,将战术意图迅速地作用于技术动作上,最终达到随心所欲的境界。

在针对性的训练中,假想空击要将具体的对手作为假想对象,结合侦察到对手的技、战术特点进行训练。如果得不到对手的任何情况,则要假设出对手可能出现的技、战术长处,逐一加以破解,并以己之长,克彼之短。然后,知局知彼,方能百战百胜,因此在赛前侦察对手是很有必要的。这样才能使假想空击做到有的放矢,在比赛时才能扬长避短,从容镇定,轻易识破对手的战术意图,控制比赛的主动权。

在假想空击中要充分发挥潜意识的作用,想象自己勇猛顽强的巨人形象,意想自己一次又一次地击倒对手,对调整习练者的胆怯心理,增强自信心很有帮助。

（四）击靶

在与同伴或助手的配合下进行拳法击靶练习。

练习10~15次或2~3分钟为一组。

击打手靶是提高习练者技、战术水平的一个重要手段。对于发展各种拳法出拳的准确性和机动性及敏捷性和力量均有极大帮助，同时还能有身临实战的感觉，能很好地培养习练者目测距离的能力和对时机把握的能力，还能培养习练者的战术意识和意志品质。教练可以利用手靶改进习练者的技术动作，灵活掌握距离，控制动作的快慢和时间，进行反应速度和攻防综合训练。

击打手靶时，靶面是击打目标，教练要预先讲明打几种拳、目的和要求是什么。习练者应根据教练的意图，随机发拳，教练开始将靶面贴在自己的身上，然后要出其不意地从不同的方向、角度和距离出靶（出靶对击的力量不宜过大）。出单靶时，习练者应迅速相应出一拳，出双靶时，习练者则应迅速相应地击打两拳。教练连续出靶，并随时移动出靶位置与方向，要求拳手打出相应的拳法，这是培养实战中能及时发现对手空当，提高迅猛、准确出击能力的好方法。

击打手靶可以按照以下的程序进行：

（1）原地击靶

双方保持一定距离，让习练者原地练习各种基本拳法，教练持靶不动，并指导习练者的技术动作。

（2）移动击靶

开始时教练原地移动手靶，让习练者活动击靶熟练后，教练以灵活的步法配合移动出靶，让习练者寻找合适距离与击打时机，快速准确地击打不同位置的手靶。

（3）条件击靶

根据咏春拳搏击术实战的需要，教练给出进攻、防守、反击和组合拳等条件，让习练者按指令要求逐一完成，还可以根据回合进行手靶训练，

例如左冲拳二次击打或左冲拳、左抽撞拳击打。教练始终保持远距离移动，用前靶引导第一拳，后靶接第二拳。

（五）速度球

可以通过速度球练习提高直拳技术。可用单拳连续击打，也可用双拳连续击打，并可随技术熟练程度的改变，将战术、步法等混合进行练习。

练习时间可自行决定。

速度球其外形像梨，因此也称为梨形球。这种练习主要用来训练习练者的击打速度和动作节奏，提高出拳的准确性和快速反应能力，经常击打速度球可以增强肩、肘、腕等关节的灵活性和上肢的协调性、耐久力。它是拳手必须掌握的一个专门技巧。

击打速度球时，要掌握好击打的时机与部位，可根据击打时的速度和球反弹的路线来把握。反击的最佳时机是球体处于回摆或垂直状态时，击打的正确部位是球体弧形面的最大部分。练时要轻而慢，不可重而快。

击打速度球的方法：

（1）单拳直击

保持基本的桩式，用单手日字冲拳进行击打，由慢到快，左右换势。有节奏地练习，逐渐过渡到左、右手交替，可以一手击一次地交换，也可以一手击多次换手，开始要让速度球反弹三次后再击打，要求习练者仔细观察球回弹的节奏。

（2）侧击横击

用左、右勾撞拳的动作要领分别击打球体的侧面，注意要稍抬肘，转体动作要一致，单臂熟练后可双臂交替击打。

击打速度球练习时，可以根据习练者的身高来调节其高度，请注意击打速度球时要养成缠好护手绷带和戴好沙袋手套来进行训练的习惯。

（六）纸靶

将纸靶悬吊与头部同高，或与肩部同高位置进行拳法练习。

练习时，要注意由慢到快，当出拳纯熟以后，可以以最快速度奋力击打纸靶，要有将纸靶击得粉碎的意念。

练习中，应明确动作路线、动作步骤、着力部位，体会出拳、收拳的要领及平衡保持等细节。

练习时长可以自行决定。

（七）固定靶

固定靶（墙靶）是一种固定在墙壁上的靶，或是一块贴挂在墙上的特制平面软垫。可由桩式开始并结束动作，用固定靶练习各种冲拳或其他拳法技术。

练习时要注意冲拳击打的准确、快速。动作要有弹性地快速击打。

可以用单拳击打或双拳连续击打，并以战术指导练习。

练习10～15次或2～3分钟为一组。

击打固定靶可以随意调整高度，它的作用与沙袋相似，主要用于改进动作和提高出拳力量及准确性，一般以冲拳练习为主，对冲拳的单拳和连续拳的技能形成有帮助，尤其对训练握拳和拳峰击打很有效果。握拳训练是指在出拳前应该放松半握，而触及目标时则应紧握拳头，在墙靶上可以双手平直转体送肩交替击打固定靶，并按照松、紧握拳的节奏来练习，由于击打固定靶的反作用大，注意力度要适度，以防受伤。训练方法与击打沙袋基本相似。

（八）沙袋

可选择10～15公斤或约80公斤重的沙袋分别进行冲拳击打练习。

练习可由桩式开始动作，先于静止中发拳击打，逐渐变为移动中发拳击打。

具体练习方法可自行决定。

练习10～15次或2～3分钟为一组。

在咏春拳训练中，为了提高实战能力，打沙袋是必不可少的训练手段，它的好处就在于直接击打的对象不需要以人为目标就可获得良好的效果，能改进技术，协调动作，增加击打的力量、速度和准确性，保持身体平衡，控制击拳距离及训练步法移动等技巧。

　　击打沙袋前要充分做好准备活动。将各关节韧带，尤其是腕关节、膝关节和踝关节等部位活动开。要求身体微微出汗，脉搏达120次/分钟左右。打沙袋的手套或其他类似的护具要佩戴好，以保护手指和关节为主。

　　初学者在基本技术还未掌握好时，不宜过早进行打沙袋练习，以免形成错误动作或受伤。因此，在打沙袋时一定要在空击基本技术动作正确后，一拳一拳地练习击打沙袋，例如左冲拳、右勾撞拳、左勾撞拳、右抽撞拳等。击打时注意力要集中，注意动作姿势、动作路线、击打力量和步法是否正确，以改进技术动作和熟悉击打沙袋的性能，教练要提醒习练者去按节奏慢慢地击打，如果发现了错误就要及时纠正。此时，可以在沙袋上部（三分之一处）画一个3~5厘米的白圈作为击打目标。注意不是要推击而是要去击打沙袋。发拳击打时，要将腰腿的力量和身体的重量同时用上，才可以使击打有力量。击打技术熟练后，可以加快出拳的速度，并配合前、后、左、右的基本脚步移动技巧来练习。注意这个阶段不宜过多地击打沙袋，击打的时间也不宜过长，以免肌肉发僵，影响速度发挥。在这个阶段过去以后，习练者的技术提高了，对沙袋的性能也有了初步的了解，此时要求习练者要跟着沙袋的晃动来移动步法，寻找最佳击打时机和距离，从一二连击，到组合连击一步步加深。注意重拳应放在后手和最后一拳上，例如左冲拳击头，右冲拳击腹，左勾撞拳击头，右上抽撞拳击下颌用的四拳组合节奏应为"轻、重、轻、重"。由于动作配合增加，又有可能出现拳的错误动作，教练要多做示范，对习练者击打动作的细节要讲清楚，直到纠正为止，这时要画出3~5个白圈作为击打目标。先将一组一组动作打准确，打连贯，再以实战要求任意发挥，将沙袋当作一个有反击能力的对手，而不仅仅是一个被动挨打的物体，同时还要注意练习近战拳法。这个阶段完成以后，习练者便可配合防守与假动作来练习。

（九）硬度力量

　　可以借助用拳面做俯卧撑来练习力量，用双臂或单臂均可。
　　依自身情况练习数次为一组。

或通过其他方法辅助增强拳面的硬度和力量。

具体的练法可以参见相关训练章节的内容。

（十）木人桩

咏春拳中的木人桩训练法，是根据咏春拳特点创造的。

木人桩可以锻炼拳力和改善招式。

木人桩的"双手"是用来练习拍手（拦过来势，然后冲捶），并可锻炼黐手的技术。例如练习拍手，可以全力挡和拉，不致损及木桩，拳打脚踢也不会危害木桩。

木人桩"脚"的训练可帮助练习者在实战中用前马锁住对手的脚，防止对手起脚踢击。另外，还可帮助练习者进行胫部踢击练习。

用日字冲拳进行击打木人桩练习，可以先在木人桩的上段位置缚上帆布之类的软物，用冲拳进行击打，可用于改进动作和提高出拳力量及准确性。一般木人桩以日字冲拳练习为主，对日字冲拳的单拳和连续拳的技能形成很有帮助，尤其是对训练握拳及拳峰击打很有效果。练习中要注意力度适度，以防受伤。

练习时间可以根据自身情况而定。

（十一）综合训练

为了适应咏春拳搏击的需要，可在掌握正确技术动作的基础上，试将步法、其他手法、战术等与日字冲拳结合，进行攻防练习，以便加快日字冲拳技术向纵深方向发展。

练习3~5分钟为一组。

或者进行冲拳或其他技法训练时，可将默想等予以配合，以提高训练的效率。

习练者可以由桩式想象自己完成冲拳动作，像电影中慢镜头一样。如此能加深大脑皮层对冲拳技术的印象，利于技术的掌握。

练习时间可自行决定。

需注意，所有的咏春拳技术技法训练均由所需的桩式开始、结束，在后面的章节中不再复述。

(十二) 辅助训练

辅助训练是指为了提高各种拳法、掌法、肘法、踢法、摔法、锁法等技法进行的练习，其练习内容主要是体能上的练习，以辅助技术技法的提高，此也是咏春拳所有技术技法训练必不可少的练习内容。

具体的练习时间、次数，应根据练习者自身来决定，以后章节技法训练中不再提示。

(十三) 实战训练

咏春拳经过多种形式的练习之后，要对这些练习进行检验，而检验的方法就是通过实战来进行。

实战训练分为条件实战和自由实战两种方法。

1. 条件实战

条件实战的目的是把过去一个阶段所学的咏春拳技、战术动作，由老师或教练有计划地规定好其中一些拳法或某一战术方法，运用到实战中去，以便改进和提高拳手拳法战术的实战技巧。例如，左冲拳的条件实战，右手可参与防守，但不准用其他拳法，实战双方尽量用左冲拳的各种进攻和防守来进行实战，从而提高左冲拳的实战能力。教练可以规定单拳，亦可以规定连续拳，或只准进攻或单一防守等等。这对于拳手改进不足之处，熟练地掌握和巩固规定动作很有帮助。因各种进攻和防守反击技巧均有介绍，现在只将条件实战中假动作内容作部分介绍，练习时还可以自己发挥创编。

示例：

左冲拳击头或腹部（假动作），左冲拳击头或腹部，右抽撞拳击腹部；

左冲拳击头或击腹部（假动作），左勾撞拳击头或击腹部，右抽撞拳击腹部；

右冲拳击头或击腹部（假动作），右勾撞拳击头，右抽撞拳击腹部；

左勾撞拳击头（假动作），左抽撞拳击腹部，右勾撞拳击头或腹部等等。

选择 1~2 组动作，先规定一人进攻，一人防守，熟练后，双方都可以用这 1~2 组动作进攻或防守，最后，完全可以任意用假动作来进攻或防守，对于将步入自由实战的练习者来说，这种练习的效果是十分理想的。

2. 自由实战

自由实战，是正式参赛前的前奏。习练者在规则的保护下自由地运用已掌握的全部咏春拳技术和战术，与不同体重、不同风格的对手进行实战。在独立实战的过程中，在教练的提示下，改进和提高习练者的技、战术，使其体会实战中的各种技巧，逐渐形成自己的风格。习练者在实战中要克服基本姿势和基本拳法的错误，克服怕拳的心理，不要盲目乱打。要着眼击打的准确性和技术动作的发挥，要学习对手的优点，学会避其锐面攻其钝，争取主动权，养成多动脑筋思考的习惯。

习练者在情绪低落、过度疲劳和生病引起身体不适时，不能参加实战训练。

实战训练一般每周做 2~3 次，每次 2~3 回合，最后一个回合的后 30 秒要全力进攻，以增强身体耐久力，培养意志品德。

实战训练过多会产生精神负担，失去实战训练的兴趣。

自由实战之前，必须做好充分的准备活动，理解实战的目的和技术要求，同时并注意使习练者身心放松，消除其紧张心理状态，即可进行实战训练。

实战训练的过程中，教练要对新手多加指导和鼓励，帮助其树立虽败犹荣的自信心，坚定努力再战的斗志和练好基本技术的决心，以及控制好重拳的击打。对于熟练的或有特点的习练者要有针对性地安排好对手，使其有机会接触各种特点的选手，全面发展自己的技术，丰富战斗经验，发挥主观能动性和随机应变能力，沉着冷静地侦察对手，发现对手的弱点和空当，善于运用假动作。实战结束后，教练要结合实战情况，指出优点和不足，提出改进方法。习练者也要积累经验教训，或记好训练日记。

自由实战训练后，习练者可以进行一些器械辅助训练或力量、耐力和

速度方面的训练，自由实战可以模拟咏春拳比赛的形式，即模拟有参赛选手的对手，同时有台上裁判和台下评判员，进行保护和判定胜负的训练，使习练者有身临其境的逼真感觉，给予习练者一个极好的良性刺激，对丰富习练者的临场经验和调节心理状态很有帮助。

十四、日字冲拳运用

掌握了日字冲拳的基本技术，以及日字冲拳与其他防守技术的融合技巧之后，在搏击中运用时，就要以整体技术配合（即配合其他防守或攻击技术）来自由运用。日字冲拳在搏击中的运用，要根据咏春搏击拳理指导原则，使日字冲拳自由发挥，自由攻击，以适应自由搏击的需要。

日字冲拳运用的熟练，可使这种拳法不仅成为攻击的手段，亦可起到在防守时以最短时间阻截对方复杂攻势的作用。如果以问手式对敌时，前手冲拳，多是以速度打法应敌，即以前手冲拳攻击，身体姿势变化小，平衡也无多大变化，并以两点间直线距离最短的原理，使前手冲拳打击对方的机会、准确性达到最佳。

后手日字冲拳，多是配合前手的动作做强力攻击或反击，后手冲拳还可配合腰马的闪动，以获得更大的拳击力量。

日字冲拳在运用时，不只是限于攻击头部或腹部心窝，甚至熟练的日字冲拳可以击打对手身体各个要害部位。

（一）问手式－日字冲拳直击面部

1. 动作

甲方与乙方对峙时，甲方以问手式防护注视乙方动作变化。乙方上抬双手护住头，同时移步向前逼近甲方。甲方抢先前进一步，同时右手成日字冲拳直接打向乙方面部或下颌部（图4－190～图4－192）。

图 4-190

图 4-191

图 4-192

2. 说明

日字冲拳直接简单攻击，同样在一手出拳时，另一手可由问手式保持防护状态。使用日字冲拳攻击，多是简捷、直接地突袭。因此，出拳时需快速、准确击中目标。

(二) 问手式－日字冲拳直击腹部心窝

1. 动作

甲方与乙方对峙时，乙方以问手式保持防护，然后迅速前移向甲方靠近，欲发前手攻击。甲方在乙方前移同时，以前进马发右手冲拳穿过乙方前手臂，猝然击中乙方腹部，使乙方遭到拳法重击（图 4-193~图 4-195）。

图 4 – 193

图 4 – 194

图 4 – 195

2. 说明

简单的冲拳突击或抢先阻截对方的攻势，动作要直接、准确、有力，在对方动作的同时对其实施动作，且搏击中多数以有力的前手作前锋手对敌。当然，仍可根据实战情况而相应采取左或右式问手式应敌。

（三）问手式 – 日字冲拳抢攻

1. 动作

甲方与乙方对峙时，甲方以问手式保持防护，乙方挥动拳头扑向甲方。甲方看准乙方动向把握好距离，以前进马上前一步，同时发右手日字冲拳突袭乙方面部，迫使乙方遭到重创而后退（图 4 – 196 ~ 图 4 – 198）。

图 4-196

图 4-197

图 4-198

2. 说明

以拳法抢攻，要把握好时机、距离，突袭抢攻动作要快速、准确、有力，使对方遭到痛击而不能及时变式还击。

（四）问手式 - 摊手日字冲拳

1. 动作

甲方与乙方均以问手式对峙，乙方静观甲方动向，抢先移步向前，并发出右拳打向甲方胸部。甲方做出反应，随即左手由护手变摊手摊挡住乙方攻击的右手臂；同时在乙方逼近瞬间，突发右手日字冲拳猛击乙方面部（图 4-199～图 4-203）。

图 4–199

图 4–200

图 4–201

图 4–202

图 4–203

2. 说明

摊手摊挡要及时、准确，冲拳攻击要快速、有力。在搏击中，摊手冲拳配合，不只是由问手式正身发动动作，亦要由问手式侧身或其他应敌姿势的正身或侧身发动动作，以适应不同的搏击变化形式。

（五）问手式－内门拍手日字冲拳

1. 动作

甲方与乙方各以问手式对峙，甲方未等乙方反应，抢先发动攻势，迫使乙方做出反应。乙方以前锋手攻击甲方中路瞬间，甲方顺势以左手内门拍打乙方左前锋手前臂，迫使乙方左手改变方向；同时以右手日字冲拳穿过乙方右手上方击中乙方胸部（图4－204～图4－208）。

图4－204

图4－205

图4－206

图4-207　　　　　　　　　　图4-208

2. 说明

内门拍手日字冲拳，也称内门拍打，即进马中由内门形成的拍手消解动作。拍手要与冲拳配合协调、紧凑，攻守兼顾，以达到消解攻击对方的效果。而外门拍打则与内门拍打动作相反。

（六）问手式-拦手日字冲拳

1. 动作

甲方以问手式与乙方对峙时，乙方采取自然的姿势站立。甲方以问手式前锋手以试乙方反应，乙方迅速发出右拳击打甲方中路。甲方顺势左手成拦手向下拦截乙方攻击右手臂，同时以右手握拳猛击乙方胸部或下颌（图4-209～图4-212）。

图4-209　　　　　　　　　　图4-210

图 4-211　　　　　　　　　图 4-212

2. 说明

以问手式应敌，可用前锋手随时试探对方的反应以做出及时的攻守。拦手与日字冲拳要同时动作，也有必要根据战况的变化配合走马步法应敌。拦手时，要准确、凶狠地削拦对方攻击的手臂，冲拳攻击也要准确、及时。此谓咏春拳的"消打同时"打法。

（七）问手式－左右日字冲拳上下连击

1. 动作

甲方与乙方对峙时，甲方以问手式前锋手试探乙方反应，乙方移动向前迅速发拳击打甲方上路。甲方窥准乙方动向，及时向前移马，同时以右手冲拳直击乙方下颌。乙方遭到攻击，发右拳还击。甲方顺势收右拳俯身闪避乙方攻势，同时再发右手冲拳猛击乙方腹部（图 4-213～图 4-216）。

图 4-213　　　　　　　　　图 4-214

图4-215　　　　　　　　　　图4-216

2. 说明

日字冲拳上下连击，要随对方的动作抓住时机发动拳法连攻，迫使对方遭到重创。拳法连击上下不同的目标，手法与腰马要上下协调，以促拳击准确、有力。

（八）问手式-日字冲拳配合侧撑腿踢法

1. 动作

甲方与乙方对峙时，甲方以左手前锋手试探迫使乙方做出反应，乙方上抬两手防护。甲方紧接以左手成日字冲拳直接攻击乙方面部，乙方慌忙后闪。甲方乘机收左手，起左脚侧撑踢乙方腰髋部（图4-217～图4-220）。

图4-217　　　　　　　　　　图4-218

图 4 - 219　　　　　　　　　图 4 - 220

2. 说明

冲拳与踢法配合，实为指上打下的战术配合打法。无论拳法攻击是否奏效，都要注意踢法突袭的重创效果。

（九）问手式 - 前撑腿配合日字冲拳

1. 动作

甲方以问手式与乙方对峙时，以左前锋手试探迫使乙方上抬双手防护，紧接起左脚前撑踢乙方下腹，乙方欲提膝消挡。甲方顺势前落左脚，同时发左手日字冲拳猛击乙方下颌（图 4 - 221 ~ 图 4 - 224）。

图 4 - 221　　　　　　　　　图 4 - 222

图 4－223　　　　　　　　　图 4－224

2. 说明

无论是手法与踢法，还是踢法与手法配合，都是咏春拳搏击术整体运用法则的体现。前撑腿踢击有无奏效，均要随时准备下一动作以适应对手的攻守招式。

（十）问手式－左右日字冲拳连击头面部

1. 动作

甲方以问手式与乙方对峙时，甲方先以左前锋手前伸迫使乙方做出反应，紧接，左手成日字冲拳直接击打乙方面部。乙方稍向后闪避开甲方拳击，甲方紧接收左拳，连发右拳击中乙方面部或下颌部位（图4－225～图4－228）。

图 4－225　　　　　　　　　图 4－226

图 4-227　　　　　　　　　　　图 4-228

2. 说明

问手试探要有突然攻击的效果，为拳法连击开路，左、右手拳法连击动作要迅速、轻快、有力。

（十一）问手式－改变角度以日字冲拳连击

1. 动作

甲方以问手式与乙方对峙，乙方欲向甲方逼近。甲方迅速以左手成日字冲拳直击乙方胸部，乙方惊慌后闪避开甲方拳势。甲方攻势不停，未等乙方调整姿势，迅速进马俯身，同时发左手冲拳直捣乙方腹部。乙方被击后的俯身瞬间，甲方调整身势，再发右冲拳直击乙方胸部（图4-229～图4-232）。

图 4-229　　　　　　　　　　　图 4-230

图 4－231　　　　　　　　　　　　图 4－232

2. 说明

日字冲拳在搏击中的运用，应能从各种不同的身势角度改变实施攻击，特别是使用连击，如此以增强拳法攻击的威力。

第二节　抽撞拳

抽撞拳又称为抽拳（类似勾拳），是除了日字冲拳直线手法之外的弧线拳击打法。抽撞拳，这种稍带弧形路线攻击的拳法，使用时也是在自身中线的基础上以不太大的弧度由下向上抽打向中线前方的手法。

抽撞拳，也是一种屈臂状态下的攻击拳法，且左、右手均可运用这种技术。这种拳法实际上多在近距离中使用，具有极强的攻击威力，特别是以贴身向上抽打最具击倒、重创功效。

一、二字拑阳马抽撞拳

（一）动作

1. 二字拑阳马：先摆好二字拑阳马式（图 4－233）。
2. 左抽撞拳：左拳贴紧左胸侧，以拳面为力点成抽撞拳快速抽打向中线前方，拳与下颌同高，拳心向内，呼气发力，劲力达拳面，眼视左拳；

然后迅速原路收拳，恢复开始的二字拑阳马式（图4－234～图4－236）。

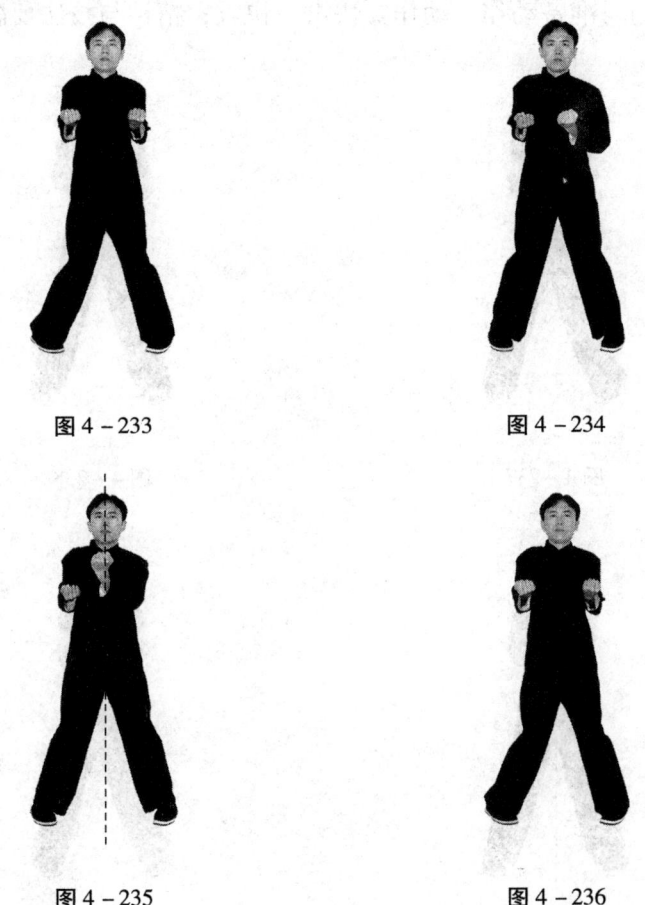

图4－233　　　　　　　　图4－234

图4－235　　　　　　　　图4－236

3. 右抽撞拳：然后，右拳贴紧右胸侧，以拳面为力点成抽撞拳快速抽打向前方中线，拳与下颌同高，拳心向内，呼气发力，劲力达拳面，眼视右拳；然后迅速原路收拳，恢复开始的二字拑阳马式（图4－237～图4－240）。

（二）要领

保持正确的二字拑阳马式以备随时动作；出拳时，先注意放松出拳手臂，以使动作产生迅雷不及掩耳的抽击效果；上抽拳时应沿自身中线发动动作；动作要连贯、流畅；全身要协调；前臂屈肘要随腰髋协调动作；发拳时，加快速度，以增强击打的威力；出拳动作中要稳定桩马平衡；左手发拳，右手随时准备动作；动作要快击、快收；精神与技法要融合为一。

图 4-237

图 4-238

图 4-239

图 4-240

（三）说明

在二字拑阳马式的基础上进行的抽撞拳动作，主要是锻炼在基本的桩马基础上正确出拳、收拳的能力。

抽撞拳是一种较难掌握的拳法，比起冲拳要花费大量的时间、精力去刻苦训练。在进行抽撞拳训练时，除要认真训练外，还要勤于思考，以使技术在短时间内得到提高。

练习时，需认真理解技术动作、要领，避免盲目进行。

动作练习可由慢至快，不能为盲目追求击打效果，而造成动作僵硬、紧张，影响到技术提高。

练习中可细心体会抽撞拳动作过程，以及出拳与身体之间的协调关系。

精神与肉体融合为一，以咏春拳简捷、直接的精神指导完成技术动作。

空击练习可以在同伴或教练的帮助下，或在镜子的帮助下进行正确的技术训练。

（四）作用

抽撞拳可以用来攻击下颌、心窝、腹部、肋部，或者向上抽打攻击太阳穴、颈动脉等部位。

二、问手式抽撞拳

（一）动作

1. 问手式：先摆好左手在前、右手在后的问手式（图4-241）。

2. 左（前手）抽撞拳：左手握拳，以拳面为力点成抽撞拳向前方中线快速抽打，拳与下颌同高，拳心向内，呼气发力，劲力达拳面，眼视左拳；接着，迅速原路收拳，恢复开始的左问手式（图4-242~图4-244）。

图4-241　　　　　图4-242　　　　　图4-243

3. 右（后手）抽撞拳：然后，右手握拳，以拳面为力点成抽撞拳向前方中线快速抽打，拳与下颌同高，拳心向内，呼气发力，劲力达拳面，眼视右拳；接着，迅速原路收拳，恢复开始的左问手式（图4-245~图4-248）。

图4-244 　　　　　图4-245 　　　　　图4-246

图4-247 　　　　　图4-248 　　　　　图4-249

以上为左手在前、右手在后的问手式抽撞拳；相反，右手在前、左手在后的抽撞拳动作方法与左问手式相同，唯问手摆桩方向不同而已（图4-249~图4-252）。

图 4-250　　　　　图 4-251　　　　　图 4-252

（二）要领

保持正确的问手式以备随时动作；出拳时，与二字拑阳马式抽撞拳要求一样，先注意放松出拳手臂，以使动作产生迅雷不及掩耳的抽击效果；上抽拳时应沿自身中线动作；动作要连贯、流畅；全身要协调；前臂屈肘要随腰髋协调动作；发拳时，加快速度，以增强击打的威力；出拳动作中要稳定问手式桩马平衡；左手发拳，右手随时准备动作，反之亦然；动作要快击、快收；精神与技法要融合为一。

（三）说明

问手式，实际上是搏击中运用较多的应敌桩马姿势。由问手式做左、右手抽撞拳时，分为前、后手抽撞拳动作，即问手式前锋手做抽撞拳动作时为前手抽撞拳，后手防护手做抽撞拳动作则为后手抽撞拳。如此，前、后手可以进行连环出拳动作。

抽撞拳可以直接用来进攻或反击，特别是在反击中较具有威力，但这种拳法绝不可弧度过大或环形出拳，而是放松、自然、弹射地抽打出拳。切记，加上身体的旋转拳术会更具威力。以腰马步法配合拳术攻击，避免动作为对方洞悉，发拳或收拳均需保持随时防御、反击姿势，手绝不可过于置后或下垂，开始多用冲拳或假动作来趋近对方。

用前手抽撞拳时，后手需保持较好的防护。在练习时，需用小型沙袋来练习出拳的劲力，但不需要过度扭转身体来练习快速出拳。

善于变化的搏击者，心明体灵，常可以最不平常的手法，由极不可能的角度而攻击得手。抽撞拳与其他手法一样，是由桩马直接出拳。它多以冲拳或虚招来趋近对手，出拳时不宜过低、过后，脚部要配合着步法运用。攻击目标时，腰与肩逆方向旋转。一旦攻击对方脸部侧面时，肩需保持高抬之位置，以获得最大的杠杆作用。切记，出拳时绝不可有肌肉紧张之动作，正确的动作是前臂的位置与方向妥当，肩膀肌肉放松。经常有些拳手出拳时身体过分向前，使拳变成推击的动作。实际上，抽撞拳是一种放松的由肩膀而发的攻击拳法。出拳时，务必放松、自然，与弹出的动作配合，绝非弧度过大、环形出拳。对付一个守重于攻的对手，时常只有抽撞拳方能突破对方防守，迫使对方改变防守姿势，使自己有机可乘。

前手抽撞拳可以直接攻击对方，对方不易避开。如果用来反击则更为有效，原因是抽撞拳可作为一种近距离攻击武器。尤其当对方迫近你时，是用前手抽撞拳的最好时机，还可先以冲拳攻击，配合步法，再进行抽撞拳攻击。最重要的一点是尽量减少不必要的动作，出拳动作弧度不要过大。因此，必须保持紧密的屈肘。抽撞拳难学的一点是，身体并不过分扭转而犹能有效、够劲地出拳。手肘弯曲较大，其攻击力则大。练习用此拳攻至目标时，手臂先微僵直固定。攻击时，前臂与拳头固定于一体，不可弯曲，随时配合双手连续攻击。封挡对方抽撞拳时，最好的办法是贴近对方，使对方的攻击掠头而过。抽撞拳需经不断地练习以保持双拳之舒适、流畅。

后手抽撞拳在双方近战时甚为有效，尤其在双方分离瞬间，或在对方后撤时发拳击打最为有效。动作是以弧线型击向对方下颌或胸腹部。

前手或后手抽撞拳，常有效地运用在近距离作战之时，也就是说，一旦贴近对方，即有较多机会运用此手法，抽撞拳可用来作为攻击头部的武器，但事先应明确一点，除非自己洞悉对方企图，否则头下垂或身体前弯，只会使你自己挨到抽撞拳的攻击。攻击时，双腿保持弯曲，出拳瞬间微微撑直双腿以助拳力。

抽撞拳，无论采取何种形式的桩马，均可以用来攻击下颌、心窝、腹部、肋部，或者配合平勾拳攻击太阳穴、颈动脉等部位。

三、进马抽撞拳

（一）动作

1. 问手式：先做好问手式（或二字拑阳马式）动作（图4-253）。

2. 右脚进马抽撞拳：接着，右脚滑向前方成进马，同时拖动左脚和身体向前打出左手抽撞拳，右脚落地与右膝关节形成内扪力，配合左拳随身体前冲之势向中线前抽打出（图4-254、图4-255）。

图4-253

图4-254

图4-255

3. 问手式：如果继续做以上进马抽撞拳动作，按以上动作方法同时配合出拳即可。如果是不做出拳，随即两手可变成问手式（图4-256）。

以上是进马后手抽撞拳，进马前手抽撞拳与后手动作方法相同，唯进马时用前手动作。

（二）要领

保持正确问手式准备动作；进马时，注意进马与抽撞拳是同时动作的，在进马中前腿将后腿及整个身体拖前时，即刻同时打出所欲击的

图4-256

拳头；出左拳或右拳均要与进马上下协调，同时动作；精神与技法要融合为一。

（三）说明

进马抽撞拳，是走马步法与抽撞拳结合，使练习者在移动时锻炼出拳的能力。因此，将进马配合抽撞拳练习，对于移动中拳法练习均有重要的意义。进马冲拳，是在各固定的拑阳马、侧身马、问手式等应敌姿势的基础上，进行移动出拳的技术。不只是可以运用问手式做进马冲拳，亦可以由拑阳马、侧身马等应敌姿势做进马冲拳。

在进马抽撞拳的动作中，关键在于进马时前腿将后腿及整个身体拖前与出拳抽打的协调配合，两者必须上下协调，才能使抽撞拳的力量加上整个身体形成向前进马冲的力量，促使出拳产生极大的抽打爆发力。

当然，进马配合抽撞拳，即以进马不断前冲的步法，配合出拳快速而连环的抽打攻势，只要迫近对手，就能令对手难以招架，而使对手遭到重创。因此，这种拳步配合的技术也和其他拳法与走马配合有着相同的效果，也可称为迫步密袭战术打法。

（四）作用

进马抽撞拳，除了以抽撞拳击打目标以外，其主要作用是以拳步配合逼近对手发动密集攻势。

四、抽撞拳训练

抽撞拳是一种较难掌握的拳法，要花费大量的时间、精力去刻苦训练。在进行抽撞拳训练时，除要认真训练外，还要勤于思考，以使技术在短时间内得以提高。

（一）空击

练习时，需认真理解技术动作、要领，避免盲目进行。

动作练习可由慢至快，不能为盲目追求击打效果，而造成动作僵硬、紧张，影响到技术提高。

练习中可细心体会抽撞拳动作过程，以及出拳与身体之间的协调关系。

精神与肉体要融合为一，以咏春拳简捷、直接的精神指导完成技术动作。

空击练习可以在同伴或教练的帮助下，或在镜子的帮助下进行正确的技术训练。

练习2~3分钟为一组。

具体练习方法可参见前面冲拳章节内容的练习方法。

（二）击靶

与同伴进行抽撞拳击靶练习，有益于习练者提高抽撞拳出拳的准确性以及提升出拳的速度。在同伴的配合下，认真进行抽撞拳击靶练习，将各种形式的抽撞拳用于实践。

练习中，要掌握正确的击打方法，使前、后手均得到锻炼。

具体的练习方法可参见冲拳击靶练习一节内容来设定。

练习10~15次或2~3分钟为一组。

（三）沙袋

抽撞拳练习多采取小型沙袋进行。练习时，除要注意出拳动作的正确，还要注意击打沙袋位置的准确性，将各种形式的抽撞拳进行击打沙袋练习。

也可以采取抽撞拳击打重型沙袋练习，重点练习抽撞拳的爆发力。

用正确的抽撞拳进行击打沙袋练习，同时要注意拳与身体各方面的协调配合。

练习时需认真理解击打沙袋的技术要领，避免盲目地进行。

可先由慢至快的方式进行练习。

击打沙袋的方法可参见前面冲拳章节内容，自行决定练习。

练习10~15次或2~3分钟为一组。

（四）速度球

采用抽撞拳进行击打速度球练习，可提高上肢灵敏性、协调性等素质，还可提高拳法运用的技巧。或采用抽撞拳进行击打弹球练习，以加快抽撞拳技术的掌握。

这两种方式的练习，对于迅速提高练习者出拳的速度、动作控制能力、时机等有重要作用。习练者在采用这些方式练习的初期会感到有些别扭，甚至可能产生畏惧情绪，但只要坚持进行一段时间的练习后，习练者自会感到，自己的拳法技术竟是如此灵巧、快速、流畅。

练习时，可由静止发抽撞拳过渡到移动发抽撞拳练习，再可进行突然发拳或连续发拳击打练习。

初期练习时，可以适当降低速度球的高度，在技术熟练后再进行附加各种要求的练习。

五、抽撞拳运用

抽撞拳可以用于主动攻击或配合其他攻击拳法、掌法运用，也可以配合防守技术实施攻击或反击，还可用正身二字拑阳马式或问手式，或侧身应敌姿势出拳攻击或反击。

抽撞拳在进攻时，要注意配合中线理论，较易击中目标或使对手受力较重。

出手的抽打动作快而影（预兆）小。双手能同时迫近对手，所以出手时不用转动肩头，因此出手之影（预兆）会很少，而且左右手很易互相兼顾。

咏春抽撞拳攻击或防守时通常手肘紧贴着中线前面。其好处是，在攻击方面，可抢中线以达最短距离和最重之攻击；在防守方面，一方面埋肘本身已保护身体若干重要部分，另一方面守中线以达最短距离之防守。

咏春出手后（不论是攻或守），手和手臂均不再蓄力，手肘屈曲是为收肘。这样除了有利于自己同一双手能立刻再做攻击外，在防守方面使敌方难以取我方之关节，使防守更加紧密。

(一) 日字冲拳－撤手抽撞拳对付扑攻

1. 动作

甲方与乙方对峙时，甲方保持问手式防护，并突然发出右手冲拳攻击乙方头部。乙方迅速反应，俯身闪避甲方攻势，随即向甲方扑去。甲方稳定桩马，同时右拳变式成撤手乘机向下按压乙方头颈，左手成抽撞拳猛然向上抽打乙方面部（图4－257～图4－260）。

图4－257　　　　　　　图4－258

图4－259　　　　　　　图4－260

2. 说明

抽撞拳和其他手法一样，为了增强打击的效果和威力，同样可以在其他防守或攻击手法的配合动作下，以适应近距离变化不定的搏斗状况。因此，抽撞拳作为在近距离常用的拳法，除了可以配合日字冲拳运用，亦可以配合像揿手之类的手法运用。

(二) 进马－揿手抽撞拳

1. 动作

甲方以问手式与乙方对峙时，甲方以前锋手保持防护。乙方突然抢先发动攻势，向前移步晃动双拳向甲方逼近。甲方迅速进马，以前手日字冲拳攻向乙方面部，乙方迅速俯身避闪。甲方随即右手成揿手向下压按乙方头颈，同时左手成抽撞拳向上抽打乙方面部（图4－261～图4－264）。

图4－261

图4－262

图4－263

图4－264

2. 说明

进马冲拳攻击要突然，撤手与抽撞拳尽量同时动作，迫使对手无法及时反应而被击打。

(三) 抽撞拳－铲手

1. 动作

甲方与乙方对峙时，甲方以问手式保持防护，同时前移逼近乙方，瞬间突发右手抽撞拳抽打乙方。乙方迅速做出反应，及时向后缩身闪避。甲方动作不停，随即左脚进马，在乙方挺身同时突发左手抽撞拳勾打乙方下颌。乙方遭到攻击欲调整姿势，甲方攻势不停，左手一收回，右手立即成铲手铲击乙方左颈部（图4－265～图4－268）。

图4－265

图4－266

图4－267

图4－268

2. 说明

近距离抽撞拳攻击可配合腰马整合的整体劲力催发于手,增加拳法抽打的劲力。抽打的动作幅度要小,要突然、迅捷。攻击要突破对手防线,并与掌法、走马步法配合发动令对手防不胜防的攻势。

(四)护手－抽撞拳连击上路

1. 动作

甲方以问手式与乙方对峙时,乙方突向前移步,并用双手搂按住甲方双肩,欲发动膝攻。甲方急速稳定桩马,左手成护手防护,同时拧转腰髋发出右手抽撞拳上击乙方下颌。乙方遭到攻击并不退却,同时上抬双臂挺身发出左膝顶撞甲方腹部或裆部。甲方缩腹避闪乙方膝攻,同时攻势不停,右手连发抽撞拳攻击乙方下颌,乙方被击晃动身体,甲方稍下落右拳再勾击乙方下颌部位(图4－269~图4－272)。

2. 说明

贴身迫近发动抽撞拳攻击时,要视情况发动连环攻势,攻击要有渗透性。抽撞拳也多是在贴身近战时运用。因此,在短兵相接搏斗中,可用抽撞拳连击对手下颌或上体其他部位,进行突袭。

图4－269

图4－270

图 4-271　　　　　　　　图 4-272

（五）抽撞拳－斜踩腿－侧撑腿

1. 动作

甲方以问手式与乙方对峙时，甲方抢先发动攻击，以前锋手成抽撞拳打出迫使乙方做出反应，乙方缩身上抬双手防护闪避甲方左手攻击。甲方迅速重心前移，左腿支撑，突起右脚斜踩踏乙方前伸的左腿膝或胫骨部，乙方遭到踢击欲收腿下落手防护。甲方攻势不停，随即下落右脚，起左脚侧撑蹬乙方胸腹部（图 4-273～图 4-276）。

图 4-273　　　　　　　　图 4-274

4-图275　　　　　　　　　　　　图4-276

2. 说明

抽撞拳多是在逼近时出招攻击，无论是否攻击到对手，均要及时采取踢法迅速攻击对手下路。

第三节　勾撞拳

咏春拳中的勾撞拳（类似内摆拳），又称为横撞拳或铲捶。勾撞拳是配合中线理论，出手随肩臂及上身较小幅度的旋转形成的勾撞击打动作，这种动作同样快而影（预兆）小，且出手或收手时多数是手肘紧贴着中线动作的。

勾撞拳，如果是以侧身问手式对敌运用时，其可分为前手勾撞拳和后手勾撞拳，在咏春拳搏击术中这类拳法多用于中、近距离中。

一、二字拑阳马勾撞拳

（一）动作

1. 二字拑阳马：先摆好二字拑阳马式（图4-277）。
2. 左勾撞拳：左手握拳贴紧左胸侧，左臂肘部抬起，肘关节微屈，左拳翻转成拳心向下，沿小弧形向右横撞打出至身体中线位置，呼气发力，劲力达拳面，眼视左拳。动作完成后，迅速屈肘收拳，恢复二字拑阳马式（图4-278~图4-280）。

3. 右勾撞拳：然后，右手握拳贴紧右胸侧，右臂肘部抬起，肘关节微屈，右拳翻转成拳心向下，沿小弧形向左横撞打出至身体中线位置，呼气发力，劲力达拳面，眼视左拳。动作完成后，迅速屈肘收拳，恢复二字拑阳马式（图4-281~图4-284）。

以上为左、右手勾撞拳动作。侧视二字拑阳马式勾撞拳动作如图4-285~图4-288。

图4-277　　　　　　图4-278　　　　　　图4-279

图4-280　　　　　　图4-281　　　　　　图4-282

图 4－283　　　　　图 4－284　　　　　图 4－285

图 4－286　　　　　图 4－287　　　　　图 4－288

（二）要领

保持正确的二字拑阳马式以备随时出拳、收拳；出拳时，注意拳心朝下；勾撞拳的动作要简捷、直接地完成；注意姿势正确、动作迅速流畅与轻巧自如；勾撞摆打路线避免过长，出拳弧度要小，守于中线；肘关节弯曲要自然适度；稳定腰马，以身体整合的整体劲力带动拳爆发出击；击出拳瞬间，可突然紧张、力贯整个肩臂发力；左、右手动作方法相同，唯方向相反；动作要快击、快收；精神与技法要融合为一。

（三）说明

勾撞拳，是利用肩臂、上身及脚掌的整体劲力促使拳产生旋转力攻击的手法。

这种拳法，动作时不需要太大的横摆幅度，是要在稳定自身中线的基础上发拳或收拳。

掌握各种不同的拳法技术后，多数还是独立的自行练习，并在练习中体会动作要领，加深对动作的理解和熟练程度。

特别是二字拑阳马式勾撞拳的练习，也是培养最基本的桩马出拳、收拳的能力。

（四）作用

无论是由二字拑阳马式或问手式出勾撞拳时，接触点为拳面或拳背，击拳时需全臂贯劲，攻击部位多数为太阳穴或头侧部位。当然，勾撞拳也可攻击腮面、下颌、颈部侧面等部位。中路可以腹部、肋部为攻击目标。

二、问手式勾撞拳

（一）动作

1. 问手式：先摆好右手在前、左手在后的问手式（图4-289）。

2. 左勾撞拳：左手直接由护手握拳，左臂肘部抬起，肘关节微屈，左拳翻转成拳心向下，沿小弧形向右横撞打出至身体中线位置，呼气发力，劲力达拳面，眼视左拳。动作完成后，迅速屈肘收拳，恢复开始的问手式（图4-290～图4-294）。

图4-289

以上为右手在前、左手在后的问手式左勾撞拳动作。

如果以左手在前、右手在后的问手式做右勾撞拳，与上面的左勾撞拳动作方法相同，唯问手式两手摆放姿势相反（图4-295～图4-298）。

咏春搏击功夫教程

图4－290　　　　　　　　图4－291　　　　　　　　图4－292

图4－293　　　　　　　　图4－294　　　　　　　　图4－295

图4－296　　　　　　　　图4－297　　　　　　　　图4－298

（二）要领

由问手式做勾撞拳动作，其基本要领与二字拑阳马式勾撞拳相同，唯以问手式出拳、收拳；出拳时，肩部肌肉要放松，拳向前走弧形勾撞向中线前击中；其他要领参见前手勾撞拳技术要领。

（三）说明

问手式，是咏春拳搏击常用的基本应敌姿势。因此，在问手式基础上攻守的动作也就运用得比较频繁。勾撞拳也多是在问手式状态下出拳，或在近距离贴身战时由其他身势出拳攻击或防守反击。

勾撞拳技术，是抛物线弧形击打的拳法，在咏春拳中要求这种动作幅度不要太大，但出拳要有力。

勾撞拳击打时，拳头绕弧形向中线挥摆击出。其最适用场合，一般是在对方疲惫、反应迟钝时，出拳重击往往效果显著。或者在交战或混战中，出其不意地发出一记勾撞拳进行突击可见功效。

如果是以问手式状态时，左、右手勾撞拳就分为前、后手动作。发前手勾撞拳时，由身体一侧向前向内向中线击出，肘关节保持适度的屈曲，借腰马整合的整体劲力发出拳击的爆发力。为增加拳击爆发力，在出拳时，肩部肌肉要适当放松，拳向前走弧形，但不可有将出拳的预兆。击向目标的同时，臂部突然在一瞬间紧张。如果是勾撞击打对手的腹胃部时，可随拳势自然协调移动身势，或配合走马步法，使身体重心降低，以促拳击威力。

后手勾撞拳，由于身体部位所处的条件优势，便于发挥身体的转化和后脚的蹬地力量来增加出拳的速度和力量。在发后手勾撞拳时，由于手臂在后，因此不需像前手抽撞拳那样，身体再做一个摆动动作。出拳前，身体重心偏于后脚上，出拳时利用脚蹬地的力量，促进转髋与上体向一侧转动，身体重心随之向前侧方移动，直至落在前脚上。后手拳以拳峰为先导，朝向目标沿弧线击出，并借助重心前移，身体可向一侧方转动加大勾撞拳的挥摆速度，击向目标。击中目标时，手腕、手臂等技术要求均与前手抽撞拳相似。

后手勾撞拳应用得当，其力量重，威胁大，但是后手距离对方较远些，动作大，易被对方察觉。因此，要特别注意出拳的时机与准确性。搏击中，运动员是不轻易单独发勾撞拳的，多数在另一手的拳法配合下运用，在对手遭到连续地击打，或放松防守，或体力不支的情况下使用后手勾撞拳可以给对方造成难以承受的重击，从而战胜对手。

（四）作用

勾撞拳在使用时，接触点为拳面或拳背，击拳时需全臂贯劲，攻击部位多数为太阳穴或头侧部位，甚至可攻击腮面、下颌、颈部侧面等，中路可攻击腹部或肋部。

三、进马勾撞拳

（一）动作

1. 问手式：先做好左手在前、右手在后的问手式动作（图4－299）。

2. 左脚进马勾撞拳：接着，左脚滑向前方成进马，同时拖带右脚和身体向前打出右手勾撞拳，左脚落地与左膝关节形成内扪力，配合右拳随身体前冲之势向中线前勾打出（图4－300～图4－302）。

3. 问手式：如果继续做以上进马勾撞拳动作，则按以上方法连续出拳即可；如果是不再出拳，随即两手可变成问手式（图4－303）。

图4－299

图 4－300　　　　　　　　图 4－301

图 4－302　　　　　　　　图 4－303

以上是进马后手勾撞拳，进马前手勾撞拳与后手动作方法相同，唯进马时用前手动作。

（二）要领

保持正确问手式准备动作；进马时，注意进马与勾撞拳要同时动作，在进马中前腿将后腿及整个身体拖前时，即刻同时打出所欲击的勾撞拳；出左拳或右拳均要与进马上下协调，同时动作；精神与技法要融合为一。

（三）说明

进马勾撞拳，是走马步法与勾撞拳结合，锻炼走马移动出拳的能力。

因此，将进马配合勾撞拳练习，对于移动中的拳法练习均有重要的作用。进马勾撞拳，是在各固定的拑阳马、侧身马、问手式等应敌姿势的基础上，进行移动出拳的技术。不只是可以运用问手式做进马冲拳，亦可以由拑阳马、侧身马等应敌姿势做进马勾撞拳。

在进马勾撞拳的动作中，进马时前腿将后腿及整个身体拖前与出拳勾打的配合，两者必须上下协调，才能使勾撞拳的力量加上整个身体向前进马冲的力量，促使出拳产生极大的打击爆发力。

进马配合勾撞拳，同样可以进马不断前冲的步法，配合快速而连环的出拳攻势，只要迫近对手，就能令对手难以招架，而使其遭到重创。因此，这种勾撞拳与走马步法配合的技术也和其他拳法与走马配合有着相同的效果，同样也可称为迫步密袭战术打法，并可在贴身战时发挥其攻击或防守反击威力。

（四）作用

进马勾撞拳，除了具有以勾撞拳击打目标的作用外，其主要作用是利用拳步配合逼近对手发动密集攻势，以达重创的效果。

四、勾撞拳训练

（一）空击

掌握勾撞拳技术动作后，可以进行前、后手勾撞拳空击练习。

空击练习，主要是先练习好勾撞拳单一拳法的技术，练习中注意观察身体的动作是否平衡协调，发力是否正确，动作的方向、路线轨迹是否清晰准确，完成动作是否快捷迅速。

在此基础上，再结合步法进行完善单一拳法的进攻击打，观察拳法与步法、身法的配合情况。边观察边反复练习，直至熟练掌握勾撞拳技术。

各种具体的空击练习方法可参见前面日字冲拳一节空击要求进行设定练习。

事实上在咏春拳所有动作技术的训练过程中，都要求习练者精神与肉体极度协调,最大限度地发挥身体潜能,促进技术快速的进步与提高,而这都需要经过无数次地练习,来使所学所用的动作技术达到精神与肉体的融合为一。

空击练习2~3分钟为一组。

所有可能的动作技术都要左右交替进行,并由桩式开始、结束。

(二) 固定靶

用前、后手勾撞拳进行击打固定靶练习。

练习时,要认真进行并完成训练,可以根据教练的提示、启发积极主动地配合练习。如果是自练,可在镜子的帮助下,掌握正确的动作技术,再进行击靶练习。

练习中,保持基本的桩式,进行前、后手勾撞拳击打,在出拳或收拳的过程中,注意体会利用脚蹬地、转髋、转腰、转体带动肩臂摆动的发拳细节。

练习2~3分钟为一组。

(三) 击靶

可以在同伴或助手、教练的配合下,进行勾撞拳击打手靶练习。

练习时,要认真理解勾撞拳技术要领,以及击打动作技术的正确性,避免盲目练习。

先一拳一拳地练习击靶,再综合进行击打练习,克服急于求成的心理。

动作练习可由慢到快,逐步提高练习效果。

练习中可体会勾撞拳击打与身体上、下各个部位协调关系的细节等。

其他要领可参见冲拳一节的击靶练习内容来自行设定。

(四) 沙袋

选择重量约为25~30公斤重的沙袋进行勾撞拳击打练习。

练习中注意动作技术击打的正确性和击打位置的准确性,按照动作技

术要求严格进行击打沙袋练习，来提高练习的效率。

具体练习方法可参见前面冲拳一节内容来设定。

练习 10~15 次或 2~3 分钟为一组。

练习时要左右姿势交替进行。

（五）配合练习

在所有的拳法练习中，均可配合体能素质的一些练习，来提高拳法技术水平。因为拳法或腿法的出击或回收的速度、力量、柔韧、耐力与熟练的拳法或踢击技巧的关系是紧密相连的，体能也是动作技术训练的基础。

各种体能基本训练可参见咏春拳相关章节内容进行练习。

五、勾撞拳运用

勾撞拳，就是在近战中以拳头勾摆撞打攻击对手，是一种弧线击打的拳法。勾撞拳的基本技术一般分作左、右手动作。当然，在具体运用时，可以根据搏击需要采取手肘稍变角度进行勾撞打击对手。

勾撞拳比起冲拳、抽撞拳等拳法在动作结构和击打技术上要稍复杂些，但打击威力并不亚于冲拳和抽撞拳。实际上，在自由搏击比赛或打斗中，一般不怎么重视勾撞拳，其原因有二：一是，勾撞拳动作及技术没有冲拳和抽撞拳易于掌握；二是，勾撞拳作为近距离击打技术，一旦处于贴身战时在很大程度上没有发挥余地，即使能运用勾撞拳，也多是与其他手法配合运用。

而走下拳台后，于街头巷尾抗暴或被歹徒逼至死角时，勾撞拳就是较好的攻击武器，它可以和冲拳、抽撞拳一样，任意发挥。

（一）问手式－日字冲拳－单擒拿手－勾撞拳

1. 动作

甲方与乙方对峙时，乙方欲向甲方发动攻势，甲方以问手式防护，乙方晃动双拳逼向甲方。甲方抢先以右手日字冲拳击打乙方面部，乙方迅速上抬双拳臂护住头面。甲方配合进马，右手顺势由拳变掌作擒拿手，猝然抢抓住乙方右手臂，并用力下拉，迫使乙方露出头面。甲方乘机以左手勾撞拳猛击乙方右太阳穴或面门（图4-304～图4-308）。

图4-304

图4-305

图4-306

图4-307

图4-308

2. 说明

勾撞拳在稍远距离时不能直接使用，而是要配合日字冲拳、擒拿手之类的动作使用。在贴身近战中，及时运用其他手法的配合，来使勾撞拳得到更有效的发挥。在勾撞拳能够直接攻击到目标时，就要以身体整体劲力催于拳头，瞬间击打目标。

（二）问手式 – 日字冲拳 – 勾撞拳 – 双擒拿手

1. 动作

甲方以问手式与乙方对峙时，甲方抢先发动攻击，突发右手冲拳直接击向乙方面部，乙方及时用右手消解甲方拳势。甲方配合进马以左手抢抓住乙方前伸的右手臂，同时右拳变勾撞拳击打乙方左侧太阳穴或面部。乙方遭到攻击欲调整身势，甲方动作不停，两手成双擒拿手将乙方右上肢拿制（图4–309～图4–314）。

2. 说明

冲拳作为稍远距离的直接攻击手法，无论攻击是否奏效，均要及时在逼近对手瞬间使用短距离勾撞拳攻击，同时再进一步近身实施擒拿手法配合，将对手控制住。手法的运用，亦要注意走马的配合，使攻守技巧得到较好的发挥。

图4–309

图4–310

图 4-311

图 4-312

图 4-313

图 4-314

(三) 问手式-勾撞拳-抽撞拳

1. 动作

甲方与乙方对峙时,甲方以问手式保持防护,随即移动桩马迫使乙方注意下路防守。紧接着,甲方进马同时突发左手勾撞拳击打乙方头部左侧,乙方遭到攻击慌忙调整防守姿势。甲方攻势不停,右手顺势成抽撞拳猛击乙方下颌部(图 4-315~图 4-318)。

图 4－315　　　　　　　　　　　图 4－316

图 4－317　　　　　　　　　　　图 4－318

2. 说明

走马直接逼近或佯攻为近距离创造攻击时机时，动作要快速、简捷，用左、右手拳法配合攻击，拳击的动作幅度不宜过大，以在自身中线附近出拳实施痛击。

（四）问手式－日字冲拳－勾撞拳连击

1. 动作

甲方保持问手式防护状态，乙方抢先发动攻势，晃动右手欲攻击。甲方随即突发左手日字冲拳直击乙方面门，乙方用右手格挡开甲方左拳。甲方攻势不停，随即进马收左拳，发右手勾撞拳猛击乙方头部左侧（图4－

319~图4-322)。

图4-319

图4-320

图4-321

图4-322

2. 说明

冲拳与勾撞拳配合连击,要在走马的配合下,迅速、紧凑地实施攻击。两种不同路线的手法,可产生较好的连击效果。因此,为了使短距离的勾撞拳攻击奏效,有必要配合其他拳法和走马动作。

(五)日字冲拳-左右勾撞拳-侧撑腿

1. 动作

甲方与乙方交战时,甲方以左手日字冲拳直击乙方面门,乙方上抬右手阻挡甲方拳攻。甲方动作不停,进马同时稍收左拳成勾撞拳横摆打乙方头部右侧，同时左拳欲收回，突发右手勾撞拳摆打乙方头部左侧。乙方遭到拳击晃动身体，欲调整身势。甲方随即收拳，右腿支撑身体重心，突起左脚以侧撑腿踹向乙方腹部或腰髋部（图4-323~图4-326）。

图4-323

图4-324

图4-325

图4-326

2. 说明

冲拳可为左右勾撞拳连击创造时机，进行短距离拳法连击时，拳与身法要上下协调，攻击要快速、有力；踢法配合攻击可突袭对手中路或下路。

第五章 咏春掌法

指掌技法和拳法一样,是咏春搏击功夫手法技术的一部分。指掌技法是咏春拳根据搏击特点和咏春拳理形成的特有的攻击技术技法。

咏春搏击指掌技术包括标指、正掌、铲掌(手)等技法。掌指技法,是以掌的内外侧、掌底或指尖为力点实施攻击的技法。这类技法根据其特点可形成戳、插、推、砍、劈、托等多种攻击效能。在攻击的力度上,指掌技法虽稍逊于拳或肘法,但在攻击距离上占有手指伸直的优势,且可化掌为刀,戳指如剑,打击面积非常集中。加上其多用于攻击各种狭小要害目标,例如眼睛,其攻击效果远较拳脚更为强烈。只是指掌手型结构的生理承受力较弱,攻击时应选择对手较柔软的要害部位为目标,而应该避开攻击那些坚硬部位。因此,在指掌技法上,强调动作速度和准确性,以果断突发攻击为要。

第一节 标指

中国武术在技战术上讲究"退寸进尺、放长击远、一寸长一寸强"的特点。咏春拳,这种吸取传统武术精粹形成的近战拳术,其技战术思想依然根植于传统武术的沃土之中,故标指技法的运用最能表现出这种先礼后兵、以巧胜人的打法。

标指是咏春拳搏击术中指掌技法最具代表性的动作,它在咏春拳中也可称为"标指手"。这是一种攻击距离长、速度快、隐蔽性好的有效攻击技法之一。

标指也可作为贴身近打类动作，即以四指并拢，拇指内扣，或自然五指并拢，力达指端，以戳击对方要害部位为主要打法。实际上，其他掌指技术技法在进行砍、削、托、顶时，都是以标指为基础形成的。

在搏击中指戳技法和其他技术运用一样，可以用前、后手实施动作。

标指，作为咏春拳代表性的指掌技术技法，在这里对其作全面的介绍。

一、二字拑阳马标指

（一）动作

1. 二字拑阳马：先摆好正身二字拑阳马式（图5-1）。

2. 左标指：接着，左拳变掌，四指并拢，拇指内扣，左手紧靠左胸侧出至心窝前，以掌指为力点，臂内旋，归肘，紧接左掌沿直线向中线前戳出，左臂伸直，手心朝下。动作完成后原路收回左手，恢复开始的二字拑阳马式（图5-2～图5-4）。

图5-1

图5-2

图5-3

图5-4

3. 右标指：随即，右拳变掌，四指并拢，拇指内扣，右手紧靠右胸侧出至心窝前，以掌指为力点，臂内旋，归肘，紧接右掌沿直线向中线前戳出，右臂伸直，手心朝下。动作完成后，原路收回右手，恢复开始的二字拑阳马式（图5-5~图5-8）。

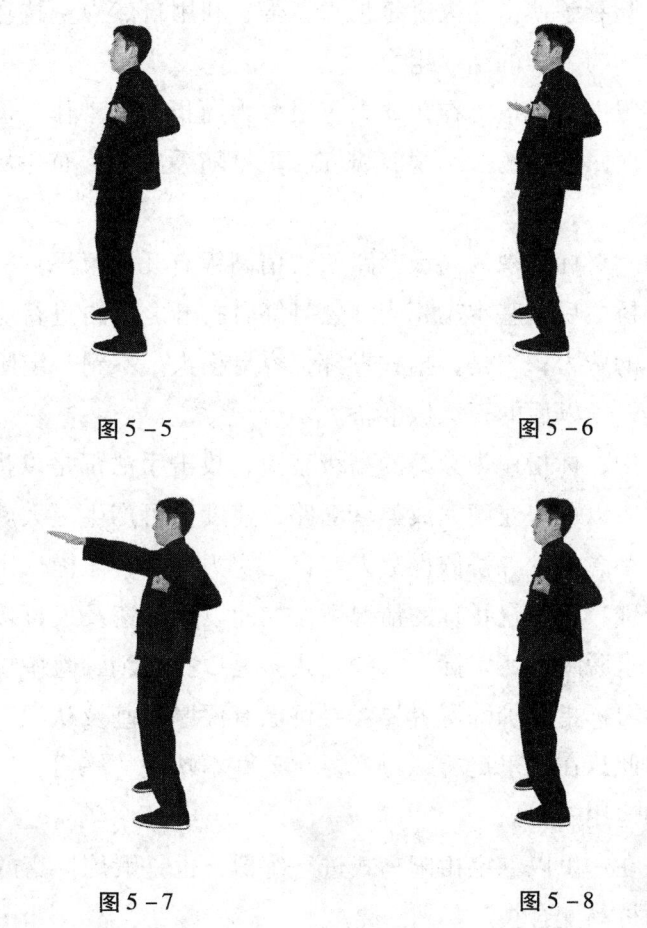

图5-5　　　　　　　　　图5-6

图5-7　　　　　　　　　图5-8

以上为二字拑阳马式左、右手标指动作。

（二）要领

动作前必须保持正确的二字拑阳马式；标指前戳时，手指与肩高；发出标指戳刺时，手指与小臂、鼻尖成一直线；发指戳的过程，先放松，配合身体整合的整体劲力发于掌指直接戳击而出；出左手时，右手握拳不变,出右手时,反之亦然;标指戳击时,注意桩马重心稳定;动作要快击、快收;由拑阳马式开始、结束动作;精神与技法要融合为一。

(三) 说明

标指,是咏春拳搏击功夫中杀伤力特强、利用自然力量技巧最高的手法技术,是意念与力学的结晶组合。

标指,字眼上是说指,在招式上有很多力灌指尖的动作,但是,主要的意义在于用肘。标指的戳出很有讲究,不是随手出指,而是从心窝伏着出肘的手戳出。

咏春拳中,将标指视为高级套路,所谓高级有几层意思:一是,在练习小念头和寻桥之后,基本功相当纯熟且筋骨打开之后再进行练习,可更好地发挥强大的威力;二是,招式毒辣,容易伤人,不到一定阶段不可轻易传授;三是,为以后的刀法做准备。

在咏春拳中,标指作为咏春的高级套路,攻击手法都是以指、掌、肘为主。熟习后应以最快速度完成整套套路,速度快可产生更大威力。在咏春拳拳套中,小念头及寻桥假设敌人与自己实力相若,而标指则假设自己与敌人实力悬殊,在敌众我寡的情况下,如何以最迅速及最直接的手法去击倒敌人,以求脱险,所以标指内的招式多是以打为消、险中求胜、但求速战速决。学习标指要求练习者要对寻桥已有深厚根基及认识,否则可能弄巧成拙。因此,在这里提醒练习者要注意基本功夫的练习,以快速提高标指的锻炼和运用效果。

标指手法在这里以二字拑阳马式进行练习,也是锻炼标指的基本技术技巧和基本的桩马配合技巧。

(四) 作用

标指,是咏春拳中的快招技法,其动作出击不仅速度快,也是攻击距离最远的手法,在远、中、近距离均可运用。标指手型如同武术家手持的剑一般,适用于攻击狭窄的要害部或柔软的部位,攻击目标尤以眼睛为首,还可攻击咽喉、心窝或腹部神经丛、软肋等部位。

二、问手标指

（一）动作

1. 问手式：先摆好左手、左脚在前的问手式（图5-9）。

2. 左标指手：接着，左手由问手式，四指并拢，拇指内扣，以掌指为力点，臂内旋，归肘，向中线前戳出，左臂伸直，手心朝下。动作完成后，原路收回左手，恢复开始的问手式（图5-10~5-13）。

图5-9

图5-10

图5-11

图5-12

图5-13

3. 右标指手：右手由问手式中护手变四指并拢，拇指内扣，以掌指为力点，臂内旋，归肘，向中线前戳出，右臂伸直，手心朝下。动作完成后，原路收回右手，恢复开始的问手式（图5-14~图5-18）。

图5-14

图5-15

图5-16

图5-17

图5-18

以上为问手式左、右手标指动作。

（二）要领

动作前必须保持正确的问手姿势；其他动作要领均与前面的二字拑阳马式标指动作要领相同，唯是以问手式手法变标指做前戳动作，收回时也成问手式动作。

（三）说明

标指动作如同拍打苍蝇般，只要选中目标，即可迅速、准确地出击。在攻击动作前，保持充沛体能，肌肉适度放松，精神集中，以利于动作的速度加快，标指戳击时要突然、短促。

在搏击中，标指的运用会经常给对手造成威胁。运用标指时，要善于把握出招时机，既准又快地攻击对方。因此，练习标指需从准确的对敌姿势上开始，即不只是问手式，也可以由其他的应敌姿势进行。标指无论是连环而出，还是单独而出，均需弹出，绝非推出。有时对方可避开标指单击，但连环攻击时，常易使对方中招，令其无法遁逃。

如果以问手式运用标指动作，可分为前、后手动作。前手标指属有效攻击技法之一，尤其是在防御时。

用标指手法攻击有经验的对手是很困难的。一般在运用时，要先做假动作，在对手一旦露出空当时，就迅速地用手指戳击对方的眼睛或身体其他要害部位。

当然，要想压倒对手，不论是用标指戳击、拳打或脚踢，进攻速度是至关重要的。你的进攻速度必须超过对手，要牵着对手的鼻子走。

标指在搏击中运用时，速度和时机要配合默契，应能自如地加快或放慢动作，从而支配对手的节奏。或者建立一种自然的节奏，当对手的动作开始变慢或露出空当时，再发动突然的进攻。还有一种有效的方法是改变击中目标的时间，即在将要发力击中目标前放慢速度而不是加快，换句话说，也就是打出的拳在运动中要稍有停顿，在短暂的停顿中，使对手手足无措，从而暴露其易遭攻击的部位。

对于时机选择的好坏，直接关系到进攻和防守的成败。进攻和反攻应发生在对手处于无能为力状态的时候。当对手全神贯注于准备进攻或暂时地集中更多的注意力于进攻而不是防守的情况下，你应该选择进攻。其他的有利时机是当对手缺乏灵活性时，如在交手中对手攻击落空后再次发起攻击或改变攻击时，以及对手正处于运动之中（前进、后退或肩并肩）时，都可攻击他。因为在完成一个动作之前，对方一般是不会凭直觉转换

方向的。

培养一种能察觉对手最薄弱时刻的洞察力,这需要花费大量的精力去练习,而且还要学会不被聪明的对手所制造的假动作和假节奏所欺骗。

前手标指是很好的防御武器,也是遏止对手发起攻击,以及最后挫败对手的有力反击武器。标指的应用在于击发迅速,在对手来不及进攻时就能戳击其眼睛。戳击时,手指应伸直,这样就能相对地缩短打击距离。

标指戳击是阻止进攻的有效武器,应在搏击中利用一切机会运用它。它不仅可以使你有力地击中对手,而且能使对手露出破绽。除此之外,还能迅速瓦解那些自信心和攻击力很强的对手的士气。

标指空击练习和其他技法训练一样,在保持正确桩式的基础上,认真理解技术要领,避免盲目地进行,并努力克服急于求成的心理。

(四) 作用

标指,无论是在何种形式的应敌姿势中出招,其击打目标均是相同的。即在远、中、近距离均可运用攻击对手狭窄的要害部或柔软的部位,攻击目标尤以眼睛为首,还可攻击咽喉、心窝或腹部神经丛、软肋等部位。

三、进马标指

(一) 动作

1. 问手式:先摆好右手在前、左手在后的问手式(图 5-19)。

2. 进马标指手:接着,左脚滑向前方成进马,同时拖带右脚和身体向前,右脚落地与右膝关节形成内扣力,配合右手标指随身体前冲之势向中线直接戳出。动作完成后,迅速原路收回右手,恢复开始的问手式(图 5-20~图 5-23)。

图 5-19　　　　　图 5-20　　　　　图 5-21

图 5-22　　　　　图 5-23

以上为右手、右脚在前的问手式进马标指手，如果以左手、左脚在前的问手式进马标指手，则动作方法相同，唯问手式有左、右式分别。

(二) 要领

保持正确问手式准备随时进马动作；进马时，注意进马与标指手要同时动作，在进马中前腿将后腿及整个身体拖前时，即刻同时发出标指手；出左手或右手标指手时均要与进马上下协调，同时动作；整个动作均要在放松、专注的情况下完成；精神与技法要融合为一。

(三) 说明

进马标指手，是走马步法与标指结合的动作，锻炼走马移动标指的能力。因此，将进马配合标指手练习，对于移动中的掌指法练习有着重要的作用。进马标指手，可在各固定的拑阳马、侧身马、问手式等应敌姿势的基础上，进行移动标指动作的技术。因此，要锻炼在不同的应敌姿势时随时发标指手的能力。

在进马标指的动作中，进马时前腿将后腿及整个身体拖前的动作要与出标指手协调配合，两者必须上下协调，才能使标指的威力加上整个身体向前进马冲的力量，促使标指手产生极大的冲击力和破坏力。

进马配合标指手，同样可以进马不断前冲的步法，配合标指快速而连环的戳插动作，只要迫近对手，就能令对手难以招架，而使其遭到破坏力的戳击。因此，这种标指手与走马步法配合的技术也和其他拳法与走马配合有着相同的效果，同样也可称为迫步密袭战术打法，并可在远距离或贴身战中发挥其攻击或反击威力。

（四）作用

进马标指手，除了具有以标指击打目标的作用，其主要作用是以手法与步法配合破坏对方的防护，或逼近对手发动密集攻势，以达标指突袭重创的效果。

四、桥底标指

（一）动作

1. 问手式：先摆好右手在前、左手在后的问手式（图5-24）。

2. 桥底标指手：接着，两手变式，左手在上，右手在下成标指手，随即归肘，沿左手桥底向中线前戳出，左手随势成防护动作。动作完成后，迅速原路收手，恢复开始的问手式（图5-25～图5-28）。

图 5-24　　　　　图 5-25　　　　　图 5-26

图 5-27　　　　　图 5-28

以上为右手桥底标指手，左手与右手动作方法相同，唯改左手动作。

（二）要领

保持正确的问手式随时准备动作；左手与右手动作方法相同；做桥底标指手时，出击的手是由另一手臂下戳出；两手要配合紧凑、协调，同时动作；腰马重心要稳定；精神与技法要融合为一。

（三）说明

桥底标指手，是咏春拳标指套路中的动作。这种手法能更好地将身体严密保护起来，使受敌面减小，形成攻守兼顾的标指动作。

桥底标指手,需要精神与肉体极度协调合一地施展,以促使动作精简、合理、最具效率。而动作的精简、合理、最效率,则需要经过重复地练习来达成。

(四)作用

桥底标指手,除了具有以标指击打目标的作用外,还可配合其他攻守技术达到破坏对方防护的目的,其主要作用还是以这种方式的标指达到突袭重创对手的效果。

五、双标指

(一)动作

1. 二字拑阳马:先摆好正身二字拑阳马式(图5-29)。

图5-29

2. 双标指手:接着,两手成标指手状,向胸前归肘摊出,随即两手同时内翻成手心朝下,两手掌同时向前上方戳出,两手臂随手的戳出全臂伸直,两臂归肘。动作完成后,两手顺势握拳翻转成拳心朝上,分别收于胸侧成开始的二字拑阳马式(图5-30~图5-35)。

图 5-30　　　　　图 5-31　　　　　图 5-32

图 5-33　　　　　图 5-34　　　　　图 5-35

（二）要领

动作前必须保持正确的二字拑阳马式；双标指前戳时，手指与肩同高；发出双标指戳刺时，双臂伸直；发指戳的过程，先放松，配合身体整合的整体劲力发于双掌指直接戳击出；双标指戳击时，要注意桩马重心稳定；动作要快击、快收；由拑阳马式开始、结束动作；精神与技法要融合为一。

（三）说明

双标指动作主要为破中路所用。咏春拳通常是以打人中线为中心，以对手双眼为攻击目标,以拇指戳击是非常狠毒的一招,此亦称为标指手的变式"打眼手"。

双标指,与单手标指手相同,在招式上均是以力灌于指尖的动作,但是,主要的意义在于用肘。标指的戳击很有讲究,不是随便出指,而是从心窝伏着出肘的手戳出最具杀伤力。

标指手,在这里以二字拑阳马式进行练习,也是锻炼标指的基本技术技巧和基本的桩马配合技巧。而在具体搏击中运用时,可以由任何应敌的桩马状态出招,以应付对手不同的攻守变化。

(四)作用

双标指,是咏春拳中的快招技法,其动作出击不仅速度快,也是攻击距离最远的手法,实际上在远、中、近距离均可运用。尤适用于攻击狭窄的要害部或柔软的部位,特别是以攻击眼睛为首,其他还可攻击咽喉、心窝或腹部神经丛、软肋等部位。

六、连环标指

(一)动作

1. 二字拑阳马:先摆好正身二字拑阳马式(图5-36)。

图5-36

2. 连环标指:动作不停,左手由拳变掌,紧靠左侧胸窝前,以左掌指为力点，左臂内旋，归肘，紧接左掌猝然直接向前戳出，手臂伸直，手心朝下；动作不停，右手由拳变掌，紧靠左侧胸前左臂底，随即归肘向前猝然戳出，左手同时屈肘收回护于胸前；动作不停，左手紧接再向前随归肘戳出，右手同时握拳收回右胸侧（图5-37～图5-42）。

图5-37　　　　　　图5-38　　　　　　图5-39

图5-40　　　　　　图5-41　　　　　　图5-42

以上为左、右手连环标指，如果继续做此动作，则按以上动作方法重复进行即可。

（二）要领

保持正确的二字拑阳马随时准备动作；左手戳出，右手做好准备，在左手收回同时戳出右手，左右手如此交替连环出击；连环标指前戳与单手标指动作要领相同，手指与肩同高，手臂伸直；连环发指戳的过程，先放松，配合身体整合的整体劲力发于左、右掌指直接戳击出；连环标指戳击时，要注意桩马重心稳定；动作要快击、快收；由拑阳马式开始、结束动作；精神与技法要融合为一。

（三）说明

标指手，除了可以用单手攻击或用双标指手攻击，亦可以进行连环组合，这也是最常见的连击方式。连击次数在三次以上，基本上在人反应能力范围之外，且利于攻击者将力量逐步增加，形成标指手破坏性重击。一般受过训练的人，单纯用标指手的话，都能快速地做出三连击攻击或更多次数的连击。攻击与自己实力相当的人时，对方很难在三连击或连环攻击内做出反应。但如果加至四击或更多，因时间加长，使对手有了反击的机会，而且一次出击的击打次数越多，力量分配便越难，难以在最后一击形成重击。况且在前两下击打成功的情况下，对方应已失去抵抗之力，此时自然再接一决定性重击即可，而不需画蛇添足。因此，在锻炼上可以重复进行无数次的标指手连击，而在具体运用时就要采取战术打法了。

连环标指手进行空击招式训练的目的，一是，为了巩固标指技术；二是，为了培养连环攻击和重击的能力；三是，为了进一步强化标指手的打击威力和破坏力。所以进行此标指手法的训练最好是在掌握了标指手基本的技术后进行练习。练习时，每一次出手都需要向中线打出，并同样追求瞬间戳穿力效果。有人可能认为这样简单的功夫毫不起眼，须知以后高级的技术都以简单的基础为根本，只有练习后才能评价一样东西的价值。

（四）作用

连环标指，是咏春拳中的连环快招技法，其动作出击不仅速度快，而且在远、中、近距离均可运用。可用连环的标指手攻击狭窄的要害部或柔软的中线部位，特别以攻击眼睛为首，其他还可攻击咽喉、心窝或腹部神经丛、软肋等部位。

七、反标指

（一）动作

1. 二字拑阳马：先摆好正身二字拑阳马式（图5-43）。

图5-43

2. 左反标指：接着，左拳变掌，四指并拢，拇指内扣，左手紧靠左胸侧出至心窝前，以掌指为力点，归肘，紧接左掌直向中线前戳出，左臂伸直，手心朝上，动作完成后，原路收回左手，恢复开始的二字拑阳马式（图5-44~图5-47）。

图5-44　　　　　　　图5-45　　　　　　　图5-46

3. 右反标指：然后，右拳变掌，四指并拢，拇指内扣，右手紧靠右胸侧出至心窝前，以掌指为力点，归肘，紧接右掌直向中线前戳出，右臂伸直，手心朝上。动作完成后，原路收回右手，恢复开始的二字拑阳马式（图5-48~图5-52）。

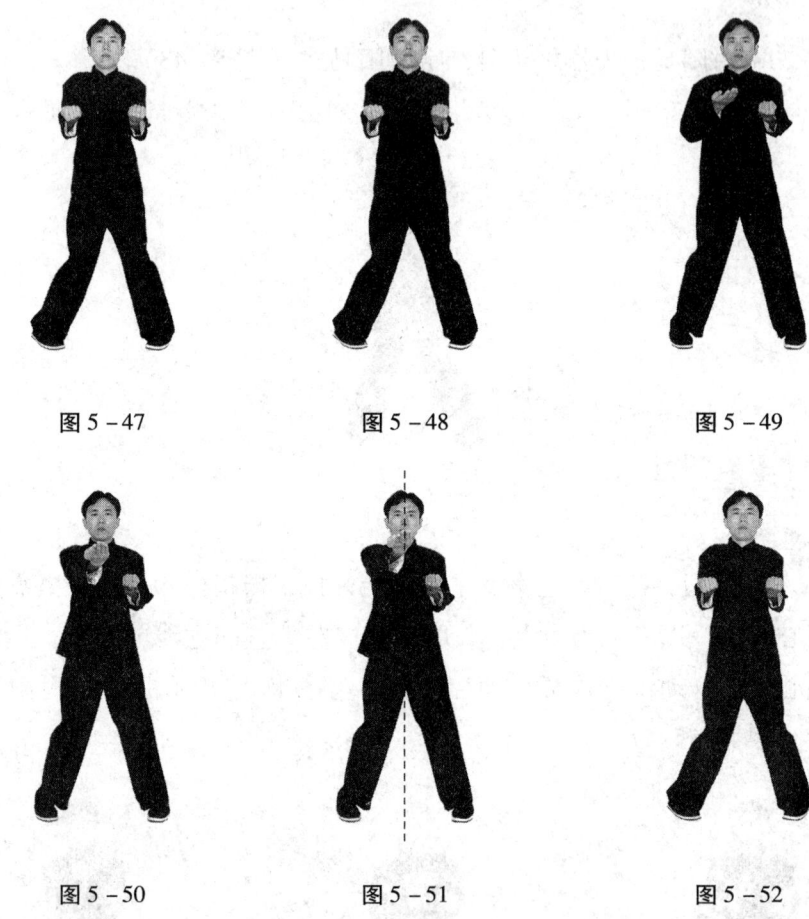

图5-47　　　　　　图5-48　　　　　　图5-49

图5-50　　　　　　图5-51　　　　　　图5-52

以上为二字拑阳马式左、右手反标指动作。

（二）要领

动作前必须保持正确的二字拑阳马式；反标指前戳时，手指与肩同高；发出反标指戳刺时，手指与小臂、鼻尖成一直线；发反标指戳的过程，先放松，配合身体整合的整体劲力发于掌指直接戳击出；出左手时，右手握拳不变，出右手时，反之亦然；反标指戳击时，要注意桩马重心稳固；注意与前面标指手手型的区别；动作要快击、快收；由拑阳马式开始、结束动作；精神与技法要融合为一。

（三）说明

反标指，是标指手的变式运用，其杀伤力和标指手一样强烈。

反标指，字眼上是说指，在招式上和标指手一样有很多力灌指尖的动作，同样，其主要的意义在于用肘。反标指的戳很有讲究，不是随手出指，而是从心窝伏着出肘的手戳出。

这里提醒练习者，对反标指练习要注意基本功夫的练习，以快速提高标指的锻炼和运用效果。

反标指手，在这里以二字拑阳马式进行练习，也是锻炼标指的基本技术技巧和基本的桩马配合技巧。

（四）作用

反标指手，多是用于插击对方的咽喉或下颌软皮连接部位。当然，这种手法亦可以和标指手一样攻击身体其他脆弱部位。

八、标指训练

（一）空击

标指空击练习和其他技法训练一样，在保持正确桩式的基础上，认真理解技术要领，避免盲目地进行，并努力克服急于求成的心理。

可以在镜子的帮助下，进行动作技术空击练习，以此直接观察自己的标指技术是否正确，并随时改进基本技术，熟练各种动作技法。例如，标指技术的正确姿势，击打力量和快速、准确性，或配合步法完善各种技术的连击与组合，培养距离感等。

练习的具体细节方法可以参见冲拳一节内容来自行设定。

练习3~5分钟为一组。

（二）纸靶

用标指进行戳击纸靶练习时，要前、后手交替进行。

练习时，指戳动作与头部同高。

为使标指更厉害、锋利，尽量在精神抖擞时进行练习，免得在身体疲劳不堪时，使粗糙笨拙的动作与原有轻巧、灵活动作相混。在技巧练习后，再做劲力训练。

练习10～15次为一组。

（三）头型靶

用前、后手标指进行击戳头型靶练习。

头型靶是状如头型，内用软物充实而成的训练器具。

练习时，要注意指戳技术的准确性与快速性。

这种练习可以提高标指的技战术水平，对于发挥标指技术出击的准确性和机动性及敏捷性和力量均有极大的帮助，并可以培养习练者的距离目测能力和对时机把握能力。

可连续练习10～15次为一组。

（四）固定靶

采用固定靶进行标指练习，要前、后手交替进行。

教练员教学时，习练者要认真完成训练，并根据教练员的提示、启发积极主动地给予配合。如果是自练，可在同伴或助手的帮助下，掌握正确的动作技术。

练习中，要积极地思考，寻找更为高效、适于自身的练习方法。

练习10～15次为一组。

（五）木人桩

用前、后手标指技术进行戳击木人桩练习。

进行木桩练习要注意防止损伤手指，可将战术与其他技术混合指戳进行木人桩练习，可以增强习练者的对抗技术。

练习2～3分钟为一组。

九、标指运用

在过去，标指属于咏春拳功夫中的"不传之秘"，因其过于狠毒，且杀伤力太大。

标指的用力特点主要是爆发力的高效运用，就是在动作放松的基础上闪电般地攻出，然后在拳头或手指接触目标的瞬间突然发力去攻击对手最脆弱的要害部位。由于动作是放松地打出，故对手一般极难防范，并由于是在极短的距离内发生，因此更增加了对手的防御难度，但命中目标时却具有强劲的穿透效果。

标指与小念头及寻桥的区别，很明显的一点是在巧妙运用中、长距离攻击技术的同时，更擅长于中、近距离的贴身搏击。

（一）问手－摊手标指

1. 动作

甲方以问手式与乙方对峙时，乙方迅速向甲方靠近，同时发出右拳直击甲方胸部。甲方迅速以左手变式成摊手摊挡乙方右拳臂。同时右手成标指手突袭乙方双眼，迫使乙方受击后退（图5－53～图5－56）。

图5－53

图5－54

图 5-55　　　　　　　　　图 5-56

2. 说明

标指用于直接简捷攻击时，与拳法运用一样，需要一手攻击，另一手防护以达攻守兼顾之效。标指直接攻击时，动作要准确、快速；由适度放松的状态实施直接的突袭。

（二）伏手标指 - 日字冲拳

1. 动作

甲方与乙方对峙时，甲方以问手式进马向乙方逼近，欲发前手逼使乙方做出反应（图 5-57）。乙方迅速后闪同时，发前手拳阻击甲方前手（图 5-58）。甲方顺势下落左手成伏手按挡乙方攻击的右拳，未等乙方变式，甲方快速前伸右手成标指戳插乙方眼部（图 5-59），随即甲方调换双手，右手下落变式成擸手以防乙方变式，左手成日字冲拳猛击乙方面门或下颌部（图 5-60）。

图 5-57　　　　　　　　　图 5-58

图 5-59　　　　　　　　　图 5-60

2. 说明

标指，在搏击中不只是可以直接用于攻击，也可以采取战术谋略打法，用于虚招攻击对手要害部位，为其他手法攻击作掩护。

(三) 正掌护手 – 拍手标指 – 抓手侧掌

1. 动作

甲方与乙方互相逼近，乙方晃动双拳在靠近甲方同时，突发右拳击打甲方中路腹部。甲方迅速稳定桩马，以右手成护手用手背弹挡乙方右拳，同时突发左手正掌击打乙方耳门。乙方遭到攻击惊惶失措，欲调整变式。甲方攻势不停，随即下落左手成伏手伏按乙方右拳臂，右手成标指手直戳乙方眼睛。乙方欲动，甲方下落右手抓住乙方右腕臂，左手成侧掌削击乙方耳根或颈侧（图 5-61～图 5-64）。

图 5-61　　　　　　　　　图 5-62

图 5-63　　　　　　　　　图 5-64

2. 说明

近身用不同的手法与标指配合攻守时，要注意对手的随时变化，两手配合协调消解对手的招式，同时实施有力的近身标指或掌法攻击。

（四）问手 – 日字冲拳 – 标指

1. 动作

甲方与乙方对峙时，甲方迅速向乙方进马逼近，降低身体重心，同时突发左手日字冲拳直击乙方腹部。乙方欲缩腹闪避。甲方迅速挺身，左手成护手护于胸前，右手成标指突然戳向乙方眼睛或咽喉部（图 5-65~5-68）。

图 5-65　　　　　　　　　图 5-66

图 5-67　　　　　　　　图 5-68

2. 说明

进马发动直接的攻击，无论拳法击中与否，都要及时准备以标指从另一角度实施突击，发挥标指动作快速、准确攻击的效果。标指攻击同时，亦不能放松防守。

（五）问手－侧掌－标指－侧撑腿

1. 动作

甲方与乙方对峙时，甲方以问手式保持防护，随即突然晃动左手以侧掌攻击乙方上路。乙方上抬右手臂格挡。甲方迅速变式收回左手，同时进马突发右手标指戳击乙方眼睛或咽喉部。乙方遭到攻击欲调整姿势，甲方动作不停，顺势收右手，起右脚侧撑踹乙方腹部或腰髋部（图 5-69~图 5-72）。

图 5-69　　　　　　　　图 5-70

图 5－71　　　　　　　　　　　图 5－72

2. 说明

标指手的运用，要能由不同的应敌姿势或距离出招，或配合战术谋略，并能配合其他手法、防守技巧或踢法实施攻击或反击，以对付对手的不同动作反应。

（六）问手－双正掌－双标指

1. 动作

甲方以问手式保持防护与乙方对峙，未等乙方动作，甲方突然进马逼近乙方，两手变式成正掌同时猛力推击乙方胸部，迫使乙方身体重心摇晃；紧接在乙方欲后退调整身势时，向前进马，两手成双标指突然戳击乙方双眼部（图5－73～图5－76）。

图 5－73　　　　　　　　　　　图 5－74

图 5-75　　　　　　　　　图 5-76

2. 说明

双正掌又称为双印掌或双推掌，其主要用于破坏对手重心，为标指创造突袭机会。因此，标指可以与不同的招式配合应用于搏击中。

（七）问手-虚招-反标指

1. 动作

甲方以问手式与乙方对峙，甲方晃动前手以试乙方反应，乙方护住上路。甲方突然改变角度，晃动右手下落迫使乙方防守视线注意力朝下时，甲方迅速上抬右手成反标指手戳插乙方咽喉或眼睛（图5-77～图5-80）。

图 5-77　　　　　　　　　图 5-78

图 5–79　　　　　　　　　图 5–80

2. 说明

反标指手与标指手应用一样，有时可以变换手法达到攻其不意的效果。虚招在搏击中的运用，也是为快速、隐蔽的真正攻击作掩护。

第二节　正（推）掌

正掌，是一种用掌根部攻击目标的掌法技术。正掌，又称为印掌、推掌。手掌的根部有着强健的肌肉与结缔组织，用此部位击打攻击目标时手的疼痛感较其他部位轻些。正掌技术能使身体劲力传递集中于掌根一点，可以增加掌击的威力。

正掌和咏春拳其他技术一样，在问手形式下攻守时，可以分为前、后手动作。

一、二字拑阳马正掌

（一）动作

1. 二字拑阳马：先摆好正身二字拑阳马式（图 5–81）。

图 5-81

2. 左正掌：接着，左拳由拳成掌，拇指内扣（或自然均可），迅速向中线前沿直线猛推击出，掌心向前，呼气发力，劲力达掌根部，眼视掌击方向。动作完成后，迅速由原路收回左手，恢复二字拑阳马式（图 5-82～图 5-85）。

图 5-82

图 5-83

图 5-84

3. 右正掌：然后，右拳由拳成掌，拇指内扣（或自然均可），迅速向中线前沿直线猛推击出，掌心向前，呼气发力，劲力达掌根部，眼视掌击方向。动作完成后，迅速由原路收回右手，恢复二字拑阳马式（图 5-86～图 5-90）。

图 5-85　　　　　　　　图 5-86　　　　　　　　图 5-87

图 5-88　　　　　　　　图 5-89　　　　　　　　图 5-90

以上为正身二字拑阳马左、右手正掌动作。

(二) 要领

保持正确的正身二字拑阳马以备动作；出掌时，掌同肩高，掌与小臂屈挺有力；出左（右）拳，左（右）肩左（右）臂放松；稳定桩马，顺肩、抖臂、促掌爆发用力；整个掌推击动作要一气呵成，身体上下要协调一致；动作要快击、快收；精神与技法要融合为一。

(三) 说明

正掌，是咏春拳搏击功夫中常用的掌法之一，其利用放松的力量技巧最高，能发挥掌法潜能高峰，是意念与掌法动作力学的结晶组合。

正掌，在招式上是以掌根或掌腕内侧发力动作，并配合上肢肘部与肩的整体合一劲力，促使掌击的威力。单手正掌动作，与其他手法技术基本相同，均要求向中线前打击。

在咏春拳中，攻击手法都是以指、掌、肘为主。因此，正掌作为最基本的掌法技术，熟练掌握，可以在搏击中以最迅速及最直接的手法去击倒对手或破坏对手的攻守招式。正掌指法招式多是以打为消、险中求胜、但求速战速决。学习正掌要求练习者要对正掌动作有全面的认识，以求科学地进行练习。

正掌，在这里以二字拑阳马式进行练习，也是锻炼正掌的基本技术技巧和基本的桩马配合技巧，为正掌其他技术打下基础。

（四）作用

正掌技术，主要攻击目标为头、颈、面门或腹肋部，在可能的情况下亦可攻击其他的身体部位。

二、问手正掌

（一）动作

1. 问手式：先摆好左手、左脚在前的问手式（图 5-91）。

2. 左正掌：接着，左掌变式，拇指内扣（或自然均可），掌指朝上，迅速向中线前沿直线猛推击出，掌心向前，呼气发力，劲力达掌根部，眼视掌击方向。动作完成后，迅速由原路收回左手，恢复问手式（图 5-92~图 5-94）。

图 5-91

图 5-92

图 5-93

图 5-94

3. 右正掌：然后，左掌变式，拇指内扣（或自然均可），掌指朝上，迅速向中线前沿直线猛推击出，掌心向前，呼气发力，劲力达掌根部，眼视掌击方向，右掌击出的同时，左手收回成护手护于胸前。动作完成后，迅速由原路收回右手，恢复问手式（图 5-95～图 5-98）。

图 5-95

图 5-96

图 5-97

图 5-98

以上为问手式左、右手正掌动作。

（二）要领

问手式左、右手正掌动作要领基本与二字拑阳马式正掌动作要领相同，唯是在问手式时进行正掌动作。具体动作要领参阅前面的二字拑阳马式正掌动作。

（三）说明

问手式和正掌技术是最常用的咏春搏击技术。正掌主要在远、中距离中使用较多，有时亦可在近距离中灵活出击。正掌运动轨迹成直线推击，易运用身体力量于动作中，且动作简捷直接，预示小，灵活性大，启动快，命中率高，力量可轻可重，运用范围直接广泛，有较强的攻击威慑力和实战运用价值。搏击中，正掌运用得法，还可配合腿法抑制善于迫近内围近战的对手，始终将对手置于外围。

正掌，特别是左手左脚在前的问手式左手正掌，它可以连续进攻，能为其他手法、腿法做引招。因此，它可用以试探或迷惑敌人，使其失去平衡，作为强力攻击的前奏。前手正掌虽没有决定性的击倒威力，但精于此手法的拳手，常能掌握主动，控制战局，进可攻，退可守，如果将左正掌运用得出神入化，可令对手无可适从，信心尽溃。

左手左脚在前的问手式右手正掌，与前手正掌的不同之处，在于其发掌推击时处于后方，距离较远，击中目标时破坏力较大，这是后手正掌的优点。但这同时也成了它的弱点，由于攻击距离较远，较易被对手察觉，甚至失势，予敌可乘之机，因此要根据情况善用左右掌法。

（四）作用

无论是二字拑阳马式正掌或问手式正掌，或者其他应敌姿势的正掌技术，主要攻击目标为头、颈、面门或腹肋部，同样在可能的情况下亦可攻击身体的其他部位。

三、进马正掌

1. 问手式：先摆好右手在前、左手在后的问手式（图 5-99）。

2. 进马正掌：接着，右脚滑向前方成进马，同时拖带左脚和身体向前，右手成正掌随势同时向中线前推击出，右脚落地与右膝关节形成内掴力，配合右手正掌随身体前冲之势向中线前直接击出。动作完成后，迅速原路收回右手，恢复开始的问手式（图 5-100～图 5-102）。

图 5-99

图 5-100　　　　　　图 5-101　　　　　　图 5-102

以上为右手、右脚在前的问手进马正掌，如果以左手、左脚在前的问手进马正掌，则动作方法相同，唯问手式有左、右式分别。且左、右手即前、后手动作方法相同，唯有前、后手区别。

（二）要领

保持正确问手式准备随时进马动作；进马时，注意进马与正掌要同时动作，在进马中前腿将后腿及整个身体拖前时，即刻同时将正掌向前打出；出左手或右手正掌时均要与进马上下协调，同时动作；整个动作均在放松、专注的情况下完成；精神与技法要融合为一。

（三）说明

进马正掌，是走马步法与正掌结合的动作，锻炼走马移动出正掌的能力。因此，将进马配合正掌练习，对于移动中掌法与指法练习均有重要的作用。进马，是在各固定的拑阳马、侧身马、问手式等应敌姿势的基础上，进行移动正掌动作的技术。不只是可以运用问手式做进马正掌，亦可以由拑阳马、侧身马等应敌姿势做进马正掌。因此，要锻炼在不同的应敌姿势时随时发正掌攻击或反击的能力。

进马正掌的动作中，进马时前腿将后腿及整个身体拖前与出掌协调配合，两者必须上下协调，才能使出掌的速度、力量加上整个身体向前进马前冲的力量，促使正掌产生极大的推击力和破坏力。

（四）作用

进马正掌，除了具有正掌击打目标的作用，还可配合其他手法、步法破坏对方的防护，或逼近对手发动密集攻势，以达正掌突袭重创的效果。

四、连环正掌

（一）动作

1. 二字拑阳马：先摆好正身二字拑阳马式（图5-103）。

图5-103

2. 连环正掌：接着，左手由拳变掌，紧靠左侧胸窝前，以左掌根（腕内侧）为力点，臂内旋，归肘，紧接左掌猝然直接向前推击出，手臂伸直，手心朝前；动作不停，右手由拳变掌，紧靠右侧胸前左臂侧，随即归肘向前猝然推出，左手同时屈肘收回护于胸前；动作不停，左手紧接再向前随归肘推击而出，右手同时握拳收回右胸侧（图5-104～图5-

109)。

图 5–104

图 5–105

图 5–106

图 5–107

图 5–108

图 5–109

以上为左、右手连环正掌动作。

(二) 要领

保持正确的二字拑阳马随时准备动作；左手成正掌推击出时，右手同时准备推击而出，在左手收回同时推出右手，左右手如此交替连环出击；连环正掌动作与单手正掌动作要领相同，手指与肩同高，手臂伸直；连环发正掌的过程，先放松，配合身体整合的整体劲力发于左、右掌指直接向前推击而出；连环正掌推击时，要注意桩马重心稳定；动作要快击、快收；由拑阳马式开始、结束动作；精神与技法要融合为一。

(三) 说明

正掌手法，除了可以单手攻击或双手攻击，亦可以进行连环正掌组合，这也是最常见的连击方式。正掌连环攻击多以三连击组合出击，这种打法基本上在人体反应能力范围之外，且利于攻击者将力量逐步增加，形成正掌破坏性重击。当然，正掌连环攻击需要通过不断地练习来提高这种手法的熟练程度和随意运用能力。

连环正掌手法进行空击招式训练的目的，一是，为了巩固基本的正掌技术；二是，为了学习掌法连环攻击和重击的能力；三是，为了进一步强化正掌的打击威力和破坏力。所以，进行正掌手法的训练同样需要在掌握了基本的正掌技术后进行练习。

(四) 作用

连环正掌，是咏春拳手法中的连环快招技法，其动作出击速度较快，在远、中、近距离均可运用。可用连环的正掌手法直接攻击对手的要害部位或柔软的部位，特别是用于攻击下颌、胸部、腹肋等部位。

五、双正掌

(一) 动作

1. 二字拑阳马：先摆好正身二字拑阳马式（图5-110）。

2. 双正掌：接着，两手由拳变式成正掌状，向胸前归肘推出，随即两手同时内翻成手心朝前，两手掌以掌根为力点同时向前推击而出，两手臂随手的推出全臂伸直，两臂归肘。动作完成，两手顺势握拳翻转成拳心朝上，分别收于胸侧成开始的二字拑阳马式（图5-111~图5-115）。

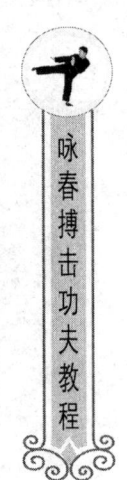

图 5-110 　　　　　图 5-111 　　　　　图 5-112

图 5-113 　　　　　图 5-114 　　　　　图 5-115

（二）要领

动作前必须保持正确的二字拑阳马式；双正掌出击时，双掌同时动作；发出双正掌时，双臂伸直，双掌猝然动作；发正掌的过程，先放松，配合身体整合的整体劲力发于双掌掌根击出；双正掌推击时，要注意桩马重心稳定；动作要快击、快收；由拑阳马式开始、结束动作；精神与技法要融合为一。

（三）说明

双正掌动作主要为破坏对手重心所用。咏春拳是以打人中线为中心，双正掌同样可以打击对手中线附近的胸腹部或两肾等部位。因此，正掌均可以用双手组合一起实施攻击或反击。

双正掌，与单手正掌动作相同，在招式上也是以力灌掌根的动作。正掌动作时很有讲究，不是随手出掌，而是从心窝伏着出肘的手猝然归肘推出。

双正掌手法，在这里以二字拑阳马式进行练习，也是锻炼双正掌的基本技术技巧和基本的桩马配合技巧。但在具体搏击中运用时，可以由任何应敌的桩马状态出招，以应付对手不同的攻守变化。

（四）作用

双正掌，在搏击中运用时同样强调以快招攻击，其动作出击不仅速度快，同样也是在远、中、近距离均可运用。主要攻击目标为头、颈、面门或腹肋部，同样在可能的情况下亦可攻击其他的身体部位。

六、正掌训练

（一）空击

正掌空击练习，和咏春拳其他技术空击练习一样。
首先要理解正掌的目的、作用、特点。
练习时要量力而行，循序渐进，切勿急于求成。
在日常练习中要注意培养正确的动作习惯。
对掌法技术细节要注意体会。
其他具体练习细节可参见日字冲拳一节训练内容来安排。

（二）固定靶

由桩式起，用前、后手正掌击打固定靶练习。
练习时应由慢到快进行，力求先掌握正确的正掌技术，在此基础上熟练掌握推击动作的连贯、流畅。
其他要点参见日字冲拳一节固定靶练习内容。

练习 10~15 次或 2~3 分钟为一组。

(三) 小沙袋

取重量约为 10~15 公斤重的小沙袋进行正掌练习，练习推击时前、后手交替进行。

进行正掌推击小沙袋练习，能改进技术，协调动作，增加掌击的力量、速度和准确性。

所有击打器具的技法练习，必须在正确掌握空击基本技术动作后，方可一招一式地练习。

击打练习时注意力要集中，注意动作姿势、动作路线、击打力量的正确性以便于改进技术动作和熟悉沙袋的性能。

击打技术熟练后，可将手法结合步法练习，还可结合其他手法技术综合练习，抑可结合其他技法进行攻防综合练习。

练习 2~3 分钟为一组。

(四) 击靶

用前、后手正掌进行击靶练习，可提高正掌技术运用能力。

具体击靶练习方法可参见冲拳一节训练内容来安排。

练习 2~3 分钟为一组。

(五) 活动靶

用前、后手正掌进行推击活动靶练习，可提高正掌技术运用能力。

用掌法练习击打活动靶，和拳法练习一样，可以练习出掌的准确性及动作的灵活性，掌握出掌的距离，训练反应能力，提高身体协调性。

击打时，可以原地做，也可以在步法配合下移动做，击打时不必过于用力，动作要舒展、轻松，注意活动靶被击后摆动的规律，掌握好掌击的时间和距离。

练习 2~3 分钟为一组。

或者还可用正掌击打木人桩进行练习。

七、正掌运用

咏春拳正掌手法与其他掌法作用基本相同,多是用以攻击对手中线附近的脆弱部位。进攻方面配合中线理论,较易击中目标,且使敌人受力较重。掌法要出手快而预兆小,左右手要互相兼顾,攻击时,要抢中线以达最短距离和最重之攻击。防守时,要埋身保护身体若干重要部分。

咏春拳掌法和拳法出手后(不论是攻或守),手和手臂均不再蓄力,手肘屈曲是为收肘。这样除了有利自己同一双手能立刻再做攻击外,在防守方面使敌方难以拿取我方之关节,并在守位方面亦会较紧密。

掌法在搏击中运用时,亦同样要注意守攻同期。当消解对方之攻击时,在可能范围内应同一时期发招攻向对手,这样将会由被动变主动而达到后发制人。

(一)问手 – 拍手正掌直接攻击

1. 动作

甲方与乙方对峙时,甲方以问手式保持防护,同时以前锋手试探乙方反应。乙方发出右拳攻向甲方上路,甲方随即以左手拍挡乙方右拳臂,迫使乙方右拳改变攻击方向,同时右手成正掌突袭乙方面门或下颌部位(图5-116~图5-119)。

图5-116　　　　　　　　图5-117

图 5－118　　　　　　　　　　　　图 5－119

2. 说明

正掌攻击时，配合拍手类防护手法，使攻守兼顾；掌击要猝然有力，攻击目标要准确、凶狠。直接以掌法实施攻击或突袭，要保持镇静、警觉。

（二）问手－冲拳－正掌

1. 动作

甲方以问手与乙方对峙，甲方晃动前手迫使乙方做出反应。乙方迅速挥动右拳打向甲方上路，甲方随即进马发右冲拳直击乙方头部，乙方及时上抬左臂欲格挡。甲方随进马逼近乙方同时，收右拳发左正掌猛推击乙方下颌或面门部（图 5－120～图 5－123）。

图 5－120　　　　　　　　　　　　图 5－121

图 5-122　　　　　　　　　　　图 5-123

2. 说明

由问手实施拳法与掌法配合攻击，要以进马掌握好距离，并能随对手攻守动作的变化下意识地实施不同角度的攻击。

（三）正掌-膝顶-跪肘

1. 动作

甲方以问手式保持警觉，乙方向前靠近甲方。甲方抢先用右手正掌击打乙方面门或耳门，乙方上抬双臂防护闪避。甲方紧跟进马贴近乙方，起右膝顶击乙方腹部，乙方遭到攻击欲调整身势。甲方顺势落右脚，右手前伸屈肘成跪肘顶砸乙方颈部或耳门（图5-124～图5-127）。

图 5-124　　　　　　　　　　　图 5-125

图 5 – 126 　　　　　　　图 5 – 127

2. 说明

正掌作为直接攻击手法，无论击中对手与否都要随势因对手的动作而及时地采取膝法或肘法实施上下攻击，迫使对手无法及时变式防守。

（四）冲拳 – 侧撑腿 – 正掌

1. 动作

甲方以问手式向乙方逼近，同时突发右手冲拳直击乙方头部或面部，乙方缩头抬臂防护。甲方攻势不停，紧接收右拳，起右腿侧撑踹乙方腹部，乙方遭到踢击欲动。甲方右脚向前落地，在乙方欲前移步瞬间发右手正掌猝然击打乙方面门或耳根部（图5 – 128 ~ 图5 – 131）。

图 5 – 128 　　　　　　　图 5 – 129

图 5-130　　　　　　　图 5-131

2. 说明

使用不同的手法、踢法配合正掌攻击或反击，可使对手因防守不及而遭到不同部位的攻击。

第三节　侧（切）掌

侧掌，又称为切掌、杀颈手，是咏春拳搏击功夫最基本的掌法技术，它与中国传统武术中的切掌大致相同，唯以咏春拳理指导运用。

侧掌，在咏春拳问手式运用时，可分为前、后手技术，主要用于攻击对手的头部、颈部、锁骨、肋部、胸腹部等身体部位。

一、二字拑阳马侧掌

（一）动作

1. 二字拑阳马：先摆好正身二字拑阳马式（图5-132）。

2. 左侧掌：左拳由拳成掌，拇指内扣（或自然掌均可），迅速向中线前沿直线猛切击出，掌心朝下，呼气发力，劲力达掌外缘部，左臂伸直，眼视掌击方向。动作完成后，迅速由原路收回，恢复二字拑阳马式（图5-133～图5-135）。

图 5 – 132　　　　　图 5 – 133　　　　　图 5 – 134

3. 右侧掌：右拳由拳成掌，拇指内扣（或自然掌均可），迅速向中线前沿直线猛切击出，掌心朝下，呼气发力，劲力达掌外缘部，右臂伸直，眼视掌击方向。动作完成后，迅速由原路收回，恢复二字拑阳马式（图 5 – 136~图 5 – 139）。

图 5 – 135　　　　　图 5 – 136　　　　　图 5 – 137

图 5 – 138　　　　　图 5 – 139

以上为二字拑阳马式左、右手侧掌动作。

（二）要领

和其他技术一样，动作之时应保持警觉之心；保持正确的二字拑阳马式以备动作；身体适度放松有益于快速、机动、灵活地动作；出掌时，掌同肩高，由胸前直接向前切击出；掌切击的路线是直接向着身体中心线；可配合身体的整体劲力发出掌击爆发力；左、右侧掌动作方法相同；由二字拑阳马式开始、结束动作；精神与技法要融合为一。

（三）说明

侧掌法技术和咏春拳其他手法、肘法、踢法等技法训练一样，在准备动作之时应保持警觉之心，身体肌肉可适度放松。身体的放松除可减少能量消耗外，还有益于出掌的速度和动作的机动、灵活，保持警觉之心可以对外界变化做出准确、迅速的反应。这些要求在最初的练习时可能体察不到其益处，但经过一段时间的刻苦研练之后身心自能感受到其中真意。

练习者练习掌法动作时，要一出击即收，避免求快、求狠心理。掌法出击的准确、速度与劲道，来自练习者精神与肉体高度协调合一地施展。如何将肉体潜能发挥至极限，是需要合理、精简、最具效率的技术动作作保障，这也是练习技术的意义。

具体练习时，要求练习者首先应该正确地掌握掌法技术，在此基础上，再通过训练逐步增大强度和难度，直至熟练地施用此最高境界——凭直觉随心所欲地动作。

侧掌技术和咏春拳其他技术一样，动作中身体各部位需高度协调，进攻效率来自整体效果而非局部的突出。练习者欲在动作中的瞬间使各个部位最大限度地配合运动，就要进行重复训练，来加强神经系统与肌肉的协调能力，使动作连贯、流畅。其实在此瞬间，身体大部分肌肉在神经系统的控制下参与动作，拳技高超者与初学者的不同之处，即在于两者的控制能力不同（即神经系统与肌肉协调能力、肌肉参与做功数量等）。因此，两者所显示出的效率会有明显差异。研究表明，侧掌时身体各部位合力而动作,从而产生极高的运动速度,使侧掌具有极大的杀伤力。

练习者可以将所有的咏春拳技术技法训练在镜子的帮助下,观察自身动作、身体姿势有无错误,面部表情是否自然,以及能否连贯、流畅地进行动作。

侧掌空击练习熟练后,可试将步法结合侧掌练习,在结合步法练习熟练后,再将其他手法结合侧掌练习,也可将步法、各种进攻手法、肘法、膝法与踢法融合进行练习,或用默想方法进行掌法或其他技术练习。

(四) 作用

侧掌,主要以攻击头部、颈部、面部、心窝、腰肋、腹部为目标,在可能的情况下,侧掌法也可用作切打对手身体的其他部位。

二、问手侧掌

(一) 动作

1. 问手式:先摆好右手、右脚在前的问手式(图5－140)。

图 5－140

2. 右侧掌:接着,右手由问手式,四指并拢,拇指内扣(或自然掌),以掌外缘为力点,臂稍内旋,归肘,直接向中线前切击出,右臂伸直,手心朝下;左手保持护手护于胸前不变。动作完成后,原路收回右手,恢复开始的问手式(图5－141～图5－143)。

图 5–141

图 5–142

图 5–143

3. 左侧掌：然后，左手由问手式，四指并拢，拇指内扣（或自然掌），以掌外缘为力点，臂稍内旋，归肘，直接向中线前切击出，左臂伸直，手心朝下；左掌出击同时，右手收回成护手护于胸前。动作完成后，原路收回左手，恢复开始的问手式（图 5–144～图 5–147）。

图 5–144

图 5–145

图 5–146

图 5–147

以上为右手、右脚在前的问手式侧掌。如果以左手、左脚在前的问手式做侧掌动作，与右问手式相同，唯问手姿势不同罢了。

（二）要领

保持正确的问手姿势以备随时动作；身体适度放松有益于快速、机动、灵活地运用掌法动作；出掌时，注意由问手直接变式，掌同肩高，由胸前直接向前切击出；掌切击的路线是直接向着身体中心线；一掌出击时，另一手随问手式保持防护状态；出掌时可配合身体的整体劲力发出掌切击爆发力；精神与技法要融合为一。

（三）说明

侧掌为咏春拳基本的掌法攻击技术，出掌前可直接由问手式发掌出击。

咏春拳掌法技术也和拳法技术一样，在攻击时，并非全凭手打人，而是全身是手，浑身上下均是武器。换句话说，不仅仅是利用臂腕的力量，而是利用手臂作为传导，将腿、腰、肩、腕等传送出来的力量集于掌上实施各种形式的攻击。

侧掌法攻击也和其他技法攻击一样，直接出击时，不必有任何形式的准备动作（动作预兆）。如果是用前手掌直击，必须能以任何姿势出掌、任何位置出手，并要练习由任何姿势出掌，然后快速恢复原来的姿势，能做到这一点，可收到意想不到的效果。

侧掌法绝大多数的防御，主要是用后手来做，即后护手。当前手出掌时，后手此时应该辅助前手，使得攻击时有妥善的防御。例如，以前手攻击对手，后手则要护于胸前中线附近，以防对方对上盘目标反击。简言之，即一手出击时，另一手则用来封挡或消解对方的手，或收回护好自己，亦可随时做连续出掌。

准备攻击时，要充分放松，方可造成既快又有力的出击。前手发掌时，尽量放松与自然，在击中目标的瞬间，才紧张肌肉，绷紧掌指。所有掌击，必须能贯入对方身体肌肉之内，而非切击到为止。

收掌时，同样必须养成由原路线收回的习惯，养成随时摆在适当高度，以防御对方任何可能攻击的习惯。

前手掌必须灵活、快速，绝不可僵硬地不做动作。使手微微晃动着，如此则是一种威胁性姿态，可使对手心生不安。

如果以右手掌为后手，攻击身体的劲力更加强劲，其常可用来反击对方或配合前手假动作而发。与前手掌相仿，出击时（仍需保持良好的防御），通过身体扭动获得更大的力量，可以十分有效地降低对方防御效果，用于对付身材高大的对手通常也是十分有效的。

右掌相对于左掌来说，如经常使用，把握好时机，发掌正确，此掌威力极大，也较其他掌法安全些，故建议使用右掌。如果用左掌出击，右掌必须要做好反击。

（四）作用

侧掌主要以攻击头部、颈部、面部、心窝、腰肋、腹部为目标，无论是采取问手式或其他形式的应敌姿势，侧掌攻击目标均是相同的。

三、进马侧掌

（一）动作

1. 问手式：先摆好右手在前、左手在后的问手式（图 5-148）。

2. 进马侧掌：接着，右脚滑向前方成进马，同时拖带左脚和身体向前，右手成侧掌，以右掌外缘为力点随势同时向中线前切击出，右脚落地与右膝关节形成内扣力，配合右手侧掌随身体前冲之势向中线直接切击出。动作完成后迅速原路收回，恢复开始的问手式（图 5-149~图 5-151）。

图 5-148

图 5-149　　　　　　　图 5-150　　　　　　　图 5-151

以上为右手、右脚在前的问手进马侧掌，如果以左手、左脚在前的问手进马侧掌，则动作方法相同，唯问手式有左、右式区别。

（二）要领

保持正确问手式准备随时进马动作；进马时，注意进马与侧掌要同时动作，在进马中前腿将后腿及整个身体拖前时，即刻同时将侧掌向前切击出；出左手或右手侧掌时均要与进马上下协调，同时动作；整个动作均在放松、专注的情况下完成；精神与技法要融合为一。

（三）说明

进马侧掌，是走马步法与侧掌结合的动作，锻炼走马移动出侧掌的能力。进马配合侧掌练习，对于移动中侧掌练习和运用均有重要的作用。进马侧掌，不只是可以运用问手式做动作，亦可以由拑阳马、侧身马等应敌姿势展开攻击。因此，要锻炼在不同的应敌姿势时随时发侧掌攻击或反击的能力，以提高掌法的实践运用技巧。

在进马侧掌的动作中，同样要求进马时前腿将后腿及整个身体拖前与出掌切打协调配合，两者必须上下协调，才能使出掌的速度、力量加上整体身体向前进马冲的力量，促使侧掌产生极大的切击破坏力。

(四) 作用

进马侧掌，除了具有以侧掌击打目标的作用，还可以手步法配合实施攻击，或逼近对手发动双手密集攻势，以达侧掌突袭重创的效果。

四、侧掌训练

(一) 空击

掌握了侧掌动作技术之后，可以进行侧掌徒手动作练习。

在动作前必须保持正确的桩式，保持密切注视对手举动的习惯。

初学时应由慢到快地进行练习，力求先掌握正确的侧掌技术。

动作时，整体要连贯、流畅。

练习时，先明确动作路线、动作步骤、着力部位。

练习时左右姿势要交替进行，练习次数根据自身情况而定。

可以像直拳训练一样，在镜子的帮助下，观察自身动作、身体姿势是否存在错误，面部表情是否自然，以及能否连贯、流畅地做动作。

侧掌空击练习熟练后，可试将步法结合劈掌练习，练习3～5分钟为一组。

在结合步法练习后，再将其他手法结合侧掌练习，练习3～5分钟为一组。

再将步法、各种进攻手法、肘法、膝法与踢法融合进行练习。练习时间3～5分钟为一组。

或用默想方法进行侧掌练习。

其他各种方式的练习可以参见冲拳训练一节内容来自行设定，以提高动作技术的效率。

(二) 弹簧球

用前、后手侧掌练习劈打弹簧球，练习中注意体会侧掌动作要领、击打距离与时机等。

用掌法劈打弹球可以练习出掌的准确性及动作的灵活性，掌握出掌的距离，训练反应能力，提高身体的协调性。

练习劈打弹球时，可以在原地做练习，也可以在移动中进行，击打时不必过于用力，动作要舒展、轻松，注意观察球被击后摆动的规律，掌握好出击的灵活性（即培养距离感）。

练习10～15次或2～3分钟为一组。

（三）小沙袋

选取重量约10～15公斤重的小沙袋练习侧掌，练习时前、后手均要进行。

练习时，要区别何为击打，何为推动，并要掌握好出掌击打的距离、时机、角度。

练习2～3分钟为一组。

（四）击靶

可与教练或同伴配合练习侧掌击打手靶。教练或同伴可以控制手靶的高度和距离，也可变化方向移动，让练习者做前、后手侧掌劈打练习。

具体的击靶细节，可以参见冲拳一节训练内容来安排，练习者可根据自身的水平状况，制订训练难度与强度。

练习时间可自行决定。

（五）弹性带

可在双手各系弹性带一端，进行各种侧掌练习。

练习中所用的弹性带弹性要好，双手间弹性带长度自定，以适合动作完成即可，以不妨碍动作为佳。

练习10～15次或2～3分钟为一组。

（六）木人桩

可借助木人桩练习侧掌技术，练习时要注意动作正确、迅速。可将木人桩视为强悍的对手，与之做各种攻防练习，要突出侧掌技术的使用。

练习的细节可参见冲拳一节训练内容安排。

练习2～3分钟为一组。

五、侧掌运用

（一）问手－擸手侧掌－日字冲拳

1. 动作

甲方以问手式与乙方对峙时，乙方突发右拳打向甲方上路。甲方在乙方出拳瞬间侧身闪避乙方拳势，同时右手变擸手抢抓住乙方右拳臂顺势牵拉，左手成侧掌猝然切击乙方右颈部。乙方遭到掌击欲调整身势，甲方动作不停，紧接下落左手伏按乙方右拳，右手变冲拳直击乙方下颌或面门部（图5－152～图5－155）。

图5－152

图5－153

图 5 – 154　　　　　　　　　　图 5 – 155

2. 说明

以问手式应敌要随时注意对手动作变化，擸手可随对手的拳势动作，配合侧掌突击对手颈部等部位，冲拳追击要及时、准确、凶狠。

（二）问手 – 标指 – 侧掌

1. 动作

甲方与乙方互相逼近，甲方以问手式前手试探乙方反应。乙方发右拳直击甲方上路，甲方随即以右前问手成标指手擦过乙方右拳臂戳向乙方面门。乙方及时后闪避，甲方进马逼近乙方同时，右手收回消挡乙方右拳，左手快速由右手下穿出成侧掌切击乙方颈部（图 5 – 156 ~ 图 5 – 159）。

图 5 – 156　　　　　　　　　　图 5 – 157

图 5 - 158   图 5 - 159

2. 说明

侧掌与标指或其他掌法配合，可形成以打为消的局面，即以快速的掌指法实施迫步贴打，还可用标指与侧掌配合将对手逼得无法还手。

（三）批肘 - 膀手 - 擸手侧掌

1. 动作

甲方与乙方在贴身纠缠中，甲方以左手下按挡乙方攻击右手，同时右臂屈肘成批肘顶击乙方上路，紧接成膀手消伏乙方左手臂，乙方上抬左臂欲格挡。甲方顺势左手成擸手抢抓住乙方左手，右手配合将乙方左手下按，左手同时成擸手抓住乙方左手腕臂，同时压挡乙方右手臂，右手成侧掌猝然切击乙方颈部（图 5 - 160 ~ 图 5 - 163）。

图 5 - 160   图 5 - 161

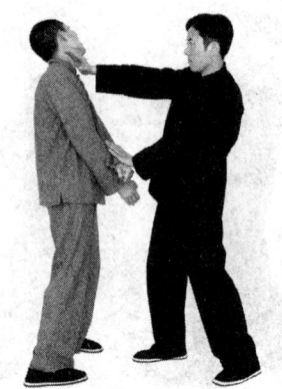

图 5-162　　　　　　　　图 5-163

2. 说明

贴身搏斗中，批肘顶击要突然，膀手消解要及时，擸手要有力，侧掌攻击要准确、凶狠。近身搏斗，两手要随对手的动作随时动作，且要自然地以腰马协调配合手法的攻守。

（四）问手－虚招－日字冲拳－侧掌

1. 动作

甲方以问手式与乙方对峙时，迅速进马向乙方靠近，并挥动左手佯攻以试乙方反应。乙方及时上抬右臂格挡。甲方随即以左手成日字冲拳直击乙方面门，乙方欲向后闪避。甲方进马贴近乙方身体同时，突发右侧掌切击乙方颈部（图5-164~图5-167）。

图 5-164　　　　　　　　图 5-165

图 5-166

图 5-167

2. 说明

由问手式直接虚招攻击要逼真,以使对手做出反应,进马冲拳与侧掌左右连击,动作要轻快、迅猛。

(五) 转马侧掌-日字冲拳

1. 动作

甲方与乙方对峙时,甲方以问手式试探乙方反应,紧接突然降低身势转马,同时左手成侧掌猝然切击乙方腹肋部。乙方遭到攻击欲缩腹调整身势,甲方攻势不停,随即挺身发右手日字冲拳击打乙方面门部(图5-168~图5-171)。

图 5-168

图 5-169

图 5－170　　　　　　　　　　　　图 5－171

2. 说明

由问手式转马侧掌突击要准确、有力，变式挺身出拳攻击要及时；掌法与拳法实施指下打上的战术打法，手与身要配合协调，动作要快速。

第四节　铲（砍）掌

铲掌，也称为砍掌或铲手，是咏春拳中一种用掌外缘铲砍的掌法技术。如果以问手式运用时，它同样分为前、后手动作。

铲掌，作为咏春拳中特殊的攻击手法，其动作大致与侧掌动作相似，唯以掌心朝上实施铲击。这种手法在搏击中能出其不意地铲砍击打对手的颈部，也可以对对手的耳根或面部造成伤害。

一、二字拑阳马铲掌

（一）动作

1. 二字拑阳马：先摆好正身二字拑阳马式（图5－172）。

2. 左铲掌：左拳由拳成掌，拇指内扣（或自然掌均可），迅速向中线前沿直线铲击出，掌心朝上，呼气发力，劲力达掌外缘部，左臂伸直，眼视掌击方向。动作完成后，迅速由原路收回，恢复二字拑阳马式（图5－

173~图 5-177)。

图 5-172

图 5-173

图 5-174

图 5-175

图 5-176

图 5-177

3. 右铲掌：右拳由拳成掌，拇指内扣（或自然掌均可），迅速向中线前沿直线铲击出，掌心朝上，呼气发力，劲力达掌外缘部，右臂伸直，眼视掌击方向。动作完成后，迅速由原路收回，恢复二字拑阳马式（图 5-178~图 5-183）。

图 5－178

图 5－179

图 5－180

图 5－181

图 5－182

图 5－183

以上为二字拑阳马式左、右手铲掌动作。

(二) 要领

由正确的二字拑阳马式准备动作；注意动作时掌心是朝上的；铲掌时，先放松腕掌；出击时，掌可与肩同高，腕臂伸直促使掌直接铲向中线前方向；出左铲掌时，左肩左臂适度放松，右铲掌亦相同；铲击的动作要一气呵成；注意铲掌时腰马要协调配合；动作快速、准确、凶狠，快击快收；精神与技法要融合为一。

(三) 说明

铲掌技术，同样要求在练习时应保持警觉之心，身体肌肉可适度放松。身体的放松除可减少能量消耗外，还可有益于出掌的机动、灵活，保持警觉之心可以对外界变化做出准确、迅速的反应。

练习者练习铲掌法动作时，要掌握好掌法出击的准确、速度与劲道，精神与肉体要高度融合为一。

由二字拑阳马式练习铲掌时，要求先应该正确地掌握掌法技术，在此基础上，再通过训练逐步增大强度和难度，直至熟练地施用，并达到最高境界，即凭直觉随心所欲地动作。

（四）作用

铲掌，主要用于铲击对手颈部，有时也可以用来攻击耳根、腰肾等身体部位。

二、问手铲掌

（一）动作

1. 问手式：先摆好左手、左脚在前的问手式（图5-184）。

图5-184

2. 左铲掌：左手由问手式变式，拇指内扣（或自然掌均可），迅速向中线前沿直线铲击而出，掌心朝上，呼气发力，劲力达掌外缘部，左臂伸直，眼视掌击方向。动作完成后，迅速由原路收回左手，恢复问手式（图5-185~图5-188）。

图 5－185 　　　　　　　图 5－186

图 5－187 　　　　　　　图 5－188

3. 右铲掌：右手由问手式变式，拇指内扣（或自然掌均可），迅速向中线前沿直线铲击而出，掌心朝上，呼气发力，劲力达掌外缘部，右臂伸直，眼视掌击方向，左手同时收回护于胸前。动作完成后，迅速由原路收回右手，恢复问手式（图 5－189～图 5－193）。

图 5－189

图 5 – 190　　　　　　　　图 5 – 191

图 5 – 192　　　　　　　　图 5 – 193

以上为问手式左、右手铲掌，即前、后手铲掌动作。

（二）要领

由正确的问手式准备动作；注意左、右手动作变化形式；铲掌时，先放松腕掌；铲击出时，掌可与肩同高，腕臂伸直促使掌直接铲砍向中线前的方向；出左手铲掌时，左肩左臂适度放松，出右手则相反；铲击的动作要一气呵成；左掌铲击时，右手防护，反之亦然；动作要快速、准确、凶狠，快击快收；精神与技法要融合为一；由问手式开始，并结束动作。

（三）说明

铲掌技术，在以问手式动作时可分为前后手的击打动作。在搏击中运用时手掌如刀斧一样，猛力形成铲击动作，使被击对手遭到重挫。

铲掌在远、中、近距离中均可施用。这种铲砍的掌击动作，如果是砍击耳部或颈侧，都是有力的攻击手法。为了增强掌砍打的威力，在攻击时可配合身体腰髋动作与力量协调合一，使掌击更加准确、快速、凶狠。击打发力部位可以用掌外侧部位，击打时于掌外侧贯劲，也可增加其威力。

除了用砍掌直接攻击或反击对手，也可将砍掌用作引招，为其他重击招法做好准备。或者，在其他拳法的配合下实施攻击或反击。

铲掌练习可以参见前面章节中的掌法技术来进行空击练习，以提高铲掌技术运用水平。练习的时间和次数可根据自身情况来定。

（四）作用

铲掌主要用于攻击耳部、颈部、腰肋等身体较为脆弱的部位。

三、进马铲掌

（一）动作

1. 问手式：先摆好右手在前、左手在后的问手式（图5-194）。

2. 进马铲掌：接着，右脚滑向前方成进马，同时拖带左脚和身体向前，右手成铲掌，以右掌外缘为力点随势向中线前铲击而出，右脚落地与右膝关节形成内扣力，配合右手铲掌随身体前冲之势向中线铲击。动作完成后，迅速原路收回，恢复开始的问手式（图5-195~图5-197）。

图5-194

图 5-195　　　　　　图 5-196　　　　　　图 5-197

以上为右手、右脚在前的问手进马铲掌，如果以左手、左脚在前的问手进马铲掌，则动作方法相同，唯问手式有左、右式分别。

(二) 要领

保持正确问手式准备随时进马动作；进马时，注意进马与铲掌要同时动作，在进马中前腿将后腿及整个身体拖前时，即刻同时将侧掌向前铲击出；出左手或右手铲掌时均要与进马上下协调，同时动作；整个动作均在放松、专注的情况下完成；精神与技法要融合为一。

(三) 说明

进马铲掌，是走马步法与铲掌结合的动作，与其他手法配合进马有相同效果，锻炼走马移动出掌的能力。进马配合铲掌练习，对于移动中铲掌练习和运用均有重要的作用。进马铲掌不只是可以运用问手式做动作，亦可以由拑阳马、侧身马等应敌姿势展开攻击。因此，要锻炼在不同的应敌姿势时随时发铲掌攻击或反击的能力，以提高掌法的实践运用技巧。

(四) 作用

进马铲掌，除了具有以铲掌击打目标的作用，还可以手步法配合实施攻击，或逼近对手发动近身密集攻势，以达铲掌突袭重创的效果，且铲掌在适宜的情况下亦可做左、右手连续铲砍攻击。

四、铲掌训练

铲掌练习可以参见前面章节中的掌法技术来进行空击、铲击小沙袋或击靶练习等,以提高铲掌技术运用水平。

具体的练习方法参见前面的章节内容。

练习的时间和次数可根据自身情况来定。

四、铲掌运用

(一)问手 – 日字冲拳 – 窒手铲掌

1. 动作

甲方与乙方对峙时,甲方以问手逼近乙方,同时注视乙方变化,突然发动攻势,以左手抢抓或伏按乙方欲出击的右手,右手同时成日字冲拳直捣乙方咽喉或面门,乙方遭到突然攻击欲变式。甲方动作不停,顺势下落右手成窒手压挡乙方出击的右手腕臂,将其右手臂压挡住左手臂,同时左手成铲掌铲向乙方颈部(图5-198~图5-201)。

图5-198

图5-199

图 5-200　　　　　　　　图 5-201

2. 说明

这种以问手、冲拳、窒手冲拳形成的打法,在咏春拳可称为"一伏二"打法。在伏挡对手攻击双手的同时实施有力的攻击或反击。贴身进行"一伏二"打法时,两手攻守配合要协调,以随时适应对手的攻守动作。

(二) 问手 - 铲手 - 侧撑腿

1. 动作

甲方与乙方对峙时,甲方以问手式向乙方靠近,同时突发左手铲手攻击乙方上路,乙方迅速上抬右臂欲格挡。甲方随即收左手,起左脚侧撑踹乙方腹部,乙方遭到踢击晃身后退。甲方攻势不停,前落左脚,同时起右脚侧撑踢乙方胸腹部(图 5-202～图 5-205)。

图 5-202　　　　　　　　图 5-203

图 5-204　　　　　　　　图 5-205

2. 说明

与对手对峙时，由铲手突击使对手分散注意力瞬间，可配合踢法实施重击，踢击要快速、准确、凶狠、有力。踢击同时，注意及时做防御动作，以防遭对手反击。

（三）问手－铲掌－勾踢腿－侧撑腿

1. 动作

甲方与乙方对峙时，乙方晃动双拳向甲方逼近。甲方抢先扬起右手成铲掌铲击乙方上路，乙方迅速严密防守上路。甲方迅速起右脚勾踢乙方前伸的左腿脚，乙方慌忙调整身势。甲方紧接右腿脚变式成侧撑腿踢击乙方支撑右腿膝关节部（图5-206～图5-209）。

图 5-206　　　　　　　　图 5-207

图 5-208

图 5-209

2. 说明

铲手在搏击中可直接用于攻击，也可以为下路踢法引招，即手腿配合攻击。

（四）日字冲拳-左右铲手

1. 动作

甲方以问手式与乙方对峙，并向乙方逼近，同时右手成冲拳直击其上路，乙方迅速俯下闪避。甲方随即转身，前伸左铲手铲砍乙方颈部，紧接收左手，出右铲手铲砍乙方右颈侧部（图5-210～图5-213）。

图 5-210

图 5-211

图 5-212

图 5-213

2. 说明

拳法与掌法连击，在近身中要眼明手快，手法连击要准确、凶狠。

第五节　横掌

横掌，是一种以腕内侧（掌根）推击（印打）的掌法。它主要用于推击对手的腰腹、两肾、面门等部位，也可为其他进攻技法创造良好的条件，或配合防守技术实施可能的反击，甚至可以阻截对方的复杂攻势。

横掌，在问手式出击时，也可以分为前、后手技术。

一、二字拑阳马横掌

（一）动作

1. 二字拑阳马：先摆好正身二字拑阳马式（图5-214）。

2. 左横掌：左拳由拳变掌，拇指内扣（或自然掌均可），迅速向中线前沿直线横推击出，掌心朝前，掌指朝左，呼气发力，劲力达掌根（腕内侧）部，左臂伸直，眼视掌击方向。动作完成后，迅速由原路收回，恢复二字拑阳马式（图5-215～图5-219）。

图 5-214

图 5-215

图 5-216

图 5-217

图 5-218

图 5-219

3. 右横掌：右拳由拳成掌，拇指内扣（或自然掌均可），迅速向中线前沿直线横推击出，掌心朝前，掌指朝右，呼气发力，劲力达掌根（腕内侧）部，右臂伸直，眼视掌击方向。动作完成后，迅速由原路收回，恢复二字拑阳马式（图 5-220 ~ 图 5-225）。

图 5-220

图 5-221

图 5-222

图 5 – 223　　　　　　　图 5 – 224　　　　　　　图 5 – 225

以上为正身二字拑阳马式横掌动作。

（二）要领

由二字拑阳马式做准备动作；出掌时，注意拳变掌的变化细节；出掌后，掌同肩高，掌与小臂几乎成一直线；出掌时，左肩先放松，以备快速出击动作，注意用力部位和掌指朝向；配合腰马整体劲力爆发用力于掌；整个横掌动作要连贯迅速、一气呵成；左、右手动作方法相同；动作要快击、快收；由二字拑阳马式开始并结束动作；精神与技法要融合为一。

（三）说明

横掌是咏春拳基本实用的掌法之一。这种技术同样精简、实用，易于练习。在熟练掌握横掌技术后，可以在拑阳马式的桩马状态下突然发横掌攻击对手要害部位。

实际上，无论何种形式的横掌或其他拳法、掌法，其练习目的就是使各种形式的动作与身体各部位高度协调，即每个动作与身体整体效率密切配合。因为，不只是做横掌，即使是做其他手法或踢法等技术，练习者欲在动作中的瞬间使各个部位最大限度地配合运动，都要进行重复训练，来加强神经系统与肌肉的协调能力，使所学动作连贯、流畅。

由拑阳马式做横掌动作，如果基本的练习能够快速进步，则习练其他技巧诸如问手、进马等方式的横掌或其他动作，则更加容易起来。

（四）作用

横掌，主要是以掌法击打腹部、心窝或腰肾部位，有时也可以击打腮面为目标。

二、问手横掌

（一）动作

1. 问手式：先摆好左手、左脚在前的问手式（图5-226）。

2. 左横掌：左手由问手变式成掌，拇指内扣（或自然掌均可），迅速向中线前沿直线横推击出，掌心朝前，掌指朝左，呼气发力，劲力达掌根（腕内侧）部，手臂伸直，眼视掌击方向。动作完成后，迅速恢复问手式（图5-227～图229）。

图5-226

图5-27

图5-228

图5-229

如果做右横掌动作和左横掌相同，唯用右手动作，即后手变横掌击打而出（图5-230～图5-233）。

图 5-230

图 5-231

图 5-232

图 5-233

（二）要领

问手式横掌与二字拑阳马式横掌动作方法、要领基本相同，唯在问手式基础上做横掌动作，且又分为前、后手动作。具体要领可参阅前面的二字拑阳马式横掌动作要领。

（三）说明

横掌，可以在搏击中直接用于攻击，它可以直接从不同的情况下发横掌打击或突击，也可以配合拳法或其他掌法实施攻击或反击。

横掌运用恰当，可成为攻和守兼用的手法技术。当然，为了加强横掌技术的作用，可以配合其他手法或从各个角度的攻击来加强它的效用，而非局限在某个特定的攻击角度。因此，掌法的运作需能从四面八方及各个有利的角度施用，把握最佳时机来攻击对手。

为了减少横掌攻击运用时暴露的空门，可以直接由问手式发掌打击。或在攻击时，并非全凭手打人，而是全身是手，将掌法与其他技术运用一样，达到高超境界。

横掌出击时，可以适当配合腰马劲力，增加印击的威力。一手在攻击时，另一手随时保持戒备防守，以防对方的攻击。

出掌时，可先适当放松，有利于既快又有劲力的掌法出击。出掌拍击时，尽量放松、自然，在击中对方的瞬间，才紧张肌肉，绷紧手掌。所有掌法的攻击和拳法一样，要有渗透的攻击力。

左手作为前手攻击时，前手打击的攻击力比起后（右）手要稍逊些，但其动作简捷灵活，速度又快，离攻击目标近，具有很好的突袭效果，容易击中目标。因此，可以作为快招手法使用。前手横掌可以主动直接攻击，或连续攻击，达到削弱对手的实力；也可用来阻截遏制对手的攻势；或做各种诱导假动作，试探、迷惑对手，为其他强有力的攻击运用起到先导作用。如果将右手作为前手攻击，则效果更佳，关键在于练习者掌握的程度要熟练。

搏击中，如果使掌法达到重击手法的效果，在掌法出击时，是需要全身协调，利用步法和身体的合力，把握最佳时机和距离，方可增强掌击的威力。

如果是善于以右手右脚在前的桩式时，可以将右手掌法作为主力攻击武器使用，或与拳法、腿法等技法配合施用。

（四）作用

拍掌攻击的目标较为广泛，除了可以打击腹部、心窝或腰肾部位，有时也可以击打腮面、耳部、鼻梁等部位。

三、进马横掌

（一）动作

1. 问手式：先摆好右手在前、左手在后的问手式（图5-234）。

2. 进马横掌：接着，右脚滑向前方成进马，同时拖带左脚和身体向前，右手成横掌，以右掌根为力点随势向中线前推击出，右脚落地与右膝关节形成内掛力，配合右手横掌随身体前冲之势向中线推击（印打）。动作完成后，迅速原路收手，恢复开始的问手式（图5-235~图5-237）。

图5-234

图5-235

图5-236

图5-237

以上为右手右脚在前的问手进马横掌，如果用左手配合进马动作，其动作方法左、右手相同，唯由问手式分为左、右手，即前、后手动作。

（二）要领

保持正确问手式准备随时进马动作；进马时，注意进马与横掌要同时动作，在进马中前腿将后腿及整个身体拖前时，即刻同时将横掌向前印打出；出左手或右手正掌时均要与进马上下协调，同时动作；与其他进马手法动作相同，均要求整个动作在放松、专注的情况下完成；精神与技法要融合为一。

（三）说明

进马横掌，是走马步法与横掌结合的动作，和其他走马配合掌法动作相同，均是为了锻炼走马移动出掌的能力。进马横掌不只是可以运用问手式做动作，亦可以由拑阳马、侧身马等应敌姿势展开攻击。因此，要锻炼在不同的应敌姿势时随时发横掌攻击或反击的能力，以使学练的掌法得到善用。

在进马横掌的动作中，实际上和所有的进马配合手法动作均相似，在进马时前腿将后腿及整个身体拖前与出掌必须上下协调，才能使出掌的速度、力量加上整体身体向前进马冲的力量，促使横掌产生极大的推击力和破坏力。

（四）作用

进马横掌，除了具有横掌击打目标的作用，还可以手步法配合对对手实施打击，锻炼移动中发掌攻击的能力。

四、横掌训练

横掌技术训练与前面所介绍的掌法训练一样，可以通过徒手空击、击靶、拍击沙袋等方式来进行练习。

具体的练习方法可以参见前面章节中所叙述的掌法内容，来自行设定各种练习方法。

训练中，不要只限于某种练习方法上，可以在自己有基础的情况下，发现或寻找其他有益的训练方式，来加强动作技术水平和运用能力的提高。

所有的练习都要以桩式开始和结束，左右势交替进行练习，并要以正确的动作技术和要领方法指导训练。

当掌握了拳法或掌法的多种技术技法后，要将各种基本的拳法、掌法技术混合进行练习。

将各种拳法、掌法结合步法进行练习，再将各种拳法、掌法与肘法、膝法、踢法等技术融合练习，也可用默想的方式进行各种动作技术练习。

另外，采取体能中的基础训练，辅助技术技法水平的提高。

完成所有的练习之后，再经由实战训练来检验练习的效果。

五、横掌运用

（一）问手－日字冲拳－横掌－日字冲拳

1. 动作

甲方与乙方对峙时，甲方以左问手式试探乙方反应，紧接向前进马靠近乙方，突发右手冲拳直击乙方头部，乙方上抬双臂做出防守。甲方顺势右手成横掌穿过乙方右手臂外侧印打乙方面门，乙方慌忙欲调整身势防守。甲方攻势不停，收右掌，发左手日字冲拳直捣乙方面门（图5－238～图5－241）。

图5－238

图5－239

图 5-240　　　　　　　　　图 5-241

2. 说明

横掌在搏击中，不能直接用于攻击时，可以配合拳法在突然变招中实施干脆、快速的狠击。为增强手法攻击的效率，可以配合走马步法、身法等促使手法攻击奏效。

（二）问手－日字冲拳－横掌上下连击

1. 动作

甲方以问手式保持防护状态时，乙方移步向甲方靠近。甲方注视乙方动向，迅速发左手冲拳直捣乙方面门，迫使乙方上抬手臂防护上路。甲方紧接稍收左手成横掌俯身推击乙方腹肋，乙方遭到攻击欲缩腹。甲方动作不停，随即挺身收左掌，发右横掌连击乙方腮面部（图5-242～图5-245）。

图 5-242　　　　　　　　　图 5-243

图 5-244　　　　　　　　　　图 5-245

2. 说明

拳与掌法上下连击，要洞察对手一举一动，随对手的反应变化伺机采取战术打法。

第六节　昂掌

昂掌，是一种四指朝下与正掌形态相反的掌法，故又称为反掌、底掌、抵掌等。昂掌，在小念头中，是用于打向中、下路的手法。昂掌在搏击中具体运用时，多是压着对手的桥手切入，伺机打对手的中、下路部位。主要用来攻击对手裆部或腹部，或在对手低头冒进欲做抱腿摔时，以昂掌印击对手面门之用。

昂掌和其他技法一样，如果以问手动作时，可以分为前、后手动作技术。

一、二字拑阳马昂掌

（一）动作

1. 二字拑阳马：先摆好正身二字拑阳马式（图 5-246）。
2. 左昂掌：接着，左拳由拳成掌，拇指内扣（或自然掌均可），掌指朝下，迅速向中线前沿直线猛推击出，掌心向前，至全臂伸直时止，腕内侧与下颌同高，呼气发力，劲力达掌根（掌内侧）部，眼视掌击方向。动作完成后，迅速由原路收回左手，恢复二字拑阳马式（图5-247～图5-251）。

图5-246　　　　　图5-247　　　　　图5-248

图5-249　　　　　图5-250　　　　　图5-251

3. 右昂掌：然后，右拳由拳成掌，拇指内扣（或自然掌均可），掌指朝下，迅速向中线前沿直线猛推击出，掌心向前，至全臂伸直时止，腕内侧与下颌同高，呼气发力，劲力达掌根（掌内侧）部，眼视掌击方向。动作完成后，迅速由原路收回右手，恢复二字拑阳马式（图5-252～图5-257）。

图 5－252　　　　　　图 5－253　　　　　　图 5－254

图 5－255　　　　　　图 5－256　　　　　　图 5－257

以上为正身二字拑阳马左、右手正掌动作。

（二）要领

保持正确的正身二字拑阳马以备动作；出掌时，掌同肩高，掌与小臂屈挺有力，注意掌指朝下；出左（右）掌时，左（右）肩左（右）臂放松；要稳定桩马，顺肩、抖臂、促掌爆发用力；整个昂掌推击动作要一气呵成，身体上下协调一致；动作要快击、快收；精神与技法要融合为一。

（三）说明

昂掌，是咏春拳搏击功夫中常用的掌法变式，其利用放松的力量技巧，发挥掌法潜能高峰，是意念与掌法动作力学的结晶组合。

昂掌，在招式上是以掌根或掌腕内侧发力动作，并配合上肢肘部与肩的整体合一劲力，促使掌击威力增强。单手昂掌动作，与其他手法技术基本相同，均要求向中线前打击，在具体击打目标时才有上下路之分。

咏春拳中的昂掌包括其他掌指法招式多是以打为消、险中求胜，但求速战速决。因此，学练昂掌要求练习者要对此掌法动作有全面认识，以求科学地进行练习。

昂掌，在这里以二字拑阳马式进行练习，与其他手法技术训练相同，也是锻炼昂掌的基本技术技巧和基本的桩马配合技巧，为昂掌其他技术技巧的发挥打下基础。

（四）作用

昂掌技术，攻击目标主要为下颌、腹肋等脆弱部位，在可能的情况下亦可攻击其他的身体部位。

二、问手昂掌

（一）动作

1. 问手式：先摆好左手、左脚在前的问手式（图5-258）。

2. 左正掌：接着，左掌由问手式变式，拇指内扣（或自然掌均可），掌指朝下，迅速向中线前沿直线猛推击出，掌心向前，至全臂伸直时止，腕内侧与下颌同高，呼气发力，劲力达掌根（掌内侧）部，眼视掌击方向。动作完成后，迅速由原路收回左手，恢复问手式（图5-259~图5-261）。

图5-258

图 5-259

图 5-260

图 5-261

3. 右正掌：接着，右掌由问手式变式，拇指内扣（或自然掌均可），掌指朝下，迅速向中线前沿直线猛推击出，掌心向前，至全臂伸直时止，腕内侧与下颌同高，呼气发力，劲力达掌根（掌内侧）部，左掌同时收回护于胸前，眼视掌击方向。动作完成后，迅速由原路收回右手，恢复问手式（图 5-262～图 5-265）。

图 5-262

图 5-263

图 5-264

图 5-265

以上为问手式左、右手昂掌动作。

（二）要领

问手式左、右手昂掌动作要领基本与二字拑阳马式昂掌动作方法相同，唯是在问手式进行昂掌动作。

具体动作要领参阅前面的二字拑阳马式昂掌动作，以及方法要领。

（三）说明

问手式是咏春拳搏击功夫中常用的应敌姿势，因此，昂掌多是结合问手式进行招式或实战练习。昂掌在远、中、近距离中均可运用，有时亦可在近距离中配合其他手法灵活出击。昂掌运动轨迹成直线推击，其较易运用身体力量于动作中，且动作简捷直接，预兆小，灵活性大，启动快，命中率高，力量可轻可重，运用范围广泛，有较强的攻击威慑力和实战运用价值。搏击中，昂掌运用得法，还可与其他手法配合抑制善于迫近内围近战的对手，常可使对手遭到突击。

昂掌作为咏春拳少见的掌法，运用时亦要注意其弱点，把握好距离，要隐蔽出击不被对手察觉，因此具体掌法要善用。

（四）作用

昂掌和其他手法基本相同，无论是二字拑阳马式或问手式动作，或者其他应敌姿势的昂掌技术，攻击目标主要为下颌或腹肋部，同样在可能的情况下亦可攻击其他的身体部位。

三、昂掌训练

（一）空击

昂掌空击练习和咏春拳所有的技法一样，必须进行动作的徒手空击练习。

掌握了昂掌动作技术和要领后，即可进行空击动作练习。

在动作前必须保持正确的桩式,养成密切注视对手的习惯。

初习时应由慢到快地进行练习,力求先掌握正确的昂掌技术。

练习中,要注意动作路线、动作步骤、着力部位是否正确。

其他空击具体练习方式可以参见冲拳一节训练内容安排。

练习2~3分钟或10~15次为一组。

(二)沙袋

用前、后手以昂掌进行击打沙袋练习。

练习时,可以交替左、右桩式,或交替前、后手进行练习。

以掌击沙袋来改进技术,协调动作,增加掌击的力量、速度和准确性,保持身体平衡,控制击掌距离及训练步法移动等能力。

具体的击打沙袋练习可以参见冲拳一节沙袋训练内容来自行安排。

练习2~3分钟或10~15次为一组。

(三)辅助训练

可以在条件允许的情况下,用昂掌进行击打木人桩或固定靶的练习,以熟练掌法的各种进攻技巧与防守技巧。

四、昂掌运用

(一)问手 – 日字冲拳 – 拍手昂掌

1. 动作

甲方与乙方对峙时,甲方以问手式向前进马逼近乙方,同时突发左手日字冲拳直接攻击乙方上路,乙方上抬左臂格挡。甲方随即右手成拍手拍挡乙方左臂,左手同时变式成昂掌击打其腹部或腰肾部(图5-266~图5-269)。

图 5-266　　　　　　　　图 5-267

图 5-268　　　　　　　　图 5-269

2. 说明

冲拳先攻，紧接变式成拍手昂掌形成"消打同时"的打法。在近距离中，要注意两手攻守变式及时。

(二) 问手－勾撞拳－抽撞拳－昂掌

1. 动作

甲方与乙方对峙时，甲方晃动前手迫使乙方做出反应，紧接进马靠近乙方突发右手勾撞拳勾打乙方胸腹部，乙方欲格挡。甲方顺势转马收右拳，发左手抽撞拳抽打乙方头部或太阳穴，乙方遭到攻击慌忙调整防守手臂。甲方紧接着收左拳，发右手昂掌推击乙方下颌部（图 5-270 ～ 图 5-

273)。

图 5-270

图 5-271

图 5-272

图 5-273

2. 说明

近距离拳法与昂掌掌法配合攻击，要把握好攻击的时机，如果是手法连击配合，要胆大心细地果断做动作。

第六章 咏春肘法

咏春肘击技法即屈臂时形成的肘与肘关节紧领臂部（近肘尖的尺骨部位）为力点，近距离进行攻击的方法。肘击技法是咏春搏击功夫用于自由搏击时极其重要的组成部分。

肘部因其生理结构特点，属于上肢的中节，能比拳或掌法更充分直接地利用肩、胸、臂部肌肉与转腰的合力发力。因此，肘法的运用，一动即至，肘击劲力沉雄，易攻难防，一旦中招必受重创。

咏春拳肘法攻击用于自由搏击功夫中，多取对手上、中路为目标，在不失自身中线的防护下以较小的幅度实施攻击，甚至可截击或消解对手的攻势。因此，肘法可采用主动攻击或防守反击等灵活战术，或与其他攻击技法互相配合，可在较多的范围内施用。肘法既可由中线直击，也可以于迂回中在自身中线不失的情形下形成侧打，或逼近多肘连发，变化无穷。咏春拳肘法技巧吸收了传统武术中用肘的精华，形成了咏春自身搏击以弱胜强的肘击法，其招法攻击路线全面、立体，可上盖打面门，横扫颈喉，前顶胸腹等。如果是擅长肘法者，可以在短兵相接的近战中，结合走马步法实施上、下、左、右、前、后各个角度和位置的肘法直击或连续发肘攻击，可于瞬间致敌于伤残。即使有时处于败势，亦可以肘奋力反击，达到力挽狂澜、反败为胜的效果。

肘法技巧，实际上不仅具有极强的杀伤力，亦具有极高的贴身自护防御功能，特别是很多肘法其本身是可攻可守、攻守于一体的精妙招式，包含有及肘消解等的防御功效。

咏春拳肘法基本上以及肘、跪肘、批肘为主。

第一节 及肘

一、二字拑阳马及肘

（一）动作

1. 二字拑阳马：先摆好正身二字拑阳马式（图6-1）。

2. 左及肘：然后，左臂弯曲成三角形，随即以肩为轴，以肘尖为力点由后经上贴着头耳部向鼻尖前（中线前）打出，左前肘正对下颌，左腕极力弯曲，左手由拳出肘同时变掌，掌指自然伸直，呼气发力，劲力达肘尖，眼视前方。动作完成后，迅速恢复二字拑阳马式（图6-2~图6-6）。

3. 右及肘：接着，右臂弯曲成三角形，随即以肩为轴，以肘尖为力点由后经上贴着头耳部向鼻尖前（中线前）打出，右前肘正对下颌，右腕极力弯曲，右手由拳出肘同时变掌，掌指自然伸直，呼气发力，劲力达肘尖，眼视前方。动作完成后，迅速恢复二字拑阳马式（图6-7~图6-12）。

图6-1

图6-2

图6-3

图 6-4　　　　　图 6-5　　　　　图 6-6

图 6-7　　　　　图 6-8　　　　　图 6-9

图 6-10　　　　图 6-11　　　　图 6-12

以上为正身二字拑阳马式左、右手及肘动作。

（二）要领

保持正确的二字拑阳马式准备动作；先适度放松身体和保持警觉；发肘前，屈臂不可太紧，以免影响肘法动作的灵活性；发肘的过程中，可适度放松肩臂，左拳随出肘自然成掌；发肘击向鼻尖前的同时，要屈紧肘臂；拧腰、转体、摆肩，挥肘时要全身协调，发力短促匀整；出左肘时，右手握拳不变，反之亦然；整个动作要连贯、流畅；动作要快击、快收；精神与技法要融合为一。

（三）说明

咏春拳因在广东较为流传，并因广东话语音的意思，在这里及肘的“及”字，和其他较多的动作中名称一样，受广东话的影响被用作多种意思。“及”，可写作“搕”字，其意可作“拜手于地”之意，或作“搕头”“稽首”解释。如今在广东话中多称作“岌”。这里为了使用方便统一称为“及肘”。

及肘，是以肘与臂形成的三角形盖打动作。也是咏春拳搏击中常用的肘法之一，其动作循弧形盖顶击出。

及肘和咏春拳其他技法训练一样，在掌握正确的动作技术要领后，即可进行徒手及肘空击练习。

先进行原地及肘动作练习，力求掌握正确的动作技术。

练习中细心体会动作要领，并及时纠正错误的动作。

可以在教练指导下，或镜子的帮助下进行练习。

具体的徒手动作技术练习方法，要按照及肘动作方法拟定。

练习时间可自行决定。

（四）作用

及肘，主要用于击打面门、头部太阳穴、耳朵、腮部等部位。

二、侧身马及肘

（一）动作

1. 侧身马：先摆好侧身马，或由二字拑阳马式转为侧身马（图6-13）。

2. 左及肘：然后准备左手及肘动作，左臂弯曲成三角形，随即以肩为轴，以肘尖为力点由后经上贴着头耳部向鼻尖前（中线前）打出，左前肘正对下颌，左腕极力弯曲，左手由拳出肘同时变掌，掌指自然伸直，呼气发力，劲力达肘尖，眼视前方。动作完成后，迅速恢复侧身马式（图6-14~图6-18）。

图6-13　　　　　图6-14　　　　　图6-15

图6-16　　　　　图6-17　　　　　图6-18

3. 右及肘：接着做右手及肘动作，右臂弯曲成三角形，随即以肩为轴，以肘尖为力点由后经上贴着头耳部向鼻尖前（中线前）打出，右肘正对下颌，右腕极力弯曲，右手由拳出肘同时变掌，掌指自然伸直，呼气发力，劲力达肘尖，眼视前方。动作完成后，迅速恢复侧身马式（图6-19~图6-24）。

图6-19　　　　　　　图6-20　　　　　　　图6-21

图6-22　　　　　　　图6-23　　　　　　　图6-24

以上为侧身马左、右手及肘动作。

(二) 要领

侧身马及肘与二字拑阳马式及肘动作方法、要领基本相同，唯是以侧身马式展开动作，具体要领参阅前面的二字拑阳马式及肘动作。

（三）说明

侧身马及肘，主要是在侧身马桩式上锻炼左、右手及肘动作能力，来使练习者可以用不同的桩马进行及肘动作。

具体练习方法要由侧身马要求变式做左、右手及肘。

（四）作用

无论是正身二字拑阳马或侧身马，及肘动作作用基本相同，而采用不同的桩马对于灵活锻炼搏击中出肘的能力有着重要的意义，其也是主要锻炼练习者可采取不同的桩马用肘搏击的功夫。

三、问手及肘

（一）动作

1. 问手式：先摆好左手、左脚在前的问手式（图6-25）。

2. 左及肘：然后，左手由问手变式，左臂弯曲成三角形，随即以肩为轴，以肘尖为力点由后经上贴着头耳部向鼻尖前（中线前）打出，左前肘正对下颌，左腕极力弯曲，左手由拳出肘同时变掌，掌指自然伸直，呼气发力，劲力达肘尖，眼视前方，右手保持护手护于胸前不变。动作完成后，迅速恢复问手式（图6-26～图6-29）。

图6-25

图6-26

图6-27

图6-28　　　　　　　　　图6-29

3. 右及肘：接着，右手由问手变式，右臂弯曲成三角形，随即以肩为轴，以肘尖为力点由后经上贴着头耳部向鼻尖前（中线前）打出，右前肘正对下颌，右腕极力弯曲，右手由拳出肘同时变掌，掌指自然伸直，呼气发力，劲力达肘尖，眼视前方，左手保持护手护于胸前不变。动作完成后，迅速恢复问手式（图6-30～图6-34）。

图6-30　　　　　　　图6-31　　　　　　　图6-32

图 6-33　　　　　　　　　图 6-34

以上为问手式左、右手及肘动作,也可称为问手式前、后及肘动作。

(二) 要领

问手式做左、右手及肘动作,与前面各式及肘动作方法、要领基本相同,唯在问手式基础上直接变式成及肘,具体动作要领参阅前面二字拑阳马式及肘动作要领。

(三) 说明

问手式是咏春拳搏击术常用的应敌姿势,因此,问手式配合及肘动作练习,与其他技法配合问手式练习是相同的,均是使练习者能够在问手式基础上随时做出攻守动作的能力。

及肘的最佳运用情形,是可以抓住时机直接用及肘实施攻击对手面门、颈部等部位。或是在遇着对手出拳时,可以在防护中伺机挥肘击之,往往可以一招建功,轻易击致对手面部或颈部。有时在对手打法粗心大意时,对手的手防备位置过低,也可乘机予以施展及肘。

及肘在实际上运用时,因施展路线稍长,力狠劲足,杀伤力强。所以,及肘在施用时,更讲究速度和顺势动作,往往是在手臂伸出动作之时,突然变化,以靠近目标的手臂,依靠突然转腰顺肩合力,顺势屈臂成肘掠击对手,常可令对手难以预料、措手不及。

如果是与对手形成贴身近战时,此时不宜与对手过多纠缠,即在迅速

撤臂屈肘的同时或在双方抱颈时突然发出短招及肘，多能顺利摆脱对手纠缠。

或者在出拳击空瞬间不回收，而就势化为短肘连击，可令对手难以防范。因此，及肘在搏击时运用相当广泛，且易于变化，效果显著。

及肘有时也可以配合格挡技术实施防御，即以肘尖横扫高路而来的对手的拳击或脚踢，以攻为守，可严重挫伤对手攻击手腕或脚胫。

及肘同样也可与其他技法配合连用，更可充分发挥咏春拳技法优势。

无论何种技法的运用，其最高境界应是"弃形"，即不为形式所固，而要求因时因人而用。

如果以问手式形成前、后手及肘时，其运用一样，可直接由桩马发招攻击或反击，亦可配合其他手法，从各种角度实施攻击以加强及肘的效用。

（四）作用

无论何种桩马及肘，其攻击目标均相同。

四、及肘训练

（一）空击

掌握了及肘动作技术和要领后，即可进行及肘空击动作练习。

在动作前必须保持正确的桩式，养成密切注视对手举动的习惯。

初学时，应由慢到快进行练习，力求先掌握正确的及肘技术。

在不断的练习中使及肘技术连贯、流畅，注意动作不可脱节。

练习时，注意明确动作路线、动作步骤、着力部位。

体会及肘出击和收回及身体平衡保持的细节。

练习动作要养成快出、快收的习惯。

练习时需左右姿势交替进行。

采用对镜和假想及肘空击练习，具体练法可参见冲拳一节的这两种练习方法来安排。

及肘技术掌握熟练后，可将及肘结合步法移动技巧练习。

在此基础上，将拳法、掌法等手法结合及肘练习。

再过渡到将步法、手法、肘法、膝法与踢法融合练习。

每一种方式的练习时间为2~3分钟一组。

也可用默想配合及肘练习。

通过各种徒手练习的方法，掌握及肘动作，初步形成技术概念，了解和掌握动作的攻防性质、作用，掌握基本的攻防方法、动作路线及动作规格，通过练习，在大脑皮层中初步建立一个技术概念。

（二）固定靶

用前、后手及肘攻击进行固定靶练习。

练习中细心体会及肘攻击固定靶的动作路线、动作步骤、着力部位。

精神与技法要融合为一。

肘法攻击固定靶的练习，主要用于改进动作和提高肘击的力量及准确性。它对于及肘的单手技术和连续肘法技术的形成很有帮助。具体及肘攻击固定靶时，要转体送肩交替出肘击靶，并按照松、紧握拳的节奏来练习，由于肘击固定靶的反作用力较大，注意肘击力度要适度，以防受伤，其训练的方法基本上与肘击沙袋相似。

练习10~15次或2~3分钟为一组。

（三）沙袋

练习及肘击沙袋，沙袋可选用轻型或重型的均可，用前、后手及肘进行攻击。

肘击沙袋与拳法或掌法击打沙袋练习一样，是肘法训练不可缺少的训练手段之一。肘击沙袋的好处就在于直接击打的对象不需要以人为目标就可获得良好的效果，并能改进技术，协调动作，增加肘击的力量、速度和准确性，保持身体平衡，控制出肘距离及训练步法移动等。

用肘法击打沙袋和其他技法击沙袋练习一样，打沙袋前先要充分做好准备活动，将各关节韧带，尤其是肩、肘、腕、膝、踝等关节部位活动开,在身体微微出汗时即可进行肘击沙袋练习。

其他具体肘击沙袋的练习方法可参见冲拳一节沙袋练习来安排。

(四) 击靶

在教练或同伴的配合下,用及肘进行击靶练习。

练习的方式可以参见冲拳一节击靶练习来安排。

肘法击靶练习,可以提高肘击的准确性和机动性及敏捷性和力量性,并可使练习者有身临实战的感觉,可很好地培养练习者的距离目测能力和对时机把握能力,同时还能培养战术意识和意志品质。

肘法击打器具熟练后,同样可以像其他技术技法练习一样,将肘法结合步法或其他手法,或将咏春拳搏击术技法进行融合练习,提高攻防实战的能力。

练习的时间可自行决定。

五、及肘运用

(一) 及肘 – 擒拿手 – 侧掌

1. 动作

甲方与乙方近距离缠斗中,甲方闪至乙方身体右侧,同时左手成及肘顶撞乙方太阳穴或耳门,乙方遭到肘击晃动身体。甲方攻势不停,紧接稍上抬左肘成及肘再次搞顶乙方耳门或头侧,乙方遭到连续肘击手脚慌乱。甲方随即落左手成擒拿手抓住乙方右手臂,右手上抬成侧掌(杀颈手)切向乙方颈部(图6-35~图6-38)。

图 6-35

图 6-36

图 6-37

图 6-38

2. 说明

近距离贴身打斗用肘，不只是简单的发肘直接攻击或连击，要一手攻击，另一手随时配合防守，并随对手的反应而随时改变攻守的动作。

（二）及肘阻截消解攻击

1. 动作

甲方与乙方互相逼近，乙方突上扬拳头挥向甲方上路。甲方注视乙方动向，在乙方迫近出招同时，抢先进马出左及肘猛搇顶乙方头部，乙方遭到攻击慌忙调整身势欲扑向甲方。甲方紧接稳定桩马，收左手，发右及肘及时搇顶乙方头部，阻截消解乙方攻势（图 6-39 ~ 图 6-42）。

图 6-39 　　　　　　　　图 6-40

图 6-41 　　　　　　　　图 6-42

2. 说明

及肘实施阻截消解，动作要恰当、及时、凶狠。只要在移动中抓住时机，抓住对手的空当，进行阻截，即可消解对手的攻势。

(三) 膀手消解-及肘突袭

1. 动作

甲方与乙方对峙时，乙方迅速移动逼近甲方，同时发左拳直接攻向甲方。甲方及时稳定桩马，右臂成膀手消解乙方左拳，同时右膀手成及肘突然搕打乙方面门，乙方遭到攻击慌乱防守。甲方攻势不停，顺势右臂成及肘向上搕打乙方下颌或腮骨部（图6-43～图6-46）。

图 6-43　　　　　　　　　图 6-44

图 6-45　　　　　　　　　图 6-46

2. 说明

膀手消解对手拳攻动作要及时，并随势变式及肘实施突袭，及肘可以由不同的角度实施攻击，重创对手。

（四）日字冲拳-及肘

1. 动作

甲方抢先发左冲拳直击乙方上路，乙方同时发右拳击打甲方上路，甲方与乙方两臂交碰同时，甲方随即变式，左手防护，右臂屈肘成及肘随进马向前猛搨顶乙方面门，使乙方遭到肘击重创（图6-47～图6-50）。

图 6-47　　　　　　　　　图 6-48

图 6-49　　　　　　　　　图 6-50

2. 说明

打斗中如果与对手动作互相交碰，要随势及时变式，攻守要随对手的动作而动，利用对手的失误及时给予准确打击。

（五）双扰手－及肘

1. 动作

乙方迅速起腿脚扫向甲方上路或中路时，甲方在乙方起腿扫踢同时下落两手成双扰手压挡消解乙方腿攻。在乙方欲收腿同时，甲方随即转马，左手变式成及肘搯顶乙方面门或下颌部位（图 6-51～图 6-54）。

图 6-51　　　　　　　　图 6-52

图 6-53　　　　　　　　图 6-54

2. 说明

双抌手消挡要及时、准确，用力要适度，及肘攻击或反击要恰当，手法与身法在搏击中要随对手动作灵活变换。

（六）抽撞拳-及肘

1. 动作

甲方与乙方互相逼近时，乙方突然挥出左拳击向甲方上路。甲方迅速进马闪进乙方内门，同时右手防护，左手成抽撞拳勾打乙方腹部，乙方遭到攻击缩腹退让。甲方紧跟进马侧身，同时上扬左臂成及肘搯顶撞击乙方太阳穴或耳门、腮面部位（图6-55~图6-58）。

图 6-55

图 6-56

图 6-57

图 6-58

2. 说明

进马近身抽撞拳击打有力，防守及时，由拳变式及肘攻击，进马、身法、手法要上下协调一致，整个动作要随对手的动作轻灵、稳健地变式攻守。

(七) 左右及肘连击

1. 动作

甲方与乙方互相逼近同时，乙方抢先发左肘挥顶甲方上路。甲方顺乙方动作上抬右臂成及肘压挡乙方左肘攻势，同时向上搉顶乙方左太阳穴或耳门，乙方遭到肘击晃身。甲方攻势不停，随即转马发左及肘搉打乙方面门或右腮面部位（图 6-59～图 6-62）。

图 6－59　　　　　　　　　　图 6－60

图 6－61　　　　　　　　　　图 6－62

2. 说明

贴身打斗时，及肘除了用于攻击，亦可用于消解对手的攻击动作，左右及肘连击，可利用对手失误的瞬间，及时给予对手肘法连击。

第二节　跪肘

跪肘，是一种以肘尖部跪落（如同膝由上往下搕落般动作）出击的肘法动作，即以前臂尺骨和肘尖部位沿对角线由上斜搕而落的肘法。

跪肘，因其用肘尖以高速向下击搕，而具有很强的杀伤力。

跪肘和其他技法一样，可以在问手式情况下分为前、后手跪肘技术。

一、二字拑阳马跪肘

（一）动作

1. 二字拑阳马：先摆好正身二字拑阳马式（图6-63）。

2. 左跪肘：然后，左臂弯曲，以肘尖为力点由后向上提至左肩上，随即向前（中线前，以下要求基本相同）跪顶撞出，左肘与肩平，并与下颌同高，左腕内屈，左手自然成掌，掌背向下，指尖稍向左，呼气发力，劲力达肘尖，眼视前方。动作完成后，迅速恢复二字拑阳马式（图6-64~图6-68）。

图6-63　　　　　图6-64　　　　　图6-65

图6-66　　　　　图6-67　　　　　图6-68

3. 右跪肘：接着，右臂弯曲，以肘尖为力点由后向上提至右肩上，随即向前跪顶撞出，右肘与肩平，并与下颌同高，右腕内屈，右手自然成掌，掌背向下，指尖稍向右，呼气发力，劲力达肘尖，眼视前方。动作完成后，迅速恢复二字拑阳马式（图6-69~图6-74）。

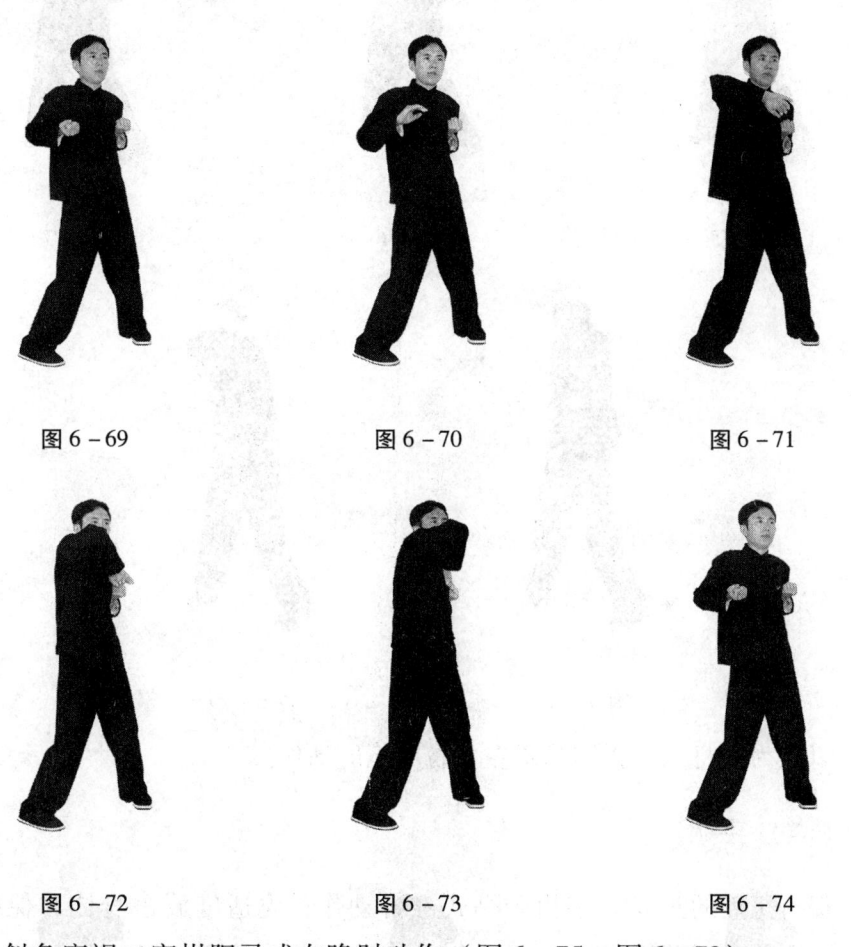

图6-69　　　　　　图6-70　　　　　　图6-71

图6-72　　　　　　图6-73　　　　　　图6-74

斜角度视二字拑阳马式右跪肘动作（图6-75~图6-79）。

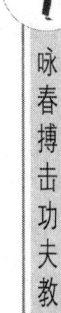

图 6 – 75　　　　　　图 6 – 76　　　　　　图 6 – 77

图 6 – 78　　　　　　图 6 – 79

以上为正身二字拑阳马式左、右手跪肘动作。

（二）要领

保持正确的正身二字拑阳马式准备动作；先适度放松身体和保持警觉；发肘前，屈臂不可太紧，以免影响肘法动作的灵活性；发肘的过程中，可适度放松肩臂，左拳可随势自然成掌；发肘击向目标的同时，要屈紧肘臂；配合身体整体劲力，拧腰、转体、摆肩，挥肘时要全身协调，发力短促均整；出左肘时，右手握拳不变，反之亦然；整个动作要连贯、流畅；动作要快击、快收；精神与技法要融合为一。

（三）说明

跪肘，即以肘部跪落之式形成的肘法动作，也就是以前臂尺骨猛力沿对角线由上斜搋而落形成的肘击动作。前臂的尺骨本身坚韧，并如同刀刃般，跪肘正是利用这一特点形成跪落肘法。

因此，跪肘法根据肘臂生理结构特点，更充分直接地利用了肩、胸、臂部肌肉力量与转腰的合力发力。所以，跪肘在搏击中运用时，一动即至，可收重创效果。

实际上跪肘和其他肘法一样，不仅有极强杀伤力，更具有极高的贴身自护防护功能，即可攻可守，攻守寓于一体。

当然，掌握肘法可迅速使练习者攻击力产生飞跃，同时，由于肘法对于走马、身法要求较高，如能熟练用肘，对于运用拳法也有较好的促进作用。

正身二字拑阳马式跪肘练习，是在基本的桩马上进行基本的肘法练习，对其他的桩马以及走马肘法练习均可打下较坚实的基础。

（四）作用

跪肘，主要用于攻击对方的锁骨至胸部，力重者可使受击者胸骨被击撞而断裂。在实际情况下，还可攻击头部、颈项、胸部、肋骨等部位。

二、侧身马跪肘

（一）动作

1. 侧身马：先摆好侧身马，或由二字拑阳马式转为侧身马（图6-80）。

2. 左跪肘：然后，左臂弯曲，以肘尖为力点由后向上提至左肩上，随即向前跪顶撞出，左肘与肩平，并与下颌同高，左腕内屈，左手自然成掌，掌背向下，指尖稍向左，呼气发力，劲力

图6-80

达肘尖，眼视前方，右手握拳保持不变。动作完成后，迅速恢复侧身马式（图6-81~图6-84）。

图6-81

图6-82

图6-83

3. 右跪肘：接着，右臂弯曲，以肘尖为力点由后向上提至右肩上，随即向前跪顶撞出，右肘与肩平，并与下颌同高，右腕内屈，右手自然成掌，掌背向下，指尖稍向右，呼气发力，劲力达肘尖，眼视前方，左手握拳保持不变。动作完成后，迅速恢复侧身马式（图6-85~图6-89）。

图6-84

图6-85

图6-86

图 6-87　　　　　　　　图 6-88　　　　　　　　图 6-89

以上为侧身马左、右手跪肘动作。

（二）要领

除了由侧身马直接变式为左、右手跪肘动作，其他动作要领均与前面的正身二字拑阳马式跪肘动作要领基本相同。

（三）说明

侧身马跪肘，是锻炼由侧身马实施跪肘动作的能力，让练习者掌握由不同的桩马出肘的技巧。

无论是以正身或侧身的桩马进行跪肘或其他肘法技术练习，其要求是基本相同的，即适度放松身体，特别是上肢，以备出、收肘的灵活性和快速性，腰马亦要同时配合出肘或收肘所需的拧腰、转体、摆肩等细节动作。

（四）作用

无论是正身、侧身马的跪肘，其作用是基本相同的，唯运用不同的桩马进行发挥。

三、问手跪肘

（一）动作

1. 问手式：先摆好左手、左脚在前的问手式（图6-90）。

2. 左跪肘：然后，左手直接由问手变式，左臂弯曲，以肘尖为力点由后向上提至左肩上，随即向前跪顶撞出，左肘与肩平，并与下颌同高，左腕内屈，左手自然成掌，掌背向下，指尖稍向左，呼气发力，劲力达肘尖，眼视前方，右手成护手护于胸前保持不变。动作完成后，迅速恢复问手式（图6-91～图6-94）。

图6-90

图6-91　　　　　　图6-92　　　　　　图6-93

3. 右跪肘：接着，右手直接由问手变式，右臂弯曲，以肘尖为力点由后向上提至右肩上，随即向前跪顶撞出，右肘与肩平，并与下颌同高，右腕内屈，右手自然成掌，掌背向下，指尖稍向右，呼气发力，劲力达肘尖，眼视前方，左手成护手护于胸前。动作完成后，迅速恢复问手式（图6-95～图6-99）。

图 6-94

图 6-95

图 6-96

图 6-97

图 6-98

图 6-99

以上为问手式左、右手跪肘动作。

(二) 要领

问手式跪肘动作与正身二字拑阳马式跪肘动作要领基本相同，唯由问手式做跪肘动作。当掌握了正身二字拑阳马式跪肘动作要领后，其他形式的跪肘均是由基本的桩马跪肘动作演变而成。

(三) 说明

无论是何种桩马形式的跪肘，动作时主要借身体之力，发动跪肘攻击，肘击威力要渗透入里、凶悍沉雄，可具有一招制敌的攻击效果。

跪肘多用于对付逼近贴身缠斗的对手，可配合各种手法或其他技法，来加强它的效用，而非局限在某个特定的攻击角度或范围。

(四) 作用

问手式跪肘和前面的跪肘作用是基本相同的，并可在问手式基础上使跪肘得到更好的发挥。

四、跪肘训练

(一) 空击

先掌握肘法基本动作，形成初步跪肘技术概念。初步学会技术动作，了解和掌握动作的攻防性质、作用，掌握跪肘动作的方法、路线及动作规格，通过反复练习，在大脑皮层中初步建立一个技术概念。

掌握了肘法技术之后，在练习中体会动作要领，先慢速练习以掌握好攻防动作的先后顺序，暂不求动作的连贯、完整和速度、力量。

在此基础上，逐渐加快动作速度，主要是掌握动作的完整性，待动作熟练后，要逐渐加快动作的速度和加大动作的力量，使所学的动作能适合实战的需要。

无论在何种形式的练习中，都要求练习者精神与肉体极度协调地动作，以促使动作一气呵成、连贯协调。

为了适应搏击的需要，在跪肘动作技术熟练后，应试将步法、其他手法、战术等结合进行攻防练习，以加快练习者跪肘技术向纵深方向发展。

进行跪肘训练时，可将默想等予以配合，提高训练效果。

练习时间2~3分钟为一组。

(二) 沙袋

在跪肘空击技术熟练后，即可进行攻击沙袋练习。

练习时除要注意动作隐蔽，将沙袋视为对手外，还要注意跪肘攻击着力部位与沙袋充分接触。

攻击沙袋时，除借助其掌握正确跪肘动作技术外，还应将步法、手法、战术等结合进行训练。

练习击打沙袋时，同样先做好充分准备活动，伸展开各关节韧带，特别是腕、肘关节和膝关节等部位，使身体微微出汗即可进行击打沙袋练习。

肘法击打沙袋和其他动作技术击打沙袋一样，要一招一式地击打。

击打沙袋时，注意力要集中，先按节奏慢慢地击打，发现错误要立即纠正，技术熟练后，方可加快肘击速度练习。

可用前、后手连续进行跪肘攻击沙袋练习。

练习时间2~3分钟为一组。

(三) 固定靶

用跪肘练习攻击固定靶，练习时前、后手均要进行。

练习时，必须认真理解动作技术要领，避免盲目进行。

动作可由慢到快，不能仅为追求击打效果，而造成动作僵硬、紧张，影响技术的提高。

练习击打固定靶时，可由最大限度的桩式动作展开。

从出肘攻击到收肘，严阵以待，是一个流畅的技术动作，此应在专注、适度放松的情况下完成。

练习时可以体会前、后手发肘之间的关系，上下肢协调配合及重心转移等细微之处。

精神与肉体要融合为一地动作，简捷、直接、高效地完成训练。

这种练习与击打沙袋有相似的效果，主要用于改进动作和提高出肘力量及准确性。

练习时间2~3分钟为一组。

(四) 击靶

在教练或同伴的配合下进行跪肘击靶练习。

练习中，两人要认真配合以快速提高肘法技术水平。

跪肘击靶可由原地击靶、移动击靶和条件击靶的形式进行练习，具体方法可参见冲拳一节击靶方法来自行设定。

练习 10～15 次为一组。

五、跪肘运用

（一）膀手－伏手跪肘－擸手侧掌

1. 动作

甲方与乙方交战中，乙方发左拳击打甲方上路，甲方随乙方动作右手成膀手消挡乙方左拳势，乙方同时下伸右手欲抓击甲方。甲方左手向下伏按乙方右手，紧接右手由膀手突然变式成跪肘猛力跪搕乙方胸部，乙方遭到肘击欲调整身势。甲方动作不停，左手成擸手抓住乙方右手，同时伏压住其左手臂，右手上伸成侧掌切砍乙方颈部。这种打法配合也称为"一伏二"打法（图6－100～图6－103）。

2. 说明

在贴身打斗中，膀手消解对手拳攻要及时，一手膀手消解，另一手同样配合防护或随时攻击；跪肘要抓住时机攻击；手法攻守配合要随对手的动作灵活变式。

图 6－100

图 6－101

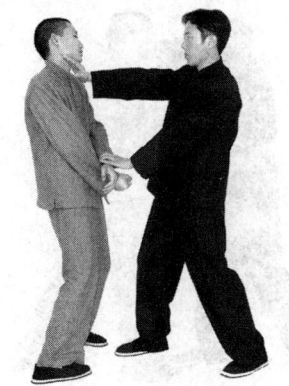

图 6－102　　　　　　　　　图 6－103

（二）膀手－护手跪肘阻截拳攻

1. 动作

甲方以问手式防护时，乙方迅速发动攻势，向前移步，发右拳直击甲方面门或头部时，甲方随即上抬左臂成膀手消挡乙方右拳。紧接在乙方逼近拳力欲尽同时，甲方稳定桩马，收左手，出右手跪肘搕顶撞乙方头面部（图6－104～图6－107）。

图 6－104　　　　　　　　　图 6－105

图 6 - 106　　　　　　　　　图 6 - 107

2. 说明

膀手消挡对手拳攻要及时，以跪肘突击或阻击时要尽量在不改变自身中线的情况下攻击对手。

（二）拍手日字冲拳 - 伏手跪肘

1. 动作

甲方与乙方互相逼近，甲方抢先发动攻势，以左手日字冲拳直捣乙方上路，右手同时成拍手拍按乙方欲出击的右手，乙方起左手欲拍挡开甲方左拳。甲方顺势左手成伏手压住乙方右手，将乙方右手压伏在其右手臂上，同时右手屈肘成跪肘猛力搉顶乙方胸部（图 6 - 108 ~ 图 6 - 111）。

图 6 - 108　　　　　　　　　图 6 - 109

图 6-110

图 6-111

2. 说明

贴身战中,注意"手长肘短"的原则,在贴身中手法与肘法要随时因对手姿势改变而灵活动作。攻击的同时亦注意随时的防护消解。

(三) 膀手－护手跪肘阻截腿攻

1. 动作

甲方与乙方互相逼近,乙方突起左腿扫踢向甲方中路。甲方注视乙方攻势,在乙方起腿瞬间下落右手成膀手消挡乙方左腿脚。随即,在乙方欲落脚同时,甲方进马闪进乙方身内门,同时右膀手变式成跪肘猛搒顶乙方胸腹部,迫使乙方遭到阻击后退(图 6-112～图 6-115)。

图 6-112

图 6-113

图 6–114　　　　　　　　　图 6–115

2. 说明

肘法不仅可以用于直接攻击，亦可配合膀手等防守法实施反击或阻击。

第三节　批肘

批肘，是借着上身转动之势带动前臂肘骨沿一弧形线平削击出的肘法动作。批，本身含有切削、撞击之意等。

批肘在搏击术中运用时，多以肘骨扫切或撞击对手颈部侧面、胸骨等为目标，对手如中招可遭到重创。

从及肘、跪肘、批肘表面看，咏春拳这三式肘法似乎有些相同，但实际上无论是在动作形式上或运用上还是有明显区别的。及肘、跪肘、批肘三式肘法，在实际运用时，可互相克制，互相演变不同的肘法动作招式，是为咏春拳一绝技。三式肘法，同样亦可以配合走马步法训练和运用。

一、二字拑阳马批肘

（一）动作

1. 二字拑阳马：先摆好正身二字拑阳马式（图6－116）。

2. 左批肘：然后，左臂弯曲，以左肘尖为力点，屈臂成三角形，随着上身由左向右转身瞬间向前沿水平线猝然撞向前方（中线前），左肘高与胸平，屈腕，掌指朝下，掌心朝前，呼气发力，劲力达肘尖，眼视前方。动作完成后，迅速恢复二字拑阳马式（图6－117～图6－120）。

图6－116

图6－117

图6－118

图6－119

3. 右批肘：接着，右臂弯曲，以右肘尖为力点，屈臂成三角形，随着上身由右向左转身瞬间向前沿水平线猝然撞向前方（中线前），右肘高与胸平，屈腕，掌指朝下，掌心朝前，呼气发力，劲力达肘尖，眼视前方。动作完成后，迅速恢复二字拑阳马式（图6－121～图6－125）。

图6-120　　　　　　图6-121　　　　　　图6-122

图6-123　　　　　　图6-124　　　　　　图6-125

以上为正身二字拑阳马式左、右批肘动作。

（二）要领

保持正确的拑阳马式准备动作；与前面两式肘法相同，先适度放松身体和保持警觉；发肘前，屈臂不可太紧，以免影响肘法动作的灵活性；发肘的过程中，可适度放松肩臂，左手随出肘同时自然成掌；发肘击向目标的同时，要屈紧肘臂；拧腰、转体、摆肩，挥肘时要全身协调，发力短促均整；出左肘时，右手握拳保持拑阳马姿势，反之亦然；整个动作要连贯、流畅；动作要快击、快收；精神与技法要融合为一。

（三）说明

批肘与前面的及肘、跪肘三式肘法，在咏春拳搏击术中可演变出不同的肘法攻击招式。

批肘是咏春拳搏击中常用的肘法之一，其动作循弧形顶击而出，在基本的水平面发批肘技术纯熟，可以在搏击中从可能的角度实施肘击。

拑阳马式批肘练习，与手法、其他肘法配合拑阳马式练习一样，是让练习者掌握基本的桩马肘法技术，为其他形式的应敌姿势批肘动作打下基础。

批肘和其他技法训练一样，在掌握正确的动作技术要领后，即可进行徒手批肘空击练习。

先进行原地批肘动作练习，力求掌握正确的动作技术。

练习中细心体会动作要领与纠正错误的动作。

可以在教练指导下，或镜子的帮助下进行练习。

练习时间可自行决定。

（四）作用

批肘在搏击中主要用于批切顶撞对手颈侧部位，有时也可以攻击头部侧面、胸骨等身体部位。

二、侧身马批肘

（一）动作

1. 侧身马：先摆好侧身马，或由二字拑阳马式转为侧身马（图6-126）。

2. 左批肘：然后，左臂弯曲，以左肘尖为力点，屈臂成三角形，随着上身由左向右转身瞬间向前沿水平线猝然撞向前方（中线前），左肘高与胸平，屈腕，掌指朝下，掌心朝前，呼气发

图6-126

力，劲力达肘尖，眼视前方，右手握拳保持不变。动作完成后，迅速恢复侧身马式（图6-127～图6-130）。

图6-127

图6-128

图6-129

3. 右批肘：接着，右臂弯曲，以右肘尖为力点，屈臂成三角形，随着上身由右向左转身瞬间向前沿水平线猝然撞向前方（中线前），右肘高与胸平，屈腕，掌指朝下，掌心朝前，呼气发力，劲力达肘尖，眼视前方，左手握拳保持不变。动作完成后，迅速恢复侧身马式（图6-131～图6-135）。

图6-130

图6-131

图6-132

图 6－133　　　　　　图 6－134　　　　　　图 6－135

以上为侧身马左、右批肘动作。

（二）要领

侧身马批肘动作，除了由侧身马开始动作，其他批肘动作要领、方法均与正身二字拑阳马式左、右批肘动作相同，练习时可参阅前面正身二字拑阳马式左、右批肘动作要领与方法。

（三）说明

侧身马批肘，是锻炼由侧身进行批肘动作的能力。

咏春拳三式肘法练习，均可由各种形式的桩马进行，并由正确的肘法动作逐渐培养快击快收的能力。培养快击快收的动作能力，能在搏击中出招时达到出其不意地打乱对手阵脚的效果。

（四）作用

侧身马批肘与其他桩马形式的批肘作用是基本相同的。

三、问手批肘

（一）动作

1. 问手式：先摆好左手、左脚在前的问手式（图6－136）。

2. 左批肘：然后，左手直接由问手式变式，左臂弯曲，以左肘尖为力点，屈臂成三角形，随着上身由左向右转身瞬间向前沿水平线猝然撞向前方（中线前），左肘高与胸平，屈腕，掌指朝下，掌心朝前，呼气发力，劲力达肘尖，眼视前方，右手握拳保持不变。动作完成后，迅速恢复问手式（图6-137～图6-140）。

图6-136

图6-137

图6-138

图6-139

图6-140

3. 右批肘：接着，右手由问手式直接变式，右臂弯曲，以右肘尖为力点，屈臂成三角形，随着上身由右向左转身瞬间向前沿水平线猝然撞向前方（中线前），右肘高与胸平，屈腕，掌指朝下，掌心朝前，呼气发力，劲力达肘尖，眼视前方，左手握拳保持不变。动作完成后，迅速恢复问手式（图6-141～图6-145）。

图 6－141

图 6－142

图 6－143

图 6－144

图 6－145

以上为问手式左、右批肘动作。

（二）要领

问手式批肘与前面的二字拑阳马批肘要领基本相同，唯由问手式直接变式做批肘动作。

（三）说明

问手式批肘的动作，是根据咏春拳基本应敌姿势进行的练习动作，以此提高练习者基本用肘的能力。

批肘的最适用场合，就是在遇着对手惯用弧度较大的拳法攻击时，即对手擅以拳击腹或胸部。最有效的拆解，莫过于一臂守护中部，另一臂直接挥批肘击之，往往可以一招建功，轻易击致对手胸部。

另一方法就是在对手打法粗心大意时，防护手的防备位置过低，可乘机以批肘极好地打击对手颈部。

批肘在施用时，更讲究速度和顺势动作，往往是在手臂伸出动作之时，突然变化，以靠近目标的手臂，依靠突然转腰顺肩合力，顺势屈臂成肘掠击对手颈部或胸骨，常可令对手难以预料，被击时措手不及。

如果是与对手形成贴身近战时，此时不要与对手进行过多纠缠，即在迅速撤臂屈肘的同时，或在双方抱颈时，突然发出短招批肘，多能顺利摆脱对手纠缠。

或者在出拳击空瞬间不回收，而就势化为短肘连击，可令对手难以防范。因此，批肘在搏击时运用相当广泛，且易于变化，效果显著。

批肘同样也可以与其他技法配合连用，更可充分发挥咏春拳搏击术的技法优势。

无论何种技法的运用，其最高境界应是"弃形"，即不为形式所固，而要求因时因人而用。

批肘可以直接由桩式发招攻击或反击，亦可配合其他手法，从各种角度实施攻击以加强批肘的效用。

（四）作用

问手式批肘与其他应敌姿势的批肘动作作用基本相同。

四、批肘训练

（一）空击

批肘和其他技法训练一样，在掌握正确的动作技术要领后，即可进行徒手批肘空击练习。

先进行原地批肘动作练习，力求掌握正确的动作技术。

练习中细心体会动作要领，并纠正错误的动作。

可以在教练指导下，或镜子的帮助下进行练习。

具体的徒手动作技术练习方法，可以参见冲拳一节空击练习来拟定。

练习 10~15 次或 2~3 分钟为一组。

（二）击靶

在与教练或同伴的配合下用前、后手批肘进行击靶练习。

练习时，注意要左右交替进行，提高左右势技术、战术水平。

在具备一定的训练基础后，可以试将战术与其他技术混合进行训练，逐步加大训练强度与难度。

肘法击靶练习可由原地击靶、移动击靶和条件击靶的练习方式组成，具体的练习方法可以参见冲拳一节击靶练习，来自行调整如何用肘法击靶。

练习 10~15 次或 2~3 分钟为一组。

（三）沙袋

肘法击打沙袋练习是必不可少的训练手段，可以选用轻型或重型沙袋进行批肘或其他肘法的练习。

练习时，由移动中出肘攻击固定沙袋，注意出收动作的快捷、落点正确与肘击的渗透性劲力，练习 30~60 秒为一组。

由移动中出肘攻击摆荡沙袋，要求同上，练习 30~60 秒为一组。

所有的练习均由桩式开始和结束。

其他形式的具体练法，可参见冲拳一节沙袋练习法，来自行安排练习。

（四）实战训练

在经过多种拳法、掌法或肘法训练之后，可以将这些技法进行实战训练。实战训练分为条件实战和自由实战两种方式，具体方法可以参见冲拳一节实战训练的内容来安排。

实战训练可以提高练习者肘法，及其他技法、战术的运用水平。

五、批肘运用

（一）护手膀手－伏手批肘－桥底侧掌

1. 动作

甲方与乙方贴身近战时，乙方挥出左拳击打甲方上路。甲方迅速以右膀手消挡，左手护手拍挡，两手配合消解乙方拳势，同时右手变式成伏手将乙方左手压伏于其右手上，左手变式成批肘突然横割顶撞乙方颈喉部，乙方遭到肘击晃动身体。甲方动作不停，随即右手成侧掌（杀颈手）由左手桥手下穿出切砍向乙方颈部（图6－146～图6－149）。

图6－146

图6－147

图6－148

图6－149

2. 说明

近距离贴身打斗时，要随对手的动作伺机而动，攻守易势灵活、快速，两手消解变肘法攻击，要准确、有力。

(二) 护手批肘－批肘后击

1. 动作

甲方与乙方互相逼近，乙方突发右拳直击甲方上路。甲方及时俯身闪避，同时进马闪进乙方内门，挺起左臂成批肘直接顶撞乙方胸腹部，迫使乙方遭到肘击缩身。甲方攻势不停，未等乙方变式，迅速进马闪进乙方体侧，扬起右臂成批肘向后猛力割撞乙方后颈或右颈侧（图6－150～图6－153）。

图6－150

图6－151

图6－152

图6－153

2. 说明

批肘直接切入攻击，以及走马易势批肘向后攻击，均要手身步上下协调，攻守动作快速、果断，抢在对手未变式前实施有力的攻击。

（三）左右批肘连击

1. 动作

甲方与乙方互相逼近瞬间，乙方欲扑攻甲方。甲方乘机在乙方动作同时，转侧身马，左臂成批肘猛力割顶乙方右颈部，乙方遭肘击晃动身体。甲方顺势左转身，收左肘，发右批肘横割向乙方左颈部（图6-154~图6-157）。

图6-154

图6-155

图6-156

图6-157

2. 说明

左右手批肘连击,要眼明手快,善于寻找、利用对手的失误及时给予狠击。

第七章　咏春踢法

咏春搏击功夫踢法，也称为腿法或踢击技法。它是以双脚各部位为力点，实施攻击的各种技法。踢击技法是咏春拳自由搏击的远程主力武器，备受咏春拳练习者重视。原因在于，以踢法攻击对手比其他技法占有明显的优势，传统武术中讲究"一寸长，一寸强"，这是咏春拳形成踢技的根本。踢法远可放长击远，近可卷踢暗击，并可以在各个攻击距离，特别是在中、远距离内，淋漓尽致地发挥咏春拳的攻击效能，且可有效地抑制对手其他攻击技法的使用。腿部生理结构本身肌肉发达，骨骼粗大，施展踢法时可集全身之力于脚进行有效攻击，这是人所能施展的最具摧毁力的打击方法。踢法上可踢击头颈，中可踢踹腰肋，低可踢击膝胫，上下左右，变化无穷，踢击的范围也遍及全身。脚又位居于人体的下方，出击隐蔽，加上其力猛多变，能多脚连用，也能与各种手法、膝法、摔法或擒锁法配合，上下兼顾，立体施用，使对手防不胜防。

踢法不仅可以作为先锋先发制人，也可用于防御、阻截或反击，以攻为守，以长制短，后发先制，其功效独具。

咏春拳踢法以咏春拳理形成了前撑腿、侧撑腿、十字腿、斜撑腿、扫脚腿等多种踢法。

有些人可能会认为咏春有手就无脚，或认为咏春只有三脚（撑、扫、踩），并以各种踢法形式形成八脚（前撑、侧撑、中门撑等等）。其实，咏春八脚不只是指踢八次，亦不是八种踢法，其中包含了八种发力的方法。通常所见到的咏春腿法只是八种基本脚法，多数用来破对方的马步。

在这里限于篇幅对咏春拳踢法只作简述，具体内容参阅本章腿法以获启示。咏春中常见八脚，撑、踹、蹬、凿、扫、钉、摊、挑。据年长的咏春拳师所述，咏春八脚不是来踢人的，在过去咏春祖先设计这八脚是可以踢断敌人腿脚的，所以这八脚咏春者不可乱用。传说咏春师祖五梅师太与严咏春都是女流之辈，她们深知要破其他门派必须快、准、狠，于是看破基本脚法之道，创下有劲且短距离的脚法。因这种脚法运用时动作幅度不大，利于快速动作，当对手察觉时已太迟。所以咏春脚法被称为防不胜防的"无影脚"（过去又称裙底脚）。

第一节　前撑腿

前撑腿，又称为前撑脚、前踢等名称。前撑腿，是咏春拳搏击术中基本的踢法之一。

如果在问手式应敌姿势的情况下，前撑腿可分为前、后脚动作，为直线型向前发脚蹬踢的踢法技术。

一、二字拑阳马前撑腿

（一）动作

1. 二字拑阳马：先摆好正身二字拑阳马式（图7-1）。

2. 左前撑腿：然后，身体适度放松，左脚勾脚尖屈膝向上抬起，右脚微屈支撑，同时以左脚脚跟领先由屈到伸沿直线向中线前撑踹（蹬踹）击出，呼气发力，劲力达脚跟或脚底掌，眼视前方，两手握拳保持不变。动作完成后，迅速恢复二字拑阳马式（图7-2~图7-7）。

图7-1

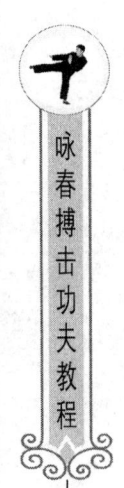

图 7-2 　　　　　　　图 7-3 　　　　　　　图 7-4

图 7-5 　　　　　　　图 7-6 　　　　　　　图 7-7

3. 右前撑腿：接着，身体适度放松，右脚勾脚尖屈膝向上抬起，左脚微屈支撑，同时以右脚脚跟领先由屈到伸沿直线向中线前撑踹（蹬踹）击出，呼气发力，劲力达脚跟或脚底掌，眼视前方，两手握拳保持不变。动作完成后，迅速恢复二字拑阳马式（图 7-8 ~ 图 7-14）。

从其他角度视正身二字拑阳马式前撑腿动作（图 7-15 ~ 图 7-19）。

图7-8

图7-9

图7-10

图7-11

图7-12

图7-13

图7-14

图7-15

图7-16

第七章　咏春踢法

图7-17　　　　　　图7-18　　　　　　图7-19

以上为正身二字拑阳马式左、右脚前撑腿动作。

（二）要领

保持正确的二字拑阳马式；准备踢击之前，身体肌肉可适度放松；保持随时的警觉之心；屈膝上提，前撑踢时要连贯协调。踢时，上体可配合起腿的髋向前送，身体稍侧偏，以大腿摧小腿快速发力撑踹而出；动作时，上体可适当后仰稍含胸；收下颌，双手保持拑阳马姿势；发左腿撑踢时，右腿稳固身体平衡，反之亦然；动作要快击、快收；充分利用腹部和膝关节的弹性蹬踢动作；保持自身中线适当稳定；精神与技法要融合为一。

（三）说明

前撑腿于左右脚均可运用。这种基本的踢法动作精简、实用。

以拑阳马式进行前撑腿动作，也是最基本的练习，使练习者掌握正确的基本桩马出脚、收脚的踢法动作技巧。

踢法练习时，应保持警觉之心，身体肌肉适度放松，以利踢击的速度和动作的机动、灵活。

基本踢法练习，必须培养正确的桩马姿势，养成密切注视对手的习惯。初学踢法，应由慢到快进行练习，力求先掌握正确的踢法技术，然后再追求踢法的连贯、流畅、速度等。

多数人在不了解咏春拳时，可能会误认为咏春拳是擅手法而不擅踢法（腿法），这是人们对咏春拳的误解。其实咏春拳在搏击中无论进退，都是坐后马的，换言之就是将重心放在后腿，所以在任何时间都能将前腿或后腿随时准备出击。

或者说咏春的腿法，多是很少人可以练得好，而并非咏春不善（擅）腿击。一个人在搏击中，双脚主要用来维持重心，并配合身体进退。尤其是在近距离搏击中，双手可以不断防守及攻击，双脚却只能做适应的袭击，一般都认为用手的机会较多。所以先尽量练手的反应，双脚多用来配合双手的攻退。

当中我们亦可以看到一般练武的人，他们的要求及恒心是有所不同的。一些人认为练到稍可应付普通情形就心满意足，或打过一架得到甜头，所以在未练腿法之前就中断的练习者较多；能够一口气练上一两年以上的，实在为数很少，所以咏春拳便被人误解为没有脚的错觉。而且在比赛中咏春的腿法亦是切切实实的不适合。

真正的咏春脚法是并不提脚，乃从地面直接踢上，它是走三角形的斜边，无论如何总比其余两边的和为短。而它的反作用力由地面承担，所以出击的力度应比较强。从这样计算无论如何总是划算很多，因为它行的路线由下而上，第一站先经敌方的肾囊，在克敌制胜的要求下，从最高要求着眼；但在比赛规则下，它是会被判离场甚至承担法律后果，所以一般拳手为了适应比赛规则，往往将咏春脚法的线路改变，甚至违反了咏春的拳理。

中线正身脚，即前撑腿，是咏春练桩的脚法之一，通常都称之为中线正身脚。一般都是在近距离与敌人正面接触的时候施展的。例如，搏击中与敌人拳来脚往的时候，乘机施以腿法袭击其下阴或腹部。

败形脚，又称为斜踩腿，是在我方出腿时，敌人十分狡猾，并不消挡我的来脚（若以手消来脚的话，我却能空出双手攻敌），只拖带使我失去重心，则我的脚亦不能发挥，同时败形，侧面破绽大露。在这种情形下我只能将被拖带的手变为膀手，将拖引的力度化解，同一时间将已出的腿变为斜向下照着敌人的足胫或背部削去，全部动作皆在同一时间完成。这种脚法当然是要经过长时期的反应练习方可掌握。

侧撑腿，是咏春的侧身踢腿。假如敌人的横扫腿法向我腰腹以上攻来，或来势甚劲，而我又想同时攻敌，自然不思后退；所以我上手施以膀手及摊手，整个动作称之为"滚手"。因为滚手的形状，将手及肩臂做成一个圆形，而圆形是可承担较大的力度及较容易将来力卸减；于同时发腿攻击敌方站立的脚。因为消打都是一个动作，敌人难以知道，也实在不容易化解；况且他全身的重量集中在站立的脚上，在这个时间受袭，伤害往往会较重。因此，在咏春拳搏击术中，侧撑腿法多是配合护手或膀手动作运用的。

（四）作用

前撑踢，主要攻击目标为面部、下颌、心窝、腹肋部，甚至可以蹬踢裆、膝部位。

二、侧身马前撑腿

（一）动作

1. 侧身马：先摆好侧身马，或由正身二字拑阳马式转身为侧身马（图7-20）。

2. 左前撑腿：然后，身体适度放松，直接以左脚勾脚尖屈膝向上抬起，右脚微屈支撑，同时以左脚脚跟领先由屈到伸沿直线向中线前蹬踹击出，呼气发力，劲力达脚跟或脚底掌，眼视前方，两手握拳保持不变。动作完成后，迅速恢复二字拑阳马式（图7-21～图7-25）。

图7-20

图 7-21　　　　　　　　　　图 7-22

图 7-23　　　　　图 7-24　　　　图 7-25

3. 右前撑腿：接着做右脚动作，身体适度放松，右脚勾脚尖屈膝向上抬起，左脚微屈支撑，同时以右脚脚跟领先由屈到伸沿直线向中线前蹬踹击出，呼气发力，劲力达脚跟或脚底掌，眼视前方，两手握拳保持不变。动作完成后，迅速恢复二字拑阳马式（图7-26~图7-31）。

图 7-26

图 7-27　　　　　　　　　图 7-28

图 7-29　　　　　图 7-30　　　　　图 7-31

以上为侧身马式左、右脚前撑腿动作。

（二）要领

保持正确的侧身马式；其他动作要领均与前面的正身二字拑阳马式前撑腿动作要领基本相同，唯由侧身马动作，并分为前、后脚前撑腿动作。

（三）说明

前撑腿，在侧身马踢击时可分为前、后动作。它同样是锻炼基本的侧身马实施出脚、收脚的踢法动作技巧。

无论是采取何种形式的桩马进行踢法的练习，均要求动作时应保持警觉之心，身体肌肉适度放松，以利踢击的速度和动作的机动、灵活。

侧身马基本踢法练习，必须培养正确的桩马姿势，养成密切注视对手的习惯。

（四）作用

前撑踢，无论由何种形式的桩马或应敌姿势出击，主要攻击目标为面部、下颌、心窝、腹肋部，甚至可以蹬踢裆、膝部位。

三、问手前撑腿

（一）动作

1. 问手：先摆好正身问手式（图7-32）。

2. 左前撑腿：然后，身体适度放松，左脚勾脚尖屈膝向上抬起，右脚微屈支撑，同时以左脚脚跟领先由屈到伸沿直线向中线前蹬踹击出，呼气发力，劲力达脚跟或脚底掌，眼视前方，两手保持问手式防护不变。动作完成后，迅速恢复问手式（图7-33～图7-37）。

3. 右前撑腿：接着，身体适度放松，右脚勾脚尖屈膝向上抬起，左脚微屈支撑，同时以右脚脚跟领先由屈到伸沿直线向中线前蹬踹击出，呼气发力，劲力达脚跟或脚底掌，眼视前方，两手保持问手式防护不变。动作完成后，迅速恢复问手式（图7-38～图7-43）。

图7-32

图7-33

图7-34

图 7-35

图 7-36

图 7-37

图 7-38

图 7-39

图 7-40

图 7-41

图 7-42

图 7-43

以上为正身问手前撑腿，侧身问手前撑腿与正身问手前撑腿动作基本相同，唯以侧身问手动作（图7-44~图7-49）。右脚与左脚动作基本相同，唯用右脚做前撑腿。

图7-44　　　　　图7-45　　　　　图7-46

图7-47　　　　　图7-48　　　　　图7-49

以上为正身、侧身问手前撑腿动作。

（二）要领

保持正确的问手姿势；准备踢击之前，身体肌肉可适度放松；保持随时的警觉之心；直接由问手式正身或侧身实施踢击动作；其他动作要领细节均与前面的二字拑阳马式前撑腿相同。

（三）说明

以问手正身或侧身姿势进行前撑腿动作，都可作为最基本的练习，使练习者掌握正确的基本桩马出脚、收脚的踢法动作技巧。

前撑腿是正面直线踢击法，这种踢法能充分运用身体之力发力攻击，在保持自身中线不受太大破坏的情况下，其踢击动作直接、快速、凶猛、渗透性强，不易防护。

前撑踢腿运用时，可以向上、中、下路三段进行攻击，但主要以中路攻击最强，且易用。正确的前撑腿踢击能冲破对手中路的防御，给予其强力的打击。因此，它是咏春拳搏击术中常用的基本踢法。

前撑腿用于主动进攻时，可以与其他技法自如配合，也可为其他攻击创造时机。

在防守阻截时，可利用腿长力直的优势，不仅可以阻截对手的强攻，亦可削弱对手的战斗力，并伺机反击，争取主动。

前撑腿技术掌握熟练，可使这种踢法成为一种既可攻又可守的技术。特别是擅用右脚在前的拳手，可使右脚成为主要的踢击武器。

前脚撑踢主要用于抢攻、阻截、追击场合，或者作为试探、骚扰、破坏对方阵脚的战术武器使用。

后脚撑踢主要用于渗透性攻击，可在其他技法的配合下或时机恰当情况时实施重踢攻击。

（四）作用

无论何种形式的前撑踢，其攻击目标均基本相同。

四、进马日字冲拳腿配合前撑腿

（一）动作

1. 正身问手：先摆好正身问手式（图7-50）。
2. 右日字冲拳和右撑腿：将身体重心移于左腿支撑，同时打出右日字冲拳并踢出右前撑腿，左手保持防护（图7-51、图7-52）。

图7-50　　　　　　　图7-51　　　　　　　图7-52

3. 左日字冲拳：当右拳及右腿脚同时踢打出后，并不收腿，而将右腿原地踏下；右肘同时稍下沉以备左日字冲拳出击（图7-53）。

4. 进马右日字冲拳：当左拳打出后，前脚进马踏步，在右脚落地将整个身体拖前时，同时发出右拳（图7-54～图7-57）。

如此可重复进行练习，并左、右腿交换进行前撑踢配合日字冲拳动作练习。

图7-53　　　　　　　图7-54　　　　　　　图7-55

图 7–56　　　　　　　　图 7–57

（二）要领

按照日字冲拳、前撑腿要领实施拳腿配合动作；注意右拳、右腿是同时出击的，换左拳、左腿则亦然；前撑腿动作不需太高，以直线前撑踹出即可；进马、冲拳上下要协调一致；精神与技法要融合为一。

（三）说明

前撑腿与日字冲拳配合练习，可更好地使手、脚得到配合锻炼，以培养上下肢与身法的协调能力。

日字冲拳与前撑腿，是运用两个或两个以上的动作，练习连续攻击对方的能力。连击动作，既可以单招连续进攻，又可以多招连环击打。由于技术动作的繁多，所以连击方法千变万化，但组合不是盲目的，要根据动作转换的合理性和实战中运用的可行性、时效性来组合搭配才能达到连击重创的目的。在运用时要注意真假结合，虚实相接，使对手处于上下左右多点受击之中，防不胜防。另外，要注意动作之间的衔接。一般来说，第一级的结构是第二级的最佳发力点击姿势。

原地进行拳腿配合练习。采用原地练习法重点体会要领，不断揣摩动作的线路、顺序、力点和身体姿势。练习时要自然放松，不要求快速、过度用力，复杂动作可分解练习，由慢到快，逐渐掌握动作的正确方法，不断提高动作质量。

综合走马步法练习。经过原地练习，基本上掌握了动作规范后要根据实战的需要结合相应的步法练习，提高攻击距离，以及防守机动性，使技术与实战紧密联系，使技术动作逐步达到协调准确，并为攻守对抗情况下利用技术打好基础。

假设性练习。通过假设想象对手的攻防动作或所处状态而进行相应的进攻或防守反击的打法。做假想性徒手练习，可形成一种身临其境面对敌手的实战状态，并能提高反应能力、动作速度，培养战斗意志，掌握各种战斗的具体打法。

打靶练习。打固定靶练习：是一种利用胸靶、手脚靶、沙包等辅助性器材作为击打目标的练习，是改进技术动作和提高动作速度、力量的重要手段。要求动作准确快速、用力充分地打向目标。打活动靶练习：是由教练或同伴手持小靶不断变换角度位置和方向，要求练习者反应迅速灵活，运用多种技术进行击打的一种练习方法。通过练习可以有效地提高练习者进攻和防守反击的动作质量，提高攻击性速度、准确性距离感，以及反应能力、应变能力。通过重复练习，建立稳定条件反射动作，逐渐达到自动化。

攻防练习。条件攻防是规定一方用拳法攻击，另一方防守或用腿法攻击，或另一方使用接腿摔等规定性的攻防练习。这种练习针对性强，能有效地训练和提高练习者的某些能力及运用某些方法的能力。任意攻防如规定力度、速度或与大级别运动员进行比赛，用于提高技法的实战能力，培养在困难条件下技术运用能力以及敢斗敢拼搏的良好品质，能有效地提高练习者的技术水平，增强体能，并磨炼斗志，同时是总结积累实战经验的有效措施。通过学习可以掌握咏春拳搏击术基本原理和技术方法，并通过科学训练可具备一定的咏春拳搏击术基础，还可强身健体，陶冶武德。

（四）作用

拳腿配合可更好地发挥咏春拳整体搏击效果，以手脚的攻守动作打击对手上、中、下三路不同的身体部位为目标。

五、进马前撑腿

(一) 动作

1. 问手式:先摆好左手在前、右手在后的问手式(图7-58)。

2. 进马左前撑腿:然后,左脚滑向前方成进马,同时拖带右脚和身体向前,以左脚跟或脚底为力点随势同时向中线前撑蹬踢出;右腿支撑稳定身体重心。动作完成后,迅速前落左脚,恢复开始的问手式(图7-59~图7-63)。

3. 进马右前撑腿:接着,左脚滑向前方成进马,同时拖带右脚和身体向前,以右脚跟或脚底为力点随势同时向中线前撑蹬踢出;左腿支撑稳定身体重心。动作完成后,迅速收回右脚,恢复开始的问手式(图7-64~图7-70)。

图7-58

图7-59

图7-60

图7-61

图 7 – 62　　　　　　图 7 – 63　　　　　　图 7 – 64

图 7 – 65　　　　　　图 7 – 66　　　　　　图 7 – 67

图 7 – 68　　　　　　图 7 – 69　　　　　　图 7 – 70

第七章　咏春踢法

以上为进马左、右脚前撑腿动作。

（二）要领

保持正确问手式准备随时进马动作；进马时，注意进马与撑腿要同时动作，在进马中，前脚随进马同时向前撑踢而出，如果是后腿动作，则是在进马同时前腿将后腿及整个身体拖前时，即刻将后脚向前撑踢出；出左脚或右脚撑踢时均要与进马上下协调同时动作；前撑腿与其他进马技法动作相同，均要求整个动作在放松、专注的情况下完成；精神与技法要融合为一。

（三）说明

进马前撑腿，是走马步法与撑腿踢法结合的动作，和其他走马配合技法动作相同，均是为了锻炼走马移动踢击的能力。和其他技法相同的是，进马时可以在各固定的拑阳马、侧身马、问手式等应敌姿势的基础上，进行移动撑腿踢动作的技术。因此，要锻炼在不同的应敌姿势时随时起脚攻击或反击的能力，以使学练的踢法得到善用。

进马踢击的动作，实际上和所有的进马配合技法动作均相似，在向前进马时与出击的腿脚动作要上下协调，才能使出脚踢击的快速、力量加上整体身体向前进马冲的力量，促使踢法产生极大的爆发力和破坏力。

（四）作用

进马前撑腿，除了具有以前撑腿击打目标的作用，还可以步法配合对对手实施打击，锻炼移动中出脚攻击的能力。

六、前撑腿训练

（一）空击

掌握了前撑腿动作技术即可进行徒手空踢练习。
练习前必须保持正确的桩式。

身体适度轻松地动作。

初学时应由慢到快进行练习，力求先掌握正确的前撑腿技术。

做踢击动作时，提膝与踢脚要连贯、协调、流畅，动作切不可脱节完成。

练习时，先是要明确踢击动作路线、动作步骤、着力部位。

体会出脚、收脚要领及平衡保持与破坏要领。

注意支撑脚的屈膝程度与膝盖方向。

合理利用腹部和膝关节的弹性。

动作要快速弹性踢出、快速收回。

精神与技法要协调一致。

徒手空踢练习时间以 2～3 分钟为一组或 10～15 次为一组。

练习时需左右姿势交替进行。

然后，试将步法移动结合前撑腿练习，练习 3～5 分钟为一组。

在结合步法练习后，再将手法结合练习，练习 3～5 分钟为一组。

再将步法、手法、肘法、膝法与前撑腿融合练习，练习 3～5 分钟为一组。

还可用默想配合前撑腿练习。

（二）沙袋

选择重型或轻型沙袋均可进行前撑腿踢击练习。

练习踢击沙袋时，要左右姿势交替进行。

掌握好前撑腿空击技术后即可进行踢击沙袋练习。练习前做好准备活动，腿脚各关节韧带部位预先活动开，以防发生运动损伤事故。

一般以重型沙袋为例，可以分为两种踢击方法，这也是所有踢法训练中所必不可少的训练方法：

1. 固定式踢击沙袋法

可以让教练或同伴扶住沙袋，练习者发腿准确地踢击。此为初级阶段，在此阶段的踢法踢击沙袋练习中，练习者要体会出脚发力、动作的整体性、距离的掌握等；训练的初期会出现踢击思路不清晰，发力错误，距

离掌握不准,踢击位置出现偏差等现象,在此阶段常易被反作用力顶到,踢击处产生疼痛等。如果发力不正确,容易产生踢击弊病或踢击无力,可调整步伐进行踢击,直到能体会到合适的距离感,可以全身整体用力,让扶沙袋者能感觉有穿透力、沙袋震荡等,能完成具有明显功力的踢打时,则上升为踢击活动沙袋练习。

2. 活动式踢击沙袋法

活动沙袋比固定的难踢打些,因沙袋在晃动,可能一下踢中,一下击空,一下击偏差,使出全力却发不出威力。此时,应多练踢法空击,掌握踢法动作要领,体会踢法与步法的配合,进行前进马步踢击、退马踢击、迎击踢击、连续踢击等多种练习,踢得丰富多变,方可悟出踢击沙袋的妙处。练习中,应在运动中踢击,不必每一次都是重踢,运用30%~50%的劲力就可以了,主要看踢击沙袋的一瞬间能否将这30%~50%的力完全渗透进沙袋,要学会掌握踢击发力的瞬间。

3. 单击与组合踢击

进行踢法重复的单击练习,可以牢固地掌握一拳一脚的技术和发力,此也是击打沙袋初级阶段必须予以重视的。练习者不要一开始就乱踢一气,而是要一下一下地踢打,一拳就是一拳,一脚就是一脚,前蹬腿就是前蹬腿,刺踢腿就是刺踢腿,看自己是否能踢出整体威力,而不是身体某个部位的单力。

进行组合踢法踢打,可先踢一两下,逐步过渡到多次踢打,在踢打中,要有轻重缓急移步的变化。特别是手脚连击密度,不宜形成手是手、脚是脚,而是要连环踢击,手收脚出,脚收手出,紧密连贯,如行云流水般一气呵成。

踢打沙袋时,要将沙袋视作一个有反击能力的对手,而不仅仅是一个被动挨打的物体。无论是在固定还是活动中踢击沙袋都要注意出脚的距离、时机、角度等感觉。

正确的踢打沙袋练习,可以改进技术,协调动作,增加踢击的力量、速度和准确性,保持身体平衡,控制踢击距离,及训练步法移动技巧等。

如果练习者技术熟练,可以根据自身情况来设定其他方式的练习提高踢法技术。

一般练习2~3分钟为一组。

（三）纸靶

用左、右脚前撑腿技术踢击纸靶，由桩式准备进行踢击练习。

练习时，可由静止中或移动中进行踢击，随时间延长，应将其他技法与战术混合进行训练。

踢法踢击纸靶练习，可充分训练踢法动作的连贯、流畅，以及利用腹部动作等细节。

踢击纸靶也可以提高踢法的弹性踢出和快速收回。

和其他方法练习一样，练习时应由慢到快进行，体会踢击的各个细节。

练习时间可自行决定。

（四）脚靶

脚靶是练习踢法的最佳辅助方法之一。练习时可由教练或同伴配合进行。

练习时，靶面是踢击目标，练习的双方要认真配合。

前撑腿踢靶练习，同样可以按照原地踢靶、移动踢靶和条件踢靶的方式进行。

踢靶练习可提高前蹬腿踢法出击的准确性和机动性及敏捷性和力量性。

练习时间可自行决定。

（五）棉花包

踢法的训练可以采用踢击棉花包的练习方式，来提高踢法技术。采用棉花包的重量应在30公斤以上。

用踢法练习踢击棉花包时，脚踢在棉花包上是一种软绵绵的感觉，即使练习者用尽全力去踢打，也同样大大减弱了脚踢的力量，使其产生了似

乎无能为力的感觉。因此，练习者如果想踢击棉花包，就要动脑筋考虑用哪种会有纵深力和渗透力的攻击方法才有收效。有力的踢击会给身体形成一种很强的反弹力，对身体增强实战承受力很有益处，而且始终快速地击打，可以有效地提高脚踢的机动性和灵活性。

训练踢打常常难以知道击打在人体身上的真正感觉，这因为人体的各部位肌肉、骨骼、关节不同，踢打时击打在柔软的肌肉上，或者击打在坚硬的骨头上，这些感觉都是不一样的。因此，选用踢打棉花包，比较容易让练习者有接近实战的感觉，可以较好地体验攻击距离和正确判断，以及用贯穿力进攻踢打的感觉。

用踢法练习踢击棉花包时，开始的练习阶段感觉非常别扭，但一定要在空击技术熟练的基础上，一脚一脚地踢打棉花包。踢击时注意力要集中，踢击动作姿势、动作路线和踢击力量要正确。

开始的阶段要慢慢地踢击棉花包，发现有错误时要立即纠正，同时在踢打过程中细细体会出脚踢击与腰髋等身体各部位的感觉。在踢打技术熟练后，可以加快出脚速度，左右发脚连续踢击棉花包。

踢击棉花包的练习，可以练习踢击的纵深性与摧毁力，并可以提高踢法的技术水平。踢击棉花包的练习丝毫不亚于与真实的对手搏斗，这也是提高技法水平的必要练习。

练习时间2~3分钟为一组。

（六）木人桩

利用木人桩练习前撑腿踢击技术，可以将木人桩视作一个真正的对手来进行搏斗，这种方式的练习可有助于实战能力的迅速提高。

以前撑腿踢法踢打木人桩时，必须由正确的桩式开始，先由慢到快进行踢打，力求用正确的踢法技术进行踢打练习。

练习者踢打技术熟练后，可试将其他技法结合踢法进行击打练习。

练习时间2~3分钟为一组，可连续练习3组。

（七）其他练习

练习者在掌握了多种踢法技巧后，可试将步法、手法、肘法、膝法技术融合踢法进行练习。或者进行各种形式的辅助练习，或进行实战练习。

练习时间 3～5 分钟为一组。

尽管练习者的咏春拳技术研究造诣颇深，但还需应用新观点去尝试研究各种新的方式，探索前人所没有走过的路。

七、前撑腿运用

（一）问手－前撑腿突击

1. 动作

甲方与乙方对峙时，乙方向甲方逼近。甲方以问手式保持防护，在乙方靠近同时，突然抢先发动攻击，左腿支撑，起右脚突然向前撑踹乙方腹部，迫使乙方遭到踢击（图 7-71～图 7-74）。

图 7-71

图 7-72

图7-73　　　　　　　　　图7-74

2. 说明

用前撑腿直接攻击，可采取"以攻为守"的战术实施突击。直接的踢击，要快速踢中目标，即可制止对手的攻势。

（二）日字冲拳-前撑腿

1. 动作

甲方迅速抢先发动攻势，向前进马同时发左日字冲拳直捣乙方面门，乙方做出反应，欲上抬右臂格挡。甲方以左脚稳定身势，同时突起右脚向前撑踹乙方腹部，使乙方遭到撑踢缩身后退（图7-75～图7-78）。

图7-75　　　　　　　　　图7-76

图 7-77　　　　　　　　　　　图 7-78

2. 说明

冲拳与前撑腿配合，为手腿配合形成的上下呼应打法，亦可形成虚实结合的打法，让对手防不胜防。

（三）侧撑腿－前撑腿

1. 动作

甲方与乙方迂回对峙时，乙方挥动右拳打向甲方上路。甲方迅速进马，上抬右手防护乙方右拳势，同时突起右脚侧撑踹乙方前伸的右腿膝部，乙方遭到踢击收拳欲调整姿势。甲方乘机前落右脚，转身起左脚向前撑踢乙方腹部（图 7-79~图 7-82）。

图 7-79　　　　　　　　　　　图 7-80

图 7 – 81

图 7 – 82

2. 说明

进马低侧撑腿与前撑腿配合形成了上下呼应连击的踢击打法。不同的踢法配合上下踢击，要随对手的动作而及时做出反应。

(四) 进马前撑腿

1. 动作

甲方与乙方交战中，乙方晃动双拳扑向甲方。甲方随即左脚进马带动右脚和身体前拖同时，上抬左臂成膀手消挡乙方右拳势，同时起左脚猛力向前撑踹乙方腹部，对乙方实施进马突击重踢（图 7 – 83 ~ 图 7 – 86）。

图 7 – 83

图 7 – 84

图7-85　　　　　　　　　　　　图7-86

2. 说明

进马发腿前撑踢，要注意对手的反应，并做出及时的消挡动作，为准确的撑踢创造时机。

第二节　侧撑腿

侧撑腿是咏春拳中威力较大、讲究速度与劲力结合的踢法。这种踢法往往在对手采取阻挡措施时也不能避免被踢中或受伤。

侧撑腿，如果以问手式动作时，可分为前、后脚动作，可从中、远距离施用。可根据不同的战况将侧踢腿变换为多种形式的侧踢法，诸如上路、中路、下路侧撑腿踢。

咏春拳搏击术中，侧撑腿和前撑腿是运用较多的踢法。

一、二字拑阳马低位侧撑腿

（一）动作

1. 二字拑阳马：先摆好正身二字拑阳马式（图7-87）。

2. 左低位侧撑腿：然后，身体适度放松，上体稍向右转，身体重心偏向右脚支撑，左腿屈膝上抬勾脚尖，小腿稍向外摆，膝盖朝向右侧，支撑腿稍屈膝，同时左脚由屈到伸向侧前下方侧撑踹踢出，脚高与膝平，呼气发力，劲力达脚跟或脚全掌，眼视前方。动作完成后，迅速原路收脚，恢复二字拑阳马式（图7-88~图7-91）。

图7-87 　　　　　图7-88 　　　　　图7-89

图7-90 　　　　　图7-91

3. 右低位侧撑腿：右脚低位侧撑踢腿动作与左脚低位侧撑踢腿动作方法相同，唯向左转身发右脚低位侧撑踢（图7-92~图7-96）。

4. 左中位侧撑腿：身体重心后移至右脚支撑，上体同时向右稍偏，左腿屈膝勾脚尖抬起小腿上摆，膝盖向右，上体随即顺势侧倾，紧接着右脚蹬地，展髋、挺膝，左脚由屈到伸向侧前方沿直线踹踢出，呼气发力，劲力达脚跟或脚全掌，眼视前方。动作完成后，迅速原路屈膝收回左腿，恢复二字拑阳马式（图7-97~图7-102）。

图 7-92　　　　　　图 7-93　　　　　　图 7-94

图 7-95　　　　　　　　　图 7-96

图 7-97　　　　　　图 7-98　　　　　　图 7-99

第七章　咏春踢法

图 7 – 100　　　　　图 7 – 101　　　　　图 7 – 102

5. 右中位侧撑腿：右脚侧撑踢腿动作与左脚侧撑踢腿动作方法相同，唯向左转身发右脚中位侧撑踢（图 7 – 103 ~ 图 7 – 108）。

图 7 – 103　　　　　图 7 – 104　　　　　图 7 – 105

图 7 – 106　　　　　图 7 – 107　　　　　图 7 – 108

6. 左高位侧撑腿：由二字拑阳马式起，其动作方法与中位侧撑踢腿相同，唯上体的侧倾角度稍大些，侧撑踢击的脚位置高与头部平齐（图7-109～图7-114）。

图7-109　　　　　图7-110　　　　　图7-111

图7-112　　　　　图7-113　　　　　图7-114

7. 右高位侧撑腿：右脚高位侧撑踢腿与左脚动作方法相同，唯身体向左转发右脚高位侧踢（图7-115～图7-120）。

图 7-115　　　　　图 7-116　　　　　图 7-117

图 7-118　　　　　图 7-119　　　　　图 7-120

以为正身二字拑阳马式左右脚低、中、高位侧撑腿动作。

(二) 要领

保持正确的正身二字拑阳马式和警觉之心以备动作；动作时上体稍向后侧倾；身体重心随即后移；屈膝降重心和侧撑踢要连贯协调；侧撑踢要充分利用展髋、挺膝和拧腰的力量；大腿摧小腿沿直线发力；侧撑踢动作完成收脚时，多以自然弹性回收；动作要快发快收，弹性连贯，具有鞭击爆发劲；双手随侧踢动作前后姿势保持不变；由不同的低、中、高位进行侧撑腿踢法，注意身势与出脚的角度变化；由正身二字拑阳马式开始并结束动作；精神与技法要融合为一。

（三）说明

由正身二字拑阳马式进行的低位、中位、高位侧撑腿练习，让练习者掌握基本的桩马实施踢击的技巧能力。

无论是何种形式的侧撑腿动作，在进行踢法练习之前，均应保持身体适度放松和警觉心，踢击与腰马要协调。

（四）作用

低位侧撑腿主要攻击膝关节前后或小腿胫骨或大腿部位。中位侧撑腿主要攻击腹肋或腰髋各部位。高位侧撑腿主要攻击头颈、下颌或心窝部位。

二、正身问手侧撑腿

（一）动作

1. 问手：先摆好正身问手式（图7-121）。

2. 侧撑腿：然后，身体适度放松，身体重心后移至左脚支撑，上体同时向左稍偏，右腿屈膝勾脚尖抬起小腿上摆，膝盖向右，上体随即顺势侧倾，紧接着左脚蹬地，展髋、挺膝，右脚由屈到伸向侧前方沿直线踹踢出，呼气发力，劲力达脚跟或脚全掌，两手随势保持防护，眼视前方。动作完成后，迅速原路屈膝收回右腿，恢复正身问手式（图7-122～图7-128）。

图7-121　　　　　图7-122　　　　　图7-123

图 7-124　　　　　　图 7-125　　　　　　图 7-126

图 7-127　　　　　　　　　图 7-128

以上为正身问手右侧撑腿，左侧撑腿与右式动作方法相同，唯以右脚动作。

（二）要领

由正身问手式起，除两手随势保持防护，其他动作要领均与前面的正身二字拑阳马式中位侧撑腿动作要领相同。

（三）说明

正身问手侧撑腿动作，是在正身二字拑阳马式的基础上，进一步进行侧撑腿配合不同的桩马攻守动作的基本练习。

正身问手，同样可以做不同高、低位的侧撑腿练习。

（四）作用

与前面的侧撑腿作用基本相同。

三、侧身问手侧撑腿

（一）动作

1. 侧身问手式：先摆好侧身问手式（图7－129）。

2. 左侧撑腿：然后，身体适度放松，身体重心后移至右脚支撑，上体同时向右稍偏，左腿屈膝勾脚尖抬起小腿上摆，膝盖向右，上体随即顺势侧倾，紧接着右脚蹬地，展髋、挺膝，左脚由屈到伸向侧前方沿直线蹬踢出，呼气发力，劲力达脚跟或脚全掌，两手随势成问手式保持防护，眼视前方。动作完成后，迅速原路屈膝收腿，恢复侧身问手式（图7－130～图7－134）。

3. 右侧撑腿：由侧身问手式起，其动作方法与左侧撑腿相同，唯身体左转起右脚动作（图7－135～图7－138）。

图7－129

图7－130

图7－131

图 7-132　　　　　　图 7-133　　　　　　图 7-134

图 7-135　　　　　　　　　图 7-136

图 7-137　　　　　　　　　图 7-138

以上为侧身问手左、右脚侧撑腿，同样可以按前面的方法做低、中、高位的侧撑腿动作。

除了这些站立动作，实际上在搏击中运用时，应注意可以将这些侧撑腿踢法在地躺时使用。

（二）要领

侧身问手侧撑腿动作要领，除了以问手式有所变化，其他具体细节均与前面的各式侧撑腿动作基本相同。

（三）说明

侧撑腿是咏春拳中踢击威力最大的踢法，这种踢法是速度与劲力的结合，可以在中等距离或较远的距离配合走马冲过去实施踢击，同时利用冲击的惯性更可使踢击具有攻击力。

咏春拳实际上可将侧踢法分为低、中、高三路，当然高路多是水平高的练习者使用，同时兼有地躺侧撑踢法。侧撑腿也是咏春拳直线攻击踢法的代表技法。其技术结构简捷实用，从侧身马式可直接快速隐蔽出招，并有良好的自护性，易发易收，且便于与各种招法连接。因此，侧撑腿法是咏春拳搏击中运用率较高的踢法，其攻击距离最远，攻击力强劲，在实际施用时，其可攻可守，运用广泛。

在中、远距离时运用侧撑腿踢效果更佳。有时，也可以根据战况配合走马步法，从任意位置、角度、距离发招，且具有更强的冲劲，使对手难以阻挡攻击。

侧撑腿运用熟练，前、后（左、右）两脚均可发脚踢击，但在搏击中以擅右脚者在前使用最多，实效最佳，甚至可以从最短的距离直接攻击最近的目标。踢法高超者，亦可轻松地组织步法，使踢技变化无穷。如果是使用后脚侧踢，要注意转身用脚的时机和自我防护。因此，右脚在后时，要善用侧撑踢。

咏春拳在用于搏击时，最有效的侧撑踢是先于对手的侧踢。侧撑踢法除在用作攻击外，还可以当作防守的手段使用。例如，遭遇向前猛冲的对手时，可用准确、快速的低位侧撑踢法，能立即制止对手的动作实施。而在这一瞬间，低位侧踢为搏击者战胜对手，也创造了有利条件。

侧撑踢除较多用于截击外，还可用于突然袭击和渗透性攻击中。渗透性攻击是指区别于威胁性攻击，其主要目的是击倒或击伤对方。

侧撑踢与其他技法一样，在进行踢法之前均应保持警觉之心和身体适度放松。在侧踢发力研究中，主要的问题是如何能将人体肌肉功能最大限度地发挥。训练实践证明，身体适度放松有助于增加攻击劲力。

侧撑踢的威猛劲力主要是准确利用髋部。咏春拳也是强调腰髋配合动作，在各种踢法中均由腰髋相助，方能发挥强大的踢击威力。

侧撑踢威力的发挥需要快速与协调。快速与协调决定着侧踢的劲力，而这需要大量的练习来培养神经与肌肉的高度协调，如此方能使动作自然、优雅、流畅。踢法的快速来自纯熟的技术动作。提膝侧踢要一气呵成，切忌动作脱节，如稍有停顿，则已无任何效果而言。

（四）作用

低位侧踢腿主要攻击膝关节前后或小腿胫骨或大腿部位。中位侧踢腿主要攻击腹肋或腰髋各部位。高位侧踢腿主要攻击头颈、下颌或心窝部位。地躺侧踢腿主要攻击膝胫、裆部或中盘的腹肋部位。

四、进马侧撑腿

（一）动作

1. 问手：先摆好问手式（图7-139）。

2. 进马侧撑腿：接着，左脚滑向前方成进马，同时拖带右脚和身体向前，左脚提膝，同时随势向中线前侧撑踢出，右脚稳定身体重心，两手保持防护。动作完成后，迅速原路收回左脚，恢复开始的问手式（图7-140～图7-144）。

图 7-139　　　　　图 7-140　　　　　图 7-141

图 7-142　　　　　图 7-143　　　　　图 7-144

以上为进马左脚侧撑腿动作，进马右脚侧撑腿动作与左脚方法相同，唯改右脚动作。

(二) 要领

保持正确问手式准备随时进马动作；进马时，注意进马与侧撑腿要同时动作，在进马中前腿将后腿及整个身体拖前时，即刻同时将出击的脚向前撑踢出；出左脚或右脚撑踢时均要与进马上下协调，同时动作；与其他进马配合技术动作相同，整个动作均在放松、专注的情况下完成；精神与技法要融合为一。

（三）说明

进马侧撑腿，是走马步法与侧撑腿法结合的动作，锻炼走马移动出脚的能力。同样，进马配合侧撑腿练习，对于移动中踢法练习均有重要的作用。进马，是在各固定的拑阳马、侧身马、问手式等应敌姿势的基础上，进行移动撑踢动作的技术。因此，要锻炼在不同的应敌姿势时随时出脚攻击或反击的能力。

（四）作用

进马侧撑腿，除了具有以侧撑腿法击打目标的作用，还可以走马步法配合踢法破坏对方的防护，或实施重踢。

五、侧撑腿训练

（一）空击

侧撑腿徒手空击练习，主要是用来学习和改进侧撑腿基本技术。例如，侧撑踢的正确姿势、踢击力量以及快速、准确性。

空踢练习中，要注意观察自身的动作是否平衡协调，发力是否勇猛正确。踢法的动作方向、路线轨迹是否清晰准确，完成动作是否快捷迅速。要边观察边改进，每一次的踢法都要讲究质量。

侧撑踢收脚时，要自然弹性地回收。在动作时，身体各部位要协调一致。

练习要量力而行，循序渐进，不可急于求成。

练习时要左右姿势交替进行。

练习时间2~3分钟为一组。

（二）左右侧撑踢腿练习

平行站立，身体重心移至左脚，身体向左倾斜，向右快速做侧撑踢，然后再变换方向后用左脚进行侧踢，如此反复进行，动作愈快愈佳。

左右侧撑踢腿练习，是培养练习者侧撑踢动作的自然、优雅、流畅。这种方式的练习还可以提高练习者踢击时身体各部位的协调配合。快速的踢法动作来自纯熟的技术动作，因此，进行重复的练习是必要的。

开始练习时，可能会觉得别扭，难以掌握住身体的平衡，但要每天坚持练习，直到做到流畅和能够保持身体平衡为止。此也称为"速射"练习。

练习时间 2~3 分钟为一组或 10~15 次为一组。

（三）纸靶

将纸靶悬吊于不同位置，用低位、中位、高位侧撑踢法进行踢击练习。

开始练习阶段，以掌握正确的踢法技术为首要，练习由慢到快进行。在踢法技术熟练，动作连贯、流畅时，可在踢击时将纸靶有踢得粉碎的意念融入踢法练习中。

练习中，注意出脚踢击的时机、距离、角度与着力部位。

练习时左右姿势交替进行。

练习 10~15 次为一组。

（四）沙袋

选择重量约为 15~40 公斤或 85 公斤的沙袋，用各种侧撑踢腿技术进行踢击练习。

踢击沙袋时，注意力要集中，注意踢法动作姿势、动作路线和踢击力量的正确性。开始练习阶段要慢慢踢，发现有错误要立即纠正。踢击沙袋过程中注意体会各部位协调配合的细节。

踢击沙袋技术连贯、流畅时，可用固定式踢击沙袋法和活动式踢击沙袋法的方式加强踢法的练习，具体的练法可参见上一节前撑腿踢击沙袋法来安排训练。

然后，在此基础上试将步法结合侧撑踢腿练习，练习 3~5 分钟为一组。

结合步法练习后,再将手法结合练习,练习3~5分钟为一组。

再将步法、手法、肘法、膝法与侧踢腿踢法融合练习,练习3~5分钟为一组。

也可用默想配合侧踢腿练习。

(五)脚靶

在教练或同伴配合下,用各种侧撑踢腿技术进行踢脚靶练习。

具体的练习方法可以用原地踢靶、移动踢靶和条件踢靶的方式进行,练习方式可以参见前撑腿一节练习内容来设定。

踢靶练习,可以提高侧撑踢腿技术出击的准确性、机动性、敏捷性和力量性,同时也可以培养练习者的距离目测能力和时机把握能力等。

或者也可以采取踢击轻型盾练习,提高侧撑踢腿攻击的渗透劲力。

练习10~15次为一组,左右姿势交替进行。

(六)木人桩

通过踢击木人桩,可以进行侧撑踢腿技术进攻和截击的练习。

练习时,先以正确的踢法技术进行踢击或截击。主要研究从不同距离、不同时机、不同角度进行出脚踢击或截击的练习。

以踢法踢击或截击木人桩练习熟练后,可将其他技法配合踢法进行训练,例如结合手法、肘法或膝法等。

踢打木人桩的练习,要避免伤害事故的出现,边练习边研究,以便能在实践中融会贯通,并提高技法的实战运用能力。

练习时间可根据自身情况决定。

(七)辅助练习

掌握了多种踢法技巧后,要善于将各种练习方法融会贯通,同时结合一些体能上的辅助练习,来尽快提高自己的技术水平。具体的练习方法可以参见体能训练一节内容来安排。

练习者在训练中要克制自己,去认真、细心地对待训练,以收到较好的训练效果。

六、侧撑腿运用

（一）问手－侧撑腿

1. 动作

甲方与乙方对峙时，甲方以问手式保持防护，乙方抢先挥动拳头向甲方发动攻势。甲方在乙方向前靠近同时，退马起右脚突然侧撑踹乙方腹部，迫使乙方遭到踢击收式（图7－145～图7－148）。

图7－145

图7－146

图7－147

图7－148

2. 说明

侧撑腿攻击，可以由应敌姿势直接抓住时机攻击，也可以随对手攻势退马直接攻击或反攻对手。

（二）侧撑腿低位阻击

1. 动作

甲方欲向乙方靠近，乙方抢先发动攻势，发左拳直攻甲方上路。甲方及时用左手摊挡乙方左拳；未等乙方收拳，甲方以左脚支撑，突起右脚侧撑踢乙方前伸的左腿膝部，阻截乙方进攻（图7-149~图7-152）。

图7-149

图7-150

图7-151

图7-152

2. 说明

低位的侧撑腿阻截攻击，踢击的动作要准确、快速，并要毫无预动地隐蔽动作及做好随时的防守动作。

(三) 日字冲拳 – 侧撑腿

1. 动作

甲方在移动中，进马同时发右冲拳突然直击乙方面门，乙方欲上抬双臂阻挡。甲方随即左脚踏地稳定身势，收右拳，同时起右脚猛力侧撑踹乙方中路，迫使乙方遭到重踢（图7-153~图7-156）。

图 7 – 153　　　　　　　　　　图 7 – 154

图 7 – 155　　　　　　　　　　图 7 – 156

2. 说明

手腿配合，可迫使对手做出上路反应时，对其空当实施突然的踢击。

(四) 问手－侧撑腿－上顶膝

1. 动作

甲方以问手与乙方对峙时，甲方晃动前手迫使乙方做出反应。乙方起左腿横扫甲方上路，甲方迅速上抬右臂成膀手防护乙方腿攻，同时进马，左腿屈膝支撑，起右脚侧撑踢乙方支撑腿膝部。乙方遭到攻击落脚，欲起右腿脚攻击。甲方随势跟进，挺身起右膝上顶乙方右大腿部，迫使乙方落脚收式（图7－157～图7－160）。

图 7－157

图 7－158

图 7－159

图 7－160

2. 说明

腿与膝法配合，要注意对手随时的攻守动作反应，及时对对手实施攻击或消解，破坏对手的动作。

（五）侧撑腿破踢

1. 动作

甲方与乙方交战中，甲方严密注视乙方动作，乙方起右脚踢击甲方中路，甲方迅速侧身闪避开乙方腿脚，同时突起左脚侧撑踢乙方支撑腿膝部，迫使乙方收式（图7-161~图7-164）。

图7-161　　　　　　　　　图7-162

图7-163　　　　　　　　　图7-164

2. 说明

侧撑腿破坏对手踢法，动作要准确、快速，在对手动作瞬间力尽同时给予破坏性踢击。

（六）问手－冲拳－前撑腿－侧撑腿

1. 动作

甲方与乙方对峙时，甲方以问手式防护，同时突发前手冲拳直击乙方面门，乙方上抬手臂防护。甲方乘机进马，起右脚以前撑腿踹击乙方腹部，乙方遭到踢击缩腹。甲方动作不停，紧接着稍转身，右脚成侧撑腿侧踹乙方胸腹部（图7－165～图7－168）。

图 7－165

图 7－166

图 7－167

图 7－168

2. 说明

手法与踢法配合连击，动作要快速、连贯，上下呼应，整体攻守。

第三节　十字腿

十字腿，即起脚横向水平向前蹬踹的踢击动作。这种踢法，踢击的脚由于是脚尖朝外横向的，与支撑腿形成十字形而被称为十字腿法。

十字腿，是咏春拳最基本的踢击技法。十字腿技术和前撑腿技术一样精简、实用。十字腿，多用于攻击中路腰肋或心腹部。

十字腿在具体运用时，其可分为前、后脚两种技术。

一、二字拑阳马十字腿

（一）动作

1. 二字拑阳马：先摆好正身二字拑阳马式（图7-169）。

2. 左十字腿：然后，身体适度放松，身体重心偏向右脚支撑，左脚原地屈膝上提，脚尖朝外，脚成横向，身体借提膝的猝然动作将左脚向中线前撑踹出，两手随势协调配合动作，呼气发力，劲力达脚底或脚全掌，眼视前方。动作完成迅速收脚，恢复正身二字拑阳马式（图7-170～图7-173）。

图7-169

图7-170

图 7 – 171　　　　　　　图 7 – 172　　　　　　　图 7 – 173

3. 右十字腿：接着，身体适度放松，身体重心偏向左脚支撑，右脚原地屈膝上提，脚尖朝外，脚成横向，身体借提膝的猝然动作将右脚向中线前撑踹出，两手随势协调配合动作，呼气发力，劲力达脚底或脚全掌，眼视前方。动作完成迅速收脚，恢复正身二字拑阳马式（图 7 – 174 ~ 图 7 – 178）。

图 7 – 174　　　　　　　图 7 –175　　　　　　　图 7 – 176

图 7 – 177　　　　　　　　图 7 – 178

（二）要领

准备动作时保持正确的拑阳马桩式和警觉之心；身体可适度地放松以备踢击的动作机动、灵活；撑踢时以动腿膝关节为轴，利用膝的弹击力带动小腿快速挺髋撑踢出；整个提膝、出腿、收腿要快捷，流畅，轻巧且富有弹性；撑踢腿时，双手可随势自然协调运动；支撑腿可直腿或微屈，稳住身体重心；上体可配合撑踢保持适当的收腹姿势；精神与肉体要高度融合为一，以增强踢击的准确度、速度与劲道；合理、精简、最具效率的动作可发挥踢击的极限；由拑阳马开始，并结束动作。

（三）说明

十字腿，是一种以脚横向朝前直线撑踢的腿法，多用于攻击对手中路，并可配合其他手法运用。

以正身二字拑阳马式十字腿练习，是锻炼踢法的基本技术和桩马的配合能力。

十字形踢腿是一种较易掌握的踢法，其技法精简、实用。在搏击中可作试探、引诱对方，或趁有利时机实施突击，踢击对方要害部位。因此，踢腿技法具有准确、快速、隐蔽和易于控制自身平衡的优点。

（四）作用

十字腿多以撑踢中路腰肾、腹肋为目标。

二、侧身问手十字腿

（一）动作

1. 侧身问手式：先摆好侧身问手式（图7 - 179）。

2. 左十字腿：然后，身体适度放松，身体重心偏向右脚支撑，左脚原地屈膝上提，脚尖朝外，脚成横向，身体借提膝的猝然动作将左脚向中线前撑踹出，两手随势协调配合成防护动作，呼气发力，劲力达脚底或脚全掌，眼视前方。动作完成迅速收脚，恢复问手式（图7 - 180～图7 - 183）。

图7 - 179

图7 - 180

图7 - 181

图7 - 182

3. 右十字腿：由问手式开始，其动作方法与左十字腿相同，唯改右脚（后脚）做动作（图7 - 184～图7 - 188）。

图 7-183　　　　　图 7-184　　　　　图 7-185

图 7-186　　　　　图 7-187　　　　　图 7-188

以上为侧身问手左、右脚十字腿动作。

(二) 要领

问手十字腿与前面的正身二字拑阳马式十字腿动作要领基本相同，唯起式、收式动作不同而已。

(三) 说明

搏击中，十字腿的实际运用，除可以在时机恰当时直接进攻或突击，有时亦用于防守，即用十字腿阻截对方的攻势。特别是擅用右手右脚在前的拳手，右脚可成为主要的撑踢武器。

和咏春拳的其他技法一样，为了加强踢击的运用效率，同样可以用各种手法或其他角度的攻击来加强它的效用，而非局限于某个特定的打法。

撑踢时，不必有任何的预兆，窥准时机和距离直接实施踢击。有时，甚至可以发撑踢连续直击，可令对手意料不到，甚至使对方的节奏也受到破坏。

十字踢腿也可以配合其他踢法实施连环攻击，此可达到威胁性的攻击，甚至使对手遭到重创。

（四）作用

无论采取何种形式的桩马做十字腿动作，其作用基本相同，多用于撑踢中路腰肾、腹肋等部位。

三、进马十字腿

（一）动作

1. 问手：先摆好问手式（图7-189）。
2. 进马十字腿：然后，左脚滑向前方成进马，同时拖带右脚和身体向前移动，左脚提膝，同时随势向中线前撑踢而出，脚尖朝外，右脚稳定身体重心，两手保持问手式防护。动作完成后，迅速原路收回左脚，恢复开始的问手式（图7-190～图7-194）。

图7-189

图7-190

图7-191

图 7 – 192　　　　　　　图 7 – 193　　　　　　　图 7 – 194

以上为进马左十字腿动作，进马右十字腿动作与左脚方法相同，唯改右脚动作。

（二）要领

保持正确问手式准备随时进马动作；进马时，注意进马与十字腿要同时动作，在进马中前腿将后腿及整个身体拖前时，即刻同时将出击的脚向前撑踢而出；出左脚或右脚十字撑踢时均要与进马上下协调，同时动作；与其他进马配合技术动作相同，整个动作均在放松、专注的情况下完成；精神与技法要融合为一。

（三）说明

进马十字腿，是走马步法与十字腿法结合的动作，锻炼走马移动出脚的能力。同样，进马配合十字腿练习，对于移动中踢法练习均有重要的作用。

（四）作用

与前面各种桩马形式的十字腿动作作用基本相同。

四、十字腿训练

（一）踢法技术分析

初学踢法者，第一个练习的基本功是桩式，此是进攻和防守必须使用的动作。

掌握熟练基本的桩式有助于习练者学习咏春拳踢法或其他技法，并从严、从细、扎实地练好这个基本功，可使自己形成咏春拳的风格。

合理的两脚位置是学习和掌握使用踢法的关键。无论发前脚或后脚，踢击的动作都要轻巧、快捷、有力，进退自如，并随时做好自身的防护和控制出腿时的平衡。

踢法和其他技法一样，要使身体适度放松，节省体能是克敌制胜的重要条件之一。因为，身体的过度紧张，会白白大量消耗能量，并会使踢击的速度减慢，同时也会使步法的移动笨滞。

踢法动作中要保持正确的两手位置。踢法的进攻和防守的交替变化，不但要击中对方，也要防止被对方反击，两手的位置就显得重要起来。正确的两手位置不仅可以快速有效地协调踢法击中对方，而且能有效地缩小暴露的身体面积。两手的位置具体如何摆放，全凭踢法的动作形式，以自然、协调的踢法发力为主。

（二）空击

首先应是正确掌握踢腿技术，在此基础上，再通过训练逐步增大强度与难度，直至熟练地施用和至此最高境界——凭直觉随心所欲地动作。

进行十字腿空击练习，应在正确的桩式基础上，力求先掌握正确的踢腿技术。或者可以手扶物体进行十字踢腿的重复练习，以此掌握正确的技术动作。

要明确十字腿动作路线、动作步骤、着力部位。

练习中体会出脚、收脚和平衡保持与破坏的要领。

练习踢法的同时要结合小念头的练习以增强内壮功修炼。

先放松，以稍慢的速度进行踢法练习，然后再逐步提高踢法的速度与其他要求。

练习时需左右姿势交替进行。

练习踢法动作过程中，身体各部位需高度协调，练习者欲在踢法动作中的瞬间，使各个部位最大限度地配合运动，就需要进行重复地训练，以加强神经系统与肌肉的协调能力，使踢法动作连贯、流畅。

踢法空击技术熟练后，试将步法结合十字腿练习，练习3~5分钟为一组。

在结合步法练习后，再将手法结合练习，练习3~5分钟为一组。

再将步法、手法、肘法、膝法和十字腿融合进行练习，练习3~5分钟为一组。

十字腿踢法还可以借助对镜空击和假想空击练习。

1. 对镜空击

对着镜子进行十字腿的空击练习，可以直接观察到自己的技术是否正确。这种方式的练习主要用来学习和改进踢法基本技术，熟练各种进攻与防守技巧。

一般情况下，练习者对着一面落地大镜，首先练习好各种基本的踢击方法，观察身体的动作是否平衡协调，踢击发力是否正确勇猛，踢击的方向、路线轨迹是否清晰准确，完成踢法动作是否快捷迅速。再结合步法完善单一踢法的进攻击打，观察踢法与步法、身法的配合情况。练习过程中，边观察边改进，反复练习直至熟练掌握后，进一步练习踢法的一、二连击及组合踢法的配合。每一次的踢击动作都要讲究质量，认真地完成训练，不可马虎。

此外，也可以配合防守技术动作的练习来改进技术。

练习的过程中，细心体会本体感觉，边观察边改进，反复练习方能提高搏击实战中进攻与防守的能力。

2. 假想空击

踢法假想空击练习，是假想与对手进行实战的踢法徒手练习。其旨在发展练习者的竞赛潜意识，丰富战术头脑和想象力。虽然假想踢法空击练习没有实在的对手，也不能没有任何战术意识盲目地胡打，建议练习者在每次练习时都要有针对性地假想对手，每一踢法都要包含战术意图，为下阶段的搏击实战打下良好的基础。

假想踢法空击练习不受踢打常规的限制，充分发挥个性特点，不忌讳习拳怪招，形成拿手实用的踢法"绝"招和风格。练习中，可以意想与不同风格的对手进行实战，以奇制胜。

假想踢法空击的突破在于战术思维与技术动作的配合协调，达到完成战术任务的目的。此需要练习者排除纷繁杂念，集中注意力，尽可能地调动意念力，将战术意图迅速地作用于技术动作上，最终达到随心所欲的境界。战术的运用除专门的练习以外，通常还可以在大运动量训练后调节体力时进行练习。此时，应该调整呼吸，降低踢击的密度和强度，在全身放松的情况下进行假想空击。踢法动作要轻快准确，战术意识强，充分发挥想象。此种练习手段不仅调节了体力，帮助消除疲劳，还训练了战术意识。

如果是在针对性的训练中，假想空击要将具体的对手作为假想对象，结合侦察到的对手的技、战术特点进行训练，如果得不到对手的任何情况，则要假设出对手可能出现的技、战术长处，逐一加以破解，并以己之长，克彼之短。然后知己知彼，方能百战百胜，因此赛前侦察对手是很有必要的。这样才可以使假想空击做到有的放矢，在比赛时才能扬长避短，从容镇定，轻易识破对手的战术意图，控制比赛中的主动权。

假想空击练习时，可以充分发挥潜意识的作用，想象自己勇猛顽强的巨人形象，想象自己一次又一次地击倒对手，对调整练习者的胆怯心理，增强自信心很有帮助和意义。此中道理与咏春拳的手法或其他技法练习是互通的。

（三）纸靶

由桩式开始，用十字腿技术做踢击纸靶练习。

练习踢击纸靶，可以提高弹踢腿的准确性及动作的灵活性，掌握出脚踢击的距离和训练反应能力，提高踢腿时身体的协调性。

踢击纸靶时，不必过度用力，踢击的动作要舒展、轻松、快捷。

先练习由静止中踢击，再过渡到移动中踢击，随着练习时间的延长，可以将其他技法与战术混合进行练习。

练习时间自行决定。

（四）沙袋

用重型沙袋练习十字腿的力量。

用轻型小沙袋练习十字腿的速度和准确性。

采用不同的沙袋进行十字腿练习，具有不同的效果。

踢打沙袋是踢法训练必不可少的手段，它能不需要以人为目标即可获得良好的效果，能改进技术，协调动作，增加踢击的力量、速度和准确性，保持身体平衡，控制出脚距离及训练步法移动等。

进行踢打沙袋前要充分做好准备活动，将腿脚各关节韧带充分伸展，特别是膝关节和踝关节，同时也要做腰部和髋关节的伸展活动，准备活动使身体微微出汗即可进行踢打沙袋练习。

一般来说，在掌握十字腿徒手空击技术熟练后，即可进行踢打沙袋练习。踢击沙袋时，要一招一式地练习。踢击沙袋时注意力要集中，注意动作姿势、动作路线、踢击力量和步法的正确性，以改进技术动作和熟悉沙袋的性能。教练要提醒练习者按节奏慢慢地踢打，在练习中发现有错误即可进行纠正，以防形成错误动作的定型。

练习踢击沙袋时，要学习将腰腿的力量和身体协调之力同时用于脚上进行撑踢，才可以使踢击有力量，并且要左右脚交替进行踢击练习。

踢击沙袋熟练后，可以加快踢法出击的速度，并配合基本的前、后、左、右的脚步移动技巧来进行踢击沙袋练习。这一阶段不宜做过多的踢击沙袋练习，时间也不宜过长，以免使腿脚的肌肉发僵而影响踢法速度的发挥。

在过了这个阶段后，踢打技术提高了，对踢打沙袋的性能也有了初步的了解后，此时要求练习者要跟着沙袋的晃动来移动步法，寻找最佳踢击时机和距离。可以从一、二连击，到组合踢法连击一步步加深练习。这个阶段由于练习动作增加，有可能出现踢法的错误动作，教练此时要多做示范，对练习者踢击的动作细节要讲清楚，直到纠正错误为止。

练习时先将一组一组踢法动作踢击准确、连贯，再以实战要求任意发挥，将沙袋当作一个有反击能力的对手进行踢击练习。

这个阶段过去以后，练习者便可以配合防守与假动作进行练习。

练习时间自行决定。

（五）脚靶

在教练或同伴的配合下，由桩式进行十字腿踢击脚靶练习。

踢法踢靶和手法击靶练习有着相同的效果，是提高练习者技、战术水平的一个重要手段。对于发展各种踢法的准确性和机动性及敏捷性和力量性有极大的帮助。同时，还可以使练习者有身临实战的感觉，可较好地培养其踢击的目测能力和时机把握能力，也可以培养其战术意识和意志品质。

教练员可以利用击靶练习来改进练习者的踢法技术动作，灵活掌握距离，控制踢法动作的快慢和时间，进行反应速度和攻防综合训练。

踢法踢靶时，靶面是目标，教练要预先讲明几种踢法的击靶目的和要求。练习者要根据教练的意图，随机发脚，教练开始将靶面贴在自己的身上，然后要出其不意地从不同的方向、角度和距离出靶（出靶对击的力量不宜过大），出单靶练习者应迅速出相应一脚踢击，出双靶时，练习者则应迅速相应地踢击两次。同样地，教练连续出靶，并随时移动出靶的位置与方向，要求练习者踢出相应的踢法，此是培养实战中及时发现对手空当，提高迅速、准确出击能力的好方法。

踢法踢靶可以像拳法击靶那样按照以下的程序进行：

1. 原地踢靶

双方保持一定的距离，让练习者原地练习各种基本踢法，教练持靶不动，并指导练习者的踢法技术动作。

2. 移动踢靶

开始教练原地不动，但移动脚靶，让练习者活动击靶熟练后，教练以灵活的步法配合移动出靶，让练习者寻找合适距离与踢击时机，快速准确地踢击不同位置的脚靶。

3. 条件踢靶

根据实战的需要，教练给出进攻、还击、反击和组合踢法等条件，让练习者按指令要求逐一完成，还可根据回合进行踢靶训练，如左脚二次撑踢或左脚撑踢、左脚扫踢二次击打等。教练始终保持远距离移动，用靶引导第一踢，然后接第二踢。

（六）木人桩

由桩式开始练习十字腿踢击木人桩。

练习时可以把木人桩当作真正的对手来搏斗，这种练习有助于使练习者迅速提高实战能力。

练习时由慢到快进行，力求用正确的踢法动作，且保持动作的连贯、流畅。

注意十字踢的动作路线、动作步骤和着力部位，以防挫伤脚趾。

踢打木人桩技术熟练后，可以结合步法、手法或其他技法进行训练，以提高踢法的运用水平。

（七）辅助练习

为提高踢法技术和训练效果，可以配合体能方面的练习进行辅助训练。可以采用体能训练章节中的相关内容有选择性地进行练习。例如柔韧、力量等练习。在后面所有的踢法训练中，均可配合辅助练习，后不在复述。

（八）实战练习

和咏春拳的其他技法一样，实战练习将对所学的东西进行有效的检验和提高其实用能力。

1. 条件实战练习

条件实战练习的目的是把过去一个阶段学过的技、战术动作，由教练

有计划地规定好其中一些踢法或某一战术方法，运用到实战中去以便改进和提高单手中数个踢法战术的实战技巧。如左撑踢腿的条件实战，右手可参与防守，不准用其他踢法，逼使对手尽量用左撑踢腿的各种进攻和防守来进行实战，从而来提高左撑踢腿的实战能力。可以规定单腿踢法，也可规定连续踢法，或只准进攻或单一防守等等。对于改进不足之处，熟练地掌握和巩固规定动作很有帮助。

练习时可以选取1~2组踢法动作，先规定一人进攻，一人防守，熟练后，双方都可以用这1~2组动作进攻或防守。最后，完全可以任意用假动作来进攻或防守，对于将步入自由实战的练习者来说，这种方式的练习效果是十分理想的。

2. 自由实战

自由实战是正式参赛的前奏。练习者在规则的保护下自由地运用已掌握的全部技术和战术，来与不同体重、不同风格的对手进行实战。在独立实战的过程中，在教练的提示下改进和提高运动员的技、战术，使练习者体会实战中的各种技巧，并可逐渐形成自己的风格。与咏春拳的其他训练方法一样，在实战中要克服基本姿势和基本踢法的错误，克服怕实战的心理，不要盲目乱踢乱打。要着眼踢法踢击的准确和踢法动作技术的发挥，要学习对手优点，学会避其锐而攻其钝，争取主动权，养成多动脑思考的习惯。

自由实战的其他要求可参见冲拳一节同类训练内容。

四、十字腿运用

(一) 问手－十字腿－日字冲拳

1. 动作

甲方与乙方对峙时，甲方以问手式前手试探乙方反应，乙方上抬双臂防护。甲方乘机突起左脚成十字腿猝然踹踢乙方腹部，乙方遭到踢击晃动身体欲调整姿势。甲方动作不停，前落左脚，同时突发左手日字冲拳直击乙方面门（图7-195～图7-198）。

图 7-195　　　　　　　　图 7-196

图 7-197　　　　　　　　图 7-198

2. 说明

以问手作掩护，实施十字腿直接突击，要在对手防范中路露有空当时，出其不意地对其发动攻击，并在对手反应前将其击中。

（二）问手－冲拳－十字腿－侧撑腿

1. 动作

甲方与乙方对峙时，甲方由问手式突发左冲拳直捣乙方上路面门，乙方迅速上抬手臂防护，同时向后闪避。甲方向前进马起左脚成十字腿猝然撑踢乙方腹部，乙方被踢欲变势。甲方随即落左脚，转身起右脚侧撑踢乙方胸腹部（图 7-199～图 7-202）。

图 7 – 199

图 7 – 200

图 7 – 201

图 7 – 202

2. 说明

交战中，可用问手直接实施手法动作迫使对手露出破绽，对其破绽部位实施踢法攻击，踢击得势要随势追击，使对手遭到重击。

（三）十字腿 – 侧撑腿上下连击

1. 动作

甲方与乙方互相逼近，甲方突起右脚成十字腿向前撑踢乙方腹部或腰肾部。乙方遭到踢击调整身势，紧接晃动双手向甲方逼近。甲方在乙方前进同时，落左脚，顺势侧撑踹乙方前伸的右腿膝部（图 7 – 203 ~ 图 7 – 206）。

图 7-203

图 7-204

图 7-205

图 7-206

2. 说明

十字腿与侧撑腿配合上下连击，动作要快速、准确，踢击要果断，给予对手无还手时机。

第四节　斜撑腿

斜撑腿，是一种以弧线扇面横摆击的踢法，也可称为斜摆腿。斜撑腿有些类似中国传统武术中的外摆腿动作，但比起外摆腿动作幅度要小些。

如果以侧身问手式动作，它可分为前、后脚斜撑腿两种形式。

一、二字拑阳马斜撑腿

（一）动作

1. 二字拑阳马：先摆好正身二字拑阳马式（图7-207）。

2. 左斜撑腿：然后，身体适度放松，重心偏向右脚，左腿伸直（亦可稍弯）勾脚尖外翻，从右向上经面前向左侧以弧线扇面横摆斜撑击出，呼气发力，劲力达脚背或脚外缘，双手随势保持不变，眼视前方。动作完成后，迅速落脚，恢复正身二字拑阳马式（图7-208～图7-212）。

图7-207 　　　　　图7-208 　　　　　图7-209

图7-210 　　　　　图7-211 　　　　　图7-212

3. 右斜撑腿：接着，做右斜撑腿动作，动作方法与左斜撑腿基本相同，唯以右脚动作（图7–213～图7–218）。

图7–213　　　　　图7–214　　　　　图7–215

图7–216　　　　　图7–217　　　　　图7–218

（二）要领

保持正身二字拑阳马式；外摆撑腿时，挺胸、塌腰、展髋；整个动作要快速有力、连贯一致；动作时控制好身体平衡；精神与技法要融合为一。

（三）说明

斜撑腿是以弧线幅度向上路摆踢的技法，这种踢法运用难度相对较大些。它施用时动作速度快，力量较大，变化灵活，扇形出脚撑踢，隐蔽性较好，亦于突然出击，有较大威胁性。在搏击中，斜撑腿法可以与其他手法或踢法配合实施主动进攻或防守反击；有时亦可以作为引腿，为其他踢法或手法进攻创造机会。

正身二字拑阳马式斜撑腿，与其他形式的腿法一样都是作为最基本的练习。

（四）作用

斜撑腿法，主要用于攻击头颈、面部，有时亦可攻击中路躯干。

二、问手斜撑腿

1. 侧身问手式：先摆好侧身问手式（图7－219）。

2. 左斜撑腿：然后，身体适度放松，重心偏向右脚，左腿伸直（亦可稍弯）勾脚尖外翻，从右向上经面前向左侧以弧线扇面横摆斜撑击出，呼气发力，劲力达脚背或脚外缘，双手随势保持防护，眼视前方。动作完成后，迅速落脚，恢复问手式（图7－220～图7－224）。

图7－219

图7－220

图7－221

图 7 – 222　　　　　　图 7 – 223　　　　　　图 7 – 224

3. 右斜撑腿：接着，由问手式做右斜撑腿动作，动作方法与左斜撑腿基本相同，唯以右脚动作（图 7 – 225 ~ 图 7 – 230）。

图 7 – 225　　　　　　图 7 – 226　　　　　　图 7 – 227

图 7 – 228　　　　　　图 7 – 229　　　　　　图 7 – 230

（二）要领

问手式斜撑腿动作时，与二字钳阳马式斜撑腿动作要领基本相同，唯由问手式直接起腿动作，且前、后脚时更宜发挥踢法的优势。

（三）说明

斜撑腿法如同手法一样，为使咏春拳自由搏击术达到最完美的极限，攻击时并非局限在某个特定的攻击角度，亦也从四面八方或各个有利的角度，把握最佳时机来攻击对方。

无论何种形式的踢法，欲出击的脚必须灵活、快速，绝不可僵硬地一无动作。使脚保持一种威胁姿态，同样可使对手顿感坐立不安。

运用踢法踢击时，身体要适度放松，如果身体过于紧张，则对有效一击所需柔软性和对时间的良好判断不易获得。

发出极具威力踢法的秘密在于：时间、协调、准确攻击目标。

（四）作用

无论以何种形式的桩马出斜撑腿踢法，其作用是基本相同的。

三、斜撑腿训练

（一）空击

掌握了斜撑腿腿法动作方法和要领后，即可进行空击练习。

初次练习时，可扶按物体，做外摆斜撑腿踢重复练习。

或徒手由桩式做斜撑腿踢法练习。

此练习过程中，是为掌握正确的斜撑腿腿法技术，因此，练习的过程应放松、缓慢，然后再逐步地提高腿法的运动速度和其他要求。

练习时要左右姿势交替进行。

练习过程中可以用对镜和假想空击的方式进行，具体的练习方法可参见前面各式踢法内容来自行设定。

练习 10~15 次或 2~3 分钟为一组。

（二）脚靶

在正确桩式的基础上，与同伴或教练进行斜撑腿踢击脚靶练习。

踢靶时，练习的双方要认真配合，由慢到快进行练习，力求先掌握正确的踢击动作。

动作时，踢击要连贯、流畅，全身上下协调配合。

在踢靶时，要明确踢击动作路线、动作步骤和着力部位。

体会踢靶中，出脚、收脚及平衡保持要领。

精神与技法要融合为一。

有关斜撑腿的训练可以参考前面章节踢靶训练方法，来自行设定。

当掌握了多种训练方法后，我们不再重述这些训练方法的细节，后面的踢法训练完全可以参照前面的踢法训练方法来设定适合自己的训练方式。或者根据自己的训练水平状况，来制订训练难度与强度。此类训练对踢法的技术进步极为有益。

练习时间可以自行决定。

（三）沙袋

斜撑腿法踢击沙袋练习，要注意踢打时的感觉，出脚的距离、时机、角度。

练习时需有将沙袋当作凶恶的对手，与其奋力搏斗之意念。

具体的练习，可以参考前面踢法踢打沙袋练习内容来自行设定。

搏击训练是我们学习咏春拳的重要手段，它可看成是咏春拳所必需的，即通过运动动作的持续和反复，从而使咏春拳搏击技术得以有效的使用，但它的主要目的却在于避免身体机能和素质的退化，以及提高技、战术水平。

这里不再过多叙述斜撑腿腿法训练方法，因为在练习者有了基础后，可参见前面章节踢法的各种训练方法来灵活设定。

四、斜撑腿运用

(一) 问手－斜撑腿直接攻击

1. 动作

甲方与乙方对峙时，甲方进马向乙方逼近，同时由问手前锋手逼迫乙方做出反应，乙方随即发拳击向甲方上路。甲方防护同时前伸左脚佯攻乙方下路，乙方惊慌提脚闪避。甲方乘机上提左腿，向上猛力以斜撑腿踢击乙方头面部（图7－231～图7－234）。

图7－231

图7－232

图7－233

图7－234

2. 说明

以问手应敌，可用前锋手或前伸的腿脚迫使对手做出攻守反应，随即对对手实施有力的踢法撑踢。

（二）侧撑腿 – 斜撑腿

2. 动作

甲方与乙方互相逼近，乙方欲起脚发动踢击，甲方迅速抢先前伸左脚以侧撑踢阻截乙方起腿。乙方遭到阻击欲调整姿势，甲方顺势前落左脚，向左转身，起右脚向上斜撑摆踢乙方头面部（图7–235～图7–238）。

图7–235　　　　　　　　　图7–236

图7–237　　　　　　　　　图7–238

2. 说明

以侧撑腿截击，动作要及时、准确，斜撑腿追击要迅猛。踢法上下呼应，利用对手的失误及时给予狠击。

(三) 日字冲拳－侧撑腿－斜撑腿

1. 动作

甲方抢先以前手成冲拳直击乙方上路，乙方上抬双臂防护。甲方紧接收拳，前伸左脚迫使乙方注意下路防护，乙方乘机起左脚欲踢击。甲方抢先起右脚以侧撑踹阻截乙方起腿，乙方起腿被阻欲落脚收式。甲方未等乙方变式，紧接着右腿稍变式成斜撑腿摆踢乙方上路头面或胸部（图7－239～图7－242）。

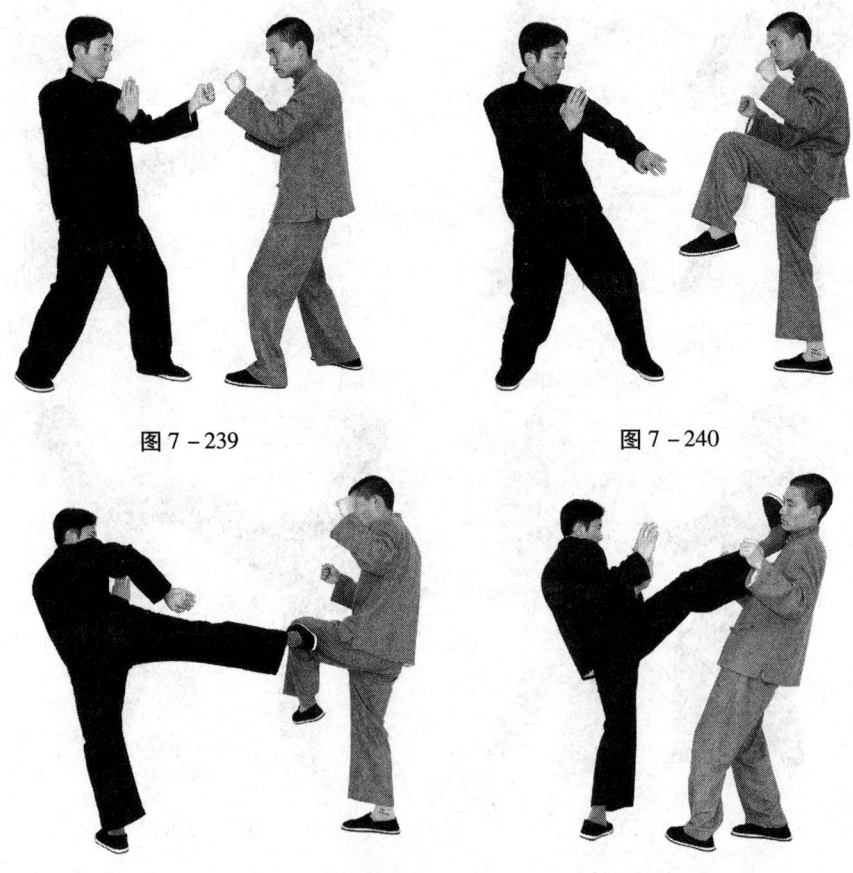

图7－239　　　　　　　　　图7－240

图7－241　　　　　　　　　图7－242

2. 说明

手法、踢法要上下配合实施攻击，要利用对手的攻守变化及时实施上下有力的攻击或阻击，以打乱对手的攻守招式，利于创造战机。

第五节　斜踩腿

斜踩腿，也可称为踩膝腿或踩膝脚。它是一种适用于进攻或截击的踢法，前、后脚均可动作。

一、二字拑阳马斜踩腿

（一）动作

1. 二字拑阳马：先摆好正身二字拑阳马式（图7-243）。

2. 左斜踩腿：然后，身体适度放松，重心移至右脚支撑，左脚屈膝稍抬，小腿内收，脚尖外撇，随即左髋稍前送，左脚迅速向前下方挺膝踩踹（踏）而出，脚高与膝平，呼气发力，劲力达全脚掌或脚跟，双手姿势保持不变，眼视前方。动作完成后，迅速收脚，恢复正身二字拑阳马式（图7-244～图7-246）。

图7-243

图 7 - 244

图 7 - 245

图 7 - 246

3. 右斜踩腿：右斜踩腿动作与左斜踩腿动作方法相同，唯改由右脚做动作（图 7 - 247 ~ 图 7 - 250）。

图 7 - 247

图 7 - 248

图 7 - 249

图 7 - 250

（二）要领

保持正确的二字拑阳马式和警觉之心；动腿时，支撑腿要稳固；提膝送髋动腿踹踏而出；整个动作要紧凑协调、连贯一致；出脚发力要短促、凶猛；动作要快击快收；由桩式开始、结束动作；精神与技法要融合为一。

（三）说明

斜踩腿，是一种简单易学、攻守兼顾的踢法。
由斜踩腿配合二字拑阳马式动作，是锻炼基本的桩马姿势进行踢法练习。

（四）作用

斜踩腿，主要用于攻击膝关节、小腿胫部和脚腕、脚背部。

二、问手斜踩腿

1. 侧身问手式：先摆好侧身问手式（图7-251）。

2. 左斜踩腿：然后，身体适度放松，重心移至右脚支撑，左脚屈膝稍抬，小腿内收，脚尖外撇，随即左髋稍前送，左脚迅速向前下方挺膝踩踹（踏）而出，脚高与膝平，呼气发力，劲力达全脚掌或脚跟，双手保持问手式防护不变，眼视前方。动作完成迅速收脚，恢复问手式（图7-252~图7-254）。

图7-251

图 7－252　　　　　　　图 7－253　　　　　　　图 7－254

3. 右斜踩腿：右斜踩腿动作与左斜踩腿动作方法相同，唯由问手式改由右脚做动作（图 7－255 ~ 图 7－258）。

图 7－255　　　　　　　　　　　图 7－256

图 7－257　　　　　　　　　　　图 7－258

（二）要领

问手式斜踩腿与前面的二字拑阳马式斜踩腿动作要领基本相同，唯由问手式直接做斜踩腿左、右脚动作。

（三）说明

斜踩腿是一种暗腿打法技术。这种踢法动作隐蔽，小巧快速，适用于近距离时运用。

斜踩腿多数用来实施阻截对手低腿攻击或前逼攻击。

它也可以配合其他手法或踢法，达到指上踢下的作用。

有时它也可以作为引腿，为后续攻击创造条件，是种较为实用的战术性踢法。

（四）作用

无论何种桩式的斜踩腿，其攻击目标均是相同的。

三、斜踩腿训练

斜踩腿和前面的踢法训练一样，都要经过多种形式的训练来提高踢法的实战运用能力。

可以经过空击练习，掌握正确的技术，使踢法更加流畅、快捷。

通过斜踩踏踢置于地上的沙袋或者木人桩等，练习出脚的距离、时机、角度等。

至此，掌握了多种踢法技巧训练后，有关踢法的训练，可以根据自身情况来采用适合自己的方法来训练。

咏春拳各种形式的训练，无非是使练习者达到凭本能反应和直觉而进行攻防搏击，欲达到如此，方要经过长期、艰苦的训练积累方可所得。

四、斜踩腿运用

（一）斜踩腿阻击

1. 动作

甲方与乙方对峙时，乙方抢先发动攻势，挥拳打向甲方上路。甲方注视乙方动向，在乙方拳头击出同时，左手防护，同时起右脚成斜踩腿猝然踏踩乙方前伸的左腿膝部，截击并破坏乙方的攻势（图7－259～图262）。

图7－259

图7－260

图7－261

图7－262

2. 说明

斜踩腿阻击，要敏锐地洞察对手一举一动，在对手动作同时对其发动截击，截击同时注意防护。

（二）问手 – 斜踩腿 – 日字冲拳

1. 动作

甲方与乙方对峙时，甲方以问手式前锋手前伸迫使乙方做出反应，乙方上抬两手严密防护。甲方乘机起右脚猛力斜踹踏乙方前伸的左腿膝部，乙方遭到踢击下落两手。甲方顺势落右脚，发左日字冲拳直捣乙方面门（图 7 – 263 ~ 图 266）。

图 7 – 263

图 7 – 264

图 7 – 265

图 7 – 266

2. 说明

以问手迫使对手做出上路防守，要伺机以斜踩腿对其下路实施突击，踢击动作要准确、有力，拳法可随踢击落脚及时追击上路。

（三）日字冲拳－斜踩腿－侧撑腿

1. 动作

甲方以问手与乙方对峙，突然以前锋手成日字冲拳直击乙方面门或胸部，乙方上抬双臂防护。甲方随即变式，前伸右脚斜踹踏乙方前伸的左腿膝部，乙方遭到踢击欲缩腿。甲方紧接前落右脚，起左脚侧撑踹乙方腹部（图7－267～图7－270）。

图7－267

图7－268

图7－269

图7－270

2. 说明

手法、踢法配合攻击上下要协调，同时要注视对手的举动，随时对其实施上下不同部位的攻击。

（四）斜踩腿截脚

1. 动作

甲方与乙方对峙时，甲方以问手式保持防护，乙方抢先起右脚欲踢向甲方。甲方迅速反应，起左脚踏于乙方的右脚背上，随即将乙方右脚踩踏下，阻截乙方的起腿（图7-271～图7-274）。

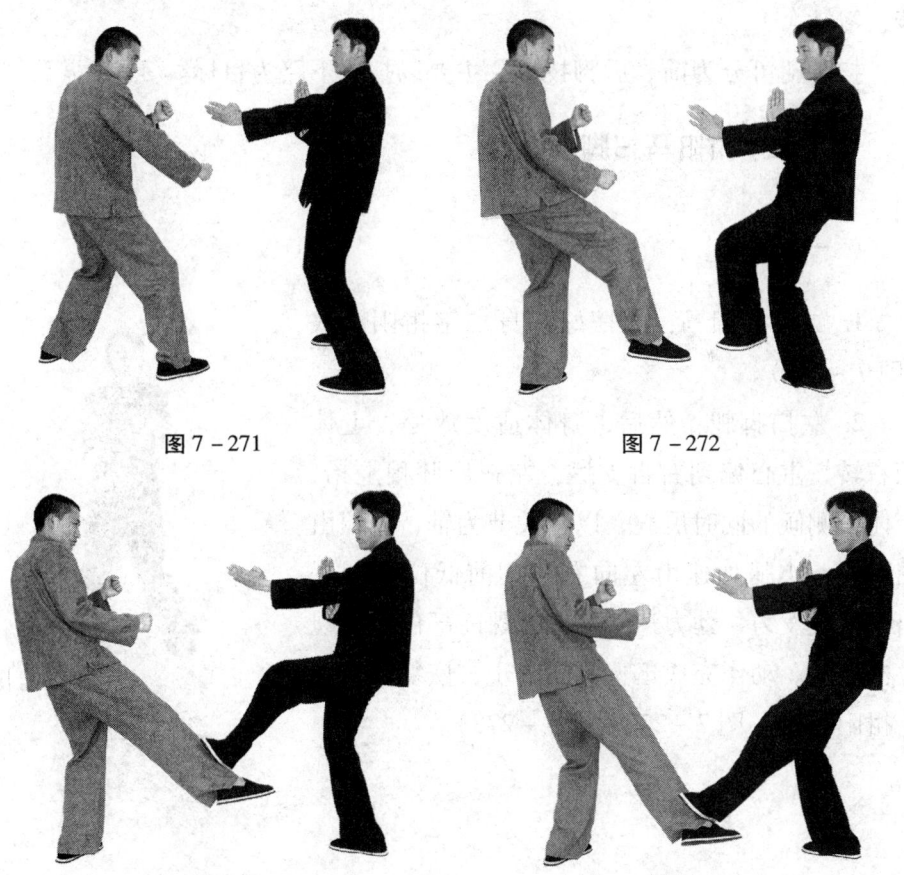

图7-271　　　　　　　　　图7-272

图7-273　　　　　　　　　图7-274

2. 说明

斜踩腿截脚打法，也可称为以脚截脚法。以脚截脚，要待时机、距离适合时迅速动作，截击的动作要果断。

第六节　扫脚腿

扫脚腿，是咏春拳常用的踢法之一。扫脚腿，即以腿脚扫踢对手脚踢部位的踢法。这种踢法虽然不是非常有力，但在运用时简捷、快速、隐蔽、刁钻。

扫脚腿可分为前、后脚技术，主要以扫踢下路为目标。

一、二字拑阳马扫脚腿

（一）动作

1. 二字拑阳马：先摆好正身二字拑阳马式（图7-275）。

2. 左扫脚腿：然后，身体适度放松，上体稍右转，重心偏到右脚支撑，左腿屈膝稍上抬，上体稍侧倾的同时展髋，以膝关节为轴，左腿由屈到伸，小腿加速由左向右从侧前低位勾扫踢出，呼气发力，劲力达脚背或脚踝前部位，眼视攻击方向。动作完成迅速收脚落步，恢复正身二字拑阳马式（图7-276～图7-278）。

图7-275

图 7 - 276

图 7 - 277

图 7 - 278

3. 右扫脚腿：右扫脚腿动作和左扫脚腿动作方法相同，唯向左转身发右脚向侧前低位勾扫踢出（图 7 - 279 ~ 图 7 - 282）。

图 7 - 279

图 7 - 280

图 7 - 281

图 7 - 282

（二）要领

保持正确的桩式和警觉之心以备动作；左腿屈膝上抬时，膝部稍侧向目标；勾扫踢时，固定膝的位置，依靠转腰提膝伸展的弹性力量以小腿加速勾扫踢击；双手随势保持不变姿势；动作时，维持好身体平衡并保持戒备；支撑腿可适当屈膝以提高自身的稳定程度；最大限度地利用支撑脚踝动作，为完成踢法创造条件；动作要快击快收、一气呵成、连贯流畅；精神与技法要融合为一。

（三）说明

扫脚腿，主要以攻击下肢的腿脚为目标，踢击的力量不大，但很容易击伤对手。

扫脚腿配合正身二字拑阳马式，可锻炼由基本桩马动作的踢法能力。

（四）作用

扫脚腿，主要用于扫踢脚踝或膝关节部位。

二、问手扫脚腿

（一）动作

1. 侧身问手式：先摆好侧身问手式（图7-283）。

2. 左扫脚腿：然后，上体稍右转，重心偏到右脚支撑，左腿屈膝稍上抬，上体稍侧倾的同时展髋，以膝关节为轴，左腿由屈到伸，小腿加速由左向右从侧前低位勾扫踢出，呼气发力，劲力达脚背或脚踝前部位。两手保持问手式防护势不变，眼视攻击方向。动作完成迅速收脚落步，恢复问手式（图7-284～图7-286）。

图7-283

图 7-284　　　　　　　图 7-285　　　　　　　图 7-286

3. 右扫脚腿：问手式右扫脚腿动作与左扫脚腿动作方法相同，唯改由右脚动作（图 7-287～图 7-290）。

图 7-287　　　　　　　　　图 7-288

图 7-289　　　　　　　　　图 7-290

以上为问手式左、右脚扫脚腿动作。

（二）要领

问手式扫脚腿与前面的二字拑阳马扫脚腿动作要领基本相同，唯由侧身问手式展开动作。

（三）说明

扫脚腿，在运用时虽没有较大的踢击力量，但在攻击时，常使对手猝不及防，收到奇效。扫脚腿法，是一种比较保险的踢法，因为在踢完后能够很快地还原。

扫脚腿法具有威胁性攻击的特点。所谓威胁性攻击是指具有准确、快速特点的攻击，此与伤害性攻击区别较大。只要能给对手造成精神压力并为其他进攻创造条件，此即达其战术目的。

咏春拳施用前脚扫踢时，与目标最为接近。在施用时，往往对手还未做出反应时，攻击者的动作已经收回。因此，扫脚腿具有效率高、速度快，且机动、灵活等优点。

（四）作用

无论采取何种形式的应敌桩马，扫脚腿攻击作用是基本相同的。

三、扫脚腿训练

练习者在进行基本的准备活动后，即可进行扫脚腿法训练。

掌握扫脚腿动作方法和要领后，即可进行扫脚腿踢击的空击练习。

扫脚腿法空击练习与其他技术空击练习一样，要保持警觉与身体肌肉适度放松，要学会面部表情自然地做动作，养成隐蔽出脚踢击的习惯。扫脚腿的关键在于突然、隐蔽，并掌握好动作速度、时机、距离。动作前，后脚跟要适度提离地面，协调地转动后脚前掌，除利于动作速度与劲力外，还对于收回踢击脚有重要作用。

练习扫脚动作时，一定要养成快击快收的习惯，此有助于在出脚踢击对手时，除给对手精神方面造成压力，并直接影响到对手技术的发挥。实践证明，良好的扫脚腿技术，能跳过对手知觉范围，出其不意地打乱对手阵脚，而在此时极便于攻击者进行破坏性攻击，达到制敌于一瞬。

扫脚腿动作细节，是从原位出脚直接弹性扫踢目标，切勿有小腿回摆等多余的错误动作。

练习时须认真理解踢法技术要领，避免盲目地进行。

动作的练习可由慢至快，不能为盲目追求踢击效果，而造成动作僵硬、紧张，影响到技术的提高。

练习者需明白，扫脚腿从出脚到收脚须严阵以待，是一个流畅的技术动作，此应在专注、适度放松的情况下完成。

在空踢练习中，用心体会前、后脚之间协调配合的关系，重心的转移等细微之处，身体髋部与膝部动作要极度协调地配合动作。

精神与肉体要融合为一，以简捷、直接的精神指导完成扫脚腿法动作。

其他具体的对镜或假想空击练习方法可以参见前面腿法相关内容来安排练习。或者借助木人桩或其他方法进行扫脚腿训练。

练习10～15次或2～3分钟为一组。

四、扫脚腿运用

（一）问手－膀手－扫脚腿直接攻击

1. 动作

甲方与乙方对峙时，甲方以问手式保持防护，同时用前锋手迫使乙方做出反应。乙方抢先发左拳直击向甲方上路，甲方以右手成膀手消挡乙方左拳势，同时进马闪进乙方内门，起右脚勾扫乙方前伸的左脚踝关节部，使乙方遭到勾踢重心不稳而跌倒于地（图7-291～图7-294）。

图 7－291　　　　　　　　　图 7－292

图 7－293　　　　　　　　　图 7－294

2. 说明

扫脚腿直接攻击时，要注意对手当时的所处位置及身体姿势、防守状况，对其实施毫无迹象的扫踢。

（二）扫脚腿－斜踩腿

1. 动作

甲方以问手式防护同时向乙方靠近，乙方突发右拳直击甲方中路。甲方及时以左手成窒手压挡乙方右拳臂，同时起左脚勾扫乙方前伸的右脚踝部。乙方做出反应欲撤脚，甲方紧接落左脚，向左转身，起右脚斜踩踹乙方左大腿部（图 7－295～图 7－298）。

图 7-295　　　　　　　　图 7-296

图 7-297　　　　　　　　图 7-298

2. 说明

扫脚腿与斜踩腿作为低位踢法左右连击，动作时转体要快，起脚踢击要及时、准确、有力；在移动转身时就要做好适应对手动作的踢法准备。

（三）膀手－擒拿手－扫脚腿

1. 动作

甲方与乙方交战时，乙方抢先起右腿脚扫向甲方中路，甲方及时以左膀手消解乙方腿势。未等乙方变式，甲方乘机左手变式成擒拿手擒搂住乙方右腿脚，同时进马起右脚勾扫乙方支撑左腿踝关节部，右手配合推按乙方右腿部，将乙方击跌倒地（图 7-299～图 7-302）。

图 7－299　　　　　　　　　　　图 7－300

图 7－301　　　　　　　　　　　图 7－302

2. 说明

攻守中注意要以较小的力量消解对手的腿招，并利用对手失误的一瞬，实施有力的扫脚腿攻击，整个攻守动作转换要快速、有力。

（四）扫脚腿－侧撑腿连击

1. 动作

甲方与乙方互相逼近，乙方严密防守上路时，甲方突起前伸的右脚勾扫乙方前伸的左脚踝部，乙方惊慌欲收脚。甲方紧接右脚不落脚，变式成侧撑腿侧撑踹乙方支撑右腿膝部（图 7－303～图 7－306）。

图 7-303

图 7-304

图 7-305

图 7-306

2. 说明

扫脚腿与侧撑腿低位踢法连击动作时要冷静、果断，当时机出现时，要快速实施连击。

第八章　咏春膝法

咏春搏击功夫膝击技法，即指用膝法攻击的技术。膝击技法，是指在屈膝叠腿，以大腿和小腿的弯曲突出处为力点，进行攻击的各种技法。

咏春拳膝法，主要也是以顶膝形成的各种膝击法，即向前顶膝、向上顶膝、斜顶膝法等技术。咏春拳膝法的训练与运用也是在不太破坏自身中线的情况下进行的。

从运动生理学和解剖学角度来看，膝关节以上的大腿肌肉比起肘关节粗大约两倍以上，这些丰厚的肌肉群，在有意识地控制下做强有力地收缩，攻击力非常惊人，同时加上膝部突出处为坚硬构造，膝击时打击力可深透目标之内。因此，在咏春拳自由搏击中，凶猛的膝法顶撞能将任何对手击倒或使其遭到重创。膝部也是下肢的中节，较踢法来说更具有攻击距离短、起动快速隐蔽、发力短促直接的优点，而使其在近战中能出其不意地发招得手，从而有效地击中对方的中线要害。

膝法的运用根据咏春拳搏击的特点，和其他技法一样，主要从桩马姿势以中线发动凶悍凌厉的强攻，来操纵搏击的主动权。或者在劣势时以一记强劲的膝击，直捣对手要害部位，达到扭转战局的目的。膝法在防御、阻截方面同样具有较好的效果，常用以消解、阻截对方手法和踢法的强攻。特别是对于中、下路的强力踢法攻击和膝攻，具有特殊的防卫价值。

膝法欲成功地融入立体的攻防搏斗中，实非易事，这需要和其他技法一样，进行重复训练，并娴熟运用，方可于搏斗中达到灵活应用。

第一节　前顶膝

咏春拳前顶膝，即直接抬膝向前顶击的膝法，如果以侧身问手或桩马应敌时其前、后脚均可发顶膝动作。

前顶膝是其他膝法的基础，这种膝法攻守兼顾，运用较广。

当掌握了多种咏春搏击技术技法之后，有关膝法或其他技法不只是可由二字拑阳马做动作，同样也可以由侧身马或问手式展开动作，且具体练习或运用可由练习者在自身掌握的水平上自行决定发挥。

因此，在这里则直接叙述由问手式开始的各式膝法动作。

一、问手前顶膝

（一）动作

1. 侧身问手式：先摆好侧身问手式（图8-1）。

2. 左前顶膝：然后，身体适度放松，以右腿支撑身体，左膝迅速上抬前移，上体（稍后仰）同时送髋向前顶击左膝，双手随势自然移位，并保持好自我防护，呼气发力，劲力达膝尖，眼视前方。动作完成迅速落脚，恢复问手式（图8-2、图8-3）。

图8-1

图8-2

图8-3

3. 右前顶膝：由问手式起，右（后）脚前顶膝动作方法与左脚前顶膝相同，唯以右膝向前顶击，动作路线稍长些（图8-4~图8-6）。

图8-4　　　　　　　　图8-5　　　　　　　　图8-6

（二）要领

保持正确的问手桩式以备动作；一腿顶膝时，另一腿支撑稳固；（可以仰身）送髋与膝尖前顶撞要迅速协调连贯；前顶膝时，重心要稳固；双手随势保持防护姿势或配合做下拉动作助力；动作要快击快收，全身协调配合；由问手式（或由其他桩式，诸如二字拑阳马、侧身马等）开始、结束动作；精神与技法要融合为一。

（三）说明

前顶膝运用时，多数配合进马或垫步等步法发膝攻击，进攻时常有一定冲势，而使膝法攻击力威猛。它在中、近距离都可发挥作用，是一种攻守兼宜的高效膝击法。

前顶膝进攻时，可以用双手作为先导或虚晃掩护，然后，上步向前提膝冲顶实施主动攻击，或也可在贴身纠缠时，用双手配合攀颈挟肩施展前顶膝击。

防守时，可在对方前扑进攻时，用前顶膝前顶阻截或截击对方，前顶膝如运用恰当、成功，常可使对手受到重创，或摧毁对手的战斗力。

膝法的运用和其他技法一样，需要在动作前适度放松、自然，此需经久的练习方可深悟其意。松弛的肌肉有利于进行各种动作，灵活性和机动性都比因过度紧张而僵化的肌肉大。如果肌肉僵化，再进行各种动作，就显得相当笨拙。因为在运动前，大脑已给它发布了命令，限制了它的活动范围和运动路线。肌肉如过度紧张，不仅徒耗体力，且很难适应实战时各种复杂多变的情况，也不适应持久战的需要，往往会在决斗中处于被动的地位。

无论何种形式的攻守搏击，当完成一个回合的较量时，就要尽力恢复应敌桩式，保存实力，以备下一个回合的交战，这也是咏春拳着重强调的。

用膝或其他形式的技法进行攻击时，就必须提防对手对自己的反击，因为在发膝或出拳、踢腿时，身体的某些部位由于受条件限制，是很容易暴露出空当来的。与此相反，我们作为防御的一方，也必须在防御的同时去寻找、进攻对手的薄弱之处。

（四）作用

前顶膝主要用于攻击腰腹、软肋，甚至在恰当时候可攻击头颈。

二、前顶膝训练

（一）空击

膝法，与其他技术技法训练一样，在技法训练之前，进行结合精神修炼的准备活动是必要的。

欲掌握前顶膝动作方法和要领，应由慢到快进行前顶膝动作空击练习。

力求先掌握正确的前顶膝法技术，以提高发膝所需的连贯和流畅。

练习时，应明确前顶膝动作路线、动作步骤和着力部位。

在练习过程中，要体会出膝、收膝要领及身体平衡保持与破坏之感。

练习时左右姿势要交替进行。

可以参见章节中有关空击练习，设定对镜和假想空击的膝法练习。

试将其他进马步法、手法等技术融合前顶膝进行练习。

练习时间可自行决定。

(二) 沙袋

击打沙袋练习，最重要的是保持正确的姿势。在姿势正确的前提下才可以练习所要锻炼的膝法或其他技法。

将沙袋悬吊于合适的高度，由问手桩式（或其他应敌桩式）开始，用左右前顶膝进行前顶攻击沙袋练习。

膝击时，要注意膝击沙袋的接触点，发膝攻击沙袋的距离、时机和角度。

膝法攻击沙袋练习，是咏春拳实战训练必不可少的训练方法。进行膝击沙袋练习，可以加强自己的膝法攻击威力。为了提高膝法或其他技法击打沙袋的水平，练习时要注意有实战意识，精神要集中，招招到位，将沙袋假想成一个敌人，将膝法的爆发力淋漓尽致地流畅发挥出来。

假想沙袋为一个敌人，进行膝攻或其他技法攻击，可以锻炼防范、攻击、反击、重击的能力，去实施彻底地重创。训练过程中，始终将沙袋想象成一个敌人，声东击西，引上击下，晃左击右，防御反击，闪躲还击，想象丰富地打击沙袋，在实战时会体会到此练习带来的益处。

采用任何技法击打沙袋，都要使全身协调放松地动作。放松，可以使动作速度更快，出招击打更有力，连贯性更强，精力更充沛，击打出招时犹如暴风骤雨般，脱离沙袋瞬间要立即放松，调整呼吸，在发招击打一刹那打出爆发力，紧张在击打中是十分之一，放松是十分之九。打三分钟为一组，立即放松膝、踝关节，如是其他技法可放松肩关节、手臂和腿脚，也可片刻做些按摩动作。

通过击打沙袋的练习，可以看出一个练习者的水平状态。如果用蛮力击打沙袋，只能将沙袋击远，此就像是钟摆一样，这样的出招发力只是表面的，且较易受伤，长时间如此练习则会使击打受力部位产生变形；而振荡发力、渗透沙袋，这才是打出爆发穿透之力，如此击打沙袋方可使沙袋只是高频地振动而不是像个钟摆一样荡个不停。这也是打沙袋的重要方法。

具体用多长时间击打沙袋，一般来说每组2~3分钟即可，至于要练习多少组要根据个人的体能来决定。

（三）固定靶

用前、后脚前顶膝法进行击打固定靶练习。

击靶练习略同击打沙袋，可以增加膝攻力道和准确性、协调性，唯一不同的是固定靶只是一个平面，无法进行弧线攻击，例如摆膝攻击等。

膝法与其他技法击靶一样，击靶时，始终要击打靶面的中心部位，发招的力量要有穿透靶面向后延伸的意念，击靶前全身要放松，击打时要快捷有力。

开始练习时，要认真理解前顶膝法的技术要领，避免盲目进行。

初阶段练习时，可由慢到快，逐步提高前顶膝攻击水平。

膝击过程中用心体会前、后脚发膝的关系，上下肢协调配合，重心的转移等细微处。

精神与肉体融合为一地动作，以简捷、直接的精神完成动作。

练习2~3分钟为一组。

（四）脚靶

可以采用脚靶或手靶进行前顶膝练习。

在教练或同伴的配合下，由问手桩式进行前顶膝法击脚靶（或手靶）练习。

膝法击靶和其他技法击靶练习有着相同的效果，是提高练习者技、战术水平的一个重要手段。对于发展各种膝法的准确性和机动性及敏捷性和力量性均有极大的帮助。同时，还可以使练习者有身临实战的感觉，可较好地培养练习者膝击的目测能力和时机把握能力，也可以培养练习者的战术意识和意志品质。

教练员可以利用击靶练习来改进练习者的膝法技术动作，灵活掌握距离，控制膝法动作的快慢和时间，进行反应速度和攻防综合训练。

第八章　咏春膝法

膝法击靶时，靶面是目标，教练要预先讲明几种膝法击靶时的训练目的和要求。练习者要根据教练的意图，随机发膝，开始时，教练将靶面贴在自己的身上，然后要出其不意地从不同的方向、角度和距离出靶（出靶对击的力量不宜过大），出单靶时，练习者应迅速出相应膝法攻击，出双靶时，练习者则应迅速相应地膝击两次。同样地，教练连续出靶，并随时移动出靶的位置与方向，要求练习者发出相应的膝法，此是培养练习者在实战中发现对手空当，并迅速、准确出击的好方法。

膝法击靶可以像其他技法击靶那样按照以下的程序进行。

1. 原地膝击靶

双方保持一定的距离，让练习者原地练习各种基本膝法，教练持靶不动，并指导练习者的膝法技术动作。

2. 移动膝击靶

开始教练原地不动，但移动脚靶，让练习者活动击靶熟练后，教练以灵活的步法配合移动出靶，让练习者寻找合适距离与膝击时机，快速准确地膝击不同位置的脚靶。

3. 条件膝击靶

根据实战的需要，教练给出进攻、还击、反击和组合膝法等条件，让练习者按指令要求逐一完成，还可根据回合进行膝击靶训练，如左脚二次膝击或右脚一次膝击打等。教练始终保持远距离移动用靶引导。

膝击脚靶和击固定靶一样，始终发膝击打靶面的中心部位，膝击的力量要有穿透靶面向后延伸的意念，发膝击靶前瞬间适度放松，膝击时要快捷有力。教练或同伴扬靶时，扬靶的速度应由慢到快，扬出的时间由靶位停留时间1秒钟，然后随练习者熟练程度逐渐缩短停留时间，比如1/2秒或1/3秒，以提高练习者膝击速度、反应速度等。如果让练习者用某一膝法（或其他技法）做一二连击靶练习，扬出的靶位停留时间应延长一拍。针对有一定水平的练习者，扬出的靶位要使练习者捉摸不定，借以提高练习者的反应能力和判断能力。一定要记住，教练或同伴在陪练时要时刻提醒练习者发招击靶时动作的规范、实效、正确性，如果发现错误之处要及时纠正，并让练习者在进攻、反击之时要时刻注重自身的防守，还要养成时刻保持良好攻防姿势的习惯。陪练者持靶时，始终要保持自身平衡，手不要太放松，在练习者击靶的一刹那要将手立即紧张用力，如此不仅可避免腕、肘关节受伤，而且可以缓冲击打过来的力，也不会使练习者在击打靶上感到松垮无力而失去练习兴趣。

练习击靶时，靶位应先从练习者以正常、规范动作容易击中的地方开始，如练习前顶膝时，先从练习者容易击中的靶位开始，然后逐渐加长靶距或变换一下高度等，或由近、中、远三种膝击距离交替变换，借以强化练习者的距离感及判断能力，并使练习者的技术动作更具灵活性，更适应实战对抗的需要。练习者不要在一开始就全力击靶，最佳方式是让练习者先轻轻击打靶位，然后逐渐增加力度，这有助于培养正确的发力以及对全力击打的理解。尽量找一个有丰富经验的陪练员来持靶，这样会使练习者的技艺有更大的提高，因为有丰富经验的陪练者会用自己的亲身击靶经历来配合、指导练习者训练，这会使练习者少走许多弯路。练习者在击靶前要做充分的准备活动。

在咏春功夫的学习历程中，击靶练习以它特有的价值长期扮演着重要角色，备受广大咏春拳爱好者的青睐。它是练习者提高技战术水平不可缺少的训练手段；同时它也是赛前热身的一项主要活动，使练习者迅速进入实战状态。也许练习者会感到击靶训练激烈而艰苦，但坚持练习会带来丰厚的回报和收益。

其他有关的练习可以参考前文有关内容自行设定。

三、前顶膝运用

(一) 日字冲拳－前撑腿－前顶膝

1. 动作

甲方以问手式与乙方对峙时，甲方挥动前手成日字冲拳佯攻乙方上路，迫使乙方上抬手臂欲做防护。甲方突起左脚向前蹬踢乙方腹部，紧接前落左脚贴近乙方，起右膝向前顶撞乙方下腹或太阳神经丛（图8－7～图8－10）。

图 8-7　　　　　　　　　　　图 8-8

图 8-9　　　　　　　　　　　图 8-10

2. 说明

拳法可用于直接突击或作引招，为腿法与膝法配合直接攻击，佯攻开路动作要逼真，腿膝连击要短促、直接、有力。

(二) 前顶膝消挡腿攻 - 日字冲拳反攻

1. 动作

甲方以问手防护与乙方对峙时，以前锋手迫使乙方做出动作，乙方抢先发右脚前踢甲方中路。甲方及时上抬左膝向前顶撞乙方的起腿，阻击乙方的攻势，乙方遭到截击欲收脚。甲方攻势不停，迅速向前落左脚靠近乙方，同时发右日字冲拳直击乙方面部（图 8-11～图 8-14）。

图 8-11

图 8-12

图 8-13

图 8-14

2. 说明

前顶膝用于截击，动作要及时、准确，配合拳法攻击在前脚一落地瞬间出拳可增加拳击威力。

(三) 上顶膝 - 前顶膝左右连击

1. 动作

甲方与乙方对峙时，乙方突然扑向甲方。甲方看准乙方动作，在乙方接近瞬间用双手成攀颈手按压或牵制乙方头颈，同时发左膝向上顶撞乙方头面部，乙方遭到膝击欲挺身。甲方攻势不停，顺势落左脚，起右膝向前顶撞乙方腹部，迫使乙方遭到重创（图 8-15 ~ 图 8-18）。

图 8-15

图 8-16

图 8-17

图 8-18

2. 说明

膝法配合连击，要把握好时机，在近身纠缠中迅速地动作，并随时顺对手的反应实施恰当的攻击或反击。

第二节 上顶膝

上顶膝，同样也是咏春搏击功夫的基本膝法，其又分左、右上顶膝和左、右斜上顶膝等形式。

实际上，咏春拳的前顶膝、上顶膝法在搏击中运用时可随搏击的状况而衍生出不同的膝击技巧，斜上顶膝就是较好的运用变式。

即使是上顶膝的训练与运用，也要在尽量不破坏自身中线的情况下进行。

一、问手上顶膝

（一）动作

1. 侧身问手式：先摆好侧身问手式（图8-19）。

2. 左上顶膝：然后，身体适度放松，以右腿支撑，左腿屈膝迅速向上猛然顶击而出，双手随势保持防护，呼气发力，劲力达膝尖，眼视前方。动作完成后，迅速落脚，恢复问手式（图8-20、图8-21）。

图8-19　　　　　　　图8-20　　　　　　　图8-21

3. 右上顶膝：右脚上顶膝动作与左脚上顶膝动作方法相同，唯以右腿前移同时屈膝向上顶击而出，两手随势保持防护不变（图8-22～图8-24）。

4. 左斜上顶膝：由问手式起，右腿支撑，左腿屈膝迅速向斜上方或斜前方提膝顶击而出，双手随势保持防护，呼气发力，劲力达膝尖，眼视攻击方向。动作完成后，迅速落脚，恢复问手式（图8-25～图8-27）。此为左脚斜顶动作。

　　图 8-22　　　　　　　　图 8-23　　　　　　　　图 8-24

　　图 8-25　　　　　　　　图 8-26　　　　　　　　图 8-27

5. 右斜上顶膝：右脚斜顶膝与左脚动作方法相同，唯以右腿屈膝向斜上方顶击而出（图 8-28～图 8-30）。

　　图 8-28　　　　　　　　图 8-29　　　　　　　　图 8-30

以上为左、右脚上顶膝和其变式斜上顶膝动作。

(二) 要领

保持问手桩式和警觉之心；一腿发膝时，另一腿支撑稳固，且保持灵活；动膝要直接向上，不可偏斜，脚尖可勾起；提膝要略收腹；膝上顶发力要快速、凶狠；双手随势保持防护姿势；发膝上顶时，重心要稳固；动作要快击快收，全身上下协调配合；动作要连贯、协调、流畅；由问手桩式开始、结束动作；精神与技法要融合为一。

如果是斜上顶膝动作，保持问手式以备动作；一腿欲发膝时，另一腿稳固灵活支撑；收腹、挺臀、斜撞要连贯协调，且迅速有力；双手保持防护姿势或随势做配合动作。

(三) 说明

咏春拳上顶膝技法较多用于近距离搏击。它在对方贴身抱摔时，或与对手贴身缠斗时，均可用上顶膝直接向上攻击对手要害。上顶膝在具体使用时，可用双手配合实施攀颈、拉肩等技巧动作，往往可以发左右膝连环顶撞攻击。如此可以产生极大的膝法攻击力量，而使对手遭到重创。

上顶膝也可以用于阻挡防御使用，用上顶膝来阻挡来自中、下路的侧击型踢击，例如提膝阻挡扫踢腿，或与肘臂结合形成上下立体式的防御。运用此法防御时，所提之膝多为对方动腿同侧膝。

斜上顶膝，即上顶膝侧击的技巧。斜上顶膝在搏击中，可以在进、退、闪、移或原地各个角度和位置灵活施用。这种膝击技术难度不大，较易与其他攻防技法协调配合发招，同样是种攻守兼宜的膝法。如果用斜上顶膝法拆解对手强劲的踢法或膝法攻击时，可利用膝关节硬度以刚制刚，可具消打一体的效果。如用斜上顶膝作为防御使用，可将膝上提与肘臂形成一道坚固的防护线，来阻挡和消截对手的攻势，抑制对手的攻击意图，然后伺机反击。

如果与对手形成贴身近战纠缠时，可配合攀颈手法发膝向斜上方顶撞来重创对手。

第八章 咏春膝法

（四）作用

上顶膝攻击目标多为面部、下颌、心窝、腹肋部，抑可根据情况攻击大腿肌肉、腰髋和裆部等部位。

二、上顶膝训练

（一）空击

上顶膝法和其他技法练习一样，空击是其必经训练过程。

和其他技法一样，上顶膝动作练习时要保持警觉与身体肌肉适度放松。另外，练习者面部表情控制也利于培养动作的隐蔽。膝法实施成功关键除突然、隐蔽外，主要在于膝击速度、时机、距离的把握上。

做上顶膝动作时，一定要快击快收。咏春拳认为迅速的膝击和其他技法攻击一样，能给对手造成极大的威胁，对其精神方面产生压力，直接影响其技术发挥。实践也证明，良好的膝击技术，能跳过对手知觉范围，出其不意地打乱对手的阵脚，而此时极便于练习者进行渗透性攻击，从而制敌于一瞬。

因此，练习者在训练中要善于思考，寻找有益的训练方法锻炼咏春拳搏击所需的各种技巧能力。

做上顶膝空击练习时，要求练习者精神与肉体极度协调，最大限度发挥髋部作用，锻炼膝法的机动、灵活，以及一气呵成、连贯流畅地动作。

练习上顶膝时，需认真理解技术要领。

膝法空击动作可由慢到快进行，使复杂的练习经由无数重复的训练变得简捷、直接。

咏春拳和其他武术或艺术一样，都含有创造的成分，这里就是指平时训练要融会贯通，在有了一定的基础后要渗入个人风格，才能使持久艰苦的训练拥有属于自己的技艺，而不会使训练令自己沦为机械人。

训练中，要用脑思考，且深入研究，层层剖析，深悟其意，方可使训练更为高效，使训练的一番苦味化作乐趣。我们在研修咏春拳时，要使咏春拳让我们树立勤奋、自学、勇敢、创新、自励、屡败屡战等的美好品质，成功的咏春拳研练是由自我改造开始的。

掌握了多种形式的训练方法后，可以回过头来参考前面的章节内容设定适合于自己的练习方式。

练习时间自行决定。

（二）固定靶

上顶膝动作技术掌握熟练时，即可通过膝法击固定靶练习来提高技术。

先用左右式上顶膝击固定靶，接着用左右式斜上顶膝击固定靶。

练习时可先由原地进行上顶膝和斜上顶膝攻击靶面，动作方法和空击方法一样，先由放松状的桩式发膝击靶，在膝峰接触目标刹那再紧张膝部击靶。练习中要注意膝击用力适度，避免受伤。其具体打法与击打沙袋略似。

然后过渡到移动中发膝击靶练习。

练习时间2～3分钟为一组，或10～15次为一组。

（三）手靶

可用手靶或脚靶进行上顶膝法练习。练习时由教练或同伴配合认真进行。

用左右式上顶膝和斜上顶膝进行击靶练习。

膝法击靶练习和其他技法击靶练习一样，击靶时，靶面是击打目标。持靶陪练者将靶持到合适高度，练习者先一招一式地膝击，待膝击靶技术熟练后可按照原地膝击靶、移动膝击靶和条件膝击靶的方式深入练习。

有关其他练习方法和要求可参见前文自行设定。

练习时间2～3分钟或10～15次为一组。

（四）沙袋

经由多种咏春拳技法训练后，可自行参考前文进行膝法击沙袋练习。

同时，为提高膝法水平，可以在有了基础后，创造性地进行训练。

咏春拳的训练不仅仅是为学习搏击和享受美学，更重要的是让练习者借以练心以求发现武艺诸法真相。事实上，这不仅以咏春拳为然，在其他各派的武技中亦如此。因此，练习者学练咏春拳各法，必须先使心与潜意识相调和，方可达到咏春拳精神与肉体合一的境界，此需进行无数重复的徒手和器械训练方可获得。

这里不具体指出膝法击打沙袋练习的方法了，原因是在掌握了多种击打沙袋的技法技巧后，练习者应能悟出其中奥妙。练习者如希望成为咏春拳或其他武技、艺术的大师，单靠学习技术性的知识是不够的。练习者必须去超越技术，使咏春拳之艺术成为从潜意识中生出的"无艺之艺"。

咏春拳学练者须做到攻与防不再对立，而是浑然一体的地步。练习者不觉得自己是站在沙袋或对手面前欲实施搏斗的人。这种潜意识状态，只有在彻底忘却自我，力求咏春拳技巧纯熟时，才能达成。此中真意另有文章，咏春拳练习欲区别于一般技巧，不是循序渐进学艺者所能企及的，需由经久的耐心训练方可获得。

咏春拳事实上与多种文化渗透在一起，使它与我们的日常生活不脱节，并上升为实用和简捷的武道。因此，咏春拳的修炼同时也使练习者其他方面得到升华，而使得咏春拳具有某些特质，使练习者能够远离不安和污秽。

三、上顶膝运用

(一) 日字冲拳－攀颈手－上顶膝

1. 动作

甲方与乙方对峙时，甲方注视乙方变化，迅速前伸左拳击打乙方面部，迫使乙方上抬手臂欲防御。甲方身体紧接顺势前移，用右手配合左手攀住乙方头颈，同时抬起左膝猛力上顶乙方腹部或太阳神经丛（图8-31～图8-34）。

图 8-31

图 8-32

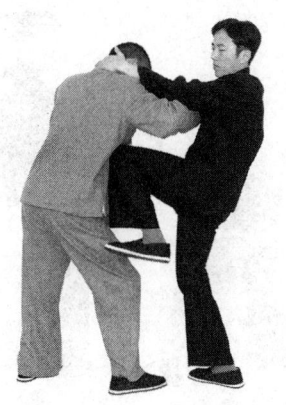

图 8-33

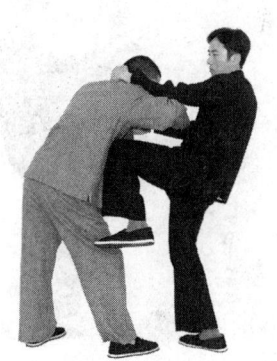

图 8-34

2. 说明

拳击无论奏效，欲实施膝攻都要迅速逼近对手，用手法与膝配合，准确、凶狠地展开攻击，上下动作要连贯流畅。

（二）抓发上顶膝

1. 动作

甲方与乙方互相逼近，乙方欲发拳攻击甲方。甲方随即前伸左手抢抓乙方右手腕或闪避乙方拳攻，紧接在乙方欲收手瞬间，甲方身体前移贴近乙方，用双手抓压乙方头发，同时发右膝向上顶撞乙方面门部（图 8-35 ~ 图 8-38）。

图 8-35　　　　　　　　　　　图 8-36

图 8-37　　　　　　　　　　　图 8-38

2. 说明

闪避拳攻要及时，抢抓按压头部与膝上顶要同时动作，膝上顶击时可借助踏地、拧腰转髋的劲力猛击。

(二) 问手 - 侧闪 - 上顶膝

1. 动作

甲方以问手防护姿势站立时，乙方抢先发右拳击打甲方头部。甲方及时向左侧闪避，同时在乙方未收拳时侧身前冲进马，同时发右膝上顶乙方腹肋或裆部，迫使乙方遭到膝攻（图 8-39～图 8-42）。

图 8-39　　　　　　　　　　图 8-40

图 8-41　　　　　　　　　　图 8-42

2. 说明

侧闪与发膝攻击动作要协调，膝攻要抓住可实施攻击的破绽，进马与膝攻整体合一地动作。

（四）膀手－摊手－攀颈手－斜上顶膝

1. 动作

甲方与乙方交战中，乙方先发左膝上顶甲方中路。甲方右臂成膀手及时消挡乙方膝击攻势，乙方紧接落脚出拳击打甲方头部。甲方及时向前进马步，用右手前伸成摊手摊挡乙方左拳臂，同时前伸左手攀住乙方颈肩部，同时随身体进马冲势发左膝向斜上方顶击乙方腹肋部或腰髋部（图 8-43～

图8-46）。

图8-43

图8-44

图8-45

图8-46

2. 说明

消解膝攻，摊挡拳击要及时、有力，进马移步向上发膝攻击要突然、有力，攀颈手上下要配合恰到好处。

（五）斜上顶膝消截踢击

1. 动作

甲方与乙方对峙时，乙方突起左腿扫踢甲方上盘或中盘。甲方在乙方起腿瞬间，上抬左膝向斜上方顶撞乙方左腿膝或左大腿肌肉部，迫使乙方遭到膝攻无法实施踢击（图8-47～图8-50）。

图 8-47　　　　　　　　　图 8-48

图 8-49　　　　　　　　　图 8-50

2. 说明

以膝法消截踢法攻击，要有良好的判断能力和对时机的把握能力，不需使用蛮力，仅以直接、简捷的膝招截击。

（六）以膝拆膝

1. 动作

甲方与乙方互相逼近时，乙方先起膝攻向甲方。甲方看准乙方动作，在乙方起膝同时，迅速上抬右膝向斜上方顶撞乙方起膝的大腿根部，使乙方遭到重创（图 8-51～图 8-54）。

图 8 – 51　　　　　　　　　图 8 – 52

图 8 – 53　　　　　　　　　图 8 – 54

2. 说明

以膝拆膝，动作时要从可能的角度实施截击或阻击，使消打一体。

第九章 咏春摔法

咏春搏击功夫摔法，也可称为擒摔技法，它很大程度上吸收了传统武术技击中和跤术中的摔法精华，结合咏春拳中三套拳的攻守招式，依据咏春拳理形成风格独特的以弱胜强的摔法技术，并具有很高的实用价值，这也使其区别于其他门派的摔法技术。

咏春拳擒摔技法，多数是以擒、踢、打的一些方法配合实施摔跌，因此称其为擒摔法，这样也是为搏击制敌的目的和作用而创造的。咏春拳擒摔法有顺应人体关节活动规律的摔法技术，有逆反人体关节活动规律的技术，以及通过击打、擒拿形成的不同的摔法。

为适应搏击的需要，咏春拳摔法以按照人体运动力学原理，利用人体重心前后、左右的转移状态，根据在实际的搏击中，对手当时的站位、动作招式等身体方面的客观条件，来及时审时度势，抓住时机运用一定的方法将对手摔倒在地，并予以制裁对手。

咏春拳的摔法动作技术精炼，技法简捷，结构清晰，攻防明快，成效显见，出手则着，转身则化。在搏击中，以其巧妙多变的手法、灵活应势的步法和身法以促搏击达到事半功倍之效。

咏春拳运用擒摔法，是运用肢体的制胜之道，也是咏春拳的拳理之道。擒摔法作为咏春拳的一部分自有它的特殊之处，必须将其融入各种攻防搏击技术中，使咏春拳自由搏击术达到完美。

第一节 擒摔基本知识

咏春搏击功夫擒摔法与其他传统武术摔法技法有着相通之处，即其同样有相适应的基本功与练习方法，并可与踢、打、拿法融会贯通。擒摔法同样需要练习者有极快的速度，并要具备能与对手抗衡的力量。要想在擒摔时快速地运动，同样需要把身体放松下来。在进攻时，肩肘腕胯膝都要做到完全放松，才能使擒摔法进攻达到快速的目的。在动作规范时，相应的肌肉群又要有一个从放松转变到极度紧张的过程，此即是咏春拳所指的发力。

一、基本功

体能训练，即是擒摔法以及其他技法的基本功训练，是熟练掌握和提高擒摔技术的重要环节，同时也是有效地发展咏春拳专项身体素质的重要手段。擒摔法的技术是千变万化的，只有全面掌握体能训练，才能为擒摔法以及其他技法打下良好的基础。

与擒摔法相应的体能训练和基本技术，包括所有的咏春拳体能训练内容，同时也包括基本的进攻技法，例如拳法、掌法、肘法、踢法、膝法等技术。各法具体练习方法参见本书相关内容。

二、擒摔法内容

咏春拳擒摔法的种类较为丰富，技术多变，在分类上可以分为抱腿摔法、勾踢摔法、挟颈摔法、抱腰摔法、地躺摔法等等，这些摔法可以配合膀手、摊手、伏手、底掌等动作任意施展，而每一分类中又包含多种不同形式的具体摔法。为了便于学习和掌握擒摔技术，本章内容以咏春拳简捷、直接、高效的原则，将擒摔法分为上体（攻击上体）擒摔法、下体（攻击下肢）擒摔法和扭转至极限擒摔法三大类，如此使擒摔技法更加明了。因为，每一种具体的擒摔技术，不只是对擒制一个身体部位实施的摔法，有时也需要其他技术的配合来使擒摔奏效，例如在抓住上肢手臂时，亦需配合绊踢腿脚才能使摔法更加奏效，所以对于擒摔技术不作具体的分类。

三、擒摔法训练

擒摔法训练的具体方法，可以参考咏春拳前面其他技法训练的方法来进行。

（一）进攻练习法

进攻练习法，是练习者在掌握基本的摔法技术后，运用摔法和提高摔招技巧的一种练习方法，可以与教练或同伴一起进行练习，也可以分开各自练习，可以在固定位置练习，也可以于移动位置练习。

固定位置攻入时，守者（教练或同伴）站立原地让攻手（练习者）进行攻击，为提高攻手（练习者）的攻击能力，守者可以给攻手一定的抵抗力。

移动攻入时，守者配合攻手步伐移动让其攻入进来，为提高攻手的移动攻入能力，可以不按照攻手步子移动让其攻入进来。

攻手为提高攻入后的应变能力，可以将守者攻入离开地面之后，然后将守者放下，或者在守者后面加一帮手不让攻手攻入，将守者离开地面以增强攻手攻入应变能力。

攻入练习应有速度、时间、组数、次数上的要求，初始练习时只需熟练技巧，可以不必有速度、时间、组数、次数上的要求。

练习者独自做攻入练习时应与本人专长的咏春拳技术结合起来。如果本人的专长技术或某一个技巧已能熟练地攻入时，就要与提高各项素质、速度、力量、协调、灵敏等练习结合。

（二）配合练习法

进行配合练习法，需注意两点，一是攻守双方身高、体重应大致相仿。二是攻守双方必须在掌握自我保护的前提下（即摔倒时攻手能保护守者，而守者倒地后能自我保护），方可进行配合练习。练习时守者切不可

自动往攻手方摔倒下去，这样攻手在练习时难以掌握技术动作要领，一定要在攻抓把位、攻入部位、动作方向、受力动作、动作速度正确的情况下，不加以抵抗摔倒下去，只有如此攻手才能达到练习的良好效果。

开始阶段的配合练习，要先以静止位置开始，守者站着待攻手抓把、攻入、受力、方向均正确的情况下才让攻手将其摔倒下去，如果攻手的这些动作不正确，就不要倒下去。

配合练习时守者是不抵抗地配合攻手熟练技术动作，只有当攻手动作不准确时，要抵住其摔倒下去，否则自己会被摔痛或被攻手压痛。移动配合练习比站着不动的配合练习进了一步，守者顺着攻手脚步移动方向而移动，同时配合施展攻守法技术。这种步法练习时，攻手要不待守者步伐站稳时就施技，要恰到好处地掌握施技的时机。相互配合练习，可使练习双方都可以找到恰当的时机施术，攻手和守者不固定，谁是施术者就是攻手，被施术者就是守者，双方移动过程中谁都可以抢先施术，施术者的动作要力求正确。当攻手施展动作正确时，守者就勿作抵抗顺势被摔倒。如果施术者的动作不正确，守者就不要让他摔倒，此种练习的主要目的是让练习者熟练动作技术，掌握施技的正确时机。

（三）约束练习法

为了熟练某一擒摔动作技术，规定攻手只准使用这个技术进攻，这个技术的动作一定要正确，技术动作力求不变形。守者配合攻手练习时，要注意攻手动作的正确性，动作不正确就不让其摔出。动作正确性是指方向、力量、时机、速度、动作的协调性，注意在施术的一瞬间使出全部力量。

在不断的练习过程中，随着技术程度的提高，可以逐步放宽约束练习的条件和提高约束练习的难度，约束练习可按技术难度高低分为以下四种练习方法。

1. 初学阶段时，规定攻手一定要完成正确技术动作，掌握好施术的时机，攻守双方交替进行练习。

2. 提高练习之后，不规定一方先施展技术，双方谁先掌握时机，就先施展技术，这种练习的主要目的是掌握在身体移动中的施术时机。

3. 扩大约束范围，接近于自由练习，这种练习的目的是不加以全力抵抗的一种进攻练习。

4. 规定只用某一种技术，在这些技术中选一种或两种进行实战练习或攻防练习。

（四）自由练习法

即不受任何技术动作约束进行自由练习，自由练习的目的在于提高施技时身体姿势正确、技术动作正确、掌握施技时机正确。这种自由练习不是全力拼搏，其可与不同对手进行练习。

（五）绝技练习

擒摔绝技是指不看对手体型特点，在任何情况下，这个技术使用起来比较得心应手，且成功率较大。每一个练习者都应学习专长的绝技，通过学习技术和重复练习来逐渐掌握，练习绝技一定要在全面学习咏春拳技术的基础上进行。

然而，如仅练习一两个绝技而没有全面理解咏春拳基础或摔法基础，其运动水准也不会得到提高。学习绝技时不要去模仿他人，一定要根据自己身体特点和所喜欢的技术去研发，变成个人条件反射性技术动作。

绝技是在多次数的反复练习中慢慢形成的。全面掌握基本技术是很有必要的，是练就绝技的基础；绝技不必很多，掌握两三个足矣。但是，这两三个绝技要与咏春拳的其他技法联系起来，因为其他技法可为施展绝技作攻打掩护。

任何练习者不管在任何场所练习或实战，不论身材高矮、技术好坏、力量大小都要敢于使用自己的绝技。正常情况下，开始使用绝技时，一个也用不上，但随着技术熟练和技术水平提高，绝技成功率就会慢慢提高，若对手防不胜防被你的绝技摔倒，这时绝技就已练到相当程度了。

（六）实战练习法

与咏春拳的其他技法练习一样，擒摔法可经由实战练习得以提高，通过与不同技术类型、不同体型、不同级别的对手进行实战，可提高实战技术和比赛能力。具体练习方法可以参见其他技法实战练习方法进行。

（七）连贯技术训练

擒摔法与咏春拳共同形成自由搏击之法，对于练习者而言，速度、力量、耐力、灵敏度等素质在搏击训练中都是不可或缺的。特别是在施展摔法时，时间短、节奏快，因此要求练习者必须具备良好的体能和较高水平的连贯技术动作，才能在搏击中战胜对手。

1. 擒摔法连贯技术的形式

与咏春拳其他技法一样，连续使用两个或两个以上方法取得效果的技术动作就是连贯技术（连环技法）。

2. 形成连贯技术的基本要求

连贯技术建立在基本技术正确、全面熟练的基础上。咏春拳擒摔法的基本技术多种多样，包括站立转移和跪撑等动作技术，练习者至少要熟练掌握10个以上的擒摔动作，再以这些方法为基础进行相互连贯，或以其中的技术为主配合其他动作进行衔接。在施展擒摔动作时，时机、握抱把位、支撑点、着力点、用力方向结束时的姿势是否正确，都会影响到单个擒摔动作的良好发挥。只有解决好这些问题，才能发挥单个擒摔技术的效用，从而更好地提高连贯技术的运用能力。

良好的体能是施展连贯技术的物质基础。咏春拳搏击中，两个人交战时，一方用擒摔法在短时间内和对手比速度、力量、耐力，且擒摔法的特点是时间短、节奏快、技术动作要连贯，因此要求练习者必须具备良好的体能。当然，还需具备良好的灵敏素质，才能发挥好擒摔技术，以适应搏击中千变万化的复杂局面。

擒摔法与咏春拳的其他技法一样，在任何时候开始练习时，都必须保持平常之心。心态要保持平和、舒缓，如此可促使技术快速进步，并可锻炼练习者以不变应万变的能力。练习者如能用心智去训练，掀开面纱，认识咏春拳的本质，此时会明白咏春拳的真谛，成为一名咏春拳高手。

第二节 上体擒摔法

咏春搏击功夫攻击上体的擒摔法，主要是指针对对手上体施加作用力，使对手上体偏离重心垂直线，造成对手整个身体离地摔跌的技法。

准备擒摔时，应保持警觉心，身体肌肉先适度放松，以利于擒摔的速度和动作的机动、灵活，保持警觉心可对对手变化做准确、迅速的反应。

擒摔的劲道来自于精神与肉体高度融合为一地施展。擒摔法动作中的身体各部分的高度协调和进攻效率来自整体效果而非局部的突出。在施摔动作的瞬间，身体各个部位要最大限度地配合运动，通过重复训练，来加强神经系统与肌肉的协调能力，使擒摔的动作更加连贯、流畅。

一、擸手挟颈背摔

（一）动作

1. 擸手：甲方与乙方对峙时，乙方发后手（右手）直拳或摆拳击打甲方上路，甲方用前手成擸手抢抓住乙方右拳臂（图9–1）。

2. 挟颈背摔：甲方同时向前上右脚屈膝成马步，贴近乙方身体，以臀部贴近其腹部，右臂随势紧紧搂住乙方脖颈，上体俯身左转，两腿迅速蹬地，撅臀，带动两臂用力向左下方搂拉，配合以拧腰转体之合力将乙方背摔倒地（图9–2～图9–4）。

（二）要领

保持桩式，及时动作；密切注视对方举动；擸手出击要准确；上步挟颈要快而有力，且与下压撞用力一致；整个动作要突然、干脆、利落；手与步、身配合要协调；精神与技法要融合为一；完成动作时及时恢复桩式防护。

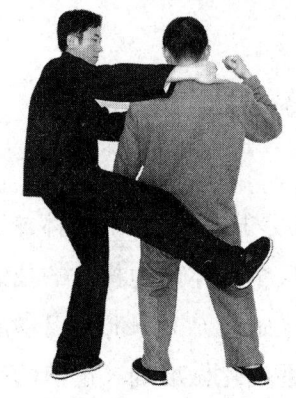

图9-1　　　　　　　　　图9-2

图9-3　　　　　　　　　图9-4

（三）说明

挟颈背摔主要是以挟住上体的颈部实施背摔的技法。它主要适合在对付身材稍高者时使用。当然，可根据自身情况决定如何运用。

咏春拳摔法和其他技法一样，讲解比学练还要困难，因为如何将动作形成有生命、有呼吸的技术，是相当不易的。

（四）作用

擸手挟颈背摔，是在搏击中以擸手的防守攻击对手上体动作，随对手的反应及时形成的挟颈背摔法。

二、挟颈别腿摔

（一）动作

1. 膀手：甲方与乙方对峙时，乙方发左手摆拳击打甲方面部，甲方迅速用右臂成膀手消挡（图9-5）。

2. 挟颈别腿摔：甲方乘机在乙方拳头下落撤步时，挟住乙方颈部，或抓住乙方衣领，左脚向左前方上一小步，右脚向右侧上一大步，落脚于乙方右脚的外侧猛别乙方腿部，同时身体向左下方俯身，右臂随之向左下方发力，左手可配合成擸手抓住乙方右臂，头顺势向左甩，将乙方别摔倒地（图9-6~图9-8）。

图9-5　　　　　图9-6

图9-7　　　　　图9-8

（二）要领

由桩式起，膀手防守要及时，上步要果断；挟颈别摔上下同时动作；动作时合理地使身体上下配合；整个动作要快速、连贯、流畅、凶猛。

（三）说明

挟颈别腿摔多是在防守后使用，有时也可以在手法、膝法的掩护下进攻，或在近战中突然发招施摔。

咏春摔法与其他技法学练一样，学练的目的并不是要增强肌肉，或使出全身之力，要做到用心去训练，将肉体与内心结合，并使之成为习惯，所有的训练即可达到自己满意的结果。

（四）作用

挟颈别腿摔，是在膀手防守同时攻击对手上体颈部，随身体进马，手与腿上下呼应形成的挟颈别腿摔跌法。

三、抓肩拽绊摔

（一）动作

1. 摊手：甲方与乙方对峙时，乙方抢先发右拳直击甲方面部，甲方向右侧闪避，用左手成摊手摊挡乙方右拳臂（图9-9）。

2. 抓肩拽绊：甲方迅速用右手抓住乙方后肩（或后衣领），向后猛推乙方，乙方上体向前对抗。甲方动作不停，突向右转体180度，同时右手向前下方猛拉乙方后衣领，左腿猛绊乙方右腿内侧使乙方向前扑倒（图9-10～图9-12）。

图 9-9

图 9-10

图 9-11

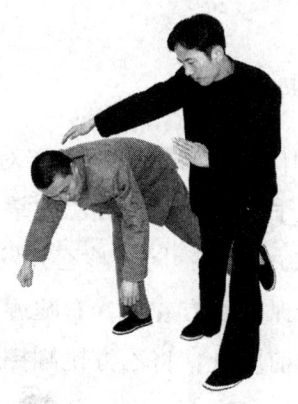

图 9-12

（二）要领

由桩式快捷地动作；摊挡恰当，抓衣领要及时；转体迅猛；拽绊有力快速；上下配合协调一致；精神与技法要融合为一。

（三）说明

挟颈拽绊摔法简单，运用时能突然将对手摔出数米，这种摔法具体施用时需要借对方的力将对方摔倒，因此动作要干脆、快速。

此摔法可以在防守后使用，亦可在拳法、踢法的掩护下使用。如这种摔法施术不成功，可以变式成勾、挑、踢类摔法攻击。因此，这种摔法也可为其他摔法开路引招。

开始阶段的摔法训练会使练习者倍感紧张或吃力,这需要经久的训练来消除紧张和修正自我的姿势。练习者要用心灵的力量结合肢体进行训练,有效的这些训练可使身体在施技时变得更加轻松。

(四)作用

抓肩拽绊摔法,是在摊手消挡对手攻击时随势形成的抓肩拽配合下腿绊的摔法。

四、挟颈挑腿摔

(一)动作

1. 内门拍手:甲方与乙方对峙时,乙方先发左拳向上勾击甲方下颌,甲方用左手掌向内门拍挡乙方拳头(图9-13)。

2. 挟颈挑腿:同时趁乙方发拳击空收拳时用右臂顺势挟住乙方颈部,左手配合抓住乙方左臂,右腿缠住乙方左腿向后上方猛挑,右臂猛压乙方颈部,向前甩身,将乙方挑翻摔跌于地(图9-14~图9-16)。

图9-13

图9-14

图 9 – 15　　　　　　　　　图 9 – 16

（二）要领

拍手防守要及时；挟颈部与挑腿要快捷、迅猛；身体与摔法协调合一地动作；下肢随摔要稳固，摔招顺达；施摔中要控制好平衡；后挑腿时手腿要同时用力；要善于借力发力巧施摔技；精神与技法要融合为一。

（三）说明

挟颈挑腿摔法多数适合对付身材稍高大者使用。这种摔法杀伤力较大，有较高的实用价值。它可在拳法或掌法的掩护下，或于近战中突然施摔。

施摔时，呼吸要顺其自然，要和动作达成协调一致的节奏，此亦可随时增减其动作而不致破坏动作的意义与特色。

（四）作用

挟颈挑腿摔，是在以内门拍手消解对手攻击时，顺势以拍手化为挟颈攻击对手上体并结合上挑腿形成的摔跌法。

五、挟颈勾腿摔

(一) 动作

1. 膀手：甲方与乙方对峙时，乙方先发右拳摆打甲方头或面部，甲方迅速用左臂成膀手架挡消解乙方拳臂（图9-17）。

2. 挟颈勾腿：甲方乘机将左脚向左前方进马上一步，同时用右臂夹住乙方的颈部，左手配合抓住乙方胸前衣服，右腿缠住乙方的左腿，然后左脚向右前方跳动一步，借左脚落地时的惯性，右脚向上猛勾乙方左脚，同时右手用力向后猛搬乙方下颌，将乙方摔倒在地（图9-18～图9-20）。

图9-17

图9-18

图9-19

图9-20

（二）要领

膀手防守要及时，保持随时警觉之心；挟夹颈要快速、牢固；缠腿要发力迅猛；步法要配合灵活；夹颈缠腿上下要连贯、流畅；进攻要快速、有力，整个摔法动作要协调。

（三）说明

挟颈勾腿摔法简单实用，多适合对付身材高大者使用。它可在拳法、掌法的掩护下进攻，亦可在防守后突然进攻，是近战中较为实用的摔法。

开始阶段的练习，呼吸与动作的结合不必刻意去追求，更不要刻意保持放松。需要在动作中专心致志地呼吸，就像没有别的事可做一样。每一动作训练中，要学会毫不费力地在呼吸时忘却自己，此也是武艺中呼吸的秘诀之一。

（四）作用

挟颈勾腿摔，是在交战中以膀手消解来自对手上路的拳攻时，配合进马，手与腿上下整体形成的挟颈勾腿摔跌法。

六、攀颈绊腿摔

（一）动作

1. 攀颈手：甲方与乙方对峙时，双方进入纠缠中，甲方迅速绕至乙方背后，用双臂由背后向乙方两腋下插抱，双手顺势由上向下攀住搬压乙方颈部（图9-21、图9-22）。

图 9-21　　　　　　　　　图 9-22

2. 攀颈绊腿：甲方动作不停，右脚同时向左脚后撤步，左腿向乙方右腿侧前摆后绊，左肘上抬，上下同时压绊用力将乙方向侧方摔跌倒地（图 9-23、图 9-24）。

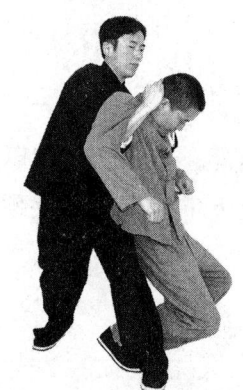

图 9-23　　　　　　　　　图 9-24

（二）要领

双臂插腋攀搬压颈要牢固、有力；向下攀压颈时，乘势发腿绊摔；搬压颈与侧绊腿要协调、迅猛；步伐随施摔灵活配合；手脚要快速有力。

（三）说明

攀颈绊腿摔法可在纠缠或混斗中，及时抓住时机施摔，或趁对手体力不支时实施控制。

无数反复的训练会使练习者最终懂得用"心"训练的意义。无数的训练也会使练习者的心灵获得许多启发。

(四) 作用

攀颈绊腿摔，是在交战中以双手攀颈配合攻击对手上体，同时以下路腿脚施绊形成的上下呼应的摔跌法。

七、锁颈反背摔

(一) 动作

1. 护手：甲方与乙方对峙时，双方迅速进入交战中，甲方疾闪身绕至乙方背后，以护手防护乙方的随时变式（图9-25）。

2. 锁颈反背：甲方紧接用右手由背后抓握住乙方后衣领，左臂由乙方左肩上伸，顺势用左臂挟锁住乙方咽喉，右手扣握住左手腕向后拉，右脚向左脚后背步，两腿屈膝，上体随即向右猛转，将乙方反背侧摔倒地（图9-26～图9-28）。

图9-25

图9-26

图 9－27　　　　　　　　　　　　　图 9－28

（二）要领

护手要随时注意防护对手突然的袭击；抓肩伸臂锁颈喉要快；后拉颈要有力；顺势转脚转体反背要流畅；挟锁颈喉、转脚、转体、反背要协调一致；整个动作要一气呵成；精神与技法要融合为一。

（三）说明

锁颈反背摔法，用于由背后袭击，或在混战中抓住时机实施摔跌，或用其他拳法、踢法实施重击打破对方节奏时施摔攻击。

摔法运用得当，可以毫不费力地反弹劲道，突然撤消敌人猛烈攻击的阻力，利用对自己的力量，将敌人打摔倒地。

（四）作用

锁颈反背摔，是在交战中由护手防护，同时以锁颈攻击对手上体配合反背摔形成的摔法。

八、抓肩绊腿摔

（一）动作

1. 单擒拿手：甲方与乙方对峙时，乙方欲动，甲方抢先移步绕至乙方背后，用右手成擒拿手抓握住乙方左肩（或衣领）（图9-29）。

2. 抓肩绊腿：甲方紧接以右手于右侧向下横拉乙方左肩，右腿向右侧外摆，随即踢绊乙方右小腿，将乙方向侧方摔倒于地（图9-30~图9-32）。

图9-29　　　　　　　　　图9-30

图9-31　　　　　　　　　图9-32

（二）要领

以擒拿手抓肩（或衣领）要牢固、有力；踢绊腿要果断、直接；拉肩踢绊腿上下要同时动作；要合理利用拉绊劲力；支撑腿要稳固。

（三）说明

抓肩绊腿是上拉下绊踢腿形成的摔法。它可由对方背后直接进攻，亦可在防守时施摔，或在其他手法或踢法的攻击中配合摔跌。

技术训练到一定水平或高深境界时，精神与身体协调做出来的每一动作，甚至是细微的动作成为本能时，其动作恰如儿戏一般。

（四）作用

抓肩绊腿摔，是以单擒拿手抓肩攻击对手上体，同时配合下路绊腿形成的摔跌法。

九、拨颈过背摔

（一）动作

1. 单擒拿手：甲方与乙方对峙时，甲方迅速用右手抓住乙方右肩（或衣领）（图9-33）。

2. 拨颈过背：甲方动作不停，右手向右侧拨压乙方颈部，左臂由乙方右臂腋下向前伸，随即上左脚，向右转体，上抬左臂插抱乙方右肩，紧接上体右后转，左臂抱乙方右肩猛下压，将乙方过背摔跌于地（图9-34~图9-36）。

图9-33

图9-34

图 9-35　　　　　　　　图 9-36

（二）要领

单擒拿手抓肩（或衣领）要牢固；拨压颈肩要有力；两手压插配合协调；转体下压过背要迅猛；整个动作要连贯有力。

（三）说明

拨颈过背是以拨颈插肩实施的过背摔法。它多用于近距离时施摔，或与拳脚配合攻击逼近时使用的摔法。

施摔时要全神贯注、全力以赴，甚至要忘却自我，做到以不变应万变，或以万变应不变，如同婴儿般，随意本能地动作。

（四）作用

拨颈过背摔，是以擒拿手配合拨颈攻击对手上体形成的过背摔法。

十、踏膝锁颈摔

（一）动作

1. 单擒拿手：甲方与乙方对峙时，迅速发生交战，甲方闪到乙方背后用右手成擒拿手抢抓住乙方右手腕，用力向后拉（图 9-37）。

2. 踏膝锁颈：甲方动作不停，左手同时由上向后扒压乙方右肩，左脚向前踏踹乙方右膝窝部，在乙方屈膝后跌同时，甲方动作不停，左臂屈肘随即向后圈锁住乙方颈部，将乙方向后摔倒（图9-38～图9-40）。

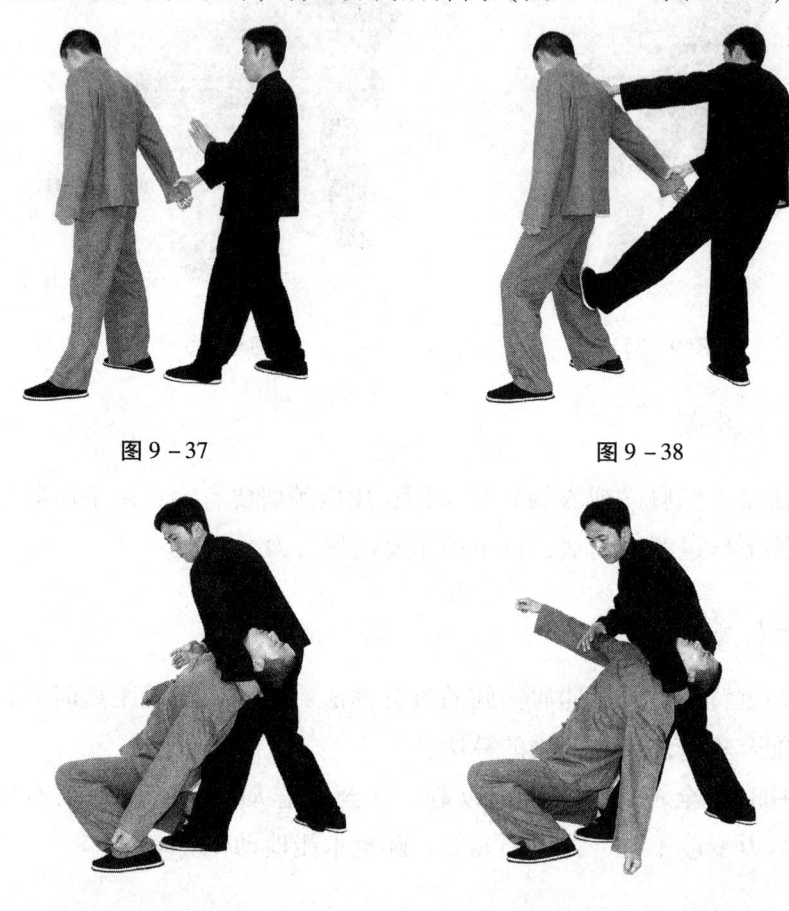

图9-37　　　　　　　　　　　图9-38

图9-39　　　　　　　　　　　图9-40

（二）要领

交战中闪到背后出击擒拿要快；抢抓手欲施摔要牢固有力；踏踹膝要凶狠；动作中手脚要协调配合；拉臂、扒肩、踏踢要快速流畅；精神与技法要融合为一。

（三）说明

踏膝锁颈可在拳法与踢法的攻击配合下，由背后主动或防守时突袭使用的摔跌法。

咏春拳摔法包括其他技法，训练较高水平时施展出来的技法动作，是无宗旨的，无目的的！此是不需过分执拗自己的意志，扫除一切障碍，本能地反应，自如地动作。

（四）作用

踏膝锁颈摔，是以擒拿手随势锁颈攻击上体，同时配合踢击对手下路形成的摔跌法。

十一、顶胸砍颈摔

（一）动作

1. 窒手：甲方与乙方对峙时，双方迅速进入交战中，乙方先发右拳直击甲方上路，甲方迅速向左闪身避开乙方右拳，同时右手成窒手由上向下压挡乙方右小臂（图9-41）。

2. 顶胸砍颈：甲方动作不停，右手成侧掌反击乙方右侧颈部，乙方欲动，甲方攻势不停，随势上抬右膝向上顶撞乙方胸部或面部，膝攻后落脚向后撤步，向右闪身，用左手成铲掌由上向下砍压乙方颈部，将乙方砍倒于地（图9-42~图9-44）。

图9-41

图9-42

图 9-43　　　　　　　　　　图 9-44

（二）要领

向左闪身、窒手压挡要及时；右手侧掌砍击要准确、凶狠；左、右手协调配合动作；膝上顶要突然；铲手砍击与上顶膝要形成连贯动作。

（三）说明

顶胸砍颈摔是由打法形成的摔跌技术，以手脚配合上下攻击迫使对手倒地。这种打摔法可以直接进攻，亦可在防守中反击。

搏斗摔法包括其他技法，每一动作不是一种无作用的游戏，而是一件生死的大事！训练要使每一动作都有用途和效果。训练过程中要调整心态，逐渐消除自己性情粗暴的一面。

（四）作用

顶胸砍颈摔，是在防护中由窒手变式侧掌、铲手攻击上体，同时配合膝攻形成的摔打法。

十二、转身压颈摔

（一）动作

1. 单擒拿手：甲方与乙方对峙时，乙方快速绕至甲方背后用右手抓住甲方右手（图9-45）。

2. 转身压颈：甲方迅速向后撤步，左脚左手向前伸，稍左闪身，左手成侧掌随即向左后转身切击乙方左侧颈部，右臂屈肘上提，左手顺势屈肘成跪肘向下跪压乙方颈部，将乙方压倒于地（图9-46～图9-48）。

（二）要领

擒拿手要有力；撤步、伸手要及时；转身砍击要突然；随势屈肘扼压要快速；撤步、转身、切压要协调有力；精神与技法要融合为一。

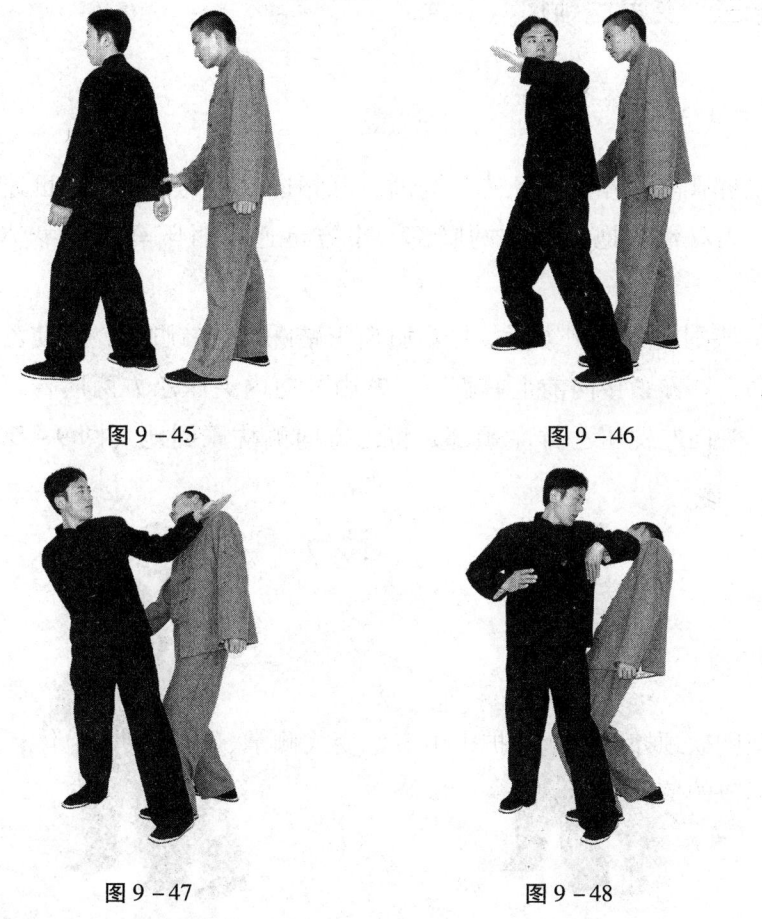

图9-45　　　　　　　　图9-46

图9-47　　　　　　　　图9-48

（三）说明

转身压颈是以手砍击与屈肘压颈迫使对方倒地的摔法。它主要于防守后实施摔跌。

为使咏春拳的所有训练都奏效,在训练或动作中就要学会忘掉自我!除了一份无心机的躯体,一无所余地进行训练。

(四)作用

转身压颈摔,是以擒拿手擒拿对手的上肢,并以侧掌、跪肘攻击对手上体形成的打摔法。

十三、夹肘枕颈摔

(一)动作

1. 拑阳马:甲方与乙方对峙时,互相进入交战中,乙方迅速绕至甲方背后,用双臂环抱住甲方的腰部,甲方迅速以拑阳马稳定身体(图9-49)。

2. 夹肘枕颈:甲方紧接用右脚向下踏踩乙方右脚面,迫使乙方遭到踏击欲动,甲方紧接向前上右脚,双臂由外向内夹压乙方两肘臂,随即上体左转,头向左枕压乙方左颈部,将乙方向侧枕压倒地(图9-50~图9-52)。

图9-49

图9-50

图9-51

图9-52

（二）要领

以拑阳马稳定身势要及时；踩踏要突然有力；转体枕压要生猛、凶狠；夹肘要紧密牢固；整个动作中，上步要快，枕压、转身要协调一致；施摔同时要防中带攻；精神与技法要融合为一。

（三）说明

夹肘枕颈适用于防守后进攻施摔，或在纠缠搏斗时随势实施摔跌。

（四）作用

夹肘枕颈摔，是在背后遭到攻击时，以拑阳马式稳定身体同时踩脚、双臂夹击配合枕压对手头部形成的攻击上体摔法。

十四、别腿切颈摔

（一）动作

1. 膀手：甲方与乙方对峙时，乙方靠近甲方同时发右拳摆打甲方头部，甲方迅速以左脚向左移步并用左手成膀手消挡（图9-53）。

2. 别腿切颈：紧接顺势搂抓住乙方右臂回拉，随即右腿向左前方进马，摆绕至乙方右腿后，别住乙方右腿，与此同时，右臂从乙方左肩上方穿过，右手成侧掌切击按压乙方肩颈部，身体前倾，用右腋和胸部冲压乙方左肩和颈部，迫使乙方后仰倒地（图9-54~图9-56）。

图9-53

图9-54

图9-55

图9-56

（二）要领

膀手防守及时；挡腿严密；冲压、蹬腿有力；上下动作要协调一致。

（三）说明

别腿切颈即别腿摔法，由上切颈与下别腿形成的摔法动作。它可以主动进攻，也可以在防守时施摔。

训练中要集中精力，忘我地体会每一个细微动作，做到旁若无人般，心中唯有咏春拳术。

（四）作用

别腿切颈摔，是以膀手消解对手拳势同时，进马配合挡腿、切压颈攻击上体形成的摔法。

十五、攀颈前拉摔

（一）动作

1. 前撑腿：甲方与乙方对峙时，甲方突发左腿前撑蹬踢乙方中路，乙方中招俯身（图9-57）。

2. 攀颈前拉：甲方趁机前落左脚接近乙方，迅速用双手攀住并挟紧乙方头颈部，随即向后撤步沉身，双手发力猛力牵拉乙方头颈，利用撤身下拉合力使乙方向前失衡倒跌在地（图9-58~图9-60）。

图9-57

图9-58

图 9-59　　　　　　　　　　　图 9-60

（二）要领

前踢要突然、落脚要及时；攀挟颈要牢固、凶狠；前拉发力要迅猛；整个动作要突然、迅猛、连贯；精神与技法要融合为一。

（三）说明

攀颈前拉摔法可以在拳脚的配合下主动进攻施摔，亦可在防守状态中发招。

训练水平较高时，无论施展何种动作，自会在动作时舍弃一切执着下手，使其达到完全的无我境界。

（四）作用

攀颈前拉摔，是以双手攀住对手头颈攻击其上体，配合迅猛牵拉形成的摔跌法。

十六、转身扛肘摔

（一）动作

1. 擒拿手：甲方与乙方对峙时，乙方先发右拳直击甲方面部。甲方迅速向右闪身，并向右侧上左脚，右手由上向下擒压住乙方右手腕（图 9-61）。

2. 转身扛肘：甲方动作不停，紧接左手由乙方右臂下向上抱握住乙方右大臂，随即上体向右转，两腿屈膝下蹲，双手抱紧乙方右臂用肩猛扛其肘部，随着两腿突然蹬直把乙方扛起凌空向前摔倒在地（图9－62～图9－64）。

图9－61　　　　　　　　　　图9－62

图9－63　　　　　　　　　　图9－64

（二）要领

闪身防护要及时；擒拿手要牢固；抱握臂要快而有力；下蹲为扛肘摔准备；转身反扛肘要凶狠；闪身、扛肘、蹬腿、施摔要连贯迅猛；精神与技法要融合为一。

（三）说明

转身扛肘摔法，可以主动进攻施摔，亦可于防守同时施摔，其招式摔跌迅猛。

擒摔法的练习和其他技法练习一样，其不仅仅是用于搏击中制服对手的工具，还是探索自我及意识的途径。

（四）作用

转身扛肘摔，是以擒拿手配合控制对手上肢形成的破坏性摔跌法。

十七、抓腕牵甩摔

（一）动作

1. 膀手：甲方与乙方对峙时，乙方先发右拳直击甲方面部，甲方迅速向前进马，上左脚用左臂成膀手消挡乙方右小臂（图9-65）。

2. 抓腕牵甩：甲方同时左转身，用右手由乙方右小臂下向上穿，向后退马撤左脚，双手配合抓握住乙方右手腕，并由上向下沿弧型猛力向下牵甩，将乙方甩摔倒地（图9-66～图9-68）。

图9-65

图9-66

图 9 – 67　　　　　　　　　图 9 – 68

（二）要领

膀手架挡进马上步要及时；向后退马撤步以利抓腕牵拉；手与脚协调配合；上步、撤步要连贯；下牵甩摔要迅猛；精神与技法要融合为一。

（三）说明

抓腕牵甩是以擒抓对方一手臂通过牵甩令其失衡的摔法。它可用于主动进攻施摔，亦可在防守时施摔。

为了要把一个摔法或其他技法的动作练习好，往往需要成千上万次地做同一个动作。

（四）作用

抓腕牵甩摔，是以膀手消挡对手上路攻势时顺势拿制其上肢牵甩形成的摔法。

十八、挑臂拨脚摔

（一）动作

1. 擒拿手：甲方与乙方对峙时，乙方前伸右手欲抓击甲方裆部，甲方迅速反应，用左手由上向下擒抓住乙方右手腕（图 9 – 69）。

2. 挑臂拨脚：甲方动作不停，紧接右臂由乙方右腋下向前插，两手以左手下按，右小臂随即向上挑其右臂，右腿紧接由外向内侧拨挑乙方左脚踝关节处，将乙方向右侧摔跌于地（图9-70～图9-72）。

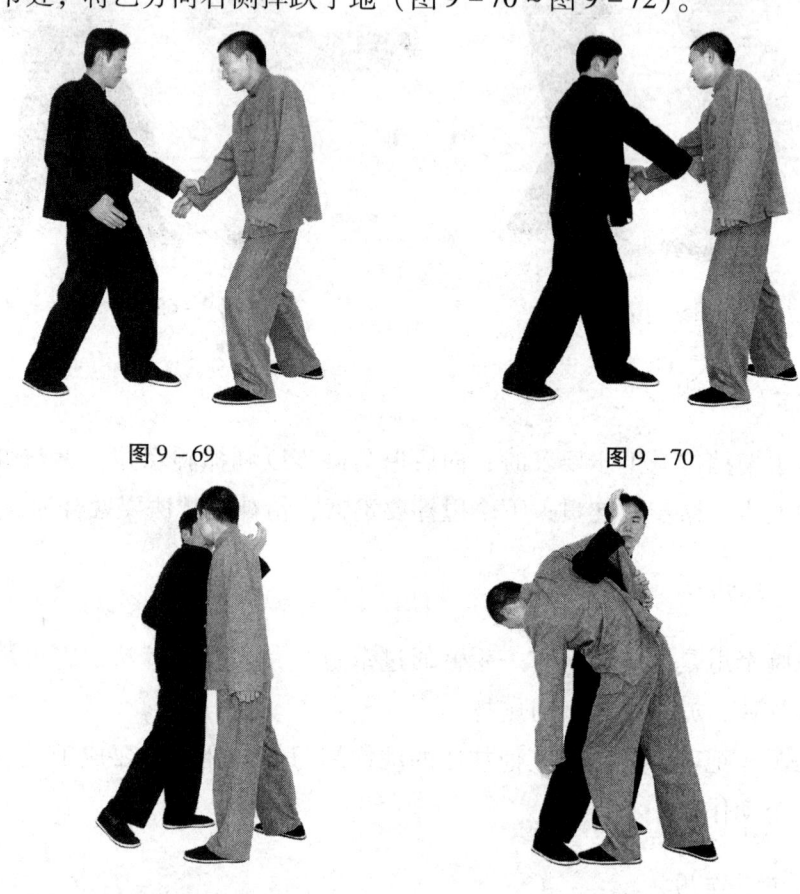

图9-69　　　　　　　　　　图9-70

图9-71　　　　　　　　　　图9-72

（二）要领

擒拿手抓腕要及时、牢固；左手下按与右臂上挑要配合协调；拨脚要突然、有力；上挑下拨要连贯一致；攻击要出其不意；精神与技法要融合为一。

（三）说明

挑臂拨脚摔法可用于主动进攻，或在其他技法配合下施摔，亦可在防守中反击使用。

反复训练的目的是把训练招式的规则印入自己的脑海。

(四) 作用

挑臂拨脚摔,是在单擒拿手拿取对手上肢同时,与另一单手配合形成挑臂攻击对手上路与下路拨对手脚形成的摔法。

十九、顶胸砸背摔

(一) 动作

1. 下闪:甲方与乙方对峙时,乙方迅速从正面发右拳直击甲方面部,甲方迅速下潜避开乙方拳击(图9-73、图9-74)。

2. 顶胸砸背:乙方发拳击空欲变式,甲方趁机用右拳直击乙方胸部或肋部,紧接上抬右膝顶撞乙方胸腹部。乙方遭到攻击晃动身体,甲方迅速挺身以右肘由上向下猛击乙方背部,将乙方向前击倒在地(图9-75、图9-76)。

图9-73

图9-74

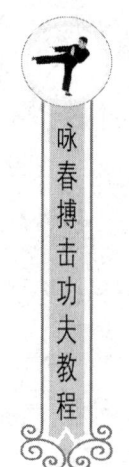

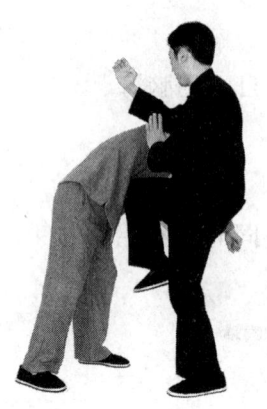

图 9 – 75　　　　　　　　　　　　图 9 – 76

（二）要领

下潜闪避要迅速；以拳配合攻击要有力；挺身抬膝顶撞要凶狠；肘砸要突然；上顶下砸要连贯、流畅；精神与技法要融合为一。

（三）说明

顶胸砸背是以手腿配合打摔的技术。它可主动进攻，亦可与拳、脚的技术配合攻击，或在防守时实施打摔。

咏春拳各种形式的训练，是一种特殊的技巧，是一种精巧的艺术，是一种心灵与自我防卫实用技巧相配合的精妙艺术。

（四）作用

顶胸砸背摔，是在闪避对手上路拳攻时，乘机以膝法、肘法上下呼应形成的打摔法。

二十、抱腰靠压摔

（一）动作

1. 窒手：甲方与乙方对峙时，乙方先发左拳直击甲方上路。甲方上抬右手成窒手消挡乙方左拳臂，迫使乙方出拳击空（图 9 – 77、图 9 – 78）。

2. 抱腰靠压摔：在乙方欲收拳时，甲方迅速向前进马移步近身，用双手环抱住乙方腰部，上体猛贴身俯压乙方，以前压后抱的合力将乙方向后挤跌倒地（图9-79、图9-80）。

图9-77　　　　　　　　　图9-78

图9-79　　　　　　　　　图9-80

（二）要领

窒手防守要准确、及时；移步近身要敏捷突然；双臂抱后用力回收；上体要尽量向前靠压；动作上下成相反作用力；精神与技法要融合为一。

（三）说明

抱腰靠压是抱腰摔法之一。它可主动进攻，亦可在防守中实施摔跌。训练时要摆脱情感与欲望的羁绊，将技术从思想中绽放出来。

（四）作用

抱腰靠压摔，是在窒手消解对手上路拳攻时，顺势进马以双手环抱对手腰部配合靠压形成的摔法。

二十一、推肩绊腿摔

（一）动作

1. 双擒拿手：甲方与乙方对峙时，双方互相逼近纠缠，甲方迅疾稳定身势，并用双手紧紧抓住乙方肩部向右前方猛力推击（图9-81）。

2. 推肩绊腿：甲方未等乙方反应，同时以左腿支撑，右腿突向后踢绊乙方前伸的右腿后侧，上推后绊将乙方反切倒地（图9-82～图9-84）。

图9-81

图9-82

图9-83

图9-84

(二) 要领

抓肩要牢固有力；向前推击要突然；支撑腿要稳固；后绊踢与前推要相反用力；上推下绊要协调动作；精神与技法要融合为一。

(三) 说明

推肩绊摔是以上推肩配合下绊踢腿形成的摔法。这种摔法可以直接进攻，亦可在纠缠中施摔。

训练中动作与头脑的反应是一致的。事实上，通过训练头脑是支配身体动作的主导因素，身随意念而动。因此，控制思想显得尤为重要，做到这样绝非易事。

(四) 作用

推肩绊腿摔，是在双擒拿手控制对手双肩以推肩同时下绊其腿形成的摔跌法。

二十二、抱腰背顶摔

(一) 动作

1. 膀手：甲方与乙方对峙时，乙方发右手拳摆打甲方头部。甲方迅速进马前滑一小步，以左臂成膀手挡架乙方右拳臂（图9-85）。

2. 抱腰背顶：甲方动作不停，左脚进马落乙方右脚前内侧，同时左臂屈肘消挡乙方右拳，顺势成擒拿手搂抓住乙方右腕臂，右脚随即向前滑落在乙方右脚前外侧，身体向左转背向乙方，两腿屈膝下蹲，右手从后搂住乙方腰部，上体微左屈并前倾，然后向右倾的同时出胯，猛蹬两腿，用臀部顶乙方大腿上部或腹部，身体猛向前倾，左手向左下方拉，右手向上提，向左转体将乙方背摔倒地（图9-86~图9-88）。

图 9-85

图 9-86

图 9-87

图 9-88

（二）要领

膀手格挡要及时；进马步与手要协调动作；抓臂下拉要牢固、有力；转身顶臀要迅猛；整个动作要上下配合流畅；精神与技法要融合为一。

（三）说明

抱腰背顶即抱腰倒的擒摔法。这种摔法于进攻、防守时兼可施用。施展摔法动作时，摆好桩马，沉着、冷静，等候施技时刻的来临。

（四）作用

抱腰背顶摔，是由膀手消挡对手上路拳攻同时，顺势进马，以擒拿手配合抱腰背顶形成的摔跌法。

二十三、抱腰后搬摔

（一）动作

1. 内门拍手：甲方与乙方对峙时，乙方发左拳摆打甲方上路，甲方迅速用左手由外向内拍挡乙方左拳臂（图9-89）。

2. 抱腰后搬：未等乙方反应，甲方顺势用左手推挡乙方右肩，右脚进马向前滑落在乙方两脚后面，右手从后抱紧乙方腰部，两腿屈膝成马步，右胸紧贴乙方上身左侧，左手滑下抢搬住乙方腰部，紧接伸膝挺胯，将乙方搬起向右后下方摔出（图9-90~图9-92）。

图9-89　　　　　　　图9-90

图9-91　　　　　　　图9-92

(二）要领

内门拍挡同时推挡要有力；进马移步前滑要快速；抱腰抢腿要牢固；挺身搬摔要迅猛；全身上下动作要紧凑、利落；精神与技法要融合为一。

(三）说明

抱腰后搬摔法，可以在搏击中通过其他技法的掩护直接进攻，亦可在防守时实施突袭。

训练要使动作尽量快速、流畅，在搏击时方可使运用的摔法像闪电般，瞬间采取姿势摔倒对手，然后安静地退向后方或安全距离中。

(四）作用

抱腰后搬摔，是在拍挡开对手上路攻击，随进马贴身抱腰向后猛搬形成的摔跌法。

二十四、抱腰里勾摔

(一）动作

1. 冲拳：甲方与乙方对峙时，双方互发左手日字冲拳攻向对方上路（图9-93）。

2. 抱腰里勾：甲方用右手消挡乙方来拳，迅疾收左拳，以左脚前进马滑步落在乙方两脚之间，俯身用两手抱住乙方腰部，胸部贴紧乙方胸腹部并挤压，右脚跟进并蹬直，左脚从内向外后勾乙方左小腿，上下合力将乙方摔倒在地（图9-94~图9-96）。

图 9-93　　　　　　　　图 9-94

图 9-95　　　　　　　　图 9-96

（二）要领

冲拳要干脆，直接进马向前滑步俯身要及时；抱腰同时向前紧贴；两腿协调配合两手发力；上推下勾要合力动作；精神与技法要融合为一。

（三）说明

抱腰里勾摔法，可用于直接进攻，或在防守瞬间施摔，有时也可以在纠缠混战中实施动作。

（四）作用

抱腰里勾摔，是在交战中以迅速的贴身抱腰挤压配合里勾对手腿脚形成的摔法。

二十五、拦胸捞腿摔

（一）动作

1. 勾撞拳：甲方与乙方对峙时，乙方先发左拳欲攻击甲方上路，甲方迅速向左闪身，同时发右勾撞拳勾击乙方头颈部（图9-97）。

2. 拦胸捞腿：乙方遭到拳击晃动身体，甲方趁机在乙方欲挺身变式时，立即逼近一步，用右臂反拦乙方胸部，左手下滑抄捞乙方左大腿，上拦下捞合力将乙方向后摔跌倒地（图9-98~图9-100）。

图9-97

图9-98

图9-99

图9-100

(二) 要领

闪避拳攻要及时；勾撞拳突击要果断；以臂挡拳要快速、准确；近身拦胸后压与捞腿上抄掀要合力动作；精神与技法要融合为一。

(三) 说明

拦胸捞腿摔法可用于主动进攻，亦可在防守时攻击，或在拳法、踢法的配合下进攻，是种较为实用的摔法。

技法训练的开始阶段可能感觉不到其真实意义，但在练习到十分纯熟的地步时，这时的动作在运用时其对外的表现会本能地发生，而无需靠智能的控制与思考。

(四) 作用

拦胸捞腿摔，是在拳法攻击配合下，以手拦胸攻击对手上路，同时配合下捞其腿形成的摔跌法。

第三节　下体擒摔法

咏春搏击功夫对付下体的擒摔法，多数是以破坏对手重心腿或攻击对手支撑腿脚为主的摔法。例如扫踢下脚、接腿摔等技法。

任何形式的摔法，都要和其他技法训练一样，以有效地使用肉体和精神的力量为目标，通过攻守时精神和肉体的训练，来最有效地运用精神与肉体的力量。

摔法和咏春拳其他技法进入深度训练时，咏春搏击功夫便成为一种肢体与心灵融合博弈的艺术。

一、下闪勾脚摔

(一) 动作

1. 下闪:甲方与乙方对峙时,乙方先发左腿由正面侧踢甲方上路。甲方迅速向前进马上左脚,屈膝下潜避开乙方踢击(图9-101、图9-102)。

2. 勾脚:未等乙方反应,甲方右脚迅疾向乙方右脚后伸出,向前猛力勾踢乙方右脚跟部,将乙方勾踢向后倒跌于地(图9-103、图9-104)。

图9-101　　　　　　　　　　图9-102

图9-103　　　　　　　　　　图9-104

（二）要领

下潜闪避踢击要及时；伸腿准备勾踢要突然；勾踢动作要准确、凶狠、有力；整个动作要协调、连贯、流畅；精神与技法要融合为一。

（三）说明

下潜勾脚是以踢法形成的摔法，它可用于主动进攻，亦可在防守时实施勾踢。

摔法的学习与训练，在初级阶段除模仿教练或老师进行示范的一切以外，别无其他。如欲成为一个技巧精娴的武者，练习者应以不倦的精神精进技艺。在经过数年经久的训练之后，在完全熟谙其所习练的技巧之后，就会发现当初的艰辛付出，如今已收到回报。练习者如能不停地精进研习技巧，在运用技术方法时会觉得毫不费力，其也能透过细心的观察而使灵感自行生起。

（四）作用

下闪勾脚摔，是在下闪避开对手腿击中路或上路攻势时，对对手实施勾踢形成的摔法。

二、下潜扫腿摔

（一）动作

1. 下闪：甲方与乙方对峙时，乙方先发左脚由下面侧踢甲方上路或中路，甲方迅速向前上左脚，然后下潜身体避开乙方踢击（图9-105、图9-106）。

2. 扫踢：甲方未等乙方变式，紧接以双手扶地，伸出右腿，随即向右后方转身，向后摆扫乙方右小腿部，将乙方扫踢倒跌于地（图9-107、图9-108）。

图 9-105　　　　　　　图 9-106

图 9-107　　　　　　　图 9-108

（二）要领

下潜避踢要及时；俯身转体要快；发腿扫踢要迅猛、凶狠；动作要连贯、流畅；精神与技法要融合为一。

（三）说明

下潜扫腿是向后发腿扫踢形成的摔法技术。它可主动进攻，亦可在防守时实施扫踢。

无论是哪种技法，欲使技法达到得心应手的地步，就必须把身体和心灵的一切力量都集中起来。咏春拳便是如此，技法施展至高超的境界时，大师们的行为都是旁若无人的，他们甚至不屑对外界干扰瞄一眼。他们在做动作时，神情泰然，似乎在沉思中，全然忘我地动作。由训练的经验得知，做动作时，他们的心灵也同时进入适于动作的情况，动作时的那份娴熟与安详，使其得以专心致志，自由而流畅地发挥一切力量。不如是，则没有一种动作可以做得好的。

（四）作用

下潜扫腿摔，是在下闪避开对手踢法对上路或中路的攻击时，及时以扫腿攻击对手下路形成的摔法。

三、撚手踹膝摔

（一）动作

1. 窒手：甲方与乙方对峙时，乙方发右手击打甲方，或欲抓拿甲方右手腕，甲方以右手成窒手压挡乙方右手腕（图9-109）。

2. 撚手踹膝：甲方动作不停，迅速用右手成撚手抢抓乙方右手腕，左手发拳击打乙方头部或面部，紧接未等乙方变式，甲方突发右脚向前猛踹踢乙方前伸的左腿膝部，将乙方膝部踹伤使其倒地（图9-110~图9-112）。

图9-109

图9-110

图 9–111　　　　　　　　　　　图 9–112

（二）要领

窒手压挡防守要及时；攞手抓腕要牢固；拳击配合要准确、有力；牵腕力猛且凶狠；击上踹下配合协调；精神与技法要融合为一。

（三）说明

牵腕踹膝是以打踢形成的摔法。它可用于主动进攻，或在防守时攻击，亦可在交战中乘机动作。

重复的训练使练习者的技艺无意地浸润在其动作中时，一刹那间，可使动作突然以理想的招数浮现在眼前，好像完全出于本能的一般。

（四）作用

攞手踹膝摔，是以窒手消挡对手，攻击手同时成攞手配合踹踢对手下路腿膝形成的摔法。

四、抄腿下坐摔

（一）动作

1. 擒拿手：甲方与乙方对峙时，双方进入交战中，乙方绕至甲方右侧用两手上下抓握住甲方的右臂。甲方及时向右跨出半步，右手成擒拿手突然向后抓击乙方裆部（图9－113、图9－114）。

2. 抄腿下坐：乙方遭到抓击俯身松手瞬间，甲方屈膝弯腰，伸左手由裆下向后抄抓握乙方左脚踝部，并迅速向上抬乙方左腿，同时起身，臀部向下坐压乙方左大腿，将乙方坐压向后倒地（图9－115、图9－116）。

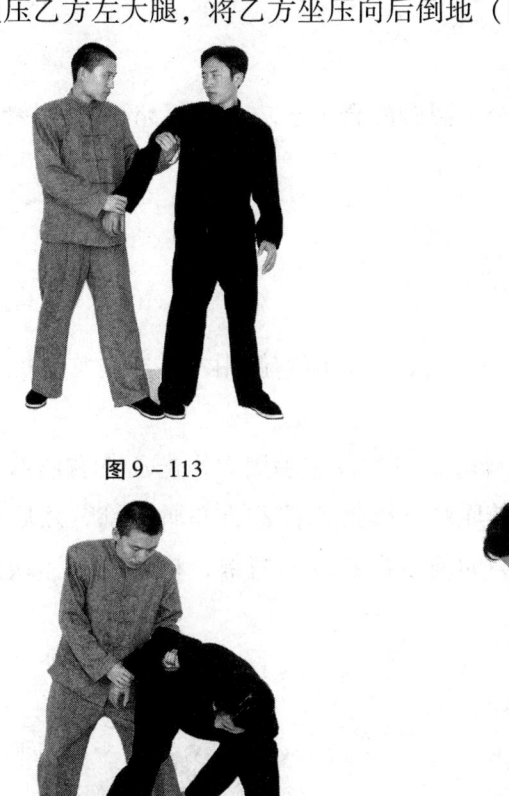

图9－113 　　　　　　　　　　图9－114

图9－115 　　　　　　　　　　图9－116

（二）要领

跨步要及时、快捷；抓击要突然、准确；俯身抄腿上抬要快；整个跨步、抓击、抄抬腿、下坐要连贯协调；精神与技法要融合为一。

（三）说明

抄腿下坐摔法，用于近身搏斗进攻，或在防守状态以抓打配合反击。

所有的技法训练,均要将精神与技法融合为一地动作,这是无法用语言形容的。练习者应在训练中体会这些方法,并达到忘我的境界,从而使技艺臻于完美。

(四) 作用

抄腿下坐摔,是以手抄对手腿脚配合下坐攻击其下路形成的摔跌法。

五、推肩抄腿摔

(一) 动作

1. 擒拿手:甲方与乙方对峙时,甲方由右侧用左手成擒拿手抓住乙方右肩(图9-117)。

2. 推肩抄腿:未等乙方反应,甲方以左手用力推击乙方右肩部,左脚踏踩乙方右脚面,右手下落随屈膝下蹲抄抓住乙方左脚踝部,然后向上猛搬抬乙方左腿,左手同时用力向前下推乙方右肩部,将乙方侧摔跌倒于地(图9-118~图9-120)。

图9-117

图9-118

图 9-119　　　　　　　　图 9-120

（二）要领

推肩要有力；踏踩要突然、稳固；抄腿要及时；上下配合协调；推搬合力形成摔跌；精神与技法要融合为一。

（三）说明

推肩抄腿是以手与脚配合形成的摔跌法。这种技术可以主动进攻，亦可在防守时施术，或于近身搏斗时攻击。

技法的训练要达到心与身的结合，并使技法得心应手。练习者训练能前进到什么程度，不关教练或师尊的事。练习者要在师尊指出正确的途径后，必须自己独自迈进，并能忍受孤独之苦，在训练中舍离自己，舍离自己的大师，追求登峰造极之途。

（四）作用

推肩抄腿摔，是在擒拿手的推肩配合下，顺势抄对手腿脚攻击其下路形成的摔法。

六、拉臂踢膝摔

（一）动作

1. 双擒拿手：甲方与乙方对峙时，甲方迅速移步闪到乙方背后，用双手分别擒抓住乙方两手腕（图9－121）。

2. 拉臂踢摔：未等乙方反应，甲方以右腿支撑，突发左脚猛力侧踢乙方右腿膝窝处，双手随势同时后拉，将乙方拉倒跌地（图9－122～图9－124）。

图9－121

图9－122

图9－123

图9－124

（二）要领

移步后攻击要迅速；擒拿手抓腕要牢固；侧撑踢要突然、准确、凶狠；拉腕、踢膝要协调一致；精神与技法要融合为一。

（三）说明

拉臂踢膝可在手法或踢法攻击的掩护下由对手身后施术，或在迂回中实施战术打法。

（四）作用

拉臂踢膝摔，是以擒拿手配合控制对手上肢同时，对其腿脚实施踢击形成的摔打法。

七、抱腿夹压摔

（一）动作

1. 侧闪：甲方与乙方对峙时，乙方起右腿侧踢甲方上路或中路。甲方迅速向左转身，同时侧闪避开乙方攻势（图9-125）。

2. 抱腿夹压：甲方紧接用双手上下抢抱住乙方右腿，随即上体前倾，左腕下压夹住乙方右小腿，右肩顺势向下压乙方右大腿，将乙方猛压翻跌于地（图9-126~图9-128）。

（二）要领

侧闪避腿击要迅速；双手抢抱腿要牢固、有力；夹压腿要凶猛；施摔时，桩马要稳固；整个动作要紧凑、利落；精神与技法要融合为一。

图 9 – 125　　　　　　　　图 9 – 126

图 9 – 127　　　　　　　　图 9 – 128

(三) 说明

抱腿夹压可直接在搏击中进攻施摔，亦可在防守中反击。

好的拳师，动作时不仅仅靠身体和四肢动作，更要专心，保持警觉。如此，在动作时，不会把记在心中的动作一套一套地搬出来演练，而是像当时触发了灵感而创造出来的一样。

(四) 作用

抱腿夹压摔，是在侧闪避开对手踢击攻势同时，对对手的腿脚实施迅猛的夹抱下压形成的摔跌法。

八、接腿勾踝摔

（一）动作

1. 撤闪：甲方与乙方对峙时，乙方先起左腿侧踢甲方上路或中路，甲方稍向后撤步闪避使乙方踢空（图9-129）。

2. 接腿勾踝：甲方动作不停，未等乙方收腿，甲方左右手配合向前接抱住乙方左腿，并微微上托乙方腿脚，同时向前进马靠近乙方，用右脚猛勾扫踢乙方支撑腿脚根部（踝部），右手直臂配合劈砸乙方胸腹部，手脚并用将乙方击扫倒地（图9-130～图9-132）。

图9-129　　　　　　　　图9-130

图9-131　　　　　　　　图9-132

（二）要领

撤闪踢击要及时；接腿要牢固、有力；移步近身要快捷；勾扫踢要凶狠；手脚上下并用要一气呵成；精神与技法要融合为一。

（三）说明

接腿扫踝是在防御踢击时实施的摔打法。多数用于防守中施术，或在交战中及时施摔。

训练使动作注入心魂时，练习者的技法自然超群，动作时随心所欲，自由自在地施术。动作已不受快乐与痛苦情绪的影响，而是以轻松的平常心超越对手。动作时，四肢、躯干与心都要相互融入。

（四）作用

接腿勾踝摔，是在撤闪避对手踢击攻势时，对其腿脚及时控制配合勾扫其支撑腿脚形成的摔法。

九、接腿后绊摔

（一）动作

1. 侧闪：甲方与乙方对峙时，乙方起右脚扫踢甲方上路或中路，甲方向右侧闪避（图 9-133）。

2. 接腿后绊：甲方动作不停，迅速向前进马上左脚，身体右侧转，用双手疾抄抱住乙方右腿，紧接向前进马，右脚插至乙方支撑腿后，猛起脚向后绊扫乙方支撑脚，上体同时向前倾，右臂配合成跪肘劈或推乙方颈侧，将乙方向后摔跌倒地（图 9-134～图 9-136）。

（二）要领

侧闪要及时；前进马判断要准确；接抱腿要牢固、有力；伸腿由后扫绊要迅猛、凶狠；手与脚上下动作要连贯一致；整个动作要爆发用力；精神与技法要融合为一。

图 9 – 133　　　　　　　　　图 9 – 134

图 9 – 135　　　　　　　　　图 9 – 136

（三）说明

接腿后绊为接腿摔法之一。接腿摔法可分接低腿、中腿和高腿三类形式，具体相应的摔跌方法根据具体情况变式出招。接腿实施的摔法也是搏击中常用的技法。

接腿主要是在手臂阻挡的基础上升华而形成的，因此，在平日训练中要增强大、小臂的抗击打能力练习。

（四）作用

接腿后绊摔，是在闪避对手踢击攻势时，顺势以手法接对手攻击的腿脚，同时以腿扫绊其下路支撑腿形成的摔法。

十、接腿勾拂摔

（一）动作

1. 侧闪：甲方与乙方对峙时，乙方起右腿扫踢甲方上路或中路，甲方迅速向前进马闪进乙方攻击范围（图9-137）。

2. 接腿勾拂：未等乙方全力扫踢瞬间，甲方迅速用双手接抱住乙方来腿并用力上提，消截乙方腿击劲力，迫使乙方起腿无法施踢，紧接用右手按压乙方颈部，右腿由后向前猛发力勾扫拂乙方支撑腿胫骨部，手与脚以上提下压、前扫右转之合力将乙方向前摔跌倒地（图9-138~图9-140）。

图9-137　　　　　　　　　　图9-138

图9-139　　　　　　　　　　图9-140

（二）要领

闪进接抱腿要准确、及时；腿脚勾拂要突然、迅猛；勾拂时借助腰马拧转增加劲力；提、压、勾、扫整个动作要干净利落；精神与技法要融合为一。

（三）说明

接腿勾拂是在接腿时从前发脚勾扫踢形成的摔法。它用于在防守中配合接腿、打踢等技术施摔。

接腿格挡的动作需要配合阻挡、闪躲和收腹动作，它比起防守中的格挡和闪躲动作要小些，仅以恰到为好即可。

（四）作用

接腿勾拂摔，是以闪避对手腿击攻势瞬间趁机以捞手法接腿，同时配合勾脚腿攻击对手下路形成的摔跌法。

十一、劈砸勾脚摔

（一）动作

1. 摊手：甲方与乙方对峙时，乙方向前移步发左拳直击甲方上路，甲方迅速上抬左臂成摊手摊挡乙方左拳臂（图9-141、图9-142）。

2. 劈砸勾脚：未等乙方变式，甲方随即前移身体重心至左脚，猛发右脚勾踢扫乙方重心腿根部，同时配合以右手拳背劈砸或成侧掌切击乙方上路，使乙方瞬间倒跌在地（图9-143、图9-144）。

（二）要领

摊挡要及时；进马发腿要快捷、迅猛；勾扫腿与劈打头面要同时动作；整个动作要果断、协调、连贯；精神与技法要融合为一。

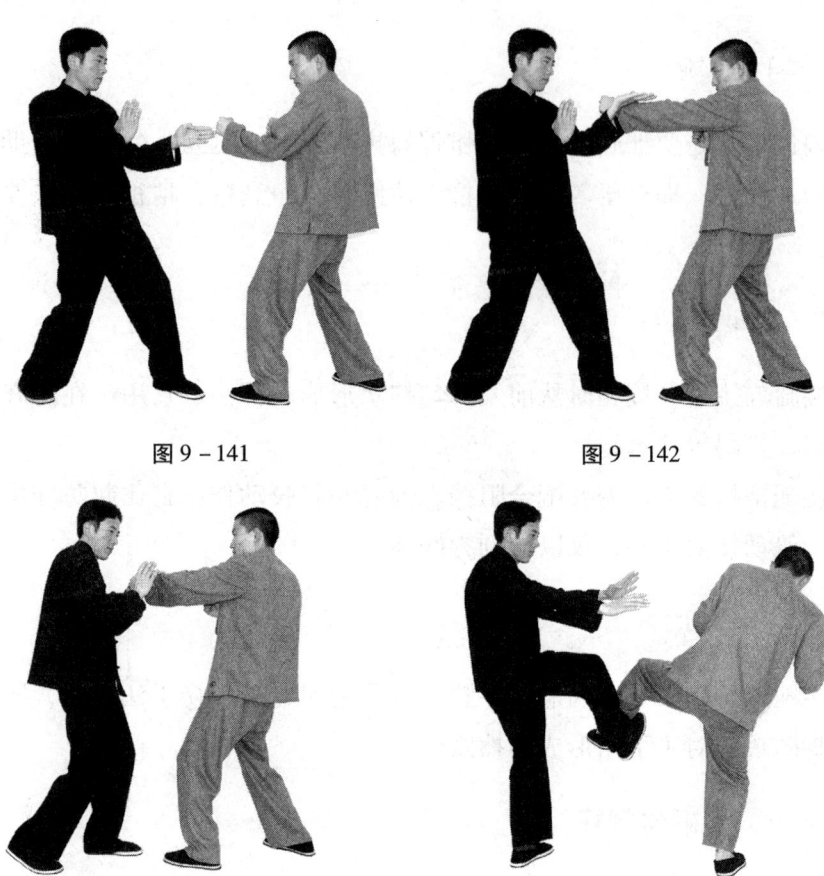

图 9-141　　　　　　　　图 9-142

图 9-143　　　　　　　　图 9-144

（三）说明

劈砸勾脚摔可直接用于进攻施术，亦可在防守瞬间动作，以上击下扫的迅猛动作形成摔跌。此也是搏击中常用的摔法。

事实上，摔法的动作与咏春拳的其他技法动作一样，最有效的运用是恰当地达到与对手动作的和谐一致。即动作时不需要使用蛮力，而是借对手的来力，以四两拨千斤来迫使对手的动作失效。

（四）作用

劈砸勾脚摔，是以摊手消挡配合手法攻取上路同时，对对手下路实施勾扫踢的打摔跌法。

十二、切入勾扫摔

（一）动作

1. 问手：甲方与乙方对峙时，甲方保持问手式欲靠近乙方（图9-145）。

2. 切入勾扫：乙方迅速起脚欲踢击甲方，甲方迅速变化角度向前进马移步切入靠近乙方身体瞬间，拧转腰髋，发右腿脚贴地猛勾扫踢乙方支撑腿脚，将乙方击跌倒地（图9-146~图9-148）。

图9-145　　　　　　　　图9-146

图9-147　　　　　　　　图9-148

（二）要领

保持问手防护要严密；起动要快，切入距离恰当；发腿勾踢同时注意防护；勾踢动作要连贯、流畅、迅猛；精神与技法要融合为一。

（三）说明

切入勾扫即勾踢摔法，这种以踢形成的摔法可以直接进攻，亦可在手法的配合掩护下攻击对手下路。

训练使内心世界处于清纯开朗的状态，在对敌时瞬间明辨动静、是非、善恶，及时大胆地动作。

（四）作用

切入勾扫摔，是在对手起腿脚踢击瞬间果断切入对手中门，同时以勾脚腿踢法勾扫对手支撑腿脚形成的摔跌法。

十三、压肩勾腿

（一）动作

1. 膀手：甲方与乙方对峙时，乙方突起左脚踢击甲方上路，甲方迅速上抬左臂成膀手消挡乙方左腿脚（图9-149）。

2. 压肩勾腿：乙方发腿踢空迅速下落收脚，甲方迅速前移右脚，同时用双手按压乙方右肩臂，向右后方发力压带，同时以左脚支撑，拧转腰髋，发右脚向左上方勾踢乙方支撑脚内侧，以上下之合力将乙方击摔倒地（图9-150~图9-152）。

（二）要领

膀手消挡腿脚踢击要及时；按肩压带要有力；勾踢配合拧转腰髋增加劲力；整个动作上下配合紧凑、连贯；上下同时用力；精神与技法要融合为一。

图 9 – 149

图 9 – 150

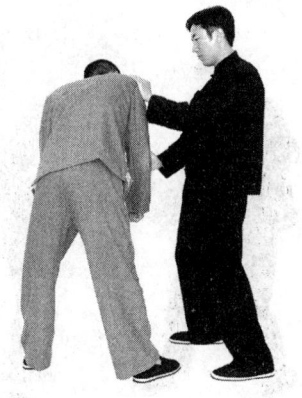

图 9 – 151

图 9 – 152

（三）说明

压肩勾腿即压肩连带勾踢腿形成的摔跌法。它可主动进攻，亦可于防守时或在其他手法的掩护下攻击。

准备击跌对手时，在动作的瞬间心里除了思考如何击倒对手，不应有任何想法，动作时不要有任何的迟疑和犹豫，身心要保持一致地动作，并要有击败对手的意念来动作。

（四）作用

压肩勾腿摔，是以膀手消解对手踢击腿脚时，以手法配合勾踢对手下路腿脚形成的摔打法。

十四、接腿上托摔

（一）动作

1. 接腿：甲方与乙方对峙时，乙方先发右脚向前蹬踢甲方上路或中路，甲方稳定桩马迅速用双手搂接住乙方右脚（图9-153）。

2. 上托摔：甲方动作不停，两手配合猛力回拉动作迫使乙方重心不稳，紧接向前上方猛托乙方右腿脚，使乙方向后失去重心而倒跌在地（图9-154~图9-156）。

图9-153 　　　　　　　　　图9-154

图9-155 　　　　　　　　　图9-156

(二) 要领

接腿要快速、准确、紧牢；回拉与上托腿动作要迅猛；两手动作要紧凑有力；精神与技法要融合为一。

(三) 说明

接腿上托摔法主要用于防守踢击时施用。

运用接腿摔法时，要找到一个进攻或防守反击的最佳时机，无需过多移动身体，趁对方不注意时，迅速地攻其不备，达到一招制敌的效果。

(四) 作用

接腿上托摔，是在接腿时两手配合消解对手腿脚踢击劲力，顺势实施上托使对手摔跌形成的摔法。

第四节　扭转至极限擒摔法

咏春搏击功夫扭转至极限擒摔法，是迫使对方身体顺着某一方向，极度扭转到极限而摔倒的擒摔法。这类摔法多数动作时的轨迹呈圆形，并使对方翻倒时，身体各部分都是绕着一个固定轴作圆弧运动的。因此，这类摔法的原则就是以自己为圆心，来控制牵引对手向己方做圆周运动至极限时，使对手被牵制猝然摔跌倒地。

一、抄腿拧转摔

(一) 动作

1. 日字冲拳：甲方与乙方对峙时，甲方抢先发动攻势，向前跨出右脚接近乙方，同时发右拳直击其面部（图9-157、图9-158）。

图 9 – 157　　　　　　　　图 9 – 158

2. 抄腿拧转：乙方遭到拳击晃动身体瞬间，甲方动作不停，右手顺势变招反拦逼乙方胸部，左手从后向前抄抱乙方大腿部，同时两手合力随身体向右后方猛转，将乙方摔趴倒地（图 9 – 159、图 9 – 160）。

图 9 – 159　　　　　　　　图 9 – 160

（二）要领

拳击为摔法开路动作要准确、凶狠；两手上拦下抄配合要协调；抄腿后转要迅猛、流畅；整个动作要快速、有力；精神与技法要融合为一。

（三）说明

抄腿拧转摔法，可以主动进攻，亦可在防守或混战中抢占时机施术。

动作时要有敏锐的洞察力,明察一切事物的形势,找准对手的心思,寻求合适的战机,牵制或先发制人。

(四) 作用

抄腿拧转摔,是在拳法攻击时,趁对手不备以手法配合抄抱对手下路拧转形成的扭转至极限的摔跌法。

二、接腿转压摔

(一) 动作

1. 侧闪:甲方与乙方对峙时,乙方起右腿扫踢甲方上路或中路,甲方及时向右侧闪避乙方腿击攻势(图 9-161)。

2. 接腿转压:紧接,甲方迅速贴近乙方,用双手接抱住乙方右腿,随即左脚向后退马滑一步,顺势拧腰转身,右肩顶靠紧乙方膝关节,向左后下方猛力转压,将乙方向后拧摔出(图 9-162~图 9-164)。

(二) 要领

侧闪要快速;接腿要及时、有力;退马移步拧转身体要快速;以肩顶靠配合转压要凶猛;动作上下紧凑、利落;精神与技法要融合为一。

图 9-161

图 9-162

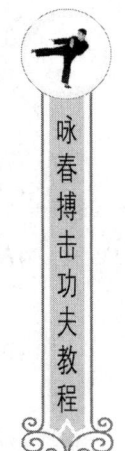

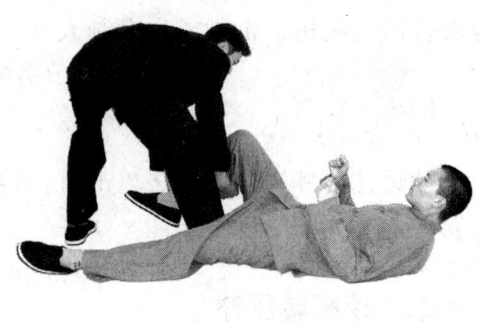

图 9-163　　　　　　　　　　　图 9-164

（三）说明

接腿转压摔法可在防御踢法攻击中实施接腿转身施摔，或在混战中抄腿施摔。施摔时，不要给对手任何机会，要有力、果断地攻击。

（四）作用

接腿转压摔，是在闪避对手腿击攻势时，趁机以手法配合接腿顺势拧摔形成的扭转极限摔跌法。

三、推腰转颈摔

（一）动作

1. 拍手：甲方与乙方对峙时，乙方先以左拳攻击甲方上路，甲方用右手拍挡开乙方左拳（图 9-165、图 9-166）。

2. 推腰转颈：甲方未等乙方做出反应，同时迅速向前进马移步贴近乙方，用右手推托乙方腰部，左手从乙方左臂腋下穿过成掌向右后方推转乙方头颈，紧接向右后方转身，将乙方折转向后摔跌倒地（图 9-167、图 9-168）。

图 9 – 165　　　　　　　　　图 9 – 166

图 9 – 167　　　　　　　　　图 9 – 168

（二）要领

拍挡拳击要及时、准确；进马移步近身要迅速；两手推转配合协调；整个动作要连贯、紧凑；精神与技法要融合为一。

（三）说明

推腰转颈是以手法配合一手托、一手推形成的旋转发力的摔法动作。它可主动进攻，亦可于防守中抢抓时机攻击。

交战中，要想击溃对手，必须有必胜之心。在发现对手的弱势时，要加强自己的气势，先从气势上压垮对手。

（四）作用

推腰转颈摔，是在拍手消挡对手拳攻时，趁机近身以手法配合控制对手形成的推腰转颈扭转极限摔法。

四、扳肩踢膝摔

（一）动作

1. 顶膝：甲方与乙方对峙时，乙方欲发左膝顶撞甲方中路。甲方迅速用右手向前推挡乙方左腿，使乙方发膝击空，紧接未等乙方变式，甲方趁机上抬右膝猛力向上顶撞乙方后腰部（图9–169、图9–170）。

2. 扳肩踢膝：甲方未等乙方变式，同时伸手扳住乙方肩部后拉，下落右脚同时踢击乙方右膝窝部，使乙方身体向后扭转摔跌在地（图9–171、图9–172）。

（二）要领

推挡膝攻要及时、准确；以膝还击要凶狠；扳肩踢膝上下合力动作；精神与技法要融合为一。

图9–169

图9–170

图 9-171　　　　　　　　图 9-172

（三）说明

扳肩踢膝多用于防守时通过上扳下踢形成摔法，有时也可以主动进攻，但要在其他技法的配合下动作。

任何搏击打法，其高明之处应是能将对手玩弄于股掌之间，即随心所欲地操纵对手。要做到如此，必须通过刻苦训练方能达到。

（四）作用

扳肩踢膝摔，是手法与踢法上下呼应的打摔配合扭转极限的摔跌法。

五、接腿拧牵摔

（一）动作

1. 问手：甲方与乙方对峙时，甲方以问手式保持防护，注视乙方变化（图 9-173）。

2. 接腿拧牵：乙方迅速前移起左脚侧踢甲方上路或中路，甲方疾向左后侧闪避开乙方腿脚，顺势用两手接住乙方左腿脚，随即顺乙方之势猛力向前牵拧乙方左腿脚，将乙方拧牵摔跌倒地（图 9-174～图 9-176）。

图 9 – 173

图 9 – 174

图 9 – 175

图 9 – 176

（二）要领

以问手应敌保持随时的警觉；闪避踢击要及时；接腿要牢固、有力；两手拧牵要凶狠；整个动作要紧凑、利落；精神与技法要融合为一。

（三）说明

接腿拧牵是用于防守踢法攻击时形成的摔法。有时，亦可在交战中主动抄腿实施拧牵摔跌。

运用摔法时，必须保持警觉性，以防止遭到危险的攻击。

（四）作用

接腿拧牵摔，是在避闪对手踢击时，顺势以手法接住对手攻击腿脚拧牵至极限的摔跌法。

六、夹腿翻滚摔

（一）动作

1. 后闪：甲方与乙方对峙时，乙方欲发左拳击打甲方上路，甲方迅速向后闪避开乙方拳击（图9－177）。

2. 夹腿翻滚：甲方动作不停，随即侧跌躺地，未等乙方变式，甲方用两脚上下夹住乙方前伸的左腿脚，猛随身体向右翻滚一周，左脚向前，右脚向后，将乙方扭翻在地（图9－178～图9－180）。

（二）要领

闪避拳击要及时；侧跌地时注意自身保护；两脚配合夹腿要牢固、有力；夹翻动作要紧凑、利落；精神与技法要融合为一。

图9－177　　　　　　图9－178

图 9-179　　　　　　　　　图 9-180

（三）说明

夹腿翻滚摔法，可以在搏击中主动攻击或于被动攻击时运用，在实施此种以腿制腿的摔跌法中，要注意攻守的时机，动作要果断、迅猛、有力。

（四）作用

夹腿翻滚摔，是在躺地情况下以腿攻击对手腿脚的翻拧至极限的摔跌法。

七、夹头蹬压摔

（一）动作

1. 地躺：甲方与乙方对峙时，双方迅速进入交战中，甲方主动或被动倒地（图 9-181）。

2. 夹头蹬压：乙方俯身欲扼卡甲方颈喉，甲方身体在地上迅速平磨移动，屈起左腿置于乙方头颈部，用左腿夹住乙方头部猛向后蹬压，令乙方向后翻倒（图 9-182～图 9-184）。

图 9 – 181　　　　　　　　图 9 – 182

图 9 – 183　　　　　　　　图 9 – 184

（二）要领

主动或被动倒地要注意自我保护；躺地移动身体要迅速、有力；屈腿夹头要凶狠；蹬压动作要快捷、流畅；精神与技法要融合为一。

（三）说明

夹头蹬压可用于主动进攻，或在防守中实施倒地攻击。

无论是站立，或是地躺攻击，动作时必须使智力与技巧相配合。搏击中，要忘掉自己，注意对手的招式，让自己的脑子不受任何思想的干扰，心平气和地完全出于本能地去攻击或反击。

（四）作用

夹头蹬压摔，是在躺地时以手法与腿脚配合牵制对手扭转至极限的摔跌法。

第十章　咏春擒拿技法

咏春擒拿技法，是在咏春拳中融入了中国武艺精华擒拿术的一些技巧，形成了咏春搏击中击打与擒拿结合的独特擒拿技法。擒拿技法在咏春拳中又区别于其他擒拿技巧。其运用的目的，运动的形式，技术动作的结构、实用价值等，均根据咏春拳搏击术攻守特点形成的。

咏春擒拿技法是根据咏春搏击时对手的具体情况，结合自身的具体条件，在咏春拳原则指导下使用擒拿技术把对手擒拿住或控制住，使对手失去战斗力。因此，擒拿技法作为咏春搏击功夫的一部分，有其独特的科学价值，内容较为丰富，理论较为精深。

擒拿技法根据搏击的特点，形成擒拿和解脱、反擒拿法两种方式。擒拿，以至微之力，擒对手肢体一部，使其关节受制，失去反抗能力而被擒；有甚者，被擒拿可产生剧痛难忍，筋断骨折。解脱反擒拿，即反抗对手对自己的擒拿。从动作形式来说，解脱反擒拿是用一定的技术方法来解脱对手实施在我方身上某个（些）关节和某个要害部位的束缚和控制。但要注意的是，对于反擒拿的含义，不能在此简单理解为，对手对我方施以一种擒拿方法之后，反过来用一种技术方法再去擒拿住对手。根据咏春拳特点，擒拿技法是融入了打、踢、摔等各种不同的肢体运动形式和技术方法组合而体现出来的。因此，可以理解为解脱反擒拿，是可以解脱对手对我方的擒拿，再反过来可以擒拿对手。

擒拿与反擒拿技法两者的动作形式是相对的，但二者技术动作的效果又是相同的。这里我们也可将二者理解为既是对立，又是统一的技术关系。

咏春擒拿技法组成咏春自由搏击体系的一部分，可谓使咏春拳达到最完美的极限，使习武者可以在搏击中使用手、脚、肘、膝、擒摔和擒拿等技法，长短兼备，全面施展，自由发挥地搏击，而非局限于某个特定的技术上。如此，咏春拳也能运用这些技法从各个有利的角度，运用手与脚作为武器，把握时机实施搏击。

第一节　擒拿技法基本知识

　　擒拿技法是咏春近身搏击的一种特殊技法。可以说它不是独立的技巧，而是包括在咏春拳各个技法之中的擒拿动作。擒拿主要是以抓、扣、掳、拧、靠、切、缠、锁、压反关节，拿穴位，分筋，锁骨等的基本技术，结合一些近身的打、踢、撞、绊、摔等必要的辅助技击法而形成的。

　　擒拿技法有其独特的实用价值，它和咏春拳的其他技法一样，是搏击制敌的有效手段。但擒拿技法更具有损伤性，施术轻者可以控制对方，使其不敢妄动，掌握搏击的主动权；重者可使其要害部位和关节损伤、脱臼、骨折，甚至休克或死亡。因此，这类技法在搏击或训练中要慎用，并掌握好施技分寸，注意安全，不可随意地使用这类技法。

　　练习者如欲将擒拿技法在搏击中较好地运用，或将其融入咏春拳其他技法中去简捷、直接、高效地使用，就需要从多方面下手，认真地从基本训练做起，认真训练时会发现，擒拿技法训练与咏春拳其他技法训练有着共同之处。因此，练习者在掌握了咏春拳多种技巧后，可以参考前文来安排适合自己的训练方法。

一、加强基本体能训练

　　基本体能训练是与擒拿技法紧密相连的，同时又是为了掌握并能很好地运用擒拿技法而服务的。基本体能训练，包括体能和基本技术方面的练习。体能则是咏春拳所需要的身体素质方面的训练（参见相关内容，基本技术是运用四肢、躯干和头等部位，单独或是相互配合做出的一些简单的招式以及动作技术，例如，基本的抓、拿等手法。如欲进一步提高擒拿技法或掌握更多的擒拿技巧，可以参阅相关的内容，结合进行训练。

二、理解擒拿法的特点

擒拿技法其形式是，通过拍挡、挡抓、架挡、扣握、缠绕、推拉、切点、砍戳、扼卡、掳拧、绞锁、刁拿、挑勾、托按、搂抱、顶撞、踢蹬、插封、劈挂、反折、支别、跪绊、摇拨、扛扔、翻跌、挤靠等不同的技击动作，按照对手身体的不同姿势，施以不同的擒拿方法。

擒拿技法其特点是以两人的贴身近战来形成的。擒拿中，不论是击打要害，反折关节，还是锁闭命门，抓筋拿穴，挫筋断骨等，几乎所有的动作技术的施用，都需要在相当近的距离内，才可以使擒拿技术有效。

三、擒拿法实用原则

练习者通过一定时间的反复技术训练和体能训练，以及加强专项功法训练，此也就进一步掌握了擒拿技法。当然，要真正发挥擒拿法的作用，不仅需要依靠熟练的技术，亦需要掌握其固有的技术规律性，即其实用原则。它包括战略、战术、力学、心理等诸方面的问题，这些问题在咏春拳其他内容中均有介绍和训练的方法，详细参见其他相关内容进行训练。

四、掌握擒拿法发力技巧

运用擒拿技法时，要突出腰部的力量。擒拿的力量，即一切动作的发力，都必须在高级神经统一指挥和控制下，从腰轴的拧动和重心的升降或位移开始，循着有关发力部位的顺序，把力运至最后发力部位，从而提高并爆发出强大的打击力量，即腰马部发劲。例如以腰送肩，以肩带臂，通于肘，达于手，从而发挥最大的抓扣、绞锁、扭折、顶撞、挤靠等力量。踢法亦是同样道理。如果不这样，单纯依靠臂或腿等局部有限的、薄弱的伸弹力，是不能发挥出最大的、有效的冲击力量。

运用擒拿技法同时要突出抓拿和绞锁的力量。擒拿动作技术，是以反关节、拿穴位、分筋、挫骨等抓拿绞锁的形式为技术特点。这种技巧需要以腰、腿、臂的力量素质为基础，其中特别是要突出臂部的指功抓拿和腿

脚绞锁力量的作用。只有将指功训练得像雄鹰那样强劲有力的钢筋铁爪，才能具有入骨三分的扣抓力量。如此可使抓住对方身体的某一部位，就有力透筋骨的钳制力，只有这样才能充分发挥擒锁技法的强大威力。

还要在擒拿技法运用中像其他技法一样，将内力和外力融合为一地动作，在一开始训练时就要注意提高这方面的练习。

五、整体性训练和运用

整体性训练是将擒拿技法融合到咏春拳其他技法训练中去，如此可使咏春拳搏击运用形成以全身为武器、上下兼顾、四肢齐出的立体式攻防战斗体系。因此，整体性训练是非常重要的，如此才能使咏春拳自由搏击的技巧对付各种形式的攻击，使咏春拳自由搏击的结构覆盖一切线条和角度，并能从各个角度和线条予以回击。

练习者有时可能会感到困惑，咏春拳训练该如何下手和结束，事实上认真进行训练之后，即遵从各种复杂的训练方法知行合一地修炼过，方可悟出咏春拳最终是走向简捷、直接、高效，使咏春拳的运用成为一种心灵与技巧相配合的精妙艺术。

本书中同时介绍的解脱反擒拿技法，即反抗对手对自己的擒拿，在运用时，需要打、踢、摔、拿、锁等各种不同的技术配合，方可达到解脱反擒拿的目的。那么，解脱反擒拿的技法是什么形式的，智者应自知其意了。也就是说，解脱反擒拿技法，是打、踢、摔与擒拿的结合。因此，这里不再介绍有关解脱反擒拿技法了。

擒拿技法的动作技术，从其效果来说，它可以解脱擒拿住对手，亦可解脱被对手的擒拿。这两种不同的动作技术效果，是随着对手的动作形式和目的的不同而不同。因为双方的动作技术，都是在互相对抗的运动过程中进行的。双方的胜负，主要取决于各自的技术熟练程度、体能训练水平以及战术的运用等。

第二节 擒拿头部技法

头部为人体的司令部，从其生理结构上看，它统领全身，五官七窍明于外，大脑神经藏于内，经穴密布其中，如遭击打、震荡则直接伤及，是人体要害部位之一。咏春搏击中，如将头部控制，轻则可使其被动异常，重则伤及性命，是使用擒拿攻击的重要部位。但头部在搏击时经常处于严密的保护之中，擒锁拿制不易得手。通常擒锁或拿制头部时，是在与对手贴身纠缠中于瞬间抓住战机，使用擒拿或锁法将对手拿制。

近距离的搏击中，擒拿术的运用也是咏春拳必备的攻守技巧。

一、盘臂抹面

（一）动作

1. 擸手抽撞拳：甲方与乙方对峙时，乙方先发右拳攻向甲方上路（图10-1）。甲方看准乙方动作，迅速向前滑右脚，用左手成擸手挡抓住乙方右小臂，同时用右拳猛力抽击乙方面部，乙方上抬左手格架（图10-2）。

图10-1

图10-2

2. 盘臂抹面：甲方动作不停，右手随势屈肘砸乙方右肘关节，迫使乙方屈肘（图10-3）；紧接用力将乙方右肘向右后方拐带，并向前进马移步配合，向右侧转身，用右手沿乙方右臂下侧反手插向乙方胸腹部，使乙方右小臂、大臂和胸腹之间形成锁固，利用乙方小臂和胸腹为力点，配合左手抹扳乙方头面，将乙方头部控制住（图10－4）。

图10－3　　　　　　　　　　图10－4

（二）要领

擸手、上路拳击要及时；抓挡手要牢固、有力；进马移步、插别锁固要准确、凶狠；手、脚要协调快捷地动作；精神与技法要融合为一。

（三）说明

盘臂抹面擒拿法实际上是配合锁臂同时控制头部的技术。这种技术可主动进攻，亦可在手法、踢法的配合下施术。其实，在咏春搏击功夫擒拿法中，每一种擒拿技术技法实际上都包含着踢、打、摔等技术技法，只有通过这些技术相互配合，才可以形成一种完整的擒拿术。

与咏春拳其他技法训练一样，先进行结合精神修炼的准备活动练习。

将每一种擒拿技法重复地进行练习，以提高施技时动作的连贯、流畅。

练习中，细心体会动作技术各部分要领与要求。

擒拿技法掌握熟练后，可试将步法结合练习；将手法结合擒拿法练习；再将步法、手法、踢法或肘、膝法等融合进行练习；也可用默想配合擒拿技法练习。

有关其他训练要求及方式,可以参考本书前文各训练内容自行设定。下面不再重复叙述。

(四)作用

盘臂抹面,是由擸手、拳击配合,在打斗中乘机实施盘臂抹击对手面门形成的擒拿头部技法。

二、交错拧头

(一)动作

1. 近身:甲方与乙方对峙时,乙方扑向甲方(图10-5),同时用双手紧紧抱住甲方腰部,头肩逼住甲方胸腹,欲迫使甲方身躯失重倒跌(图10-6)。

图10-5　　　　　　　　　图10-6

2. 交错拧头:甲方迅速稍后移左脚,稳定重心,上体随即微向右拧转,两手屈肘相合于胸前拿住乙方头部(图10-7),以右手掌心向下,按住乙方头顶,左手掌心屈腕向上扣住乙方下巴,两手上下配合,随身体向左拧腰微转,借拧腰劲,两手同时交错用力,将乙方头部朝左扳转,扭挫乙方颈椎关节,使乙方头颈被扭至疼痛难受,松手就擒(图10-8)。

图 10-7　　　　　　　　　图 10-8

(二) 要领

近身时，被抱腰要及时稳定重心；两手拿头要牢固有力；步法与上体拧转协调；上下灵活地动作；手要交错用力扭挫；精神与技法要融合为一。

(三) 说明

交错拧头多是在贴身纠缠中使用，或在被抱腰时施术解脱。此法是以步、腰与手法的配合达到拿制的效果。

(四) 作用

交错拧头，是在近身时以手法配合拿制对手头部的擒拿术。

三、抠腮拧头

(一) 动作

1. 近身：甲方与乙方对峙时，甲方欲向前靠近乙方，乙方抢先伸出双手向前移步（图 10-9），俯身用双手抱住甲方前伸的右腿，头部贴在甲方右腿外侧，右肩朝前冲撞甲方右大腿欲使甲方向后倒跌（图 10-10）。

图 10-9　　　　　　　　　图 10-10

2. 抠腮拧头：甲方迅速后移左脚以稳定重心，上体右转，俯身含胸，用两手在右腿前拿住乙方头部，以右手掌心向下，按住乙方头顶，左手掌心朝上扣住乙方下巴，两手交错用力扭转乙方头部。乙方依然不松手时（图 10-11），甲方用左手的食、中二指抠进乙方的左嘴角，用力向上勾提，迫使乙方松开抱腿的两手而受制（图 10-12）。

图 10-11　　　　　　　　　图 10-12

（二）要领

近身中，被抱一腿时，要及时配合步法移动稳定重心；两手拿头要牢固、有力；拧头要用力；抠腮要准确、凶狠；精神与技法要融合为一。

（三）说明

抠腮拧头多在近身被抱腿纠缠中及时脱身使用的擒拿法。它也可以于防守时施术。

（四）作用

抠腮拧头，是在近身纠缠中以手法抠拿对手嘴角配合拧头形成的擒拿头部的技法。

四、拿腕勾鼻

（一）动作

1. 摊手：甲方与乙方对峙时，乙方抢先以右手攻击甲方面部，甲方以右手摊手摊挡乙方攻击的右手腕臂（图10-13、图10-14）。

图 10-13

图 10-14

2. 拿腕勾鼻：乙方变式俯身用右手抄掀甲方前伸的右腿脚，甲方随即下落右手抓住乙方左手腕并向上翻拧，拿住乙方左腕（图10-15），然后向前移左脚至乙方身后，逼紧乙方身后腰髋部，左手同时伸向乙方面部，用食中二指勾住乙方两鼻孔，并按掌后带，两手配合轻巧地将乙方控制住（图10-16）。

图 10－15　　　　　　　　　图 10－16

（二）要领

摊手摊挡要及时；搭腕抓扣要牢固；翻拧反抓要有力；进步转身上逼与抓腕上下协调；勾鼻要准确、凶狠；整个动作要紧凑、直接；精神与技法要融合为一。

（三）说明

拿腕勾鼻是用于对付被抱腿纠缠时使用的擒拿法，其实际上是用拿腕配合勾鼻控制头部的技术。它可以于近身时主动发招攻击或在防守中乘机发招反击。

（四）作用

拿腕勾鼻，是在摊手手法中顺势成擒拿手拿住对手手腕或手臂，同时配合勾鼻形成的控制头部的擒拿技法。

五、拿腕抓发

（一）动作

1. 擒拿手：甲方与乙方对峙时，甲方向乙方逼近（图 10－17），乙方突发右拳直击甲方上路，甲方稍向左闪避开乙方右拳，乙方出拳击空欲收手，甲方紧接用右手刁拿住乙方右手腕（图10－18）。

图10－17　　　　　　　　　　图10－18

2. 拿腕抓发：甲方动作不停，进马同时用左手抓住乙方头发，并快速向右后方牵拉迫使乙方向前倒地（图10－19），在乙方倒地时，甲方右手顺势向上带，用右膝猛力向下跪击乙方腰背部，左手抓住乙方头发同时向后拉，使乙方受制（图10－20）。

 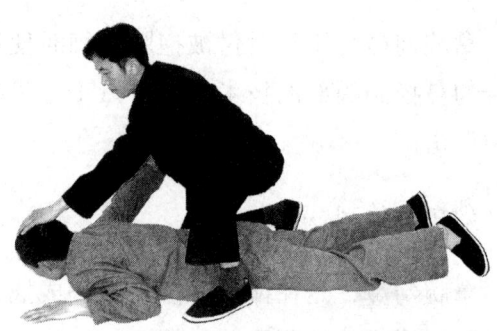

图10－19　　　　　　　　　　图10－20

（二）要领

闪臂拳击要及时；刁拿腕要牢固；抓发要凶狠；两手配合步伐移动，上下协调动作；跪击腰背要凶猛；全身动作要紧凑、利落；精神与技法要融合为一。

(三) 说明

拿腕抓发可用于主动进攻或防守中予以反击，或者在其他技法的配合下实施攻击。

擒拿对方时，使发招有压制对方的威力，动作要协调、灵敏。

(四) 作用

拿腕抓发，是以擒拿手配合抓发控制对手头部的擒拿术。

六、顶背切颈

(一) 动作

1. 侧闪：甲方与乙方对峙时，甲方欲发动攻势，乙方抢先发右拳击打甲方头面部，甲方及时向左闪避开乙方拳攻（图10-21）。

2. 顶背切颈：在乙方发拳击空瞬间，甲方闪至乙方身体同时，用右手下插到乙方臀部，用力扣抓乙方尾骨下部，紧接身体右转，用左手猛力切击乙方后颈部（图10-22），使乙方被击失重前扑倒地（图10-23）。甲方进马移步跟上，用右膝猛力顶压乙方背部，右手卡扼住乙方后颈要害部，左手抓住乙方头发用力后扯，使乙方全身产生剧痛而受制（图10-24）。

图10-21

图10-22

图10-23

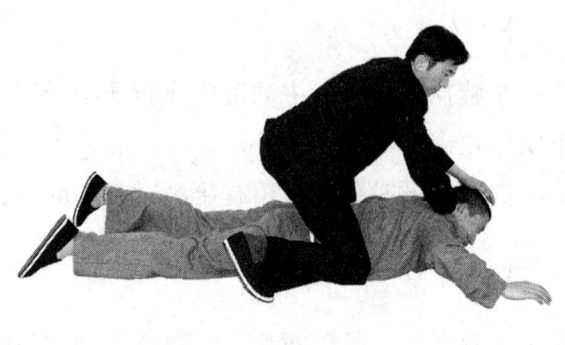
图10-24

（二）要领

侧闪避拳攻要及时；扣抓尾骨上提与切击后颈，两手要快捷地配合；膝顶压背与手法控制头颈要协调、利落；整个动作上下配合要简捷、直接；精神与技法要融合为一。

（三）说明

顶背切颈擒拿法可用于直接进攻，亦可在防守时予以反击，或配合其他技术实施攻击。

擒拿法的运用，要使复杂形式的动作变为简单和实用，动作要快捷。

（四）作用

顶背切颈，是在闪避对手攻势实施攻击时，以双手手法配合控制头部的擒拿法。

七、托臂推颈

（一）动作

1. 擒拿手：甲方与乙方对峙时，甲方发右冲拳攻击乙方中路，乙方前伸左手抓住甲方右手腕顺势后拉（图10-25）。甲方迅速翻转右手向上反抓乙方左手腕，同时向前进马移左脚，用左手向前向上推折乙方手背，使乙方左手掌腕被折（图 10-26）。

图 10-25　　　　　　　　　图 10-26

2. 托臂推颈：乙方欲挣脱，甲方紧抓乙方手不放，左臂从乙方左臂下向右伸进，勾住乙方左腕猛拉（图 10-27），迫使乙方因剧痛倒跌于地。甲方顺势用右手臂夹抱住乙方的左臂，并用力上提，左膝配合用力跪抵住乙方左侧腰部，左手推或掐乙方颈部要害，随着两腿屈膝与两手配合将乙方侧卧擒拿住（图 10-28）。

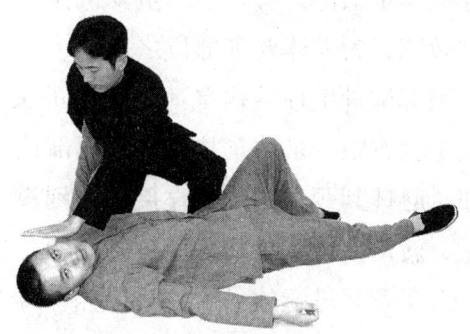

图 10-27　　　　　　　　　图 10-28

（二）要领

出拳击中或击空均要保持随时变式的灵活性；反抓腕要牢固；进马移

步与控制腕掌要协调；托别肘臂与膝抵、手推要及时，且有力；精神与技法要融合为一。

（三）说明

托臂推颈可用于主动突击，或于防守中配合手法攻击时实施擒拿。

擒拿时要严密注意对手的动作，在主动攻击、或对手发起攻击、或与对手同时进攻时，都要善于抢占先机，此谓咏春拳搏击之重要策略。

（四）作用

托臂推颈，是以擒拿手配合拿取对手上肢，同时推击其颈部达到控制对手头部的擒拿术。

第三节　擒拿颈部技法

颈部位于躯体之上与椎骨直立，其上举头颅，下连躯干，前有喉结，后有天柱穴，两旁伴有动静脉血管组织，中为气管食道，脊髓神经经由此上穿椎体于脑部，有众多的重要机体组织聚集其间。这个部位对外界刺激异常敏感，为人体要害部位之一。

颈部椎骨生理结构单薄，连带的关节较多，表面无肥厚的肌肉包裹，活动上也有限，是擒拿技法易控制部位。头与颈相连，擒拿术用与此来进行扭头必挫到颈，制颈可直接损伤到头。如果颈部受制，轻则可出现吞咽不适，转动失灵，重则可使头脑昏晕，甚至危及生命。

对于颈部进行施术擒拿时，咏春搏击多数以缠颈锁喉类的方法为主。

一、缠颈锁喉

（一）动作

1. 擒拿手：甲方与乙方对峙时，甲方向乙方靠近，乙方抢先发右掌指戳击甲方咽喉。甲方迅速在乙方右手击出瞬间，左脚前滑，左手成掌，以虎口向前截抓住乙方右肘关节处向前推（图10－29）。

2. 缠颈锁喉：未等乙方变式，甲方左手拿住乙方右肘向下牵带，右脚进马上步朝乙方中门逼近，右手成掌经乙方右颈侧后以直臂前伸，身躯同时随势向乙方右侧逼近（图10－30），右手沿着乙方的颈后向下向里屈肘环抱缠住乙方的颈喉，左手配合抓住自己的右手腕，将乙方后脑及颈喉压在右大臂下（图10－31），形成紧箍动作，紧接身体挺立，缠颈两手上提收紧，迫使乙方因颈喉被缠锁控制而受制（图10－32）。

图10－29　　　　　　　　图10－30

图10－31　　　　　　　　图10－32

（二）要领

移步截抓掌击要及时、准确；抓肘推挡配合要协调；两手变式缠锁要凶狠；力度要随势变化而定；精神与技法要融合为一。

（三）说明

缠颈锁喉可从不同的距离中发动主动进攻，亦可在防守状态中施术擒锁，或者配合其他技法实施攻击。这种擒拿法是由对方身体前方实施动作。

擒拿时要善于寻找、利用对手的空当，及时施以凶狠的控制。

（四）作用

缠颈锁喉，是以手法配合进马缠制对手颈部形成的擒拿颈部的技术。

二、捆脖锁喉

（一）动作

1. 近身：甲方与乙方对峙时，甲方迅速移步绕至乙方背后，右脚在前抵住乙方后腰背，右手同时从乙方右颈侧前伸，屈肘挽臂缠住乙方前颈，左手抵住乙方后腰（图10-33）。

2. 捆脖锁喉：甲方未等乙方反应，紧接左手屈肘上举，横挡乙方脑后部（图10-34），右手屈腕使掌指朝上搭在左小臂上，两手形成对乙方头颈的前后夹击捆锁动作，右手配合搭在左臂作为支点，右肘后收，以锁乙方前颈，左手向前按压乙方后脑，两手前后交错用力捆锁乙方颈喉（图10-35）；随即左手下滑按住乙方左背，右手反箍住乙方前颈向后捯带，左脚外展支撑，右脚提起向后蹬踢乙方左腿后膝弯处，将乙方擒跌于地（图10-36）。

图 10 – 33

图 10 – 34

图 10 – 35

图 10 – 36

(二) 要领

移步由背后近身攻击要快捷；捆锁颈喉两手要协调交错用力；两手形成捆锁要牢固、有力；蹬踢与捆锁要上下一致；精神与技法要融合为一。

(三) 说明

捆脖锁喉主要是由背后发动进攻，或在纠缠中由背后突袭。
由后擒锁颈部时，手脚配合要协调，用力要适度。

(四) 作用

捆脖锁颈，是近身时由背后以手法捆锁对手颈喉形成的擒拿颈部技术。

三、拉腕掐颈

(一) 动作

1. 擸手：甲方与乙方对峙时，甲方欲靠近乙方，乙方突发左手攻打或抓握甲方前伸的右手，甲方顺势用左手成擸手后拉乙方左臂（图10-37）。

2. 拉腕掐颈：乙方用力欲挣脱，甲方抓住乙方左手臂不放，突发右脚猛力勾踢乙方前伸的左腿踝关节，右手猝然翻腕以鞭劲挥扫乙方头面部（图10-38），左手同时抓住乙方左手用力外拧其腕关节，迫使乙方后跌倒地（图10-39），然后右手抓住乙方左手腕上拉，左膝跪压乙方左侧腰部，左手狠掐乙方颈部，将乙方控制住（图10-40）。

图10-37 　　　　　　　　　图10-38

图10-39 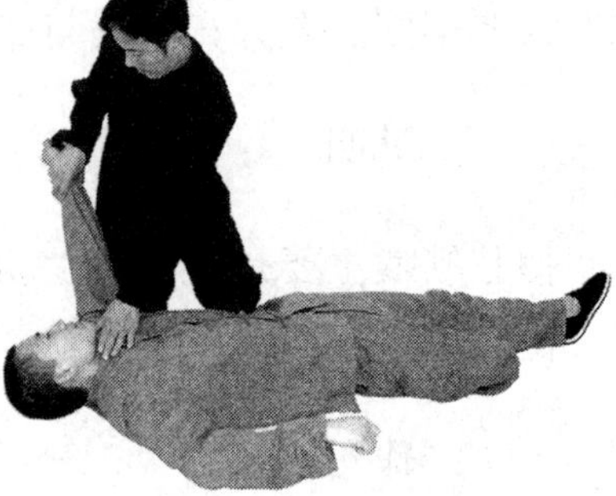　　　　　　　　　图10-40

（二）要领

擸手抓腕要及时、牢固；击面、勾踢腿脚要凶猛；抓腕掐颈要配合有力；动作要突然、隐蔽；精神与技法要融合为一。

（三）说明

拉腕掐颈可用于主动进攻，或在防守中攻击，或在近距离中发动突袭。

擒拿击打动作要果断、协调，上下动作要紧凑、利落。

（四）作用

拉腕掐颈，是以擸手控制对手上肢同时，用手法掐击对手颈部形成的擒拿术。

第四节　擒拿上肢技法

咏春搏击功夫擒拿上肢技法是对指掌、腕、肘、肩部位实施的擒拿法。上肢包括指、掌、腕、肘、肩数个关节构成。掌指关节活动面较小，只能前屈和伸直，如对其用力向后反折或向侧扳拧，则易造成脱臼或骨折，或对其扣、捏、顶压，会产生强烈的酸痛、麻木感。肘关节由尺骨、桡骨和肱骨连接而成，其活动方式是屈和伸，旋内和旋外，如对其屈肘向内、外拧，或伸直用力撞压关节后部则会造成脱臼或撕裂韧带。肩关节是由肱骨与肩胛骨的关节盂连接而成的球窝关节，活动范围较大些，能做前屈、后伸、内收、外展和转环运动；但对其用暴力向内、外拧动或牵拉，或向后上扳超过极限，则会撕裂韧带或造成脱臼。

对于上肢的擒拿技法有数种方法和形式，上肢也是擒拿中施制的重点部位，它也是构成擒拿招法的关键所在。

一、握手屈指

(一) 动作

1. 互相握手：甲方与乙方对峙时，甲方与乙方分别以右手虎口相交互相握住，甲方紧跟将左手附于右肘旁准备动作（图10-41）。

2. 握手屈指：在乙方右手发力握紧甲方手掌时，甲方顺势翘掌，使右手掌指朝上翘在左手立掌侧面，食指根部拦住乙方右手拇指上节外侧面，同时拇指向内屈勾缠压乙方右手拇指根节（图10-42），紧接右手内旋转腕下压，利用食指根部掌面贴着乙方右手拇指上节外侧，朝其手背虎口内旋扭下压，重挫乙方拇指关节；左手附于右手旁应变（图10-43）。乙方因右拇指关节被扭，产生剧痛受制（图10-44）。

图10-41　　　　　　　　图10-42

图10-43　　　　　　　　图10-44

（二）要领

握手时要就势取指；缠挫指要牢固、凶狠；坐腕翘掌要有力；指法与手腕要灵活配合；随势巧取拇指；精神与技法要融合为一。

（三）说明

握手屈指是以缠指实施的擒锁法。它可于主动进攻时抓住对手手掌实施攻击，亦可在防守中乘机对对手指掌实施拿制。

拿制指掌动作要紧凑、有力，手与腕配合要协调、快速，施技要把握好时机、角度。

（四）作用

握手屈指，是在与对手的手互相握住时实施的拿制掌指的擒拿术。

二、扣指背折

（二）动作

1. 擒拿手：甲方与乙方对峙时，甲方向乙方靠近（图10-45）。乙方发右手撩打甲方上路或中路。甲方看准乙方动作，迅速用右手由外向内成擒拿手，反手抓扣住乙方右手四指（图10-46）。

图 10-45

图 10-46

2. 扣指背折：甲方动作不停，拇指扣在乙方右手虎口处，随即，右手用力向内上侧翻拧乙方四指，迫使乙方掌心向后，左手同时配合扣住乙方手指（图10-47），两手合力扣住乙方右手指背折，使乙方手指产生剧痛而受制（图10-48）。

图10-47

图10-48

（二）要领

擒拿手抓拿要及时；扣抓指掌要准确；翻拧手指要凶狠；扣指反折要有力；两手配合协调动作；精神与技法要融合为一。

（三）说明

扣指背折可用于主动进攻，或在防守时抓扣指掌实施拿制。
拿制指掌时，动作要沉着、冷静，手法要协调、快捷。

（四）作用

扣指背折，是以手法扣抓对手手指配合背折形成的擒拿掌指的技术。

三、拿掌旋拧

（一）动作

1. 擒拿手：甲方与乙方对峙时，乙方用右手掌拍打甲方面门或胸部。

甲方迅速用右手截挡乙方掌击，同时用右手成擒拿手反手拿住乙方手掌，四指紧扣住乙方右手指落肘顺腕，扭住乙方的右掌（图10-49）。

2. 拿掌旋拧：乙方欲动，甲方动作不停，右手拿住乙方右掌向下旋拧，迫使乙方腕关节被扭而俯身，甲方随即用左手按住乙方右肘处，控制住乙方右臂（图10-50）。乙方变换步法后转身发左拳向后挥打甲方，甲方左手成掌截住乙方的左臂肘关节部（图10-51），左手接住乙方左肘后顺势托肘内旋，使其左手朝其背后按下，左腿别住乙方后腰及其左腿，身体紧紧抵住乙方左臂，左手由上向下缠住乙方前颈，右手拿住乙方右手掌不放，将乙方擒锁住（图10-52）。

图10-49

图10-50

图10-51

图10-52

（二）要领

擒拿手截挡掌击要及时、准确；拿掌要牢固；截肘下按与身、步别抵要协调一致；整个动作要上、中、下三路齐动；精神与技法要融合为一。

（三）说明

拿掌旋拧可用于主动进攻，在对时机把握良好时直接施术拿制手掌，或在防守、纠缠中均可使用。

擒拿时上下结合的动作，要变复杂为简化、直接，形成擒拿。

（四）作用

拿掌旋拧，是以手法拿掌旋拧上肢，同时配合控制对手颈部的擒拿术。

四、扣手缠腕

（一）动作

1. 擒拿手：甲方与乙方对峙时，甲方与乙方互相逼近，甲方前伸右手攻击乙方胸部或腹部，乙方用右手乘机抓住甲方右手腕准备进攻（图10-53）。甲方迅速以左手变掌成擒拿手伸向乙方右手之上，手心窝起向下横向按握住乙方右手背，两手上下相合控住乙方右手，并向后撤步，两肘向腰部收回，借重心后移将乙方右臂带直以便施技（图10-54）。

图 10-53

图 10-54

2. 扣手缠腕：甲方动作不停，紧接右手成掌从乙方右手腕部尺骨侧向上翘起，内旋，使掌心向外屈腕缠绕住乙方右手腕（图10-55），随即稍含胸后坐下降重心，两手同时缠住乙方右腕向下施拧卷压，使右掌缘缠腕的力点着于乙方右手尺骨侧腕关节缝上，迫使乙方俯身被制（图10-56）。

图10-55

图10-56

（二）要领

擒拿手反抓要及时；两手控手要有力；屈腕缠腕要牢固；两手上下配合要紧凑；缠腕向下旋拧要凶狠；身法与手法要协调动作；精神与技法要融合为一地动作。

（三）说明

扣手缠腕是针对腕部的一种常用拿制法，其法立见成效，是拿制手法的基本技法。它可用于主动进攻，或于防守、纠缠中施用。

交手施法要洞察情势，趁对手变化，随势而应，施术要迅速精确。

（四）作用

扣手缠腕，是以擒拿手配合施法扣拿缠绕对手手腕形成的拿制掌腕部的擒拿术。

五、截掌勾腕

（一）动作

1. 擒拿手：甲方与乙方对峙时，甲方发出右拳欲击打乙方腹部（图10-57）。乙方迅速用左手抓住甲方右手腕，并准备发动攻势（图10-58）。

图10-57

图10-58

2. 截掌勾腕：甲方立即以左手变掌伸向乙方左手的上面，手心窝起向下，用左手抓住乙方左手掌背，右拳同时变掌伸开，内旋，坐腕，使掌指从乙方左手小指侧尺腕关节处向上翘起，使乙方左手腕随之翻转，顺势将乙方左腕勾截住（图10-59）；紧接着，甲方下降重心，身躯后坐，两手上下配合增强勾腕劲力，迫使乙方左腕被反扭勾折产生剧痛，俯身被擒（图10-60）。

图10-59

图10-60

（二）要领

擒拿手擒抓要及时；随势扣手勾腕要及时；两手上下配合形成反制；屈腕勾腕要有力；身与手配合增强勾切腕劲力；手法动作要巧妙、灵活；精神与技法要融合为一。

（三）说明

截掌勾腕与扣手缠腕相似，是以克制对手手腕的拿制法。它可以主动进攻，亦可于防守时发招。

拿制上肢，手法上要使用巧劲，抓住机会，快速施招。

（四）作用

截掌勾腕，是以擒拿手变式成截拳，配合掌勾折腕形成的擒拿对手掌腕的技术。

六、旋掌挫腕

（一）动作

1. 甲方与乙方对峙时，双方互举右手相互抓握住（图10-61）。

2. 旋掌挫腕：乙方先用右手发力将甲方右掌扳腕下按，用掌指紧扣甲方手指迫使甲方右手屈肘（图10-62）。甲方不做奋力反抗，顺势用右手指头向上反扣，反拿住乙方的右手掌，左手变掌屈肘环臂围绕乙方下压的右小臂向怀内抄进，左手绕至乙方右掌小指侧掌根处，使左手屈腕侧勾住乙方右手小指侧掌根骨，形成对乙方右手及臂肘的缠裹动作（图10-63）；左脚同时后撤一步，上体随即左转，两手配合，以右手拿住乙方右掌向上托举并向外旋推，左手反勾住乙方右掌根向上勾提并向外牵带，使乙方右腕关节遭到重挫，被迫悬臂耸肩，俯首受制（图10-64）。

图 10-61

图 10-62

图 10-63

图 10-64

（二）要领

互相抓握时要伺机变式；两手上下缠裹挫腕要配合协调；步法与身法随势及时变式；精神与技法要融合为一。

（三）说明

旋掌挫腕可用于主动擒制腕部，亦可在被对方抓住手掌时随势变化应招。

擒拿技法的运用，要能在任何情况下将对方巧妙地逼入死角。要尽一切可能，利用随势的变化和条件，控制住对手。如此需要敏锐地洞察对手的一切情况。

（四）作用

旋掌挫腕，是在与对手互握时顺势变擒拿手，配合旋掌重挫腕形成的擒拿掌腕的技术。

七、屈肘压腕

（一）动作

1. 擒拿手：甲方与乙方对峙时，甲方发出右拳击打乙方上路（图10－65），乙方用左手屈肘上迎抓住甲方右手腕（图10－66）。

图10－65　　　　　　　　图10－66

2. 屈肘压腕：甲方迅速发力下沉右肘，右拳同时屈肘里收，左手变掌伸向乙方左手之上，手心向下按住乙方左手掌背，左右两手上下相合，紧紧控住乙方倒抓腕的左手（图10－67）；甲方动作不停，右脚前移滑进乙方左脚跟后，扣紧乙方左脚跟，两腿屈膝重心下沉，左手抓住乙方的左手随右拳朝怀里收，两手相合将乙方的左手向下牵至身前，右拳腕同时向外旋，将乙方的左手尺骨侧腕关节随势反扭朝上，右肘顺势前移下压，使右腕尺骨反压在乙方左腕已被扭转的尺骨关节上，将乙方拿制（图10－68）。

图 10－67　　　　　　　　图 10－68

（二）要领

擒拿手要及时；被倒抓腕要随情形发力下沉肘臂，及时变招；两手上下配合协调；前移步与手法屈肘压腕要协调一致；动作要灵活、紧凑；精神与技法要融合为一。

（三）说明

屈肘压腕是专门对付被倒抓右腕的擒锁法。它可在手法的配合下施招，亦可在被动时伺机出击。

手法的擒拿需要通过反复训练来锻炼手脚的灵活性，提高手法拿制的速度、敏捷、力量等。

（四）作用

屈腕压肘，是在被拿制手腕时以擒拿手配合形成的扭压对手的擒拿腕部的技术。

八、扣掌挫腕

（一）动作

1. 俯身：甲方与乙方对峙时，甲方扑向乙方（图 10－69）。乙方在甲方逼近时用右手抓住甲方的头发,并用力抓发下按,迫使甲方弯腰低头俯身(图 10-70)。

图 10-69

图 10-70

2. 扣掌挫腕:甲方迅速稳定桩马,顺势低头下勾,同时前移左脚,两腿屈膝降低重心,两手随势屈肘合抱,以左右手扣住乙方右手,同时左手在头部上方抓住乙方右手腕部(图 10-71),右手按扣住乙方右手掌背配合头部下勾并右摆,左手抓住乙方的右腕向内拧扭,两手以扣掌扭腕配合重挫乙方右腕关节,将乙方制伏在地(图 10-72)。

图 10-71

图 10-72

(二)要领

被抓头发时,要及时审时度势;头随俯身之势向下勾以缓被抓之力;

两手扣抓掌要有力；扣掌扭腕要协调一致；手法发力要紧凑、利落；精神与技法要融合为一。

（三）说明

扣掌挫腕是用于对付被对手于面前抓发的擒拿法，是一种较为实用的拿制技术。它多在防守中应招施术。

在被动抓发形势中，要及时抓住有利时机予以拿制，合理地使两手与身法配合动作。

（四）作用

扣掌挫腕，是以两手手法配合扣抓对手攻击手掌腕，顺势挫其腕关节的擒拿掌腕的技术。

九、转头翻腕

（一）动作

1. 仰面：甲方与乙方对峙时，乙方迅速绕至甲方身后，用右手抓住甲方头发（图10-73），左手前撑甲方背部。甲方感到头发被抓，迅速稳定身势，仰面以缓解被抓发之痛（图10-74）。

图10-73

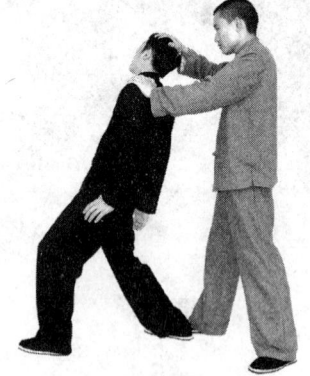
图10-74

2. 转头翻腕：甲方动作不停，同时两手变掌屈肘向上抱头，手心向下抓按住乙方的右手，头部同时上顶，控制住乙方右手（图10－75）。乙方欲动，甲方动作不停，两手控制住乙方手臂不放松，身体疾向右后方翻转，同时屈膝下蹲，在转身面对乙方同时，被控制在头顶的乙方右手掌腕随即遭到翻扭反折，甲方同时配合头部上挺动作，增强对乙方右腕的反折力，迫使乙方左臂抻直，两脚踮起，耸肩受制（图10－76）。

图10－75

图10－76

（二）要领

被由身后抓发时，要及时仰面稳定重心以备动作；拧腰转身可适当下蹲；两手成掌抓扣要牢固；翻扭反折掌腕要凶狠；手、身、步法要上下协调一致；精神与技法要融合为一。

（三）说明

转头翻腕是对付被由背后抓发的擒拿法，以拧折腕达到擒制的目的。

运用此类技法时，要反应敏捷，手法灵巧，步快腰活，险中制胜。即使精通擒锁法，也要使技术在任何情况下都适合于任何人，方可算作真正掌握了擒拿技法。

（四）作用

转头翻腕，是在被由身后抓发时仰面转身，以手法抓拿对手攻击手形成的翻折拿腕法。

十、抓腕挟肘

（一）动作

1. 仰身：甲方与乙方对峙时，甲方前伸右手攻击乙方中路或下路。乙方用左手抓住甲方右腕，右脚前移逼近甲方中门，右手同时前伸以虎口朝前抓掐甲方咽喉或领襟，甲方被迫向后仰身（图10-77、图10-78）。

图10-77

图10-78

2. 抓腕挟肘：随即，甲方用左手成擒拿手伸向胸前抓住乙方右手腕关节处，手心紧贴乙方右腕背，同时向右转身，左手抓住乙方右腕随转身动作外旋并控在胸前，迫使乙方身躯下伏，松开左手，收至身前（图10-79）。甲方紧接向前移左脚至乙方右脚侧抵住乙方右脚以防其变化，左肘向前下压挟住乙方右肘，左手抓住乙方右腕继续向里拧转，并向上端提，右手由下向上反抓住乙方的右手掌指随势拧扭推压，使乙方右腕遭到猛挫，俯身受制（图10-80）。

（二）要领

被抓腕时要注意随时仰身变式；擒拿手抓腕要及时、有力；转身、移步要上下协调；挟肘拧腕要一致；扭拧推压挫腕要凶狠；整个动作要紧凑、利落；精神与技法要融合为一。

图 10 - 79　　　　　　　　　图 10 - 80

（三）说明

抓腕挟肘是典型的腕部擒拿法，这种技术简捷有效，它可对付被抓发、拍面、掐喉、劈打肩、击胸腹等攻击。

擒拿法的运用，要深知其相通之处，以身心合一随机应变地施展动作。

（四）作用

抓腕挟肘，是以擒拿手配合挟压肘形成的擒拿掌腕的技术。

十一、拧搓腕臂

（一）动作

1. 定身：甲方与乙方对峙时，甲方欲靠近乙方（图 10 - 81）。乙方抢先用右手抓住甲方胸襟，并外旋后收，反扭住甲方的胸襟向上提举，小臂抵住甲方胸腹部，迫使甲方左脚退后支撑重心（图 10 - 82）。

图 10－81　　　　　　　　　图 10－82

2. 拧搓腕臂：甲方随即用两手屈肘合于胸前抓住乙方的右手腕，随即上体含胸左转，顺乙方右手腕外旋之势，将其外旋的掩蔽手向外反扭拧搓，乙方被迫后仰上体（图 10－83）。甲方紧接继续向左转身，借助转腰劲力，两手控制乙方右手及全臂继续朝其右肩后拧扭反牵，乙方被迫身躯后仰失重时，甲方迅速提右脚向乙方右腿后膝弯处反蹬踢，将乙方击跌于地（图 10－84）。

图 10－83　　　　　　　　　图 10－84

（二）要领

被抓胸或衣襟要及时稳定身势，以备动作；两手要相合抓腕；外旋反扭拧搓腕臂要凶狠；踢法配合要突然；手法、身法、踢法劲力要上下相合，一气呵成；精神与技法要融合为一。

（三）说明

拧搓腕臂是以拧搓掌腕臂连带踢法的擒锁法，多用于对付被抓胸时使用。它也可以在手法或踢法的配合下进攻，亦可在防守中伺机施术。

任何擒锁法，包括其他技法的运用欲达到炉火纯青的程度，必须经历无数的反复训练才能达到。

（四）作用

拧搓腕臂，是以两手成擒拿手控制对手腕臂，同时配合踢击形成的擒拿上肢的技术。

十二、扣手裹臂

（一）动作

1. 定身：甲方与乙方对峙时，甲方欲靠近乙方（图10－85）。乙方以右脚前移，用右手抓住甲方左肩欲发动攻击，甲方及时稳定身势（图10－86）。

图10－85

图10－86

2. 扣手裹臂：未等乙方反应，甲方迅速上抬右手成擒拿手扣按住乙方右手掌，左手同时屈肘从乙方右腕外侧上抬，与左肩臂相合控住乙方右手（图10-87）；随即两腿屈膝降低重心后坐，含胸稍向右转，右手按住乙方右手掌不放，左肘从乙方的右臂上向里向下裹压住，以带动左肩头前的大臂向内卷裹，使乙方因右手尺骨侧腕关节受制被迫跪于地上（图10-88）。

图10-87　　　　　　　　　图10-88

（二）要领

被抓肩时要及时稳定身势；右手扣按要及时、有力；左臂上抬裹压要牢固；身法与手法要协调一致；扣手时，左臂用力裹压；手法与身法、劲力要巧妙运用；精神与技法要融合为一。

（三）说明

扣手裹臂是对付被抓肩的有效的擒拿法，其多在防守中施术。

擒拿技法的善用与咏春拳其他技法一样，要将技艺与身体完美地融合，用身体的任何部位适时地施展动作，战胜对手。

（四）作用

扣手裹臂，是以擒拿手扣抓对手攻击手，同时配合手法裹压其攻击腕臂达到擒拿上肢的技术。

十三、转肩截腕

（一）动作

1. 定身：甲方与乙方对峙时，乙方迅速绕至甲方背后（图10-89），以右脚在前，用右手抓住甲方的右后肩，向后猛力拉拽（图10-90）。

图10-89　　　　　　图10-90

2. 转肩截腕：甲方及时后撤右脚稳定身势，同时用左手屈肘经胸前绕向右肩后，手心向下成擒拿手反抓住乙方右手掌背，右臂顺肩朝上直举（图10-91）；身躯迅速向右后方转动，上举右臂屈肘朝右后方转肩下落，用右大臂反截住乙方右手尺腕关节，左肘臂可配合向后压住乙方右肘处，将乙方擒伏跪地（图10-92）。

图10-91　　　　　　图10-92

（二）要领

背后被抓肩要及时稳定重心；走马步法要灵活、稳固；左手反抓手掌背要有力；右臂屈肘截腕要准确、凶狠；转身要快速敏捷；全身上下要协调一致；精神与技法要融合为一。

（三）说明

转肩截腕是对付背后被抓肩的擒拿法，其主要用于防守拿制。
对付从不同角度进攻的对手，要身心一致地施展动作。

（四）作用

转肩截腕是以擒拿手扣抓对手攻击手，同时配合转身以肘臂截压其腕部达到擒拿上肢的技术。

十四、旋压腕肘

（一）动作

1. 问手：甲方以问手式与乙方对峙时，甲方欲靠近乙方，乙方突发右拳直击甲方上路（图10-93）。

2. 旋压腕肘：甲方迅速以两手交叉成十字，以右手在前成摊手，左手在后成膀手，沿乙方右小臂外侧向内前消挡（图10-94），在与乙方右臂接触的瞬间，借乙方屈肘收拳之势，甲方左手疾翻与右手掌心相对合力拿住乙方右腕和手，同进屈右肘前顶，随即由左向右旋拧压乙方右腕（图10-95）。乙方欲动，甲方紧接疾退右脚，同时两手紧执乙方右腕臂猛力以其肩关节为圆心，向其右下方朝左抡旋一大圆弧，将其肩、腕关节外旋的运动范围猛增加360度左右，使乙方被旋拧手臂造成严重损伤而倒地（图10-96）。

图 10-93　　　　　　　　图 10-94

图 10-95　　　　　　　　图 10-96

（二）要领

两手摊、膀交叉顶挡拳臂要准确、及时；旋拧腕臂两手合力动作；走马步法与手法要协调一致；旋拧腕臂要凶狠；整个动作要连贯、流畅；精神与技法要融合为一。

（三）说明

旋压腕肘是以擒拿上肢达到控制对手的技术。它可用于防守拳法或与其他手法配合时实施攻击，有时亦可以在纠缠中及时施用。

擒拿时，须使运用的动作准确、快捷，全身要协调地配合，要仔细地观察对手的一举一动，随机而动。

（四）作用

旋压腕肘，是以手法配合拿取对手攻击手腕旋压形成擒拿上肢的技术。

十五、扣掌携背

（一）动作

1. 握手：甲方与乙方对峙时，双方互相以右手握住（图10－97）。

2. 扣掌携背：甲方疾用右手扣紧乙方右手指掌并发力向下压折，迫使乙方俯身（图10－98），紧接拧其右腕臂，使乙方右臂外展伸向后方，左手配合向前搬拉乙方右肘处（图10－99），借势抓握乙方右小臂向其身后推顶，前移左脚，折旋乙方右手，顺势从乙方腋下向其同侧背部插制，形成携背捆锁住乙方右手臂，将乙方擒锁住（图10－100）。

图10－97

图10－98

图 10－99　　　　　　　　图 10－100

（二）要领

互相扣握手时要及时准备动作；折指掌下压要凶狠；旋拧臂后伸配合步法上下要协调一致；携背捆锁臂要牢固、有力；全身上下动作要紧凑、利落；精神与技法要融合为一。

（三）说明

扣掌携背可用于主动攻击擒拿上肢，亦可在纠缠中施招拿制。

擒拿时要果断、大胆地动作，心里除了控制对手不应有其他任何想法，不要有任何的迟疑和犹豫。

（四）作用

扣掌携背，是在与对手互握手时以手法扣拿对手的手，实施携背捆锁达到控制其上肢的技术。

十六、别臂缠锁

（一）动作

1. 拍手：甲方与乙方对峙时，甲方向乙方靠近（图 10－101），乙方抢先发右拳攻击甲方上路。甲方迅速前移左脚，用左手向内拍挡乙方来拳

（图10－102）。

图10－101　　　　　图10－102

2. 别臂缠锁：同时利用乙方出拳击空收拳之势，右手沿乙方左臂上、下、外向肘部缠绕，将乙方右小臂夹在右臂间，紧接向前进左脚，向右转身（图10－103），利用右大小臂之合力，将乙方右臂的反关节向右后侧别顶，同时左手向右下侧猛击乙方右肘，两手配合锁定乙方右肘臂，使乙方被控制（图10－104）。

图10－103　　　　　图10－104

（二）要领

拍挡拳击要及时；顺势缠绕手臂要牢固；步法与锁臂要配合协调；两手擒锁要紧凑、有力；精神与技法要融合为一。

（三）说明

别臂缠锁是擒拿上肢的技法。它可在主动进攻时施术拿制，也可在交战中抓住时机擒拿对手上肢。

擒拿技法的运用与咏春拳其他技法一样，在任何情况下，施展动作的目的是为了打倒敌人，这一点是不能有任何改变的，打斗时需保持身心一致地动作，要以击败对手的态度来出招。

（四）作用

别臂缠锁，是在拍挡对手拳攻时以两手手法配合别锁其攻击手臂形成的擒拿上肢的技术。

十七、扳腕别肘

（一）动作

1. 擒拿手：甲方与乙方对峙时，甲方向乙方靠近。乙方先发右手撩打或劈打甲方上路或中路（图 10-105），甲方迅速用左手成擒拿手抓拿住乙方右手（图 10-106）。

图 10-105

图 10-106

2. 扳腕别肘：甲方动作不停，随即向前移右脚插于乙方右腿后别住乙方前伸的右腿，身躯同时前逼，右手从乙方右大臂下朝外抄起，用右肘弯挎住乙方右大臂，右手举在左手旁（图10-107），紧接左手拿住乙方右掌猛力朝下卷压，右手趁势屈腕下勾，由上向下反扳住乙方被折向外的右小臂腕中尺骨，右肘紧跟上抬，使乙方右肘臂被扳别住，产生疼痛而后仰身躯受制（图10-108）。

图10-107

图10-108

（二）要领

擒拿手抓拿手掌要及时、准确；拿手扳腕别肘以杠杆原理挫肘关节；手法与步法、身法要上下协调一致地动作；扳腕别挫肘要凶狠；精神与技法要融合为一。

（三）说明

扳腕别肘是以擒拿上肢控制对手的技术。它可以主动进攻，亦可在交战中或防守时乘机施术拿制。

擒锁拿制要根据对手的情况，感觉到对手的存在，及时地灵活出招，要以自己的节奏对付对手的节奏，使对手被擒拿。

（四）作用

扳腕别肘，是以擒拿手配合拿取对手攻击手，扳腕别制其臂形成的擒拿上肢的技术。

十八、锁腕压肘

（一）动作

1. 摊手：甲方与乙方对峙时，甲方向乙方靠近（图 10－109）。乙方突发右拳直击甲方上路，甲方迅速反应，向后含胸闪避开乙方拳攻，同时用右手成摊手摊挡乙方右拳臂（图 10－110）。

图 10－109

图 10－110

2. 锁腕压肘：甲方紧接未等乙方收拳，前移左脚，右手成擒拿手顺势抓住乙方右手腕，左小臂前伸内旋压住乙方右肘弯处（图 10－111），右脚随前跨步插于乙方右腿后，抵住其右腿，右手掌内旋下压乙方右手腕使乙方右手及小臂向外反折，左手趁势搭压乙方的右手小臂上，两手配合锁住乙方右肘臂反折，上体向前倾，稍左转，迫使乙方身躯后仰受擒（图 10－112）。

图 10－111

图 10－112

（二）要领

摊手摊挡拳击要及时、准确；抓腕压肘反折要快速；两手一压一折要配合协调；步、身、手法要灵活机动；精神与技法要融合为一。

（三）说明

锁腕压肘是以锁腕别臂压肘擒拿上肢的技法。它可用于主动进攻，亦可在防守时顺势缠腕拿制。

擒拿法的运用，要机动灵活，不要拘泥于一种拿法，要根据不同的情况随势变招擒拿。

（四）作用

锁腕压肘，是以手法拿取对手攻击肘臂配合反折形成的擒拿上肢的技术。

十九、夹腕缠肘

（一）动作

1. 擒拿手：甲方与乙方对峙时，双方迅速进入纠缠中，甲方抢先用左手成擒拿手抓拿住乙方右手掌，右脚进马前伸插于乙方右腿后，别住其右腿，身躯随势逼近，右手屈肘上举，将右肘由上向下压住乙方的右肘弯，使其小臂屈肘反折（图10-113）。

2. 夹腕缠肘：甲方未等乙方反应，紧接右手由上经乙方右侧后向下绕缠，使右大臂贴身夹住乙方反折的右小臂（图10-114），以右肘关节为轴，使右手外旋由下经乙方右腰侧向右，绕过乙方的右大臂，再朝上绕至乙方胸前，使手心向前按住乙方胸部，迫使乙方身躯后仰失去重心，右臂的腕肘肩三大关节被锁受制（图10-115、图10-116）。

图 10 – 113

图 10 – 114

图 10 – 115

图 10 – 116

(二) 要领

擒拿手抓拿手掌要牢固；以臂绕缠要快速；前进马移步抵别要有力；手、身、步紧凑地动作；精神与技法要融合为一。

(三) 说明

夹腕缠肘用于对付以拳、掌攻击胸部或上盘时使用的擒锁法。它可用于主动进攻，亦可在纠缠中施术。

任何一种擒拿技法的使用，均须心无杂念，只有控制对手的目标。至于采用哪种技法擒拿，则需要视情况而定。

（四）作用

夹腕缠肘，是以两手手法配合拿夹对手攻击手腕，缠锁其肘臂形成的擒拿上肢技术。

二十、锁捆双臂

（一）动作

1. 问手：甲方以问手式保持防护与乙方对峙，并向乙方靠近（图10－117）。

2. 锁捆双臂：双方互相发拳攻击，甲方迅速用右手拍挡乙方右拳（图10－118），紧接疾向前进马，跨右脚于乙方右腿后，抵别住其前伸的右腿，左手变擒拿手抓住乙方左手腕，右手抓拿住乙方右手腕，同时右臂屈肘横击乙方面门迫使乙方仰身（图10－119）。甲方动作不停，两手配合交叉反关节锁扣住乙方双臂，猛向左转体用力锁绞其双臂，令其右小臂推压在其左肩肘部形成擒锁（图10－120）。

图 10－117

图 10－118

图 10-119

图 10-120

（二）要领

问手应敌防护保持警觉；交战中抓拿腕要准确、及时；两手抓拿腕、绞锁要迅速有力；锁臂与身、腿、步上下协调紧凑；锁捆双臂要牢固；精神与技法要融合为一。

（三）说明

锁捆双臂是以擒拿双臂控制上肢的技法。它可用于主动进攻，或在交战中乘机施术擒锁。

擒拿法的运用，要根据对手情况，随心所欲地发招控制对手，以冷静、果断、有力的动作，巧妙地擒锁。

（四）作用

锁捆双臂，是以手法拿取对手两手配合交错锁捆形成的擒拿技术。

二十一、托腕端肘

（一）动作

1. 抓肩：甲方与乙方对峙时，互相逼近，甲方前伸右手抓住乙方左肩，乙方反应迅速，用右手反抓住甲方前腰腹部（图 10-121）。

2. 托腕端肘：甲方迅速含胸，下沉身体稳定重心，左手屈肘成擒拿手以手心向上趁势抓住乙方右手腕，右手下落（图10-122），用右手屈肘向上，从乙方右臂下抄过朝胸前围抱住乙方右臂肘关节（图10-123），右手随即向胸前朝左手腕里侧下插，左臂收紧贴身，使左右两手绞腕抱紧作为支点，右肘弯力点反截住乙方右肘关节，运用挺腹抬肘动作，将右臂向上端起增强截肘之力，迫使乙方耸肩踮足，束手被擒（图10-124）。

图10-121

图10-122

图10-123

图10-124

（二）要领

抓肩要迅速；擒拿手托抓腕要牢固、有力；屈肘围抱臂要及时；两手配合托腕端肘要凶狠；挺腹抬肘增强截肘劲力；精神与技法要融合为一。

（三）说明

托腕端肘是对付被抓腰腹部时的一种擒拿法。

在与对手的交战中，要洞悉对手的招式，仔细揣摩对方的心思，想方设法擒拿对手，从而真正领悟到咏春拳简捷、实用的价值。

（四）作用

托腕端肘，是以擒拿手抓拿截托对手手腕，同时配合另一手端肘形成的擒拿上肢的技术。

二十二、转身扛肘

（一）动作

1. 定身：甲方与乙方对峙时，乙方迅速绕至甲方背后偷袭甲方，用右手抓住甲方后腰部。甲方迅疾屈膝定身，保持重心稳固，头向左转，眼看乙方（图10-125）。

2. 转身扛肘：未等乙方变式，甲方紧接两手成掌同时朝背后左右合抄，用左右两手同时抓住乙方的右手掌腕，两腿屈膝弯腰下蹲（图10-126）；未等乙方反应，甲方两手紧抓乙方右腕于背后俯身向右后转，在头后脑部转过乙方右臂之下，面对乙方稍停转（图10-127），紧接挺身使左肩背扛住乙方右肘反关节朝上挺顶，迫使乙方右臂腕肘肩关节遭到反截而跬足耸肩受制（图10-128）。

（二）要领

屈膝稳定重心要及时；两手向后合抄抓腕要准确、牢固；转身要流畅；挺身扛肘反截要凶狠；上下动作要连贯一致；精神与技法要融合为一。

图 10－125

图 10－126

图 10－127

图 10－128

（三）说明

转身扛肘是对付被从后抓腰的擒拿法。它多在防守时实施攻击。

进攻施用擒拿技法时，不要拘泥于某一个固定位置或招式，而要灵活应变，顺应情势而变换，以易于击敌为佳。

（四）作用

转身扛肘，是于背后以两手擒拿对手攻击手，乘机转身扛顶，形成其肘臂被截，达到擒拿上肢的技术。

二十三、擒臂卸肩

（一）动作

1. 问手：甲方以问手防护与乙方对峙时，乙方先以右拳击打甲方上路或中路（图10-129）。

图10-129　　　　　　　　图10-130

2. 擒臂卸肩：甲方迅速用右手拍挡乙方右拳，同时顺势成擒拿手抓拿住乙方右手（图10-130），右脚尖随即外展，同时向右转身，右手拿住乙方右掌外旋扭向下，牵至腹部，同时左手成掌向下按住乙方右肘关节处，控制住乙方右臂，牵制其身躯（图10-131）；紧接右手抓住乙方右手继续外旋内拧，并向上反端其手腕，左手按住其右肘关节向下拧压，两手交错用力扭拧乙方腕肘，使扭掌挫腕截肘之力作用于乙方右肩关节，乙方被迫弯腰伏地，甲方同时提左腿以膝跪压乙方右肩，使拧腕扯臂与跪肩配合，利用上拉下压之力卸脱乙方右肩关节（图10-132）。

（二）要领

问手防护要严密；拍手挡拳击要及时；擒拿手抓拿要牢固；外展脚与转身要协调；两手拧腕扯臂与跪肩相配合；精神与技法要融合为一。

图 10 – 131

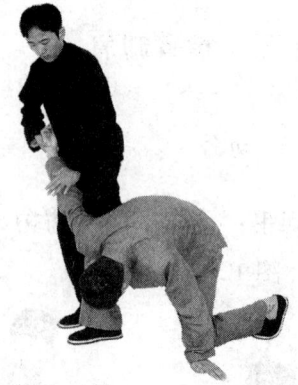
图 10 – 132

（三）说明

擒臂卸肩是以控制上肢达到卸脱肩关节的技术。它可用于主动进攻，亦可在交战中抓拿上肢实施拿制，或在防守中趁势动作。

擒拿技法运用，无论是在进攻或退后时，都要寻找机会拿制对手，把握搏斗中的机会是最为关键的。

（四）作用

擒臂卸肩，是以拍挡手顺势成擒拿手，同时配合走马，以膝跪顶对手肩部形成控制对手上肢的擒拿术。

二十四、别肘踩肩

（一）动作

1. 拍手：甲方与乙方对峙时，甲方向乙方靠近，乙方突发右拳击打甲方上路或中路，甲方及时以左手成拍手拍挡（图 10 – 133）。

2. 别肘踩肩：甲方迅速以左手相迎由内向外趁势抓住乙方右拳腕部（图 10 – 134），同时向前进马移右脚，右手由下朝前经乙方右肘下向上屈肘抄起，用右肘弯挎住乙方右肘，左手抓住乙方右腕顺势向下压，将乙方右臂向下折弯，迫使乙方身躯左斜（图 10 – 135）；紧接左脚前移至乙方右脚后侧，向右转身，用右手抓住乙方右肘向右下方旋绕下压，左手拿住乙方右腕朝其背后推扭，使乙方被迫弯腰左转，右腿跪地，身躯下伏，甲方紧接将乙方右臂反折捆别于其背后，随即可抽出右手，用左脚踩住乙方右肩下方，别住乙方右臂肘（图10－136）。

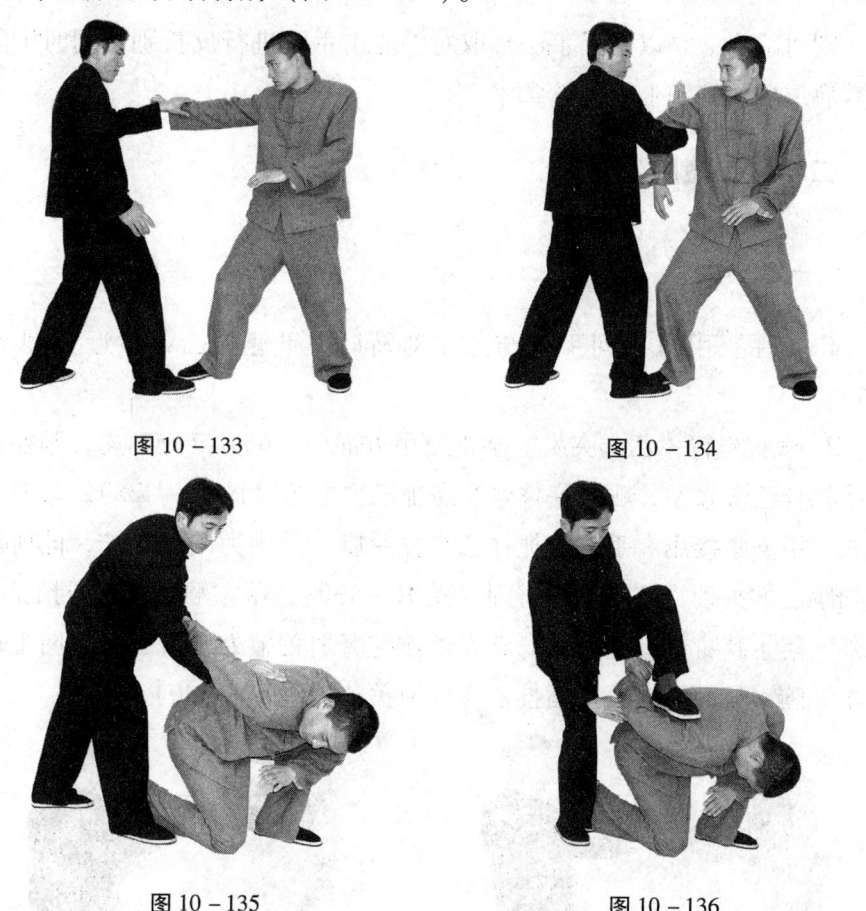

图 10－133   图 10－134

图 10－135   图 10－136

（二）要领

拍手拍挡要及时；抓腕要顺势、牢固；两手配合抓腕别臂折捆要快速；步法与手法要协调；整个动作要机动、灵活。

（三）说明

别肘踩肩可用于主动进攻，或于交战、纠缠中伺机施术擒拿。

擒拿时，要迅速找到施术的时机，先行进攻。在进攻中，寻找对方犹豫的间隙，灵活地拿制。

（四）作用

别肘踩肩，是以两手手法拿取对手攻击手臂进行反折别，同时配合脚踩其肩形成的控制上肢的擒拿术。

二十五、搬腕坐臂

（一）动作

1. 问手：甲方以问手式与乙方对峙时，迅速向乙方靠近（图10－137）。

2. 搬腕坐臂：乙方突发左拳击打甲方面门，甲方反应迅速，用左手成拍手拍挡乙方来拳，顺势变擒拿手抢抓乙方左腕（图10－138）；未等乙方变式，甲方紧接用右手配合抓住乙方左手腕，并用力向内旋拧，同时起右脚扫踢乙方头颈，乙方俯身避闪（图10－139）；甲方顺势将右腿扫过乙方头部，落于其身前，随即转身骑在乙方左臂肘关节处，两手用力向上搬提乙方左腕，臀部同时下坐猛挫乙方左肘关节（图10－140）。

图10－137

图10－138

图 10 – 139　　　　　　　　　图 10 – 140

（二）要领

拍手变擒拿手抓腕臂要及时、准确；起腿扫踢要迅猛；手、脚、身法要上下一致；上搬提腕与下坐臂肘要快速；精神与技法要融合为一。

（三）说明

搬腕坐臂是以上搬提腕与下坐臂肘配合控制上肢的擒拿法，可用于主动进攻或在防守时出招拿制，亦可在混战或纠缠中趁势施术。

与对手均进入交战时，双方的身体与精神都处于进攻状态，此时，就要快速于对手做动作。

（四）作用

搬腕坐臂，是以两手手法拿取对手攻击手臂，再配合臀部坐压肘臂形成的控制上肢的擒拿术。

二十六、扣腕别肘

（一）动作

1. 拍手：甲方与乙方对峙时，甲方向乙方逼近。乙方抢先发右拳直击甲方上路，甲方迅速用左手拍挡乙方右手腕（图 10 – 141）。

2. 扣腕别肘：未等乙方反应，甲方同时前跨右脚逼近乙方中门，右手屈肘以前臂紧贴乙方的肘关节背面（图10-142），随即用力向体前扳拉，使乙方右臂被别过度而屈服（图10-143）；随势可配合左手猛拧乙方右腕，右手顺势向前伸，锁卡乙方咽喉或插击其眼睛（图10-144）。

图10-141

图10-142

图10-143

图10-144

（二）要领

拍挡抓腕要及时、有力；两手配合扳拉腕肘要凶狠；步法与手法要上下协调；扣腕别肘配合手法攻击要突然；精神与技法要融合为一。

（三）说明

扣腕别肘是以扣抓腕别肘臂形成的拿制上肢的技法。它可用于主动抢抓上肢实施进攻，亦可在防守中发招。

面对对手逼近时，要想尽一切办法舒展身心，从容地应对对手的攻击。

（四）作用

扣腕别肘，是以擒拿手扣抓对手攻击手臂，同时配合扳别其肘形成的擒拿上肢的技术。

二十七、拿腕锁臂

（一）动作

1. 擒拿手：甲方与乙方对峙时，乙方发右拳直击甲方上路。甲方迅速稍向左侧闪避乙方拳攻，紧接用右手成擒拿手刁拿住乙方右腕（图10-145）。

2. 拿腕锁臂：未等乙方反应，甲方同时左脚向前进马，挥起左肘向前顶击乙方右腋部（图10-146），乙方遭到攻击慌乱欲动；甲方动作不停，左脚别抵住乙方右腿脚，左手顺势由外向内向上锁住乙方右肘臂，或用左手扣锁乙方咽喉（图10-147），或向上伸左手按压乙方后脑部将乙方控制住（图10-148）。

图10-145

图10-146

图 10－147　　　　　　　　图 10－148

（二）要领

擒拿手拿腕要及时、有力；移步与肘击要上下一致；别腿锁臂动作要协调、紧凑；整个动作要快速、有力；精神与技法要融合为一。

（三）说明

拿腕锁臂作为擒拿上肢的技法，其在运用时可配合打法增加拿制的威力。它可用于主动进攻，或在防守中发招攻击。

擒拿时，要随对手的情形快速地动作，以适当的技术和位置实施准确的拿制，或配合可能使用的技术进行击打。

（四）作用

拿腕锁臂，是以擒拿手配合另一手法锁制对手腕臂达到控制对手上肢的擒拿术。

二十八、擒腕锁臂

（一）动作

1. 摊手：甲方与乙方对峙时，甲方向乙方逼近。乙方抢先挥出右拳击打甲方头部，甲方及时用左手成摊手摊挡住乙方右臂（图 10－149）。

2. 擒腕锁臂：甲方动作不停，同时向前进马移左脚贴近乙方，两手顺势擒扣住乙方右腕臂猛往下压使其右臂肘旋外（图 10 - 150）；甲方动作不停，两手配合，以右手擒抓住乙方右腕，左手推乙方右肘关节处（图 10 - 151），发力外旋下压将乙方擒锁跌倒于地（图 10 - 152）。

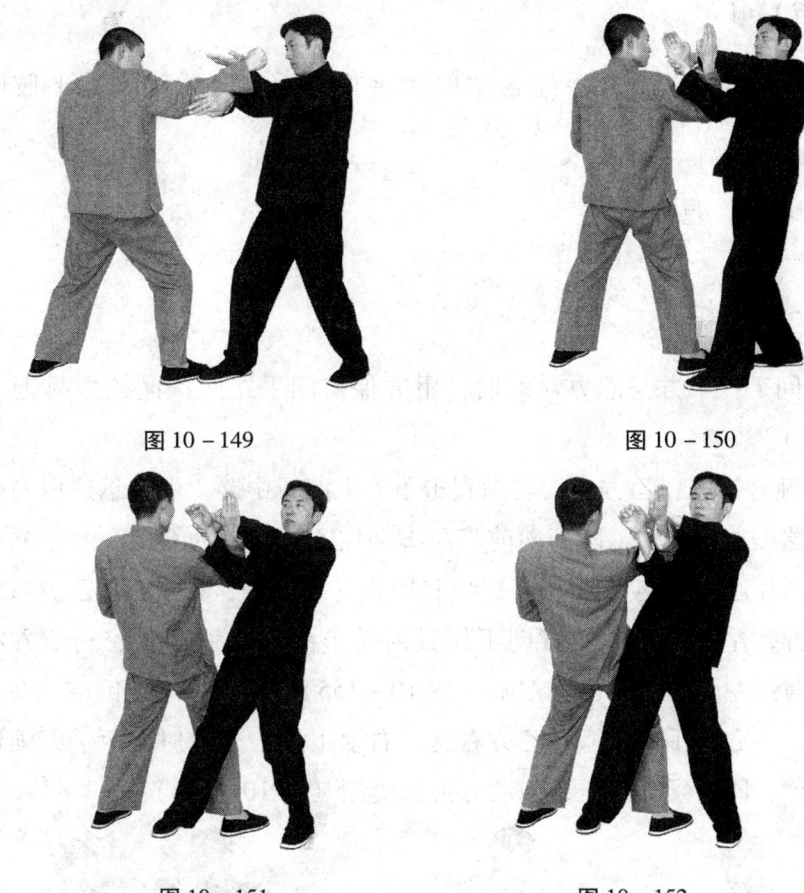

图 10 - 149　　　　　　　　　图 10 - 150

图 10 - 151　　　　　　　　　图 10 - 152

（二）要领

摊手摊挡要及时；两手推格腕臂要快速、准确；移步与推扳肘臂要协调一致；旋扳压腕要凶狠；手法要快速、灵活；精神与技法要融合为一。

（三）说明

擒腕锁臂需要快速、准确、迅猛地动作，方可使擒锁更有效。它可主动进攻，亦可对付拳、掌攻击，或在防守中发招。

擒拿时，需将身体与技法融合为一，以自己的动作跟进对手的节奏，随对手的动作而动作来控制对手。

（四）作用

擒腕锁臂，是以两手配合拿取对手攻击手臂形成控制其上肢的擒拿术。

二十九、缠臂锁压

（一）动作

1. 问手：甲方与乙方对峙时，甲方保持问手式防护向乙方靠近（图10－153）。

2. 缠臂锁压：乙方突发右拳直击甲方上路或中路，甲方迅速以右手成拍手拍挡乙方右拳臂，随即向前跨左脚别住乙方前伸的右腿，右手顺势成擒拿手抓住乙方右腕（图10－154）；甲方动作不停，右手抓住乙方右腕向内侧旋拧，左手随乙方右臂向下压其肘关节处，两手配合控制乙方右肘臂，同时用左腿猛绊扫乙方双腿（图10－155），将乙方绊跌倒地。在乙方倒地后，甲方左手向后搬拧乙方右腕，右手下压乙方右肘，两手缠锁住乙方右肘臂，同时猛力下压，使乙方被擒受制（图10－156）。

图10－153

图10－154

 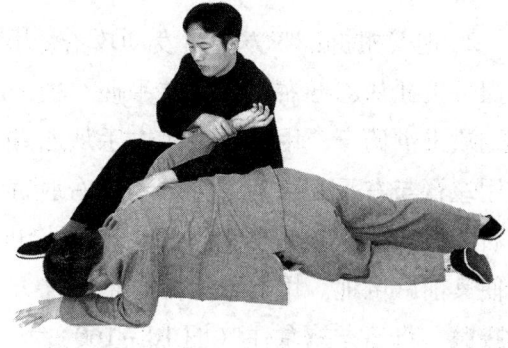

图 10–155　　　　　　　　图 10–156

（二）要领

拍挡拳攻顺势抓腕要及时、准确；抓腕别腿上下要配合协调；抓腕旋拧与压肘要紧凑、有力；缠锁、压制手臂要凶狠；精神与技法要融合为一。

（三）说明

缠臂锁压可用于对付拳或掌法攻击时，以两手配合踢法拿取上肢。它可主动进攻，亦可在防守中发招。

擒拿时，动作要恰到好处，以便于进攻。

（四）作用

缠臂锁压，是在拍挡对手手法攻击时，乘机以擒拿手配合绊腿将对手上肢控制的擒拿术。

三十、抱臂搬折

（一）动作

1. 问手：甲方以问手式保持防护与乙方对峙时，双方互相逼近（图

10-157）。

2. 抱臂搬折：双方同时发动攻击，甲方在乙方发出右拳瞬间，用右手成擸手抢抓住乙方右手腕，左手握拳猛击乙方腹肋部（图10-158）。乙方遭到攻击欲俯身，甲方顺势用左手从乙方右臂下侧穿过回抱住其右臂，同时用左臂与右手配合猛力上抬乙方右肘臂，左肩同时下压乙方右肩，使乙方右臂成后伸直状（图10-159），紧接迅疾坐胯转腰，用左腿别绊乙方右腿使其前跌倒地。甲方双手配合抱紧乙方右臂向上搬折，腰胯配合下压乙方腰髋，将乙方擒拿住（图10-160）。

图 10-157 　　　　　　　　图 10-158

图 10-159 　　　　　　　　图 10-160

（二）要领

问手防护要警觉；擸手抓挡拳腕要准确、及时；以拳回击要凶狠；抓腕抱臂绊腿上下要协调动作；双手抱臂搬折与下压形成稳固擒拿；精神与技法要融合为一。

（三）说明

抱臂搬折可用于主动进攻，或于防守、交战中抓住时机实施擒拿，擒拿时可配合打法或踢法增强拿制的威力。

与对手互相发出招式攻击，要时刻保持清醒镇定，敏捷地施展动作，要判断出对手的是非，并给予及时地攻击。

（四）作用

抱臂搬折，是以擸手手法配合腿别绊对手腿脚，令对手跌倒，形成控制上肢的擒拿术。

三十一、拉腕蹬背

（一）动作

1. 双擒拿手：甲方与乙方对峙时，甲方迅速绕至乙方背后（图10-161），用两手分别成擒拿手抓住乙方两手腕，并用力向后回拉（图10-162）。

图10-161

图10-162

2. 拉腕蹬背：未等乙方反应，甲方起右脚向前蹬踹乙方右腿膝窝处

（图10－163），使乙方措手不及，向前屈膝跪地；甲方动作不停，落右脚，配合双手后拉乙方双腕同时，上抬左脚重蹬踢乙方后背部，将乙方控制住（图10－164）。

图10－163　　　　　　　　　图10－164

（二）要领

由背后发动双擒拿手拿制要看准时机；双手抓双腕要准确、有力；踹膝蹬背配合双手后拉协调动作；手脚快速、流畅地配合拿制踢击；精神与技法要融合为一。

（三）说明

拉腕蹬背是以手法与踢法配合拿制上技的擒拿法。它可用于在交战中主动绕至对手背后实施拿制，亦可在混战中寻机发招。

无论是由前还是从后实施拿制，都要留意搏斗的整个局势，一边发招，一边警惕对手的动作变化，切勿消极地防守。要时刻处于戒备中，随时奋力发招拿制或攻击。

（四）作用

拉腕蹬背，是以双擒拿手配合腿脚蹬踢达到控制对手上肢的擒拿术。

三十二、抓腕卷臂

（一）动作

1. 问手：甲方与乙方对峙时，乙方向甲方靠近，甲方以问手式保持防护（图10–165）。

2. 抓腕卷臂：乙方挥动双手同时发出右脚侧踢甲方中路，甲方迅速收腹闪避，同时用双手借势掳抱住乙方右小腿（图10–166），随即向后撤左脚，两手顺乙方小腿向后抓拿其足，用力拧旋其右脚，乙方被拧腿脚向后翻跌（图10–167）；甲方攻势不停，迅速在乙方倒地后，上前坐骑于乙方腰背上，用两手成擒拿手分别抓住乙方两手腕，用力将其两臂向后卷别于其背后，将乙方擒拿住（图10–168）。

图10–165

图10–166

图10–167

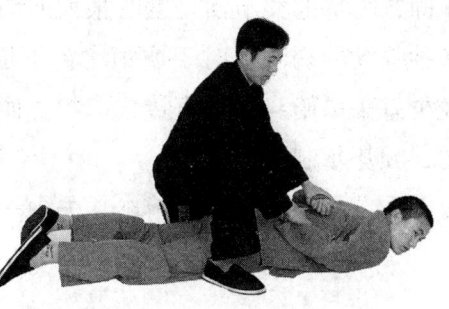

图10–168

（二）要领

问手防护要严密；闪避踢击要及时；搂抱腿要牢固、有力；拧旋腿脚要凶狠；坐骑后双擒拿手抓腕卷背擒锁要快速；精神与技法要融合为一。

（三）说明

抓腕卷臂是以双手抓腕向背后卷臂拿制的技术。它多在其他技法配合下发动进攻，或在纠缠中配合打法击跌对手后实施卷臂拿制。

擒拿技法运用时，要了解擒拿法的方法与原则，在拿制时以有利时机予以进攻，并有效地擒拿对手。如何掌握时机很难用文字描述，必须在实战中慢慢领会，方可深知其意。

（四）作用

抓腕卷臂，是以打摔法配合双擒拿手控制对手，并向后卷臂使其受制的擒拿术。

第五节　擒拿下肢技法

下肢，即人体髋关节至脚底的部位，其统称为腿部。腿位于人体之下，起着支撑身躯重心的作用。腿部骨骼粗壮，肌肉丰厚有力，膝踝关节牢固，腿部的关节活动度有很大的局限，但各关节间协调运转，则可形成多种强劲的踢法。对于擒锁拿制下肢方面，多取动中之腿，制出击之腿，较少有采取俯身下势直接拿取的，而是在对方出腿用招之际，趁其势取其腿，顺势拿制膝踝关节。

本节主要介绍咏春搏击功夫中一些较为实用的擒拿下肢技法。

一、挟腿击髋

（一）动作

1. 问手：甲方与乙方对峙时，甲方以问手式防护向乙方逼近（图10－169）。

2. 挟腿击髋：乙方突发右拳直击甲方头或面部，甲方迅速向前进马移右脚，上抬左手拍挡乙方右拳臂，同时屈膝俯身下伸右手挑乙方前伸的右腿（图10－170），将乙方右腿抢挟住用力上抬，同时向乙方右腿后进马跨左脚，两腿屈膝稳定身体，左臂屈肘向下猛击乙方右大腿根部，使乙方髋部受到猛击，造成剧烈疼痛而受制（图10－171、图10－172）。

图10－169

图10－170

图10－171

图10－172

(二) 要领

问手对峙要警觉；拍挡拳击要及时、准确；抄挟腿上抬要有力；屈膝稳定重心；挟腿击髋要凶狠；整个动作要紧凑、利落；精神与技法要融合为一。

(三) 说明

挟腿击髋可用于主动进攻或在防守中抢挟腿配合肘击髋拿制下肢。

欲使擒拿法运用恰到好处，要在平日训练中探究擒拿法的运用方法，以使技法的运用达到出奇制胜、超越束缚的自由之境。同时，还要磨炼心智，创造性地发挥技法。一旦能够随心所欲地将整个身心融入战斗中，无论是何种形式的对手，都可以战无不胜。

(四) 作用

挟腿击髋，主要是以手法挟住对手腿脚，同时配合击打髋部形成控制对手下肢的擒拿术。

二、扛腿挫膝

(一) 动作

1. 拍手：甲方与乙方对峙时，乙方突发右腿扫踢甲方上路。甲方向左闪避开乙方腿脚，同时前伸左手拍挡乙方右腿，右手屈肘上抬或成膀手消挡（图 10-173）。

2. 扛腿挫膝：紧接右脚迅速进马前移，身躯随势逼近，同时，用右手趁势向前抄住乙方右小腿，紧接向右转身，前踏右脚，左手内旋前撑于乙方胸前，封挡乙方上路（图 10-174）；未等乙方反应，甲方右脚内扣，向左拧转身体，右手同时端住乙方右小腿随势上抬扛在右肩上，右手内旋前伸由上向下抱压住乙方右腿膝关节髌骨处，左手屈肘配合后带至乙方右膝部猛力下挫（图 10-175），两手相合抱压其腿膝，同时可配合起右脚猛力侧撑踢或后撑蹬乙方支撑左腿膝关节处，将乙方擒跌倒地（图 10-176）。

图 10-173　　　　　　　　图 10-174

图 10-175　　　　　　　　图 10-176

（二）要领

闪避踢击上路要及时；拍手拍挡腿要准确、有力；抄腿、转身、上扛要协调快速；扛腿挫膝要凶狠；踢法配合要突然；整个动作要上下控制流畅；精神与技法要融合为一。

（三）说明

扛腿挫膝是以手法抄接腿上扛下挫膝，并配合踢法形成擒制的技术。它可用于主动进攻，亦可在防守踢法中攻击拿制。

每种不同的打法或擒拿法，都是对咏春拳和练习者的不断自我完善。

在这里提供的方法之道，亦不可拘泥于本书，要将咏春拳的打法因人而异，寻找最适合自己的方式。

（四）作用

扛腿挫膝，是在拍挡对手腿攻同时，顺势以两手手法配合踢法控制对手下肢的擒拿术。

三、折膝捆腿

（一）动作

1. 抱腿：甲方与乙方对峙时，甲方迅速绕到乙方背后，用双手从乙方身后朝前抱住其双腿膝部，头肩部抵住乙方左腿侧（图10－177）。

2. 折膝捆腿：未等乙方反应，甲方迅速用两手箍住乙方双腿后收，右肩顶住乙方臀部向前撞，速将乙方顶翻倒地；甲方顺势两手下滑至乙方两脚踝关节处，提住乙方踝关节（图10－178），屈膝俯身用左手将乙方左脚折膝朝上反提起，朝右反压在乙方的右大腿上（图10－179），左手压住乙方的左脚不放松，右手迅速将乙方右脚折膝朝上反提起，并朝下对着乙方臀部反折下压，使乙方右脚反压住其左脚，使其两腿形成交叉重叠；甲方紧接着起立，提左脚猛力踩住乙方的右脚面，压住其踝关节，右脚稳定重心，将乙方擒制住（图10－180）。

图10－177

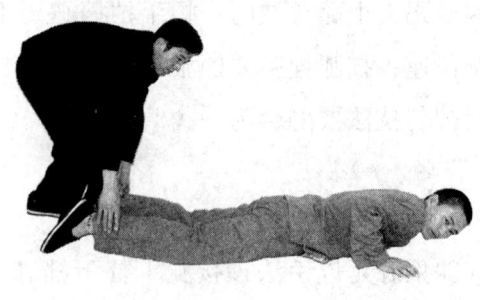

图10－178

图 10-179　　　　　　　　　图 10-180

（二）要领

由背后发动进攻要快捷；两手抱腿配合肩部顶撞要协调；提踝折膝叠压要牢固、有力；踩脚压踝要凶狠；整个动作要上下协调一致；精神与技法要融合为一。

（三）说明

折膝捆腿是主动由后发起进攻拿制下肢的擒拿法。它多用于主动攻击，或于混战中抢抓时机拿制下肢。

为使擒拿技法运用快捷流畅，锻炼手脚的灵活性，以提高发招进攻的速度和进攻的力量是必要的。而且，欲擒制对手，必须要有强烈的杀敌动机。

（四）作用

折膝捆腿，是以手法将对手下肢互相折捆压住，形成控制其下肢的擒拿术。

四、压膝折脚

（一）动作

1. 问手：甲方以问手式与乙方对峙时，乙方抢先发动攻击（图10－181）。

2. 压膝折脚：甲方于乙方发右拳攻击瞬间，迅速屈膝俯身下潜（图10－182），用左手由乙方小腿外侧抱住乙方右小腿下端，身体稍左转，屈右肘用肘尖或小臂向前猛击乙方右膝关节外侧膝窝处，使乙方膝关节内收旋内（图10－183）；甲方两腿随势变化，以左腿屈膝跪地，右腿屈膝支撑，左手向上抢拉乙方右腿，右前臂随势猛击乙方右腿膝，向乙方右下方挫压其膝关节处，左手猛力推折其右脚，迫使乙方屈膝前跪倒地而受制（图10－184）。

图10－181

图10－182

图10－183

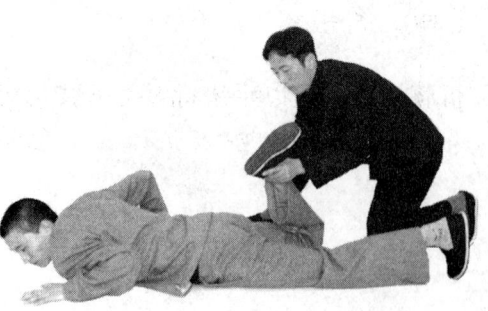

图10－184

（二）要领

闪避上路拳攻要及时；下潜抄腿击膝要凶狠；随势压膝折脚与身法、步伐变化要配合协调；要突然、快捷地动作；精神与技法要融合为一。

（三）说明

压膝折脚可在防守中进攻，亦可主动施招攻击。它以两手快速有力的压膝折脚动作实施拿制。

任何情况下，都要设法寻找发招的最佳位置，利用现场的有利条件，快速地从可能的角度实施擒拿，使对手动弹不得。

（四）作用

压膝折脚，是以手法挫压对手膝腿，同时推折其脚形成控制对手下肢的擒拿术。

五、抄腿挫膝

（一）动作

1. 拍手：甲方与乙方对峙时，乙方迅速向甲方逼近（图10-185），突发右拳直击甲方上路，甲方及时上抬右手拍挡乙方右拳臂（图10-186）。

图10-185　　　　　　图10-186

2. 抄腿挫膝：紧接在乙方击空收拳瞬间，甲方屈膝下蹲前滑进右脚，用左手由乙方右小腿外侧抢抱住其右小腿，右臂随即屈肘以小臂猛击乙方右膝关节内侧，并用力向其膝外下侧挫压（图10-187），使乙方膝关节外展旋外向后侧跌翻倒于地，甲方两手配合将乙方控制（图10-188）。

图10-187

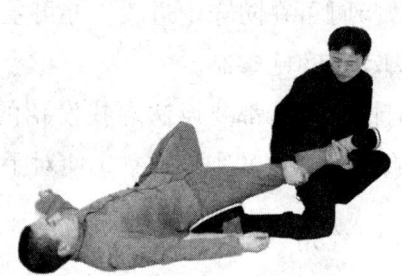
图10-188

（二）要领

拍挡拳击要及时、准确；屈膝下蹲抄腿挫压膝要凶狠、有力；两手动作要紧凑、利落；精神与技法要融合为一。

（三）说明

抄腿挫膝可用于主动进攻，或在防守中突袭对手下肢，实施有力的擒锁。

擒拿时，有时可以按兵不动，然后迅猛攻击；有时亦可主动进攻，心神放松自如地发招拿制对手；但无论如何，发招都要有击败敌人的决心。

（四）作用

抄腿挫膝，是以手法拿取对手下肢，并配合挫压其腿膝形成控制下肢的擒拿术。

第六节　地躺擒拿技法

在咏春自由搏击功夫中，会因不同的打法而出现不同的状况。在搏击中主动或被动地摔倒于地，此时，仍可能与对手进行着搏斗。那么，在摔跌倒地时，则需要用地躺擒拿技法来对付对手。地躺擒拿技法，亦称为地战擒拿法或倒地擒拿法等。它主要是于地面上使用不同的擒拿技法而达到控制对手的目的。

地躺擒拿技法的危险性较大，因此，在训练或使用时要认真理解其目的和作用。

一、锁臂勒喉

（一）动作

1. 走马：甲方与乙方对峙时，乙方被击跌坐于地，或主动坐地，甲方迅速走马绕至乙方背后（图10-189）。

2. 锁臂勒喉：甲方动作不停，同时屈膝下蹲，用右手臂向下穿过乙方颈下锁住其颈喉部，左手下伸于乙方左腋下（图10-190），用左臂将乙方左臂向上抬起控制在胸前（图10-191）；未等乙方反应，甲方左手上抬同时猛前推下压乙方头部，右手抓紧乙方左衣领用力向右上方勒拉，两手配合锁住乙方左臂，使乙方颈喉部因受到前后夹击勒锁，产生呼吸困难而屈服（图10-192）。

（二）要领

走马绕至背后屈膝准备动作要警觉快速；屈膝下蹲勒锁臂配合协调；两手锁臂勒喉动作要灵活、有力；动作要于瞬间施发；精神与技法要融合为一。

图 10 – 189

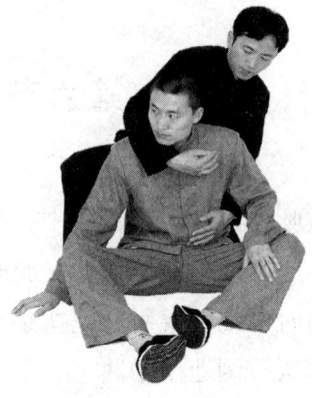

图 10 – 190

图 10 – 191

图 10 – 192

（三）说明

锁臂勒喉是以屈膝下蹲由背后以两手的配合锁臂同时勒住颈喉达到擒锁的技法。它可用于主动进攻，亦可在混战中抓住时机施术，或在防守中趁势攻击。

逼近对手，在趁对手松懈之时，发招要毫不犹豫地拿制，要随时善于改变攻击形式，争取在瞬间擒拿或击打对手。

（四）作用

锁臂勒喉，是在屈膝贴身中以两手手法配合锁勒对手手臂与咽喉，达到控制对手的擒拿术。

二、锁颈后拉

（一）动作

1. 走马：甲方与乙方交战中，乙方被迫坐地或主动坐地，甲方迅速走马绕至乙方背后接近其身体（图10-193）。

2. 锁颈后拉：甲方随即两腿屈膝下蹲同时，以左膝跪地，右膝顶立在乙方背后，右手从乙方的右肩上伸出，以腕部贴紧乙方颈部向后锁勒其颈喉部（图10-194）；随即左手向上抓握住其右手腕（图10-195），身体重心同时下沉，双臂用力向后拉，右肩则顺势向乙方的头后部用力顶压，迫使乙方前屈头颈，而使颈喉部被锁勒窒息，屈服就擒（图10-196）。

图10-193

图10-194

图10-195

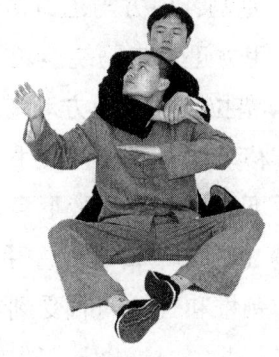

图10-196

（二）要领

走马绕至对手背后屈膝下蹲擒锁要看准时机；锁颈抓腕后拉要有力；肩部配合手的锁勒要巧妙；膝可配合顶击背部；上下动作要紧凑、利落；精神与技法要融合为一。

（三）说明

锁颈后拉是以手臂锁住颈喉实施擒锁的技法。它可用于主动进攻，或在混战中抢抓时机发招拿制，或在防守中趁势攻击。

坐立擒锁同样需要逼近对手，镇定有力地动作，一旦发现对手有些松懈，即刻发招拿取，以达到出奇制胜。擒锁或其他的打法一样，是无法用语言将身体上的变换描述得格外详细，这需要通过无数的训练去亲身体会，反复实践，才能认清其中内涵。

（四）作用

锁颈后拉，是在贴身屈膝时，以两手手法配合锁勒对手颈喉，达到控制对手的擒拿术。

三、错拉头颈

（一）动作

1. 走马：甲方与乙方对峙时，互相进入混战中，乙方被迫或主动坐于地上，甲方迅速走马绕至乙方背后接近其身体（图10-197）。

2. 错拉头颈：甲方动作不停，以左膝跪地，右膝顶抵乙方腰背部，限制乙方移动挣扎；紧接两手上下配合先控制住乙方头部（图10-198），随即右手下滑由乙方右腋下穿过压住乙方颈部，左手由右向左按压住乙方头部右侧（图10-199），左手突然猛力左拉乙方头部同时，右手用力回拉，使乙方颈椎和气管同时受到重挫而屈服受制（图10-200）。

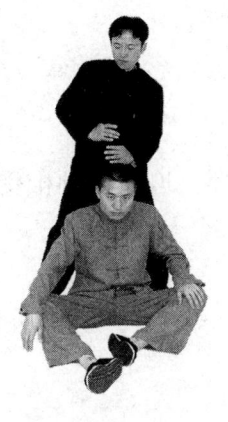
图 10 – 97

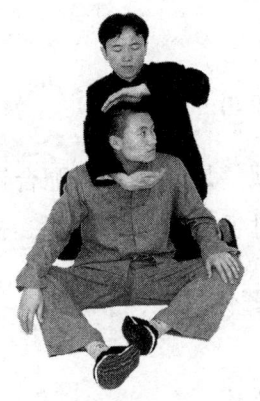
图 10 – 98

图 10 – 99

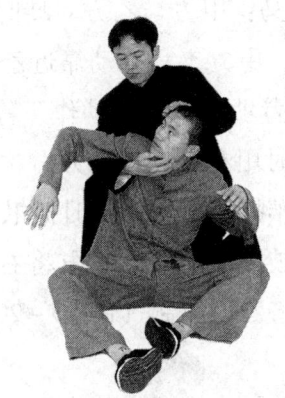
图 10 – 200

（二）要领

走马要迅速及时；屈膝跪立逼近要快；两手配合交错拉头颈要凶狠；膝顶后背要有力；整个动作要协调一致；精神与技法要融合为一。

（三）说明

错拉头颈是以两手配合交错猛拉头部拿制的技法。它可用于主动由背后突袭拿取，亦可在防守或混战中趁势攻击。

逼近对手，无论从哪种角度拿取擒锁，动作都要压制住对方，不让对方有任何的喘息机会。在擒拿中，能随心所欲地调动敌人，是获得胜利的基本法则。

（四）作用

错拉头颈，是以两手法配合错拉对手头部，迫使其颈椎受到伤害，从而达到控制对手的擒拿术。

四、夹臂锁喉

（一）动作

1. 走马：甲方与乙方对峙时，甲方发动猛攻将乙方击跌倒地，乙方俯卧于地后，甲方走马移动靠近乙方（图10-201）。

2. 夹臂锁喉：甲方动作不停，迅速迈右脚骑压于乙方背上（图10-202），同时用右手抓住乙方右腕夹于右膝窝处，利用右膝蹲跪之势，将乙方右臂牢牢控制，右手同时抓揪乙方头发向上向后猛拉（图10-203）；在乙方头部被拉上抬时，甲方将右手臂插入到乙方的颈下锁住乙方颈喉部，左手配合将乙方压制（图10-204）。

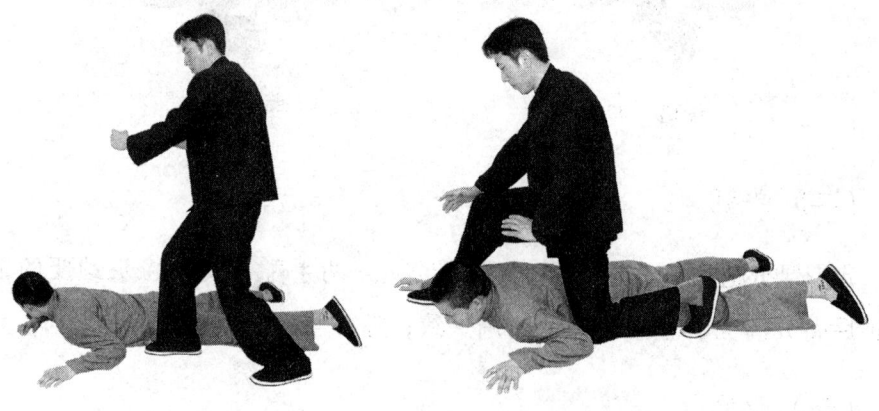

图10-201　　　　　　　　图10-202

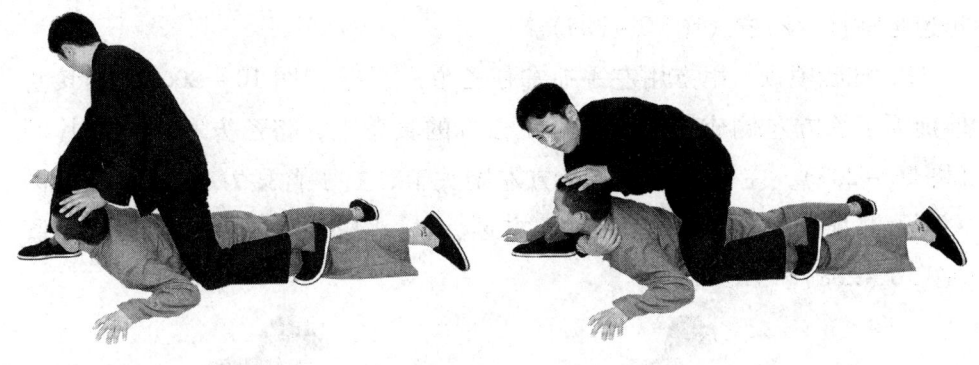

图 10-203　　　　　　　　图 10-204

（二）要领

走马迈步骑压要及时；抓腕夹臂要凶狠、牢固；抓发上拉要有力；锁颈压制要协调；整个动作要达到牢牢压制的效果；精神与技法要融合为一。

（三）说明

夹臂锁喉压制是以夹制手臂配合锁颈喉和身体的压制擒锁的技法。它需要多个动作配合来达到擒锁的目的。其主要用于地战时或纠缠时施术。

擒锁压制对手，就要让对手不能有任何喘息的机会，来有力地调动对手，使对手受制屈服时，要注意对手的动作和心理，把握利于自己的战斗局势。

（四）作用

夹臂锁喉，是在对手被击躺地时乘机以腿夹住对手的手臂，同时以手法锁住对手喉颈迫使对手受制的擒拿术。

五、拧腕锁颈

（一）动作

1. 走马：甲方与乙方对峙时，甲方发动猛烈攻势将乙方击跌倒地，并迅速走马接近乙方（图10-205）。

2. 拧腕锁颈：甲方用左手抓拿住乙方左手臂（图10-206），紧接身体前逼于乙方左侧成半卧状，压在乙方的腰背上，将乙方身体牢牢控制（图10-207），左手用力拧转乙方左腕关节，右手臂猛力夹锁乙方颈部，左侧腰髋顶住乙方左肘关节，使乙方颈、肘、腕同时闭锁产生剧痛被压制（图10-208）。

图10-205

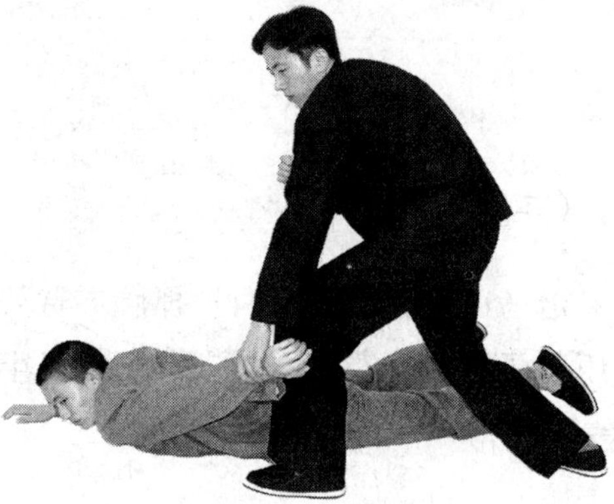

图10-206

图10-207

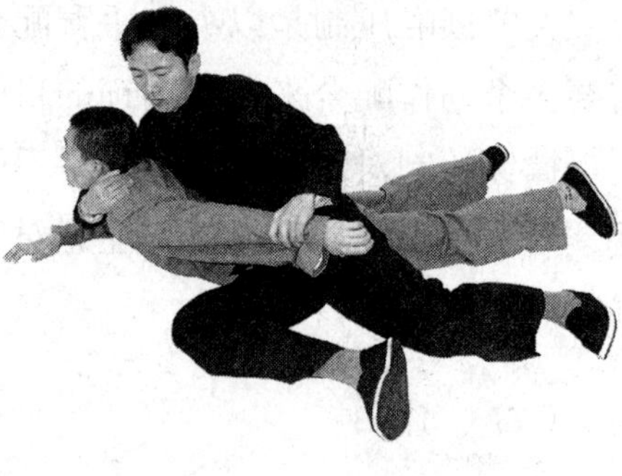

图10-208

（二）要领

走马要迅速；抓拿腕要及时、牢固；骑压要快速、有力；拧腕、锁颈、顶肘要协调一致；整个动作要机动灵活；精神与技法要融合为一。

（三）说明

拧腕锁颈是在地战时锁颈拧腕压制的技法。它可用于主动进攻，亦可在混战或纠缠中施术拿取。

擒锁压制时，要仔细观察对方的一举一动，来采取有效措施，挫败或压制对方。想要精通牵制对手的方法，必须要有丰富的经验，并经由刻苦的训练获得。

（四）作用

拧腕锁颈，是在地战时以手法锁制对手颈部，同时配合抓拿其手臂控制对手的擒拿术。

六、抓腕绕颈

（一）动作

1. 走马：甲方与乙方对峙时，甲方将乙方击跌倒地，或乙方被迫倒趴于地，甲方迅速走马接近乙方（图10-209）。

2. 抓腕绕颈：甲方迈左脚跨于乙方身上（图10-210），顺势坐压在乙方背上，紧接用右手猛扣锁住乙方颈部，迫使乙方颈部产生剧痛而向上仰头；甲方迅速伸左手抓住乙方左腕关节（图10-211），迅疾向右侧拉带乙方左手臂，由其颈下绕过盘抱于其颈肩处，将乙方擒锁压制（图10-212）。

图10-209

图10-210

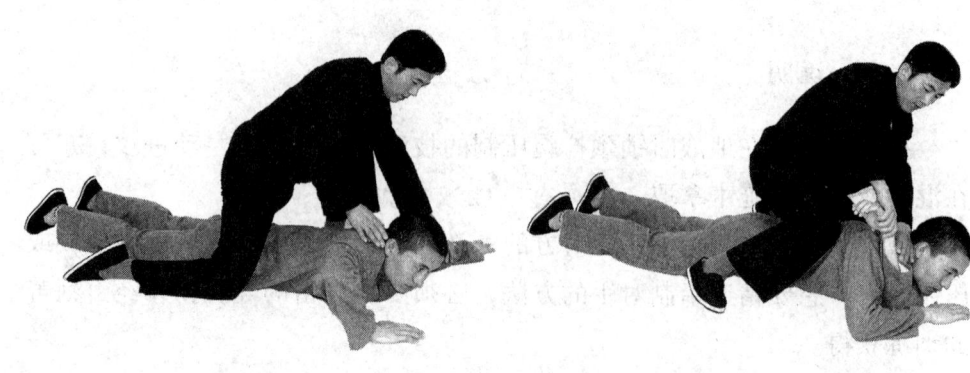

图 10－211　　　　　　　图 10－212

（二）要领

走马要迅速；逼近抓腕要及时；坐骑配合手扣锁颈部要凶狠；抓腕带臂绕盘颈要快速；拿取上肢盘颈或压制要配合协调；精神与技法要融合为一。

（三）说明

抓腕绕颈是以抓腕绕盘颈配合压制的擒锁法。可用于主动进攻或于混战、纠缠中趁势拿取对方。

在地战中擒拿对手，需将对手置于弱势，然后实施猛烈的攻取，迅速压制对手。

（四）作用

抓腕绕颈，是以抓拿对手手臂绕其颈部，达到控制的擒拿术。

七、锁颈抱拉

（一）动作

1. 移位：甲方与乙方对峙时，甲方发动猛烈攻势将乙方击趴于地，甲方迅速移位接近乙方（图10－213）。

2. 锁颈抱拉：甲方从乙方身体左侧，将两臂插入乙方的侧腋下，用手控制乙方双肘并限其活动（图10－214）；同时两腿屈膝跪地，将胸部压在乙方的左肩上，随即双臂猛后拉乙方迫使其失重而倒地侧卧（图10－215）；甲方动作不停，紧接用右手臂夹锁住乙方颈部，身体迅速逼住乙方身体左侧成侧卧躺状，左手顺势抓紧握住乙方右手腕，两手配合猛发力向后拉，强化右臂的勒锁，使乙方产生剧痛而被压制屈服（图10－216）。

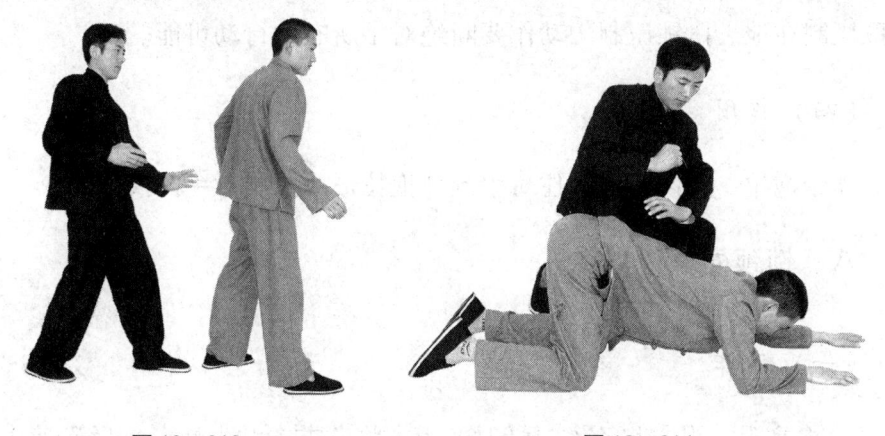

图10－213　　　　　　　　图10－214

图10－215　　　　　　　　图10－216

（二）要领

移位要及时；用两臂插入腋下控制双肘要快速；屈膝跪地压肩要有力；双臂后拉要凶狠；夹锁颈与身体侧卧逼紧；两手勒锁颈配合身体紧逼协调动作；锁颈后发力向后拉；精神与技法要融合为一。

（三）说明

锁颈抱拉是以夹锁颈向后抱拉，配合身体紧逼之势的擒锁压制法。它在地战时，多以迅速的两手与身法动作拿取对方。

地战擒锁敌人，需以强有力的攻势击倒对手，迅速采取进攻，将对手拿取压制在地。擒锁压制的动作要断绝对手所有的行动可能。

（四）作用

锁颈抱拉，是以手法锁住对手颈部抱拉形成控制对手的擒拿术。

八、锁颈外拉

（一）动作

1. 擒拿手：甲方与乙方对峙时，甲方将乙方击跌坐地，然后迅速由后接近乙方身体，两腿屈膝下蹲，身体贴近乙方身体，同时用右手成擒拿手抓住乙方左侧衣领上部（图10－217）。

2. 锁颈外拉：甲方未等乙方反应，紧接将左手由乙方左腋下伸过，抓住乙方右侧衣领（图10－218），两手配合将乙方控制（图10－219）；随即两手臂同时用力外拉将乙方颈喉牢牢锁住，迫使乙方因颈部剧痛难忍或呼吸困难而受制（图10－220）。

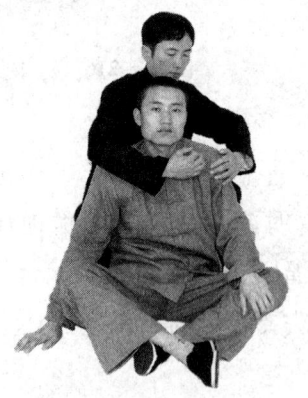

图10－217

图10－218

图 10–219

图 10–220

（二）要领

贴身屈膝下蹲双手抓衣领要牢固；身体逼近贴紧；双臂锁颈喉外拉要凶狠；整个动作要突然、紧凑；精神与技法要融合为一。

（三）说明

锁颈外拉是以双臂锁住颈喉向外用力拉，同时配合身体紧逼之势形成的擒锁技法。它多在地战时主动由背后突袭或于纠缠中趁势发招拿取。

与对方贴身地战中，无论是处于弱势，还是强势，都要进行猛烈的攻击或拿取，从而迅速战胜对手，只有以积极的迎战才能获得先机。

（三）作用

锁颈外拉，是以擒拿手法配合锁住对手颈部达到控制对手的擒拿术。

九、锁颈按头

（一）动作

1. 屈膝：甲方与乙方对峙时，甲方发动攻势将乙方击跌坐于地，随即接近乙方，两腿屈膝下蹲贴紧乙方身体，右手前伸绕于乙方颈下（图 10–221）。

2. 锁颈按头：甲方紧接迅速用左臂由乙方头部左侧向前伸出，将右手压在左肘部（图 10－222），左臂同时向上抬按住乙方头顶部（图 10－223），右手顺势锁住乙方颈部，左手稍后滑按住乙方头后部，用力向前压，两手配合交叉用力将乙方擒锁住，使乙方颈喉产生疼痛或呼吸困难而受制（图 10－224）。

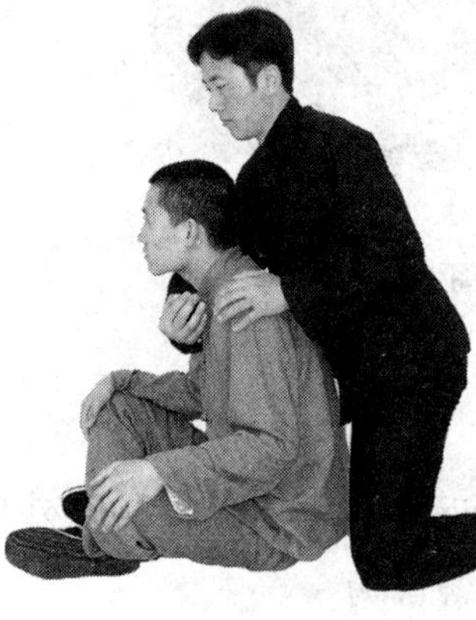

图 10－221

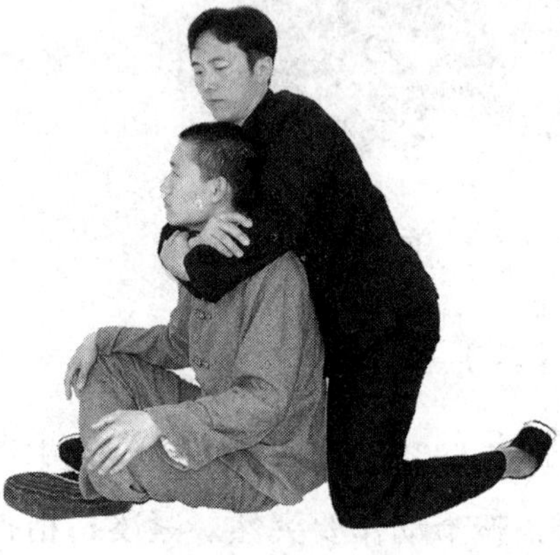

图 10－222

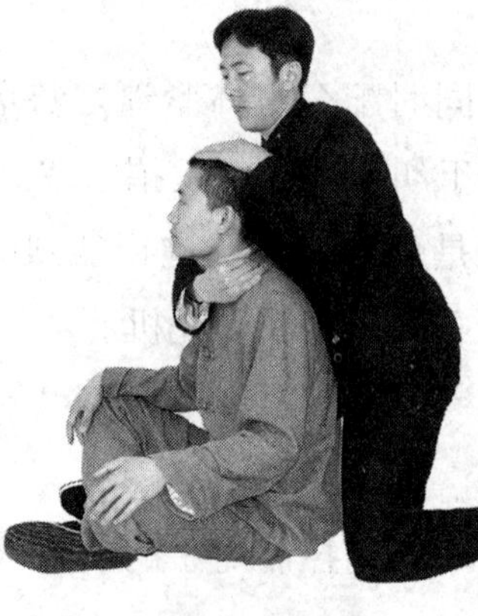

图 10－223

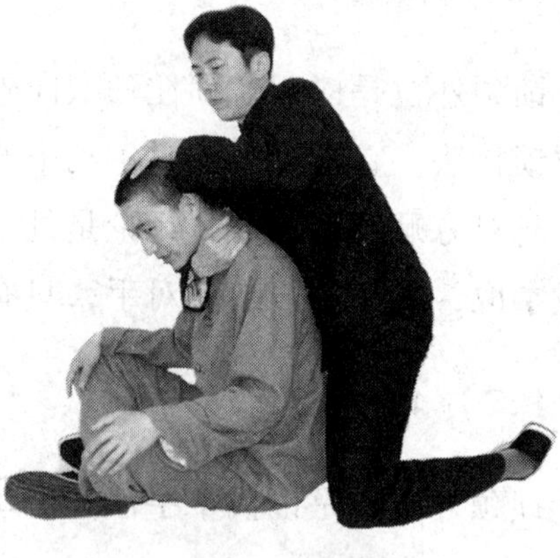

图 10－224

（二）要领

逼近屈膝下蹲实施动作要快速；两手锁颈按压要凶狠；锁颈按头手法配合要协调、有力；精神与技法要融合为一。

（三）说明

锁颈按头是以手臂锁住颈部配合按压头部形成擒锁的技法。其多由背后下蹲或跪地时发动拿取攻势。

无论何种形式的擒拿，均需务必使自己在任何情况下都能够获得攻击的主动权，方可为擒锁创造良好的条件。

（四）作用

锁颈按头，是屈膝贴近对手以手法锁住其颈部，同时配合按压其头部，达到控制对手的擒拿术。

十、地躺锁颈

（一）动作

1. 地躺：甲方与乙方对峙时，双方迅速进入纠缠中，甲方在躺倒的同时，迅速将双腿从内侧勾住乙方两大腿内侧并用力外拉，以减弱乙方的反抗劲力，同时左手向上收于乙方头侧，右臂锁住乙方颈部（图10-225）。

2. 地躺锁颈：甲方紧接以右臂猛向后卡锁住乙方颈部同时，左手配合由上向下压按乙方头部（图10-226），两腿同时加大压拉乙方两腿劲力，迫使乙方因呼吸困难或头昏被控制（图10-227）；甲方动作不停，在身体躺地同时锁紧乙方颈喉将其牢牢控制（图10-228）。

图10-225

图10-226

图 10-227　　　　　　　　　图 10-228

（二）要领

纠缠中，手、腿锁勾配合要紧凑；锁颈要凶狠、有力；以腿压拉要牢固；全身上下协调一致；精神与技法要融合为一。

（三）说明

地躺锁颈与锁颈按头动作相同，唯是以地躺加上腿脚的动作，将对方上下擒锁住。它多用于近战纠缠时拿制对手。

运用擒锁技法时，常会遇到其他的不利情况，此时必须要了解对手和地形，要善于转换技法，随时操控对手。

（四）作用

地躺锁颈，是在地战中与对手纠缠时以手法锁住其颈部，达到控制对手的擒拿术。

第十一章 咏春防守技法

咏春搏击功夫进攻与防守技法密不可分，从而使咏春拳成为全面综合实战的搏击之法。因此，咏春拳成为攻防兼备、立体作战的技术。咏春拳认为，搏击（实战）是变幻莫测的，许多意料不到的事情随时都有可能发生。而这就需要习武者抛弃何为招式，摆脱繁多模式的束缚，从搏击的角度来考虑较为全面、实用的防守技术。这样可使习武者举一反三地把习武的心得运用于各种技艺之中。

习武者必须要精通攻防二道，不断地增加自己的训练和运用水平，最终使咏春拳在搏击时得到较好的发挥。

第一节 攻防之道

进攻和防守是在自我实现的过程中，形成了攻和防的运动，这些运动必然表现为一定的形式，这就是咏春拳攻防运动的形式。

攻防的形式是复杂多样的，其中最基本的形式是进攻和防守的矛盾运动。基本的攻和防运动形式不是抽象的，而是具体的，是在一定的时间和空间里实现的。因此，咏春拳的进攻和防守就出现了不同的形式。

下面的叙述会让练习者明白，为什么需要防守技法一节的内容。

一、进攻和防守

进攻和防守是咏春拳搏击术运动的基本形式。进攻就是要击败、战胜对手，防守就是保护自己，为反击、战胜对手寻找时机。无论是何种形式的技术、战略战术行动,都始终贯穿于进攻和防守的矛盾运动中。

进攻,即攻击,是主动攻击对手的作战形式。防守,是抗击对手的作战形式。二者是咏春拳搏击的基本形式。

1. 进攻和防守是咏春拳运动的存在形式

有了攻防,才有了现实的咏春拳搏击运动,咏春拳搏击术就是以攻防运动为存在形式的,没有攻防运动,也就不存在咏春拳搏击;没有咏春拳搏击就不存在攻防运动。不同形式的攻防运动,表明了咏春拳搏击的存在。无论什么形式的搏击运动,无论是战略、战术,或搏击的一切阶段,都以相应的攻防运动为存在形式。

2. 进攻和防守是咏春拳搏击过程战斗力的发挥过程

进攻,主要是运用了"人体为武器装备",系统地通过进攻、打击得以实现的;防守主要运用了"人体为武器装备"的防护;如果没有进攻和防守,训练的一切及其功能只是潜在的,有了攻与防的运动才能使它们发挥出来。

3. 进攻和防守是咏春拳的本质——击败对手保护自己的表现

击败对手保护自己是咏春拳的本质,这一本质是通过进攻和防守来实现的。进攻是体现直接击败对手这一本质的,同时也表现了保护自己的本质;防守是直接表现保护自己这一本质的,同时也是辅助进攻的。只有通过进攻和防守,咏春拳的本质才能实现。

进攻和防守作为咏春拳本质的表现,是击败对手与保护自己相互制约的。击败对手保护自己的矛盾表现为攻与防的矛盾。攻与防的矛盾受击败对手与保护自己矛盾的制约。

4. 咏春拳其他搏击形式和方法都以进攻和防守为核心而展开

搏击的具体形式和方法是复杂多样的,但都是直接或间接地围绕着进攻和防守而展开,并通过进攻和防守的本质相联系。例如,搏击前的观察、部署,战术的虚与实、退与进等,都是围绕着进攻和防守进行的,都是为造成有利的攻防态势,并且通过攻与防达到搏击的目的。此外,还有许多作战行动,是攻与防的展开和具体表现。例如突击是猛烈的进攻,追击是进攻的继续;而抵抗是一般的防御行动,反击是积极的防御行动,退却是防御的继续；对峙是一种过渡性的行动，它逐渐要向攻防演变；直接攻击、间接攻击、配合攻击、重新攻击等等是从进攻和防守的基本形式中衍生出来的具体搏击形式。如此等等。

二、攻防形式的利弊和采用攻防形式的根据与条件

1. 攻防形式的利弊

进攻和防守这两种形式，同一切事物一样，即有长处，又有弱点；既有利，又有弊。弄清攻防的长短、利弊，对于正确地选择和利用这些形式，扬长避短，趋利避害，具有重要的意义。

攻防形式的优劣、利弊，虽然是由它们自身的性质决定的，但也是通过与其他事物的关系表现出来的。因此，我们在研究攻防形式的优劣、利弊时，不仅要抓住攻防自身的本质和特点，而且还必须把它们放在一定的条件下，从各个不同的角度来考察。

从咏春拳搏击的直接目的来看，进攻的目的具有较高的积极性，防守的目的则具有消极性。因为进攻主要是为了击败对手，可以使对手丧失继续搏击的意志。而防守主要是为了保护自己。即使防守的目的达到了，还远远不是搏击的最后胜利。要获得搏击的最后胜利，防守时必须提高自己的积极性，即把防守变为进攻，把保护自己为主变为击败对手为主。因为只有进攻才能击败对手，才能符合搏击的目的。然而，进攻的目的积极性高，未必都是绝对的优点，防守的目的积极性低，也未必者是缺点。衡量一个目的的价值，固然应首先看到它本身，但是决不能离开与它相应的手段。否则，目的就是抽象的，不能实现的。防守的目的要求较低，也较容易实现，这对于搏击的全过程来说，对于搏击力量强的一方来说，无疑是消极的。而对于搏击过程的某一阶段，对于搏击力量弱的一方来说，又会成为一个优点。它可以使目的与手段相统一，顺利地实现目的。所以，力量弱的一方，一般要采取防守的形式，此外，在搏斗的次要方向，为了阻滞或牵制对手，也都必须采取防守的形式。防守可以以少敌多，以弱敌强。相反，进攻的目的要求较高，但必须有较大的力量才可能实现。这对于力量强的一方来说，无疑是一个优点，而对于力量弱的一方则不然，如

果不顾自己所拥有的手段去追求这样高的目的，就会造成目的与手段的矛盾，既达不到目的，也会丧失手段。

从精神方面来看，一般来说，进攻比防守更能振奋士气。因为，进攻主要是击败对手，而防守主要是保护自己。振奋士气，即振奋精神。精神具体反映在许多方面，如分析、研究理论时所需要的全面、细致、一丝不苟的认真态度等。但主要表现在搏击时的实战精神，则可使进攻者全力以赴地最大限度地发挥自己的技术水平。当进攻者拥有全力以赴的实战精神时，他的身心都升华至尽，他的体力与神智都已超越常人，他会凶狠地进攻，以横扫一切的攻势击倒对手。

从主动和被动的地位来说，进攻容易掌握主动，防守较容易陷入被动。进攻者在使用技术技法或战术等方面，都具有较多的主动性。它可以集中力量攻敌一点，打破对手的防御平衡，击溃、破坏对手的防御体系，使其力量得不到发挥；能充分发挥进攻者的机动能力，达到出其不意、突然袭击；可以绕过对手位置，攻其侧翼、中线要害等。由于攻击有突然性和震撼作用，因而能从精神上给对手以打击，等等。相反，防守，是等待性的行动，容易陷入被动。在行动的自由性上要受到更多的限制。位置、力量、防守的手段和方法都要受到进攻一方的制约，易遭突然袭击。在判断不了对手的攻击重点时，不得不多处设防，消耗体力，这些都会严重地影响搏击技术的发挥。当然，防守并非都是完全被动的，积极发挥人的主观能动性，正确处理攻与防的辩证关系，可以使防守的被动形式中具有主动的内容。首先，要做好充分的准备，可以一定程度地减少防守的被动性；其次，在防守的前提下，可以采取积极的攻势行动，并根据情况的发展把防守转化为进攻。

从搏击的劳逸来看，防守可以以逸待劳，获得反击时机。我们知道，防守的一个重要特点就是等待行动，这个特点虽然是造成被动的一个因素，但是，如果巧妙地运用，也可以成为一个有利的因素，即获得以逸待劳的好处。相反，进攻者不能以逸待劳，常常要受攻击之苦，即劳累。

从地利来看，防守比进攻往往能获得更多的利益。防守者可优先选择位置，预设阵地，预先熟悉位置地形抗击对手，大量消耗对手。有了好的地利条件，有时可以使搏击的发挥成倍地提高。进攻虽然可以利用地形，但是，它利用的程度要比防守小得多。

从搏击潜力的发挥和利用来看，防守比进攻能更充分地得到运用和发挥。就战略上来说，防守往往是在本身位置之内行动，对自己的体力、技术运用都有很大的便利。

以上分析了攻防形式的长短、利弊，但是，这仅仅是攻防利弊的主要部分，而不是全部；在此只讲了一般情况，而没有也不可能包括各种具体情境。因此，对某一具体的攻防行动的利弊比较，还必须根据具体情况定论，抽象地谈论某一形式的优与劣，都是不能说明问题的。此外，还要注意以上所介绍的利弊，在现实的攻防形式中，并不是孤立的，而是相互联结相互作用的，在分析某一形式的利弊时，必须将各个方面综合起来考察。

2. 采取进攻和防守的根据和条件

在搏击中，如何确定进攻还是防守呢？这就是采取攻防的根据和条件的问题。搏击中，就是要根据搏击的目的要求和情况及条件，本着趋利避害的原则，来选择进攻和防守的形式。

搏击的目的是决定采取攻防形式的重要根据。例如，是进行有规则的比赛，还是无规则的自由搏击，或者是街头对付暴徒的搏斗等。因此，搏击的目的决定着攻防形式。如果是有规则的比赛就要注意攻防的安全性；如果对付暴徒，则可用强力的无限制的技术技法进行防卫。搏击的目的是保护自己，击败对手，也是采用攻防形式的根据，而且是更重要、更直接的根据。如果以击败对手为目的，就必须采取进攻的形式；如果以保护自己的力量为目的，就必须采取防守的形式。搏击的企图、目标等，都直接决定着攻防形式的采用。

搏击力量的强弱是采取攻防形式的又一重要根据。搏击力量的强弱、大小是实行进攻或防守的物质基础，因而也是采取攻防形式的重要根据。一般来说，力量强的一方，多是采用进攻形式；而力量弱的一方，多是采用防守形式。因为进攻所要达到的目标比防守大，进攻消耗的力量也比防守多，因此，必须要有超过对手的力量。如果和对手的力量相等，其他条件也相同,那么,攻者就会失败。即使攻者力量稍大一点,双方打个平手,也不能达到目的。相反,防守要达到的目的较小,因而即使力量小一点,也可以实现,而且防守可以利用地势等有利条件,实现以弱胜强。这就决定了力量弱者必须采取防守的形式。如果弱者不顾自己的力量不足,盲目地采用进攻的形式,那就等于以卵击石。相反,力量弱者应该必须在防守中,通过集中精力,在局部上造成对敌优势,创造出进攻的条件,积极地采取攻势行动,借以扭转被动局面。

对手有无可乘之机对采用攻防形式有重要影响。有无可乘之机与力量的强弱是密切关联的,但它们又是两个不同的问题。有时对手的力量虽然强大,但其由于松懈麻痹等原因,给攻方造成了可乘之机。这时攻方就应该毫不犹豫地发动进攻。相反,有时对手的力量虽然弱一点,但是由于防备严密,并且运用了计谋和其他有利条件,致使进攻方难以获胜,在这种情况下,攻方虽然力量强,也不能贸然进攻。因此,搏击之时,可以对对手情况预先进行了解,找到了机会,就可以发起进攻。这虽然不一定能彻底击败或击溃对手,却可以给予其一定的打击。

以上是决定采用攻防形式的主要根据和条件,此外还有一些非主要的根据和条件,而且在每一具体作战中又会有各种具体情况,都必须注意。上述的各种根据和条件,不是彼此孤立的发挥作用,而是作为一个相互影响相互联系的整体而起作用。这就要求我们在选择攻防形式时,不能孤立地观察某一个因素,而要对一切因素进行全面综合的分析,权衡利弊,扬长避短,趋利避害。当然,这绝不是说,只有以上条件全部具备才能决定采取进攻或防守。一般来说,要全部具备这些条件是很困难的。客观情况往往要求根据其中的两三个,有时甚至是一个条件就要做出攻或防的选择,这些抉择也可能是正确的。

三、攻与防的对立和统一

进攻和防守同其他的范畴一样,是矛盾着的现象,双方既是对立的,又是统一的。

1. 攻与防的对立

攻与防的对立首先表现在搏击的双方自身攻防形式的对立。

就攻防两种形式来看，它们的目的、性质、作用等都有对立性。进攻是主动攻击对手的形式，防守则是被动的搏击形式。这一对立是区别攻与防的标志。

搏击的每一方，在进攻时虽然须有必要的防守作辅助，但防守的成分越多，进攻的力量就必然越少。防守成分大到一定程度，就迫使进攻停止下来，这里攻防的对立是明显的。搏击的任何一方，以进攻为主就必须排斥以防守为主，不能同时既以进攻为主又以防守为主，反之亦然。从搏击总体来说，进攻应占主导地位，这就排斥防守占主导地位。当然，这种主次地位的区分既是绝对的又是相对的。在一定情况下主次地位可以转化。

攻与防作为两种搏击形式的对立还有多种表现。在上面的分析中可以看到，采用攻防形式的根据是正好相对立的，对于进攻有利的条件或根据，对于防守恰是不利的，反之亦然。攻防形式的优劣、利弊也具有对立性，对于进攻来说是优点的东西，对于防守往往是弱点，反之亦然。

从敌我双方的进攻和防守来说，更是对立的。一方的进攻是为了摧毁或突破对方的防守；一方的防守是为了抗住或打破另一方的进攻。正是攻防双方的这种对立，形成了搏击。敌对双方在搏击形式的选择上，在攻与防的时机、方向、手段、方法等方面，都具有对立性。对一方有利的搏击形式，对另一方必然不利；对进攻有利的时机、方向、方法等，对防守必然不利；反之亦然。所以，一方的防守必须根据另一方的进攻来组织。如果不能掌握进攻的原则，不了解对方进攻的特点，就不可能组织有力的防守。反过来说，一方的进攻必须根据另一方的防守来组织和实施，不掌握防守的原则，不了解敌方防守的特点，就不可能组织有效的进攻。

认清攻与防的区别和对立是很重要的，只有认清了这一些区别和对立，才能正确地选择和运用这些形式。当然，要掌握攻与防的对立，不能把它孤立起来，而是要在对立中看到统一，在统一中把握对立。

2. 攻与防的统一

攻与防统一的内容有两个方面。

第十一章　咏春防守技法

第一，攻与防是相互包含、相互渗透的。这主要表现在搏击一方的攻与防上。

从攻防的一般情况来看，既没有单纯的进攻，也没有单纯的防守，而是攻中有防，防中有攻。防守是抗击进攻的手段，还击是它的主要内容，反击是体现其积极性的重要手段。而还击和反击都是对进攻者的攻击，都具有进攻的某些性质，具有进攻的含义。如果对对手的进攻不进行还击，就变为单纯的挨打，因而就不成为防守了。同样，任何进攻也都包含着防守，进攻打垮对手，特别是打退对手的还击，就起到了防护自己的作用。

从搏击的全局和局部、过程和阶段来看，攻与防也是相互包含、相互渗透的。一般来说，全局（综合立体）上的进攻，必须包含着某些局部上的防守，以保障主要进攻者的翼侧安全，阻击对手的攻击，以及保护自身某些部位。反过来说，全局上的防守必然包含着局部性的进攻，以粉碎对手的进攻或破坏对手的突入。这种全局与局部的攻与防的相互包含，即体现在战略上，也体现在搏击中。战略上的进攻包含着搏击上的防守，搏击上的进攻包含着战略上的防守；搏击上的进攻也包含着某一方向或局部的防守；反之亦然。同样，在进攻的全过程中，往往会包含着某一阶段上的防守。而在防守的全过程中，往往包含着某些阶段上的进攻。

习武者将身体部位作为武器运用时，即体现了攻防行动的相互渗透。"矛"与"盾"即是常见的理念。"矛"主要是进攻的工具，"盾"主要是防守的工具。可是，防守并不是只需要盾而不需要矛；进攻也不是只需要矛而不需要盾。无论是进攻者还是防守者，都是"矛"与"盾"的结合。搏击者的行动都要一面防守，一面进攻。因此，搏击者在搏击时要把"矛"与"盾"结合为一体，使其在搏击中，既有进攻又有防守。

进攻和防守的相互包含、相互渗透，主要是由击败对手保护自己的辩证关系决定的。因此，进攻也就包含着防守的意义。反过来说，在保护自己的防守手段中，同时也包含着击败对手的作用。所以，防守中必然也包含着进攻的意义。由于击败对手与保护自己是不可分割的统一体，那么，进攻和防守也必然具有不可分割的性质，二者的区分不是绝对的，而是相对的。

正因为攻与防具有相对的性质，就使进攻者与防守者之间也具有相对性。在搏击行动开始时，二者还有明显的界限，但是，一旦搏斗起来，二者的界限就逐渐消失了。实际上，从采取行动的时刻起，防守者就不能再通过单纯的等待和不行动来达到自己的目的了；这时，他要像对手一样行动起来，于是进攻者和防守者之间的区别也就消失了。

承认攻和防、进攻者和防守者之间的相对性，并不是否定它们之间的区别，辩证法既承认它们相互渗透的一面，又承认它们相互区别的一面。判定一次搏击行动是进攻还是防守，要看它的主要方面。比如，搏击防守的一方，虽然包含着局部的进攻，但这些进攻不占主导地位，只是防守的手段和辅助成分。所以，它们都属于防守。反过来说，战略进攻的一方，虽然在搏击中也有防守，但是，只要这些防守没变为全局性的，那么，从总体上看，它们仍然属于进攻的辅助部分，因而这一方是进攻的。

第二，攻与防相互依存（或称为相辅相成）。从搏击双方的攻与防来看，每一方的存在都以对方的存在为前提，没有进攻的一方，就不会有防守的一方，反之亦然。

当然，在一定情况下，会出现双方对攻，而不是一方攻另一方守的情况。但即使在这种情况下，从总体上或实质上来说，也必有一方是防守的。它的进攻地位往往是暂时的或表面的。

从搏击每一方的攻和防来说，更是相互依存的。当进攻占主导地位时，必然是以防守的次要地位为前提，并依赖防守的辅助。当防守占主导地位时，它与处于辅助地位的进攻的关系也是如此。攻与防这种相互依赖的关系，要求搏击者在搏击时不能把攻或防孤立起来，不能只顾一方抛弃另一方，不能片面强调一方贬低另一方，而要攻防兼顾，使二者主辅相济，相辅相成。

在现代咏春拳中，攻与防的相互依赖性更加突出了。防守者要达到有效的防守，首先必须能承受进攻者先发制人的各种打击。这就需要有很强的防护能力。同时，防守者不是等到对手发动猛击再还击，而是在对手准备进攻的时候就行动起来，破坏对手的进攻准备，向对手纵深位置打击，击毁其身体、后续能力等战斗力因素。可见，现代咏春拳防守的积极性提高了，防守对进攻的依赖性增大了。另一方面，由于进攻者在进攻准备的时候就会受到反击，因此，要使进攻发挥作用，首先必须具备严密的防护，使自己不被摧毁，否则根本谈不上进攻。可见，进攻对防守的依赖性也增强了。

3. 攻与防在对立中相互促进，竞相发展

搏击双方，特别是在无规则的搏击中，双方攻与防的对立是你死我活的战斗。进攻要打破防守，防守要制服进攻。每一方为了达到自己的目的，都以对方为目标不断地寻找新的方式方法和手段。当进攻有了新的手段、方式时，防守被迫寻求更新的手段和方式；反之亦然。这样，攻防在对立搏击中相互促进、竞相发展。

四、攻与防的相互转化

攻与防不仅仅是对立统一的，而且在一定条件下是可以相互转化的。

1. 攻防转化的基本内容

攻与防的转化首先表现在搏击一方中攻防地位的转化，即原来以防守为主变为以进攻为主；原来以进攻为主变为以防守为主。这种转化的外部表现，就是搏击双方之间攻与防的转化。

搏击中，攻防转化是普遍现象。一方面，当进攻者达到了一定的目的，需要巩固战果，控制对手，或需休整时，都可能由进攻转化为防守。有时，搏击场上的情况发生了变化，不再适于继续进攻，也需要由进攻转化为防守。有时由于进攻失败了，就会被迫转化为防守，等等。从某种意义上说，进攻转化为防守是必然趋势。因为任何进攻都不可能无休止地进行下去。另一方面，防守时当打破了对手的进攻，削弱了对手的力量，改变了敌对双方的力量对比，就可以转化为进攻。有时，由于各种原因，造成了进攻的有利条件，做好了进攻的准备，也可以由防守转化为进攻。一切成功的防守，都有可能转化为进攻。当然，并非一切成功的防守都必定要转化为进攻。有时由于受搏击目的、条件等因素的影响，即使有了转化的可能，也不进行现实的转化。

攻与防的转化既有战略上的，也有搏斗上的，但这两种范围的相互转化有很大的不同，后一种转化只是搏击的某一局部或某阶段形势转折的标志。在搏击过程中，这种转折往往会出现多次反复，也表现为搏击者对攻防形式的交替运用，当由防守转化为进攻之后，可能接着又需要由进攻转化为防守。因此在打退对手一次进攻之后，绝不能有任何麻痹轻敌之意。前一种转化则不同，它是战略阶段转变的标志，它对搏击胜负有着决定性的意义。战略防守的一方，只有转化为战略进攻，才能彻底打败对手，使对手屈服。它的转变往往靠搏击双方形势的总体变化。这一变化一经实现，搏击很快定局。就是说，当战略防守的一方一经转化为战略进攻，就标志他将要很快取得胜利，一般不会再由战略进攻转化为战略防守；原来处于战略进攻的一方，一经转化为战略防守，就标志着他的失败，一般不可能再由防守转化为进攻。当然，这并不是说，战略防守的一方一经转化为战略进攻，就不存在任何防守了，它在局部上、搏击形式上仍然会有防守，而且，还存在着局部上的由进攻向防守的转化。不过，到了那时，剩下的防守手段，只是局部的东西了。

战略上的攻防转化与搏斗上的攻防转化有着非常复杂的关系。首先，搏击全局上攻防转化的实现，要经过无数次搏斗的攻防转化。战略防守转化为战略进攻，是由于在战略防守中进行了许多搏斗上的进攻，并把许多次搏斗上的防守转化为进攻；相反，战略进攻转化为战略防守，是由于在搏斗中经历了多次由进攻转化为防守，并大量地消耗了力量。由搏斗上的攻防转化到战略上的攻防转化，是由量变到质变的过程。

另外，在战略上的攻防正在相互转化的时刻，往往交叉着搏斗上的攻防转化。即当战略上正在进行着由进攻向防守转化的时刻，某些搏斗却在进行着由防守向进攻的转化；当战略上全局正在进行着由防守向进攻转化的时刻，某些局部或搏斗却正在进行由进攻向防守的转化，这就形成了搏击的复杂局面。

2. 攻防相互转化的根据和条件

进攻和防守的相互转化，必须要有条件和根据的，这一点无论是在战略上还是搏斗上，基本是一致的。在本节第二小节内容里，讲了采取攻防形式的根据和条件，这些对于攻防转化也是适用的。当然，攻防转化的条件和根据又有自己的特点，它们主要是：

第一，搏击的目的是攻防转化的重要根据之一，它决定着要不要实现攻防转化的问题。一般来说，进攻达到了目的，就要转化为防守，防守达到了目的，就要转化为进攻。但是，有些搏击行动，由于受搏击规则及目的的影响，即使具备了攻防转化的条件，也不要求转化。而在另一些情况下，单是因为搏击的目的发生了变化，就会要求攻防形式发生变化。

第二，搏击双方力量对比的改变，是攻防转化的根本条件。我们知道，攻防地位的确立，一开始就是以力量的强弱为基础的。防守，是力量弱的一方被迫采取的搏击形式。因此，防守者一旦力量强大了，就应当放弃防守形式，使防守形式转化为进攻形式。进攻，是力量强的一方主动采用的搏击形式。因此，进攻者一旦力量削弱了，就不得不改为防守的形式。可见，搏击的双方攻防形式的变化，必须以其力量强弱对比的转化为条件。如果在搏击双方的力量对比没有发生一定的变化之前，力量弱的一方就企图由战略防守转变为战略进攻，那是必定要失败的。

第三，搏击的主观指导，是实现攻防转化的重要条件。正确的搏击指导，不仅能够大量地削弱对手的力量，为实现攻防转化创造条件，还能够使攻防转化的可能变为现实。当搏击双方的力量对比已经发生了根本变化，或者即将发生根本变化时，攻防的转化就有了可能性。但是，要把可能变为现实，必须有正确的指导和正确的实施方法。

实践证明，防守的一方如果有高明的搏击指导，即使力量的对比还稍弱于对方，仍然可能转入进攻，实现攻与防的转化。

攻防转化最关键的问题是时机，无论是进攻转化为防守，还是相反，都必须适时。要做到适时，必须掌握攻防转化的关键点。对于进攻来说，一鼓作气地进攻直至胜利的事情是少有的，一般情况下都有一个"顶点"，进攻者应当在接近这个"顶点"之前就主动转为防守，这样，在转入防守后也可以掌握主动。如果在超过了进攻的"顶点"之后再转化为防守，进攻已经过度，力量消耗过大，往往是被迫转化的，这样必然处于被动，甚至已无力组织防守，出现不堪设想的后果。由于进攻有很大的惯性，往往很容易超过"顶点"。只有较高水平的拳手才能把握住。对于防守来说，力量和态势的变化也有一个临界点，抓住这一点适时把防守转化为进攻是最理想的。

攻防转化力求主动，力避被动。被迫转化的防守或进攻都将造成很大的不利。进攻虽然是有主动性的作战形式，但被迫转化为进攻就无主动性可言了。

以上所讲的是攻防转化的三个基本的主要条件和根据，另外还可以有一些次要的条件和根据，如果没有这些条件和根据，是不可能实现攻防相互转化的。由此可以看出，搏击中，不是任何一种防守都能够转化为进攻，也不是任何一种进攻都要转化为防守。多数搏击的例子证明，由于搏击双方的力量对比悬殊，战略上的攻防地位始终未能转化。一方始终处于进攻，直至胜利；另一方一直处于防守，直至失败。

搏击的例子证明，战略上能够转化为进攻的防守，必须是有发展前途的。它大都是在搏击的前期或中期。而在搏击的后期被迫转入的战略防守者，由于力量已经受到很大的消耗，搏击的潜力也不多了，并且在精神上已败下阵来了。因此，他是很难甚至不可能再转化为战略进攻的。

3. 攻防相互转化的过程

无论是搏击的战略上，还是搏斗上，攻与防的相互转化都有一个过程。搏斗上的攻防转化过程持续时间短，内容较简单；战略上的攻防转化过程持续时间长，内容复杂。这里仅研究一下战略上的攻防转化。

搏击的情况不同，决定着攻防转化的过程也不尽相同。搏击这一过程的开始，力量弱的一方处于战略防守阶段，其中，往往还会有战略退却。当然，不是说所有的防守都有战略退却，即使有战略退却，也未必形成一个阶段，这要根据具体的情况具体分析。战略退却，从其性质上来说，是防守的继续，是防守的一种形式，是克服被动，争取主动，保存力量，待机破敌的一个重要的战略行动。

战略退却是为反攻和进攻创造条件的，这一步骤进行得如何，将直接影响到随后的反攻。

在防守将要转入反攻之前，敌对双方可能会有战略相持。所谓战略相持，是敌对双方力量对比暂时平衡，搏击呈现相持不下的状态，它通常是整个搏击的过渡阶段，也是攻防转化的过渡阶段。在这一阶段中，双方都努力削弱对方的力量，积聚自身力量，准备新的进攻或转入反攻。

五、积极的防守

咏春自由搏击功夫技巧提倡积极的进攻，同时也提倡积极的防守，反对消极的防守。

积极的防守，不仅是指防守作战的一种，亦形成了积极防守的战略思想。

要了解积极防守的实质，必须从搏击的本质开始。"保护自己，击败对手"这个搏击的目的，就是搏击的本质。这个本质是一切搏击形式、行动的本质，是一个共同的本质、一般的本质。但是，这个一般的本质，体现在每一种具体搏击形式和行动中，又各有其特点。例如，进攻主要是为了击败对手，辅助的是为了保护自己，这就是进攻的实质；防守主要是为了保护自己，保护自己为主，击败对手为辅就是防守的实质。可见，这两种搏击作战形式，都追求着总的搏击目的，表现着搏击的本质。因为，虽然它们都有自己的优点，但也都存在着自己的缺点。而积极防守兼收并蓄攻防两种形式的优点，既获得了进攻形式中的"主动"等优点，同时又克服了攻防两种形式的弱点。不仅把进攻和防守辩证地统一起来，而且把击败对手和保护自己辩证地统一起来，既积极地击败对手，又有效地保护自己，能够以小的代价换取大的胜利。这就是积极防守的实质。而攻与防的统一，则是积极防守的基本特征。

积极防守的实质与其基本特征是密切联系的，要以小的代价换取大的胜利，必须充分运用攻与防的优点和利益，同时克服它们的弱点，做到攻与防的辩证统一。简单地说，就是攻中有防，防中有攻；以攻为防，以防为攻；用进攻达成防御；防御是为了进攻；并根据情况及时地使防御转化为进攻。这就是积极的防守，充分地表达了积极防守的基本特征。

积极防守的实质和特征也有自己具体的表现形式，这就是：将攻与防两个方面的优点兼蓄并用，融为一体，同时，最大限度地避免攻与防的缺点，从而形成一套崭新的作战形式。这套新的作战形式，就是根据具体情况，灵活地运用咏春拳的攻防之法，并使其紧密配合。

第二节　防守原理

理解了咏春搏击攻防之道后，即可知防守技法是如何成为咏春搏击技法中的重要组成部分了。如果不掌握防守技法，没有学会如何保护自己的技巧，即使有较强的进攻能力，也会遭到对方的击打，甚至败下阵来。咏春的基本技术和战术都要求首先对对方的动作做预判，以避开对方的攻击，然后寻机打击对手。因此，掌握防守技法的好坏也反映了练习者的训练水平和实战能力的高低。

一、桩式姿势

桩式姿势是学习所有进攻和防守的最基本姿势，也是咏春拳特有的姿势，它要求习练者必须做到桩式姿势中所要求的一切细微之处。也可以说，桩式姿势是咏春拳一切技艺的基础。桩式主要以二字拑阳马（图11-1）、侧身马（图11-2）、正身马问手（图11-3）、侧身问手（图11-4）等为代表的应敌桩式，具体做法参见本书的桩式一节内容。

在这里我们主要叙述咏春拳代表性的桩式——侧身问手式，见图11-4，因为这种姿势可以更好地实施攻守动作，并使练习者较易区分有关内、外门理论等。

图11-1

图11-2

图 11-3   图 11-4

二、防守的原理

防守的目的是为了不被对方击中，并为反击创造有利条件。在拳脚齐用的立体进攻的咏春拳搏击中，培养练习者全面紧凑、无隙可击的防御能力是其首要任务之一。搏击时，任何一方都会靠近攻击对手，但要很好地避开打击，则需要相当技巧。因此，咏春拳强调唯有将防守练习精纯至本能动作，方可全力以赴地发起攻势。这样的话，对手面对你连消带打的迅猛攻势，当即会手忙脚乱而一败涂地。防守技巧因而是优秀搏击者所必须熟练掌握的技巧，以使自己形成一个好的坚固的防御体系，此对于搏击或自卫均具有现实的意义。

咏春拳自由搏击防守技法不仅在扼制对手锐利攻击、挫败对手锐气上起决定作用，其技法本身具有攻击性亦是一大特征。防守技法与咏春拳整体风格一样，讲究自然、简捷、实效，以最大限度提高攻防转换效率。

咏春拳防守将人体问手桩式划分成严密的防御体系。此是咏春拳研究、实践最后确定的最佳防御体系。其他形式的防守技法则是由这立体防御体上衍生。其他形式的防守技法也是将防护技术建立在这种问手式桩式的基础上，并将防护技术与其融合为一，提高了防守的实用价值。

问手桩式在咏春拳中极为重要，而咏春拳博大精深的拳理在问手桩式中亦得到充分体现，问手桩式防护体系，则更能体现出咏春拳自由搏击的高效、实用之处。

从一开始的内容中得知处于问手桩式时，人体的头部、肩、手、肘、膝、脚都担负着特定的防护任务，它们均明确分工，并不相互矛盾与冲突。

三、防守的基本原则

咏春拳总结了以下一些防守的最基本原则，如能正确运用和掌握这些原则，有助于练习者应付对方各种形式的攻击。

1. 由问手桩式开始和结束

搏击时，要随时保持问手桩式，因为问手桩式本身就是最安全的防守姿势，无论是在攻击或防守前后，都必须保持或及时恢复这种应敌桩式。并在问手桩式防守中，有立即反击的意识。

2. 不断展开步法灵活移动

与对手对峙时，要不断展开步法移动，不给对手固定目标，并伺机攻击对手。

3. 始终从容冷静和谨慎行动

保持随时洞察对方动向和招数的能力，鉴别对方动作的真伪，方可使自己在对方的拳脚动作之下，以泰然处之，并随时自然流畅地做出防守动作，趁机有力地实施反击。

4. 掌握中线原理的运用

中线，即虚设于人体中央的中心线。无论处于何时，搏击者前手和前臂要始终保持在对方的中心线上，即前手或拳头要经常保持在双方鼻子的连线上。这样做的作用在于，在中线要害设置障碍，来迫使对方攻击在此范围之外。同时，中线上的手臂向左向右均可以最短距离的移动进行高效的防守。

5. 四肢与身体协调配合防守

咏春拳自由搏击时，多样化的攻击形式决定了搏击者必须采用多样化、手脚配合、立体综合性的防御手段，以保证防守的严密稳固。如果仅用身体某一肢节或较单调技法防守，未免会出现顾此失彼、手忙脚乱的阵势。

6. 防守的动作要讲究化力技巧和效果

搏击中,要做到成功的防守,则在整个防守技术动作中,不仅全身要协调,且腿、脚的快速移动、变动和稳固支撑,以及动作用力方向、腰的转动、肘关节的配合等等环节均需注意。防守中抗击大力攻击时,下肢站位要稳。要善于运用自身关节骨骼的硬度和力度,格挡对手的薄弱环节,造成对方攻击关节或肌肉的损伤疼痛,削弱对方的锐气。防守接触瞬间,要特别注意避免与对手正面的冲撞,要善于利用腰部转动、步法的移动、手法的旋转来化解对方的攻击力。

7. 防守技术运用要随势随机应变

咏春拳对付各种攻击,亦有不同的拆解方法,不同的防守技术,可以达到同一个防守的目的。因此,应根据对手的攻击动作采用不同的,且是自己擅长的防守技术。而这就要求搏击者具备全面的防守技术,并对攻击和防守技术相当熟悉。

咏春拳防守技法由于需专门应付各种攻击,而衍生出对拳、脚、膝、摔、拿的防守技法和各种综合、立体的防守技术。

四、防守技法分类

咏春拳防守技法因进攻技法的各种攻击形式,而形成对付各种攻击形式的防守之法。

为了使咏春拳防守技法之名和具体技术,不令练习者陷入混乱或无秩序中,我们将咏春拳防守技法分为接触防守技法、非接触防守技法和综合防守技法三大类,以使防守技法更加简洁明了。

1. 接触防守技法

包括阻挡、拍挡、消挡、搂抓、抄抱等。

2. 非接触防守技法

包括走马步法防护、闪躲、晃身等。

3. 综合防守技法

包括侧闪与格挡配合、收腹闪与撤步配合等类型的综合防守技术的整体性运用。

第三节　问手桩式防护

问手桩式为咏春搏击功夫最基本的防护桩式，其具体做法可参见前文相关的章节内容。咏春拳所有的动作，例如走马步法的进退、出手、起脚和一系列的假动作等，都是以这一基本姿势为基础的，而防守亦是同样道理。

这里再次提到问手桩式的运用，目的是告诉练习者，所有的防守技法均由其衍生而成，且要左、右姿势运用（图11-5、图11-6），可衍生出各种防守姿势（图11-7、图11-8）。练习者对于防守技法欲有所精进，可将此姿势按图以左右手反复练习，培养练习者的咏春拳实战特质和风格。反复的练习有助于练习者将问手桩式练习成为本能动作，在到了一定水平时方可感到做问手桩式动作时，自身肉体的均整轻灵与身体内部质（内劲）的流动能融合为一。

问手桩式左右手防护姿势，言简意赅地记载了咏春拳理想的防守姿态、动作技术和策略，从而为问手式防守技法打好基础，并初步形成防守技术概念。问手桩式左右手防护姿势的反复练习，可使练习者初步学会防守技术动作，了解和掌握它们的攻防性质、作用，掌握攻防的方法、路线和动作规格，通过练习，在大脑皮层中初步建立一个防守技术概念。

图11-5

图11-6

图 11-7　　　　　　　　图 11-8

第四节　基本防守技术

咏春拳基本防守技术，即摊手、伏手、膀手技术技法。摊手是让对方的拳力沿着小臂偏离我方中线，从而达到卸力的效果。伏手是利用手腕与手臂的相交处来保护自己中线的，也是达到卸力、防御的效果。膀手，也是让对方的拳力沿着小臂偏离我方中线，达到防御效果的。

一、摊手

（一）动作

1. 二字拑阳马：先摆好二字拑阳马式（图11-9）。

2. 左摊手：左手成掌，腕微外旋，腕外侧向上挺起，紧贴胸侧出至胸前中线，肘部距离胸部一拳距离时动作完成，然后原路收回左掌变成握拳，恢复开始的二字拑阳马式（图11-10~图11-12）。

图 11-9

图 11－10　　　　图 11－11　　　　图 11－12

3. 右摊手：然后，右手成掌，腕微外旋，腕外侧向上挺起，紧贴胸侧出至胸前中线，肘部距离胸部一拳距离时动作完成，然后原路收回右掌变成握拳开始的二字拑阳马式（图 11－13～图 11－16）。

以上为二字拑阳马式摊手防守动作。

4. 问手式摊手：由问手式做左（图 11－17～图 11－19）、右摊手（图 11－20～图 11－22）动作与二字拑阳马式左、右摊手动作相同，唯由问手式直接变式成摊手。

图 11－13

图 11－14　　　　图 11－15　　　　图 11－16

图 11 - 17　　　　　图 11 - 18　　　　　图 11 - 19

图 11 - 20　　　　　图 11 - 21　　　　　图 11 - 22

（二）要领

保持正确的二字拑阳马式，以备动作；摊手时，由拳变掌，直接变式；左、右手动作要领相同；注意出摊手时，手掌归肘（归于中线）；精神与技法要融合为一。

（三）说明

摊手，在日字冲拳中仅为一个变化手型。摊手是咏春拳小念头中日字冲拳后的第一个手法，也是咏春拳中配合使用最多的手法。在一定意义上来说，摊手就是松手放手之意。而在咏春拳中的摊手，则是指摊开对方攻击的拳或脚。摊手运用时，应是顺应对方的攻击而变化的。因此，摊手在咏春拳中属于被动手法之一，而不是主动的。摊手手法形成的过程，是在二字钳阳马的基础上，手肘由自身中心线向前缓慢摊出的。而在日字冲拳随后的动作中，可以是直接由握拳变掌形成摊手动作。注意正确的摊手动作，手掌应是平的。

摊手、伏手、膀手亦可循环变化运用。如：敌以左直拳击我胸，我左手摊敌左桥外门；敌左手捘外廉以右拳击我头；我左抛膀、右护手（完成由摊手至膀手过程）；敌右手化捘我右护手，左手化拳击我头（捘外廉），我身向左微转，左手穿桥化膀为摊截住敌左桥外门、右手化膀截敌左桥底（内半摊膀），完成了一个由摊手到膀手、由膀手到摊手的小循环。至于伏手，如无其他过渡，与膀、摊手没有必然的转换关系。伏手，多用于中路内桥被拦截，而对方又未"过笼"时救（防）手反击，如：我右日字冲拳击敌中路，敌左摊我右桥内门，我伏手化短直拳击敌胸；如敌先我伏而发拳，我也可先伏而以后短直拳反击，但攻击力必须比敌强大；如无把握以侧身外摊、及肘救手反击，也是不错的选择。以上都是实战手法，不单是对练，问题为是不是碰上这样的对手，或需不需要用这样的手法，那又是另外一回事。如碰上复杂攻势的对手，三星（连环日字冲拳）加扣捘就可以了，那又能用上什么高级手法呢？碰上简单的问题，以简单直接的方法去解决；碰上相对复杂问题，有时就得用相对复杂迂回的方法来解决（本段中有部分词汇为广东佛山话音意，如"捘外廉""化挎""内半摊膀""加扣捘"等，保留这些地方音意，是为表达佛山咏春原意）。

（四）作用

摊手，是让对方的拳力沿着小臂偏离我方中线，从而达到卸力效果的被动手法。

1. 内门摊手－日字冲拳

甲方与乙方对峙时，乙方抢先向甲方逼近突发右拳直击甲方上路。甲方随即左手成摊手由内门摊挡乙方右手拳臂，同时右手成日字冲拳直捣乙方胸部（图11-23～图11-25）。

图 11-23

图 11-24

图 11-25

图 11-26

内门摊手与日字冲拳配合，成为"消打同时"打法。

2. 外门摊手 - 日字冲拳

甲方与乙方对峙时，甲方与乙方互相逼近瞬间，乙方发右拳攻向甲方中路胸腹部。甲方及时以右手前锋手成摊手由外门摊挡乙方右拳臂，同时左手成日字冲拳打向乙方面门（图 11-26～图 11-28）。

外门摊手与日字冲拳配合，同样可以形成"消打同时"的打法。

图 11-27　　　　　　　　图 11-28

二、伏手

（一）动作

1. 二字拑阳马：先摆好二字拑阳马式（图 11-29）。

2. 左伏手：然后，左手四指放松，连全掌一起自然屈曲向内如钩状，手肘归肘（收于中线）并缓慢推出至胸前瞬间，掌心缓缓放下，以腕内侧为力点成伏手伏出（图 11-30～图 11-32）。

图 11-29

图 11-30　　　图 11-31　　　图 11-32

3. 右伏手：然后，右手四指放松，连全掌一起自然屈曲向内如钩状，手肘归肘（收于中线）并缓慢推出至胸前瞬间，掌心缓缓放下，以腕内侧为力点成伏手伏出（图11-33~图11-36）。

图11-33

图11-34

图11-35

图11-36

以上为二字拑阳马式伏手防守动作。

4. 问手式伏手：由问手式做左（图11-37~图11-39）、右伏手（图11-40~图11-42）动作与二字拑阳马式左、右伏手动作相同，唯由问手式直接变式成伏手。

图 11 - 37

图 11 - 38

图 11 - 39

图 11 - 40

图 11 - 41

图 11 - 42

(二) 要领

保持正确的二字拑阳马式；伏出的手掌指自然放松勾屈；伏出的手以腕内则为力点伏按；屈腕灵活配合出手；注意归肘，手要出至中线前；精神与技法要融合为一。

(三) 说明

咏春拳中，摊手用于防御外门，伏手用于防御内门。

伏手防御，接触对手右拳的话，就是内门；接触对手左拳，就是外门。这里是假设对手是正面对你攻击。不管对手是在内还是在外，总之伏手都是控制自己"桥"的内门。

咏春三式拳种中，伏手占其一。伏手与摊手的关系，是前者在后者之上，后者在前者的内门。伏手就是手臂贴伏在对方手臂之上而处于其外门的意思。

在小念头中的伏手，是四指放松，连全掌一起尽量屈曲向内如钩状（故有人称此式为"曲手"），手肘尽量收于中线并缓慢推出；此时，练习者即可感觉前臂近肘处有肌肉隆（鼓）起。此处肌肉，如久练之下将甚为发达，而此肌肉正是手腕力之发源地。这是伏手在小念头中要重复锻炼三遍的理由。

在搏击实战中，伏手并非如小念头中的曲手形状，而是以掌背向天，掌心贴在敌人桥手之上的形式出现。如以肘底力配合手腕力突然向下一按，便是窒手的动作；如继续下按之力，便是揿（撳）手。此外，伏手更可变为标指手、擒拿手，或将掌心翻上即变成摊手，掌心翻侧便成扰手；其千变万化之处，便是其在三式拳种中占一席位之原因。

在黐手中，伏手与摊手的关系相当微妙而密切，两者相生相克，作用却往往相反。

一般情况下，当大家随意地谈论咏春拳时，都会容易提到咏春拳的经典代表手法，那就是摊手、伏手、膀手。然而，只要有机会看几遍别人操练的小念头、寻桥，就大概明白摊手、膀手的操作和变化了，再看一些黐手练习，模拟搏击和过手，亦大概知道它的用法。但伏手就难免令人毫无头绪，甚至有点失望。可能会有人困惑难道真的只有在黐手练习时，才以伏手搭在别人的膀手和摊手上面，上上落落……很是乏味。也曾听过某些咏春拳同行说过，从过往到现在，仍有咏春拳支系认定伏手就是支持咏春拳源于蛇鹤相争的传说话证之一。伏手平放时如鹤之喙和头；伏手扬起即如蛇昂首欲扑。因此，视伏手为鹤喙，则是合指啄击之用，当视它为鹤道，则可以腕之近手背处撞击对手等等。然而，这都是咏春拳伏手的用处吗？这些则需要练习者深入体会了。

（四）作用

伏手，是以腕内侧为力点向下屈腕下压伏按对手攻击的手臂，或者以手掌伏按消挡对手的攻击手或腿脚。

伏手－日字冲拳

甲方以问手式与对手对峙时，乙方向前移步靠近甲方同时发出左拳击向甲方胸腹部。甲方迅速以左手前锋手变式成伏手搭在乙方左腕上以阻压其攻击拳臂，紧接未等乙方反应，同时右手成日字冲拳直捣乙方腹部（图11－43~图11－45）。

图 11－43

图 11－44

图 11－45

伏手，在实际运用时，左右手的伏手作用是相同的。且伏手和其他咏春拳基本防守技术一样，可以在防守的同时实施攻击。

三、膀手

（一）动作

1. 二字拑阳马：先摆好二字拑阳马式（图11－46）。
2. 左膀手：然后，左手由握拳自然变掌，臂内旋，以左前臂为力点，向前下方成低膀手打出,腕极力内屈,打出膀手后,随即原路收手握拳,恢复开始的二字拑阳马式(图11-47~图11-49)。

图11-46

图11-47

图11-48

3. 右膀手:接着,右手由握拳自然变掌,臂内旋,以右前臂为力点,向前下方成低膀手打出,腕极力内屈,打出膀手后,随即原路收手握拳,恢复开始的二字拑阳马式(图11-50~图11-53)。

以上为二字拑阳马式膀手动作。

4. 问手式膀手:由问手式做左(图11-54~图11-56)、右膀手(图11-57~图11-59)动作与二字拑阳马式左、右膀手动作相同,唯由问手式直接变式成膀手。

图11-49

图11-50

图11-51

图 11-52　　　　　　　图 11-53

图 11-54　　　　图 11-55　　　　图 11-56

图 11-57　　　　图 11-58　　　　图 11-59

第十一章　咏春防守技法

(二) 要领

保持正确的二字拑阳马式以备随时动作；出膀手时，手由拳自然成掌；以小臂为力点向前方打出；左、右膀手方法与要领相同；精神与技法要融合为一。

(三) 说明

膀手是咏春中最为突出性的防守性手法。所谓膀手，顾名思义就是运用臂膀之力。在咏春小念头中的膀手是指对于强大有力的攻击来不及反击时临时采用的一种防御手段。咏春膀手中有一句口诀叫作"膀手不留拳"，膀手的目的是为了创造反击的时机，因此膀手只能作为一种被动性的手法而不是主动的。膀手在小念头中只负责消解直线性的攻击，在运用中往往与其他掌法或手法组合运用。

膀手，在搏击实战中实际上运用的机会并不多，主要因为咏春拳打法多是采取"以攻为守""以打为消"的拳理，而膀手则是一式"消解动作"，如不是在特殊情况下，其利用的机会是不大的。

咏春拳强调放松的拳理，膀手的运用也不例外。膀手在运用时，是卸力，而不是斗力。如果不懂法以膀手与对手桥手硬碰硬则违法了咏春拳的意义，膀手的作用也尽失。

膀手的运用，是在于其柔软如藤而不失弹性；即在对手攻击之力遭遇到膀手时如击在粗藤上，被消解掉。膀手，在咏春拳中运用时，即因膀手动作形状的前臂如同滑梯，可将对手的重压或前冲之力滑下或滑脱。这也正是咏春拳"膀手不留拳"的拳理体现。

(四) 作用

膀手，是运用消打的技巧，多用于防守上、中路，并可配合其他技术进行以打为消。

膀手消解

甲方与乙方对峙时，乙方在攻击中用伏手或拍掌或冲拳消打甲方前臂，甲方可以采取使用膀手消解或消卸乙方的手法做攻击或防守动作（图11-60~图11-62）。

图 11-60

图 11-61　　　　　图 11-62

膀手在搏击中实际运用时，多以被动防守消解为主。

四、护手

（一）动作

1. 二字拑阳马：先摆好二字拑阳马式（图11-63）。

2. 左护手：然后，左拳由拳变掌，贴紧胸侧出至胸前成圈手状，动作不停，当圈手至中线时立即翻上变成护手，腕内侧极力向内收，然后缓缓以肘力将护手拉回胸前约一掌的位置（图11-64~图11-66）。

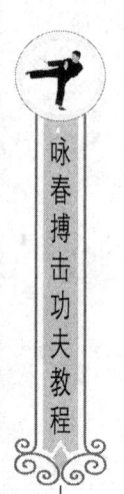

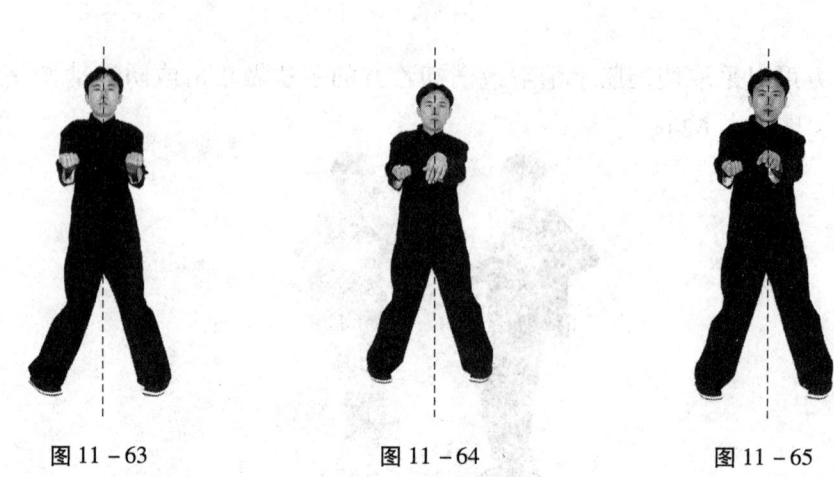

图 11－63　　　　　图 11－64　　　　　图 11－65

3. 右护手：接着，右拳由拳变掌，贴紧胸侧出至胸前成圈手状，动作不停，当圈手至中线时立即翻上变成护手，腕内侧极力向内收，然后缓缓以肘力将护手拉回胸前约一掌的位置（图 11－67～图 11－70）。

图 11－66　　　　　图 11－67　　　　　图 11－68

图 11－69　　　　　图 11－70

以上为二字拑阳马式左、右护手动作。

4. 问手式护手：由问手式做左、右护手动作与二字拑阳马式左、右护手动作相同，唯由问手式直接变式成护手。

（二）要领

保持正确的二字拑阳马式；护手时，要由半圈手或圈手变式为护手，以腕关节为轴，由前下向前上方划弧一周成佛掌；左、右手动作相同，手腕放松、灵活；精神与技法要融合为一。

（三）说明

护手，是出现在小念头中的防护动作。在小念头拳套中，护手是一式四指合并朝天，置于胸前如拜佛状之动作。护手中手肘的正确位置是处于与肩部同一垂直切线；因而使心窝、手掌及前臂三点合为三角形的形态。此形态不但可以作为实战中防守子午线及其周边的位置，而手肘及屈曲的臂膀部分能更严密地保护肋下的空虚部位。当使护手时，手肘不能贴身，而是距腰肋间约一拳之距，其作用就像汽车前后的防撞板一样！

在拳路中，护手是一式锻炼肘力的动作。在实战中，护手担任了第二防线的保护及出击任务，这就是"护手"得名的来由。

下路——护手可随时化作捹手（"捹"亦读作"耕"，广东话音意）以消解敌人攻势。

中路——当敌人的攻势接近第二防线时，可变为摊手将对方攻势接住。

上路——如敌人出手时露出上中路破绽，护手可立即标出，强攻对方，此是"以打为消"之诀。

如受重力所压——当敌人以重力压在护手之上时，只要将手肘翻起变成膀手，便自然将其压力卸下去。

（四）作用

护手，起着防守中线的作用，同时可随时变化不同的掌法或拳法配合攻击。

护手 – 日字冲拳

甲方以问手式与乙方对峙时，乙方突然向前移步，发右拳攻向甲方上路，甲方注视乙方拳势，随即以左护手向右侧拍挡消解乙方攻势，同时右手成日字冲拳击向乙方面门（图 11 – 71 ~ 图 11 – 73）。

图 11 – 71

图 11 – 72

图 11 – 73

护手，在搏击中主要是以佛掌动作成护手状，而在具体防守时，护手已成了变式，即拍手防守法。

第五节　四门挡法

四门挡法，又称为挡法四门。四门挡法，是咏春拳依据中线、不动肘等原理构成的实用的拍挡防守技术技法系统。

四门挡法的构成，也是在中线、不动肘拳理基础上形成的。

一、中线原理

中线原理，是咏春拳极为重要的一个原理，在咏春拳中有专门介绍。中线原理，可谓是咏春拳基本的攻防技巧核心，它在咏春拳中应用极为广泛，在咏春拳的桩法、手法，以及进退法中都占有重要的地位，如果不明白中线原理，对于咏春拳也就不能达到深入了解。

当以二字拑阳马正身马步摆出问手式时，左右手均在胸前的中线上，此使其形成一种最佳的摆桩姿势，且无论左、右问手式手法前后如何变换位置，中线仍保持不变（图11-74、图11-75）。

图11-74　　　　　图11-75

即使是做侧身马问手式时，即左手或右手在前的侧身问手摆桩，其中线仍保持不变，即左、右两手仍保持在中线的位置，使侧身问手形成最佳的摆桩（图11-76、图11-77）。

图11-76　　　　　图11-77

二、不动肘

不动肘原理在咏春拳中同样占有重要的地位。在理论上，不动肘就像飓风一样，飓风眼通常是静止的，但其外围却具有连贯性及威力强大的破坏力。不动之肘的原理亦同，即以肘部为中心，手及手臂可以做任何角度及方向的移动，而产生无比的威力，但肘部则永远不动，肘部的位置可以与身体保持一拳的距离，而肘尖向内，手肘虽是固定的中心，但不是僵死的，因为肘部可以是一种辅助手掌及手臂的装置。如果手腕一旦无法控制对手的压力时，肘部可以作为辅助力量来化解对手的压力。如以右手的肘部为圆心，手臂为半径做上下摆动，左手的位置则以拇指接触到身体，小指接触到右手肘之距离为准（图11-78）。

如果手肘的位置太接近身体，手臂的行动将受到牵制（图11-79）。

如果手肘的位置距身体太远，则无法正确地发挥肘部的功能（图11-80）。

图11-78　　　　　图11-79　　　　　图11-80

因此，要注意肘部位置的正确性和重要性。

如果根据不动肘原理，手及手臂的移动范围，以上至眉毛的高度，下至大腿的水平线，左右则以两肩宽度为限，以此标准所构成的四方形面积内，肘部可以发挥出最高的效能（图11-81）。四门挡法即由此衍生。

三、四门挡法

四门的范围与不动肘原理的范围相同，在此四方形的面积内，加以区分为四块均等面积的区域作为各种挡法的依据。例如，前手的上半侧为高外侧门，任何攻向此门的攻击，可以由前手挡至外侧；而打向高内侧门的攻击，将由后挡至内侧；四门内的每一门又可由侧面加以区分为前、后两部分，任何攻向前门部分的攻击可由前手来防御，而攻向后门部分的攻击可由后手来防御（图11–82、图11–83）。

图11–81

图11–82

图11–83

1. 动作

高外侧前挡

高外侧前挡，是以一手在上向外侧前挡，另一手则在下防护（图11–84）。

高外侧后挡

如果以左手掌做高外侧后挡时，左手将对手的攻击挡向后外方（图11–85）。

高内侧前挡

如果以右手掌做高内侧前挡时，左手在前，右手在后防护（图11–86）。

高内侧后挡

高内侧后挡时，以右手做挡法，左手可同时配合做日字冲拳攻击（图

11-87)。

图 11-84　　　　　图 11-85　　　　　图 11-86

低外侧前挡

低外侧前挡，可以用右手的外腕做下挡的动作来实施（图 11-88）。

低外侧后挡

低外侧后挡，可以由左手掌向下做外挡的动作来实施（图 11-89）。

图 11-87　　　　　图 11-88　　　　　图 11-89

低内侧前挡

低内侧前挡，可以用右手向下做内挡来实施（图 11-90）。

低内侧后挡

低内侧后挡，可由左手向下做内挡来实施（图 11-91）。

图 11-90　　　　　　　图 11-91

2. 要领

按照拑阳马或问手式均可做四门挡法动作，要求两手动作配合协调、自然，精神与技法要融合为一。

3. 说明

四门挡法，实际上是将人体的腰髋以上部位做了分工明确的防守，且是以手法完成的防护挡法。在这里，以腿膝形成的挡法，使人体上下形成了严密的防护挡法。

4. 作用

如何才能做到手法密集而有效的防护呢？研究了咏春拳"挡四门"原理就知其作用了。

四、腿膝挡法

腿膝挡法，即以下肢腿膝构成的防护挡法，它同样可分为内、外侧的挡法。

(一) 腿膝外侧挡

1. 动作

由问手桩式起，右腿支撑，左腿提膝迅速由中线向外侧抛挡出，两手随势保持防护，呼气发力，劲力达左腿膝外侧，眼视前方。动作完成后，迅速落脚恢复问手桩式（图11-92～图11-94）。

图 11－92　　　　　　图 11－93　　　　　　图 11－94

2. 要领

保持正确的问手桩式；左腿提膝时，右腿支撑稳固灵活；提膝同时由中线向外侧抛挡出；双手随势保持防护；动作要快速、紧凑；精神与技法要融合为一。

3. 说明

腿膝外侧阻挡，即以腿膝向中线外侧抛挡形成的外侧阻挡法。

4. 运用

甲方与乙方对峙时（图 11－95），乙方突起右腿扫踢甲方中路或下路（图 11－96），甲方迅疾上提左腿膝向外阻挡乙方右腿脚（图 11－97）。

图 11－95

图 11－96　　　　　　　　　图 11－97

以腿膝向外侧阻挡踢击时，大小腿要适当紧张肌肉，以抗击腿脚劲力。

（二）腿膝内侧挡

1. 动作

由问手桩式起，右腿支撑，左膝迅速上抬由外侧向中线抛挡出，两手随势保持防护，呼气发力，劲力达左腿膝内侧，眼视前方。动作完成后，迅速落脚恢复问手桩式（图11-98～图11-100）。

图11-98　　　　　　　图11-99　　　　　　　图11-100

2. 要领

保持正确的问手桩式以备动作；一腿提膝时，另一腿稳固支撑；左腿膝由外向内抛挡要快速；双手随势配合防护动作；动作要快速、准确；精神与技法要融合为一。

3. 说明

腿膝内侧阻挡，是以腿膝由外向内抛挡形成的内侧阻挡法。

4. 运用

甲方与乙方对峙时，双方互相逼近（图11-101），乙方突起左腿扫踢甲方腰腹部，甲方迅疾上抬左腿由外向内阻挡乙方左腿（图11-102），或者由外向内阻挡乙方低位扫踢腿（图11-103），或向内抛膝阻挡乙方膝攻（图11-104）。

图 11-101　　　　　　　　图 11-102

图 11-103　　　　　　　　图 11-104

腿膝阻挡要随战况对付不同角度、路线的腿或膝攻。阻挡时，要准确、及时、有力。

（三）腿膝下挡

1. 动作

由问手桩式起，右腿支撑，脚尖外展，上体稍向右侧斜倾，同时左膝迅速屈膝横抬，由上向下压挡出，呼气发力，劲力达左小腿胫，眼视前方。动作完成后，迅速落脚恢复问手桩式（图11-105～图11-107）。

图 11-105　　　　　　图 11-106　　　　　　图 11-107

2. 要领

保持正确的问手桩式以备动作；提左膝时，小腿适当外摆；身体侧倾和臀部的旋提同时进行；支撑腿要稳固；利用稍拧腰挺胯之力将膝向下压挡；双手随势保持防护姿势；精神与技法要融合为一。

3. 说明

腿膝下阻挡，即以腿膝向下压挡形成的下挡法。

图 11-108

4. 运用

甲方与乙方对峙时，甲方向乙方靠近（图 11-108），乙方抢先起左脚弹踢或以前蹬腿蹬击甲方下路或中路（图 11-109），甲方迅疾上抬左腿膝向下阻挡乙方的起腿（图 11-110）。

图 11-109　　　　　　　图 11-110

以腿膝配合向下阻挡踢法攻击，要注意阻挡时机、距离、角度和着力部位。

腿膝配合可形成不同方式的阻挡防守技术，它可以发腿膝向外、向内、向下压实施阻挡，具体如何施用，可根据不同的攻击方式采取不同形式的腿膝进行阻挡防守。

腿膝防守与其他防守技法一样，需精神集中，用意志来抑制自己的动作，不被对手的动作干扰产生急躁。无论对付什么样的攻击，务必要保持镇静，准确、及时、果断地实施阻挡。要随对手的动作而动作，做到伺机而动。

五、脚挡技术

（一）低路侧撑腿挡

1. 动作

由问手桩式起，上体微向右转，重心偏向右脚支撑，左腿屈膝上抬勾脚尖，小腿稍外展，膝盖向右侧；支撑脚稍屈膝，同时左脚由屈到伸向侧前下方阻踹踢出，脚高与膝平，呼气发力，劲力达脚跟或脚全掌，眼视前方。动作完成后，迅速原路收脚，恢复问手桩式（图11－111～图11－113）。

图11－111　　　　　　图11－112　　　　　　图11－113

2. 要领

保持正确问手桩式以备动作；动作时上体微向后侧倾；重心后移，屈膝降低重心和阻踹踢要连贯协调；要充分利用展髋、挺膝和腰马之力；动作要隐蔽、突然、准确；双手随势保持防护姿势；精神与技法要融合为一。

3. 说明

低路侧撑腿挡，是以侧撑腿形成的低路阻挡防守法。低位侧撑踢可在对方逼近或攻击时，直接用脚于低位截踹踢对方前伸的下肢，特别是膝胫，能有效地阻挡或截击任何形式的攻击。如果能准确、及时、有力地击中对方膝关节，可使对手行动困难，战斗力大失，有时可达到一招制敌的效果。它也可以配合步法实施阻挡，更易奏效，使对手防不胜防。

4. 运用

甲方与乙方对峙时，乙方向甲方靠近同时，起左脚欲侧踢甲方，甲方迅疾上抬左脚侧踢阻挡乙方的起脚（图11-114、图11-115）。

图11-114　　　　　　　　　图11-115

侧踢阻挡防守时，判断要及时，出击要迅速，要做到彼不动我不动，彼欲动我先动。

（二）中路侧撑腿挡

1. 动作

由问手桩式起，重心后移至右脚支撑，身体向右稍偏，左腿屈膝勾脚尖，抬起小腿上摆，膝盖向右，脚掌正对阻挡目标，上体顺势侧倾；紧接着右脚蹬地，展髋挺膝，左脚由屈到伸向侧前方阻挡踹踢出，呼气发力，劲力达脚跟或脚全掌，眼视前方。动作完成后，迅速屈膝收脚，原路收回恢复问手桩式（图11-116～图11-118）。

图 11 – 116　　　　　　图 11 – 117　　　　　　图 11 – 118

2. 要领

上体与侧踢阻挡要协调一致；支撑脚要稳固；其他要领与低位侧撑踢腿阻挡相同。

3. 说明

中路侧撑腿挡，是以侧撑腿形成的中路阻挡防守法。中位侧踢在对方进攻和逼近时，可及时起腿阻截，其力量入里透内，有击倒重创的威力。或用侧踢阻截重击对手腹肋部，可摧毁对手的战斗意志，是既快又狠的高效攻防踢法。

4. 运用

甲方与乙方对峙时，乙方抢先发右拳欲重击甲方上路。甲方反应迅速，起左脚向前侧踢阻击乙方发拳进攻（图 11 – 119、图 11 – 120）。

图 11 – 119　　　　　　　　　图 11 – 120

用低位或中位侧踢腿实施阻挡截击，动作都要及时，出击要迅速。

（三）前撑腿挡

1. 动作

由问手桩式起，身体适度放松，且保持警觉，左脚勾脚尖屈膝上抬，右腿微屈支撑，同时以左脚脚跟领先由屈到伸沿直线向前撑蹬击出，呼气发力，劲力达脚跟，眼视前方；或蹬出时也可用脚掌下压，劲力达脚前掌。动作完成后，迅速收脚，恢复问手桩式（图 11-121～图 11-123）。

图 11-121　　　　　图 11-122　　　　　图 11-123

2. 要领

屈膝上提，蹬出时要连贯协调；蹬击时，上体稍右偏；左髋前送，以大腿摧小腿快速发力蹬踢；动作时，上体可后仰稍含胸，收下颏；双手随势保持防护姿势；精神与技法要融合为一。

3. 说明

前撑腿挡，是以前撑腿形成的中路阻挡防守法。前蹬腿可利用这种踢法的腿长力直的优势，阻击对手的强攻，或削弱对手的战斗力，并伺机反击，争取主动。

4. 运用

甲方与乙方对峙时，乙方欲起右腿扫踢甲方。甲方反应迅速，起左脚向前蹬踹阻挡乙方起腿攻击（图 11-124～图 11-126）。

图 11－124

图 11－125　　　　　　　　　图 11－126

前蹬阻挡和侧踢阻挡或阻击动作一样，需要及时的判断，出击要迅速，以静制动。

脚阻挡技术，严格地讲它是对踢法的高超运用，使踢法可以达到攻守合一的境界。

为进一步学习和掌握好踢法用于防守的技巧，有关其他细节可参见踢法一节内容深入训练。

在阻挡或用其他形式防守时，要注意观察对方的一举一动，把握好对方即将开始行动之前的瞬间，行动是藏于心中的力量、情感或情绪支配控制的。因此，准确把握对方的力量、情感和情绪，对做出相应的行动是必要的。防守，要看到对手心理隐秘的活动，并伺机而击。

六、防守技法训练

咏春拳快速、自然、轻巧的防守技法，是经过长期艰苦训练才能获得的。至于何时防守，防守是否恰当，是凭习武者直觉把握。习武者为在搏击中有效地防守，获取胜利，必须无条件地进行大量的防守技法训练，这也是所有咏春拳技法训练所要求的。

搏击中可以看到，防守占优势的拳手移动寻机待攻，将对手拳打脚踢至唯有勉强拖延时间。而搏击的防守发挥和进攻技法一样，是经过艰苦的训练培养而成的。

防守技法也和其他技法一样，必须遵照：从实战出发，力求简捷、高效，并从难从严要求。

1. 防守技法动作训练

练习者在教练的指导下，首先掌握正确的防守技术，再依自身特点，向适合自我、学以致用的方向发展。如果没有教练时，也可在助手或镜子的帮助下掌握正确防守技术。

选择一种防守技术，连续做 10～15 次为一组，练习时要注意防守的初始速度。然后做几种防守技术的混合练习，例如阻挡配合拍挡或格挡等。练习者要注意防守技术编排应由简到繁、由易到难、由慢到快，以循序渐进为原则。

或者在掌握基本的防守技术后，可面对镜子做各种防守技术练习，并将攻防技法混合进行，练习中如发现错误要立即纠正。

练习者在不断的训练过程中，进一步提高防守基本技术，从实战上、理论上掌握各种防守动作的作用、特点，运用变化规律，提高防守的准确性和合理性，进而完善防守动作的规格，初步形成自己特有的防守战术意识。

通过基本的防守练习，提高练习者反应判断能力、灵活运用能力和实战能力，形成各种不同的技术特长和风格。

掌握基本的防守技法之后，练习者初步形成防守技术概念，慢慢掌握防守的方法、路线及动作规格，通过练习，在大脑皮层中初步建立一个技术概念。

具体练习时间自行决定。

2. 配合训练

可与教练或同伴配合下进行防守技法练习，开始的阶段可以慢速配合。在练习的过程中，要体会防守动作要领。两人在慢速配合练习中掌握好攻防动作的先后顺序，步法的移动，距离的调整，暂不求动作的连贯、完整和速度、力量。

两人配合练习动作熟练时，防守要追求连贯完整，逐渐加快动作速度，掌握动作的完整性，待动作熟练后，要逐渐加快防守的速度和力量，使所学的防守动作基本上能适合实战的要求。

两人也可以进行交换练习，掌握攻防技术。就是在动作掌握熟练后，双方交换攻防的位置，学习掌握另一方的动作，使攻防技术能全面掌握。

3. 实战训练

实战训练可以提高反应判断能力和灵活运用防守技术的能力。这种练习主要是通过条件实战和自由实战，来提高练习者实战对抗能力和防守能力。开始只能进行条件实战，逐步取得一些实战经验。待基本技术掌握比较全面熟练后，有了一定的经验，才能进行有条件限制的自由实战，提高灵活运用防守与其他进攻技术、战术的能力。

4. 木人桩练习

如果没有教练或同伴配合时，可以利用木人桩练习防守技术，练习时可将木人桩当作真正的对手来搏斗，这将有助于防守以及实战能力的迅速提高。

利用木人桩练习时，要做好充分的准备活动，并在防守基本技术掌握正确后，一招一式地练习，例如阻挡、格挡、拍挡等。练习时与其他进攻技法一样，注意力要集中，注意防守动作姿势、动作路线、防守力量和步法的正确性，以改进防守动作技术。开始练习时，要慢慢地做，发现错误应立即纠正。在技术熟练后，要加快防守速度，并配合步法移动练习。

当防守技术练至纯熟时，可将木人桩当作一个有反击能力的对手，以实战要求任意发挥练习防守技术。

以上所有的练习都要左右姿势交替进行。

所有的防守技法都需经由这几个阶段进行训练。

练习时间可自行决定。

第六节　擸手技法

擸手，即咏春拳中的抓手（有擒拿手之意）防守法。擸手，在广东话音意中，指抓、牵、掠过之意。它是用手将对方的手或腕臂由内或由外擸抓住，破坏对方的攻击或防御动作，甚至破坏对方的重心平衡，使对方不能发招攻击的防守技术。擸手多用于对付手法攻击的防守技巧。前、后手均可运用。

一、内侧擸手

（一）前手内侧擸手

1. 动作

由问手桩式起，两脚稳定桩马，左手虎口朝内，以左肘为轴，直接由外向内沿下方弧线搂扣出，呼气发力，劲力达左手五指，眼视前方，右手随势保持防护。动作完成后，迅速恢复问手桩式（图 11 - 127 ~ 图 11 - 129）。

图 11 - 127

图 11 - 128

图 11 - 129

2. 要领

保持正确的问手桩式准备动作；两脚灵活稳固身势；左手以虎口朝内发力搂抓；右手则随势保持自护；整个动作要紧凑、准确、快速；精神与技法要融合为一。

3. 说明

内侧擸手，即由外向内实施的擸手法。

4. 运用

甲方与乙方对峙时，乙方突发右拳直击甲方面门。甲方迅速上抬左手贴近乙方右腕，左手由外向内沿下方弧线搂扣住乙方右腕，迫使乙方出拳击空或被擸抓控制（图11－130～图11－132）。

图11－130

图11－131

图11－132

擸手抓防时，旋臂搂抓要弧形用力，手法要协调、快速，当抓住腕臂时，五指要有力。

（二）后手内侧擸手

1. 动作

由问手桩式起，后手（右手）与前手（左手）动作方法相同，唯以右手由中线向内做擸手动作（图11-133~图11-135）。

图11-133

图11-134

图11-135

2. 要领

与前手擸手要领相同，唯以后手动作。

3. 说明

后手内侧擸手，即以后手由外向内实施的擸手法。

4. 运用

甲方与乙方交战中，乙方发右拳直击甲方面门。甲方迅疾上抬右手由内侧弧线擸抓乙方右拳腕（图11-136~图11-138）。

图11-136

图11-137

图11-138

擸手搂抓要及时、准确、有力，全身要协调动作。

二、外侧擸手

1. 动作

由问手桩式起，两脚稳定桩马，左手虎口朝外，以左肘为轴，直接由内向外沿下方弧线搂扣出，呼气发力，劲力达左手五指，眼视前方，右手随势保持防护。动作完成后，迅速恢复问手桩式（图11－139～图11－141）。

图11－139

图11－140

图11－141

2. 要领

保持正确的问手桩式准备动作；两脚灵活稳固身势；左手以虎口朝外发力搂抓；右手则随势保持自护；整个动作要紧凑、准确、快速；精神与技法要融合为一。

3. 说明

外侧擸手，即由内向外实施的擸手法。

4. 运用

甲方与乙方对峙时，乙方先发左拳直击甲方面门或头部。甲方迅速用左手贴靠乙方左拳腕，左手由内向外擸搂扣住乙方左腕（图11－142～图11－144）。

图11－142

图 11-143

图 11-144

擸手搂抓拳腕时，旋臂搂抓经弧形用力，手法要紧凑、协调、快速。

交战之时，必须要积极防范，不能有丝毫的疏忽之心。重要的是必须有充分的心理准备。一旦格斗开始，重要的是必须使自己的思想和身体都处于防守状态，要密切注视一切可能的变化，冷静地观察周围形势，使防守充分地发挥作用。

无论采取何种形式的防守，都要把进攻之心掩藏在平静的外表下。外表保持镇定平静的防守，内心却取进攻之意。表面冷静沉着，内心却高度戒备。

实际上，攻和守应成对出现，虽然防守一节只介绍防守技巧，但在实际运用时，攻和守作为成对的出现，是使其一在内，一在外，而不能只取一种模式，这正如阴阳之交替。动即阳，静即阴。内为动时，外则为阴；内为阴时，外则为动。

在处于防守状态中，内心要充分调动精神，保持注意力的高度集中，外表却依然镇定沉着。

防守中，内心保持警觉，一旦这种行为成为自觉，就能做到内外交融，合而为一，了然无碍。达到了此种境界，就是达到了极意的境界。

三、擸手训练

擸手训练可先在教练的指导下，或同伴的纠正下进行正确的徒手技术训练，或借助镜子来练习准确的擸手技术。练习中注意体会各动作方法和要领细节之处。

在掌握擸手技术的基础上，可以选择不同类型的对手来配合进行练习，或将其他进攻技法配合进行，则可使防守技术训练达到事半功倍的效果。

或参考前面有关防守训练的方法自行设定有益的练习方法。

练习时间或次数可根据自身情况决定。

第七节　抄抱技法

抄抱技法，是以两手的配合进行抄抱对方踢击的腿脚防守的技巧。这种防守法主要以对付踢法为主，也可以随抄抱技法进行控制对方下肢，或对对方实施顺势擒摔。

一、抄抱技法

（一）动作

由问手桩式起，两脚稳定桩马，左手成掌，掌心朝下向前抄托出，右手随左手配合由下向上抄抱出，两手掌心上下相合，呼气发力，劲力达两手掌，眼视前方。动作完成后，迅速恢复问手桩式（图11-145~图11-147）。

图11-145

图11-146

图11-147

如果抄抱技法熟练，左手或右手上下均可形成抄抱。

(二) 要领

保持正确的问手桩式和警觉之心以备动作；左手与右手抄托出时，两掌心相合；腰马要随势协调配合；两脚稳定重心；手臂与身体要整体完成动作；整个动作上下紧凑、快速、有力；精神与技法要融合为一。

(三) 说明

防守虽有多种技术技巧，包括各种各样的身姿和防守位置的选择，但防守时所要考虑的只是对手的心态和动静。纵然对手有各种姿态，而我方亦有各种姿势，都必须要明察敌情，这一点是至关重要的。这里用语言说明较为困难，唯有亲身练习感悟。

格斗中，对手的发招几乎就要及身，或者已经进入到我方的安全范围之内，在这样面对面的格斗中，集中自己全部的注意力，及时恰当地实施防守。

(三) 运用

甲方与乙方对峙时，甲方欲向乙方靠近，乙方突起右脚前蹬踢甲方上路或中路。甲方迅速用左手向上抄托乙方右脚跟，同时右手由上向下抱住乙方右脚掌，两手合力抱住乙方右脚，迫使乙方不能踢击或被控制（图11－148～图11－150）。

甲方与乙方对峙时，乙方迅速起右腿脚扫踢甲方中路腰肋部。甲方迅速用左肘向下砸挡乙方右腿脚，紧接左转身，以两手配合抄抱住乙方的攻击腿脚（图11－151～图11－153）。

甲方与乙方对峙，甲方向乙方靠近时，乙方突起右腿脚扫踢甲方上路。甲方迅疾紧张左臂抵挡乙方右腿脚，同时身体左转，左小臂与右手配合将乙方右腿脚夹抱住（图11－154～图11－156）。

图 11 – 148　　　　　　　　　　　　图 11 – 149

图 11 – 150　　　　　　　　　　　　图 11 – 151

图 11 – 152　　　　　　　　　　　　图 11 – 153

图 11－154　　　　　　　　图 11－155

图 11－156

抄抱防守时，手臂要与身体整体完成动作，注意臂肌要快速有力的收紧和保持灵敏的触及感。

二、抄抱训练

抄抱训练应多与教练或同伴配合进行，反复地进行训练，以提高抄抱防守技巧的实用能力。

或参考前文的防守训练方法自行设定练习。

第八节　走马闪躲技法

走马闪躲技法，亦称为步法闪躲技法。它不仅是咏春搏击功夫有力的进攻武器，亦是防守最佳的技巧。咏春拳认为搏击的状况是变幻莫测的，许多意料不到的事情随时都有可能发生。因此，咏春拳就需要各种形式的防守技巧，抛弃固定的招式，摆脱繁多模式的束缚，从实战角度来考虑较为全面实用的防护技术。

事实上，在咏春拳防守技巧中，闪躲防守是使用较多的防守技法之一，而且防守也是咏春拳进攻中重要的组成部分。这里介绍的是以走马步法为主的闪躲防守技法。

欲掌握走马步法防护技术，首先要熟练掌握各种走马步法，方可在进攻或防守中利用走马步法的妙处实施防护闪躲。

一、进马闪躲

（一）内侧进马闪躲

1. 动作

甲方与乙方对峙时，乙方先发前手拳攻击甲方面部。甲方迅速前滑前脚，进马移至乙方前脚内侧，在前脚掌刚触地时，后脚随即滑移跟上，使乙方的直拳从右耳侧擦过击空（图 11-157～图 11-159）。

2. 要领

保持正确的问手桩式和警觉心准备动作；在动作以前，重心可略偏于后脚；唯

图 11-157

前脚滑动一瞬间重心才稍向前；前滑步闪躲时，保持自身平衡和随时防御可能面临的意外；以前脚灵敏地动作；双腿膝要微屈，且适度放松；动作

的开始和结束都要谨慎、警觉；精神与技法要融合为一。

图 11-158

图 11-159

（二）外侧进马闪躲

1. 动作

甲方与乙方对峙时，乙方以右脚在前发出快速的前手直拳攻击甲方面部或胸部。甲方迅速前脚滑移进马至乙方前脚外侧，后脚紧跟向前滑移，避开乙方直拳攻击（图 11-160～图 11-162）。

图 11-160

图 11-161

图 11-162

2. 要领

向外侧滑步闪躲时，要抓住移步的时机；滑步进马不要过早，亦不可过迟；判断是否为佯攻的动作；外侧滑步进马时要沉着、冷静；要准确观察、迅速判断、果断动作；精神与技法要融合为一。

二、退马闪躲

1. 动作

甲方与乙方对峙时，乙方迅速提脚，发前蹬腿或弹踢腿攻势。甲方注视乙方动向，迅速以后脚向后滑移退马，随即前脚紧跟向后滑移，避开乙方踢击（图 11-163 ~ 图 11-166）。

图 11-163　　　　　　　　　图 11-164

图 11-165　　　　　　　　　图 11-166

2. 要领

后退马闪躲中，后脚滑移是与对手的动作同时进行的；滑步退马时注意速度与灵活程度；随心所欲地移动闪躲；精神与技法要融合为一。

3. 说明

运用步法作为闪躲防护武器，在此特别强调步法的机动、灵活性，其也是利用步法的根本。移动步法避开对手的拳或脚攻击，步伐要灵活、轻盈、优雅、自如。身体与步伐的配合要自然、轻松，这样可以利于提高移动速度，且能够灵活、轻巧地闪避对手的攻击。因此，咏春拳将走马步法喻为一项强猛有力的武器。如何在搏击中施用步法，要由对手反应所决定。

走马步法的内侧进马步、外侧进马步、后退马步的闪躲形式，是一种简捷、灵巧的防护技巧。在进退步移动闪躲中，要注意以双脚前掌贴地灵活、快速地滑行。无论是向前、向后或向侧滑步走马，移动中均要保持自身的平衡和对付随时可能发生的意外，双腿膝随步伐的展开，要适度放松，身体亦要适度放松，不要过于紧张，以免影响步伐移动的速度。向侧或向后做快速移动时或改变方向时，两脚均要自然灵活地配合，在移动同时要保持谨慎和警觉。

快速后退马闪躲时，均要自然、流畅地动作。

理想的走马步法闪躲防护，应以仅避开对手的攻击为宜。走马闪躲是一种既能及时避开对手攻击，又不至于远离对手的实用步法闪躲技术。走马步闪躲多用于避开对手前手、前脚的攻击动作。因此，走马滑步闪躲时，必须要注意时机、距离的良好把握。有时，也可以用滑步对付后手、手脚重击的对手。

当防守一次后，不要把你的心神驻留在你防守的地方，防守以后，一定要收心，注意观察对手的举动，集中注意力，观察对手的动静。

4. 进退马闪躲训练

准确地掌握走马步法技术，是一切步法防守的基础。练习者可在教练或同伴的配合下，或借助镜子来练习准确的走马步法防护技术。练习时，要注意双手保持一定高度，身体重心的控制和步幅的适度等细节。步法需反复地练习方可掌握。

在掌握走马步法技术的基础上，可以选择不同类型的对手来进行各种走马步法闪躲练习，或者将进攻技法混合进行练习，有助于防守技术的快速进步。

默想练习。默想凶狠、强悍的对手以前手直拳攻击自己的面部，自己则以外侧、内侧滑步走马或快速后退闪躲，同时给予对手致命的反击。具体练习时间自行决定。

沙袋练习。选择轻型沙袋或重型沙袋均可，与沙袋保持适当的距离，由助手或同伴推动沙袋使其摆荡，在沙袋因摆荡将撞到练习者时，练习者迅速以外侧前进马滑步闪躲、内侧进马滑步或快速后退马闪躲，并可以在闪躲同时向沙袋发起攻击练习。练习30次为一组。

速度球练习。练习者面对速度球站立，用前手击打速度球使其快速弹摆，待速度球将触及面部时做各种进马滑步闪躲练习。在速度球回弹时要退回原地继续进行。练习10~15次为一组。

同伴配合练习。练习者与同伴配合，以实战的距离站立，同伴手举手靶置于前肩部，并用前手直拳击打练习者，练习者以外侧滑步进马闪躲同时，用前手或后手击打手靶，亦可连续击打数次。或用其他滑步进行闪躲练习。练习10~15次为一组。

木人桩练习。木人桩有一支铁杆伸出下垂。在练习中，可以以此为对手攻击动作，做外侧滑步进马闪躲或内侧滑步进马练习。练习10~15次为一组。可以连续练习几组。

练习中，要注意是否出现过分紧张而造成动作失误，或因身体过于前倾，造成屈体，丧失机动、灵活性，或出现低头动作，眼睛并未盯住目标，或步幅过大，或移步过早过晚，或滑移时不能上下协调一致等错误的发生。一旦有错误发生时，要立即纠正，确保以准确的动作进行练习。

三、侧移马闪躲

（一）前脚侧移马闪躲

1. 动作

甲方与乙方对峙时，乙方以右脚侧撑踹击甲方胸腹部。甲方迅速与乙方同时动作，前脚向右前方移步 25 厘米左右，随即滑移后脚，避开乙方侧踢攻击（图 11 - 167～图 11 - 169）。

图 11 - 167

图 11 - 168　　　　　　　　图 11 - 169

2. 要领

保持正确的桩式和警觉心；把握好时机、距离与角度；两脚敏捷、快速地动作；前脚侧滑同时，后脚随即动作；精神与技法要融合为一。

（二）后脚侧移马闪躲

1. 动作

甲方与乙方对峙时，乙方以右脚在前发右手直拳攻击甲方面部。甲方在乙方动作同时,向左前方滑移后脚约 25 厘米,随即滑移前脚避开乙方右手直拳攻击,并可伺机给予乙方反击(图 11-170~图 11-172)。

图 11-170

图 11-171

图 11-172

2. 要领

由桩式及时、准确地做侧滑步;对距离、角度要把握好;侧滑步动作要流畅、有力;控制好身体的平稳;精神与技法要融合为一。

3. 说明

侧移马闪躲法,是以侧移步技术来改变角度,避开对手攻击的步法防护技巧。利用侧移步闪躲避开对手攻击,反应要及时,移步要快速、协调,对时机与距离和角度要把握好,移步的动作要流畅,身体上下协调一致,以髋部拧摆带动腿脚快速灵活地动作。

侧移步是咏春拳中经常使用的防御性走马步法。用这种步法防守时，可以使身体向左、右移动且不失平衡，它除通过简捷的移动闪躲对手的攻击之外，还可以借助侧移步改变角度主动攻击或反击对手。

用步法防护时，要明察对方的形势动态，以免陷入麻烦。防守瞬间要注意将来可能会发生的变化。

掌握了多种防守技巧后，并在不断的练习中渐有所成，你就能把所学到的防守（或进攻、反击）知识融会贯通，防守的行动就会超越任何束缚而得到自由，随心所欲地行动，利用手、脚和身体适时地防守或闪躲。

4. 侧移步闪躲训练

侧移马闪躲训练与其他走马步法闪躲训练一样，在简单的准备活动之后，即可进行徒手侧移步法练习，经由反复的练习提高侧移步的运用水平。

练习时，必须认真进行，并根据教练（或师傅）的提示、启发积极主动地给予配合。

自练时，可以在同伴或镜子的帮助下，掌握正确的侧移步技术。

在此基础上，为适应实战的需要，可以将步法结合进攻手法、踢法或战术练习，或进行攻防练习，以便加快练习者的技术向纵深方向发展。

其他的具体练习方法可以参见进马或退马步法闪躲一文来设定。

第九节 闪躲技法

闪躲技法防守，是在护住自身中线时以身体的闪躲，离开对方击打的路线。闪躲可以是直线的闪躲，也可以是弧形和半圆形的潜躲。闪躲是咏春搏击功夫中最为实用的防守方法，因为防守时可以空出手脚以便进行反攻。

闪躲技法，要求搏击者能准确地判断对方的进攻动作和有较好的时空感觉，若能掌握得较好，就会使对方的拳法、踢法不断击空和失误，身体失去平衡，对其暴露的部位可趁势给予有利的打击。

闪躲防守技法具体可分为侧闪、后闪、上闪、下闪等技巧。

一、侧闪

（一）外侧闪

1. 动作

由问手桩式起，两脚稳定桩马，随即上体由中线向外侧（左侧）迅速倾斜侧闪，双手随势保持防护姿势，眼视前方。动作完成后，迅速恢复问手桩式（图 11-173～图 11-175）。

图 11-173　　　　　　　图 11-174　　　　　　　图 11-175

2. 要领

保持正确的桩式和警觉心准备动作；两脚稳定桩马同时随外侧闪身协调配合；上体外侧闪要准确、快速；以腰马发力于上体做侧闪动作；两手侧闪身保持防护姿势；精神与技法要融合为一。

3. 运用

甲方与乙方对峙时，乙方向前移步，同时发出掌法砍击（或拳法直击）甲方面门。甲方在乙方出招接近瞬间，迅速向外侧倾斜上体，闪开乙方掌法砍击进攻（图 11-176～图 11-179）。

图 11-176　　　　　　　图 11-177

图 11-178　　　　　　　图 11-179

甲方与乙方对峙时，乙方向前逼近同时突发右拳直击甲方头部或面门。甲方迅速向右转体，向外侧闪身避开乙方拳攻（图 11-180～图 11-182）。

图 11-180

图 11-181

图 11-182

侧闪时，以腰发劲，转动上体要快速及时。

（二）内侧闪

1. 动作

由问手桩式起，两脚稳定桩马，随即上体由中线向内侧（右侧）迅速倾斜侧闪，双手随势保持防护姿势，眼视前方。动作完成后，迅速恢复问手桩式（图 11-183～图 11-185）。

图 11-183

图 11-184

图 11-185

2. 要领

与外侧闪动作刚好相反，以腰马劲力使上体向内倾斜做侧闪动作。

3. 运用

甲方与乙方对峙时，乙方向甲方逼近，同时突发前手直拳攻击甲方胸部或面门。甲方可配合步法以右脚向右或右前滑出一步，同时迅速向左转体，左脚沿弧线跟上一步，闪开乙方的直拳进攻（图11-186～图11-188）。

图11-186

图11-187

图11-188

外侧闪与内侧闪不仅可以闪躲直线类的手法攻击，亦可闪躲直线类的踢法攻击，有时也可由内或外闪躲其他形式的攻击。

侧闪是以腰马之力促使上体向左或向右形成的外、内侧身闪躲法。身体上的闪躲法同样需要身体各部位高度协调、整体配合，方可使动作上下协调、顺畅。

侧闪可以对付对手拳法或踢法形式的攻击，闪躲时仅以上体的内、外侧身动作避开对方有力的攻击，并可在闪躲成功瞬间反攻对手。

闪躲技法与其他防守技法运用一样，需时刻保持平常之心，即在搏斗时保持平常练习时的心态，不要有任何改变起伏。精神不要为身体所累，也不要让身体为精神所影响，要把注意力集中于心，而不集中于身，不要让对手窥破自己的心态。

二、后闪

（一）后仰

1. 动作

由问手桩式起，两脚稳定桩马，同时重心后移，上体由中线直接后仰，耸肩向上闪躲，两手随势保持防护，眼视前方。动作完成后，迅速恢复问手桩式（图11-189~图11-191）。

图11-189　　　　　　图11-190　　　　　　图11-191

2. 要领

保持正确的问手桩式以备动作；上体随腰马劲力直接向后仰闪；耸肩后仰要快速、协调；两手保持自护；两脚要稳定重心；动作要紧凑、顺畅；精神与技法要融合为一。

3. 运用

甲方与乙方对峙时，乙方向前移步，同时发左拳直击甲方胸部或面门。甲方迅疾重心后移，上体后仰闪躲乙方直拳攻击（图11-192~图11-194）。

甲方与乙方对峙时，乙方逼近甲方同时，突发右手摆拳击打甲方头部。甲方迅速后仰上体闪躲乙方摆拳攻击（图 11 - 195 ~ 图 11 - 197）。

图 11 - 192

图 11 - 193

图 11 - 194

图 11 - 195

图 11 - 196

图 11 - 197

后仰身闪躲不同形式的拳法或手法攻击时,要快速、及时,控制好重心平衡,全身上下协调动作。

(二) 后缩腹闪

1. 动作

由问手桩式起,两脚稳定桩马,腰腹直接向后收缩,重心随即后移,两手保持防护,眼视前方。动作完成后,迅速恢复问手桩式(图 11-198~图 11-200)。

图 11-198　　　　　图 11-199　　　　　图 11-200

2. 要领

保持正确的问手桩式准备动作;腰腹随桩马的稳固直接向后收缩闪避;两手保持防护;全身上下动作紧凑、顺畅;精神与技法要融合为一。

3. 运用

甲方与乙方对峙时,乙方向甲方逼近同时发左拳直击甲方腹部。甲方迅速向后收缩腰腹躲避乙方拳攻(图 11-201~图 11-203)。

甲方与乙方对峙时,乙方突起右脚向前蹬踢甲方腹部。甲方迅疾后收腰腹,避开乙方蹬踢(图 11-204~图 11-206)。

向后收腰腹闪躲拳或腿攻击,动作要及时、快速,同时注意保持自身平衡。

图 11-201　　　　　　　　图 11-202

图 11-203　　　　　　　　图 11-204

图 11-205　　　　　　　　图 11-206

第十一章　咏春防守技法

713

三、收腿闪

1. 动作

由问手桩式起，以后脚支撑身体同时，前脚随即向后回收于后腿的胫骨前面，两手随势保持防护，眼视前方。动作完成后，迅速恢复问手桩式（图 11 - 207 ~ 图 11 - 209）。

图 11 - 207

图 11 - 208

图 11 - 209

2. 要领

保持正确的问手桩式；后腿支撑稳固；前腿快速回收于后腿前；两手配合保持防护；收腿要快速、准确；整个动作上下配合协调；精神与技法要融合为一。

3. 运用

甲方与乙方对峙时，乙方突发左脚侧踢甲方前伸的左腿。甲方迅疾向后回收前腿置于后腿的胫骨前面，闪避开乙方的侧踢攻击（图 11 - 210 ~ 图 11 - 212）。

图 11 - 210

图 11-211　　　　　　　　图 11-212

收腿脚后闪时,要注意保持自身平衡,动作要快速、及时。

四、上闪

1. 动作

由问手桩式起,后腿支撑,前腿迅速上提膝成上闪躲状,两手随势保持防护,眼视前方。动作完成后,迅速恢复问手桩式(图 11-213 ~ 图 11-215)。

图 11-213　　　　　　图 11-214　　　　　　图 11-215

2. 要领

保持正确的桩式和警觉心;支撑腿要稳固灵活;提膝上闪要快速、准确;两手配合自护;精神与技法要融合为一。

3. 运用

甲方与乙方对峙时，乙方突发右脚勾踢甲方前伸的左腿脚。甲方反应迅速，提膝上闪乙方勾踢攻击（图11-216～图11-218）。

甲方与乙方对峙时，乙方向甲方靠近，先发左腿扫踢甲方下路。甲方迅疾上提左膝，闪开乙方扫踢腿攻击（图11-219～图11-221）。

提膝上闪时，动作要迅速，身体与提膝配合协调、顺畅，同时准备反击。上闪亦称为提膝闪防守法。

图11-216　　　　　　　　图11-217

图11-218　　　　　　　　图11-219

图 11-220　　　　　　　　图 11-221

五、下潜

1. 动作

由问手桩式起,两腿屈膝同时缩身收下颌,成向下潜闪动作,两手保持防护,眼视前方。动作完成后,迅速挺身恢复问手桩式(图 11-222～图 11-224)。

图 11-222　　　　　　图 11-223　　　　　　图 11-224

2. 要领

保持正确的桩式准备动作;两腿屈膝即俯身下潜闪;两手随势保持自护;下潜要快速、灵活、稳固;整个动作要协调、灵活;精神与技法要融合为一。

3. 运用

甲方与乙方对峙时，双方进入交战状态，乙方发右拳欲重击甲方头部。甲方迅速屈膝缩身下潜闪避开乙方拳击（图 11－225、图 11－226）。

图 11－225　　　　　　　　图 11－226

甲方与乙方对峙时，乙方突起右腿扫踢或侧踢甲方上路。甲方反应迅速，屈膝下潜避开乙方踢击（图 11－227～图 11－229）。

闪躲技法与走马步法闪躲技法区别在于，闪躲技法直接以身体的不同动作向侧闪、后闪、上闪、下潜来及时避开对手的攻击，且不使自己远离对手的一种较为实用的防守技法。身体上的闪躲防守可以避

图 11－227

开对手拳或脚不同形式的攻击，并可在避开对手攻击刹那实施反攻。

各种防守技法的运用，最恰当之处应是在不看到对方的动作，却能感知到对方所欲实施的动作，欲做到这样需经无数反复的训练方可能到达。

防守，无论是用格挡或闪躲，仅凭动作的稍作改变格挡或避开对手的攻击，并随心所欲地控制对手的动作，这需要不断地磨炼才能达到。

对于各种进攻技法，亦有相应的防守技法。具体如何采取防守，不要在某一固定位置，要取决于战况的地形、位置，顺应敌势，不墨守成规，

随时随势而采取恰当的防守或闪躲。

图 11-228　　　　　　　　图 11-229

第十节　综合（立体）防守技法

综合（立体）防守技法，是将各种形式防守技术依据搏击状况相应配合进行的技巧，因而可形成多样化的综合防守技法。这种防守技法较为保险，只是对反击有一定的限制。综合防守技法会因各拳手自身特长和风格而有所不同。

咏春自由搏击是全面的综合实战的搏击功夫，而在防守上亦同样讲究综合防御，使咏春拳成为攻防兼备，全身为武器的立体式攻防搏击体系，也使咏春拳形成攻防兼备的整体武术风格。

综合防守实际上是将攻防技艺、体能、战术和精神力量的完美统一。

综合防守可以有无数种形式，例如，进马与消挡配合、拍手与进马配合、进马与拍挡配合、进马与擸手配合、进马与抄抱配合、退马与上闪配合等等。具体该如何施用则要以战况而定。

一、综合防守技法的形成

1. 先进行单个的各种防守技法的基本姿势训练。单个防守技法的训练，用来提高练习者（运动员）的单个防守技巧的专项能力和所需的身体素质，基本上掌握单个防守动作规格。

2. 通过单个防守技法的训练，进一步提高单个防守技术，从实战上、理论上掌握各种单个防守动作的作用、特点和运用变化规律，研究其速度、距离、力量的相互关系，提高防守的准确性和合理性，进而完善单个防守动作的规格，初步形成自己特有的防守战术意识。

3. 通过以上两个阶段的训练，提高单个防守动作的反应判断能力、灵活运用的能力和实战能力，形成各种不同的防守技术特长和风格。

4. 在以上的阶段训练过去以后，练习者的各种单个防守技术提高了，对防守也有了一定的了解后，可在此基础上，将一至两个防守技法动作结合进行训练，形成单个防守动作组合训练，向综合防守训练一步步加深。练习中，要注意是否有错误发生，教练要多做示范，对练习者防守动作的细节要讲清楚。

如果没有教练或同伴帮助时，可以对镜子或对木人桩练习综合防守技术。将一至两个不同的防守技法结合在一起，分组练习，保证击打准确、连贯，然后，将不同的防守技法动作恰当地配合进行训练。

在防守动作配合训练掌握熟练后，可以结合进攻技法进行攻防训练。

各种防守动作配合训练，动作要合理、精简，最具效率地训练。通过反复的训练将配合的综合防守技法训练至随心所欲地施展动作。

练习时，可左右姿势交替进行。

然后，试将步法结合不同的防守技术练习。

试将进攻手法、肘法、膝法、踢法或摔法等配合防守技术练习。

结合基本的体能训练，提高连环动作所需的身体素质。

用默想配合综合防守技术练习。

练习时间可自行决定，或每组2～3分钟。

二、综合防守技法

根据单个防守技法不同形式的搭配，可以形成各式各样的综合防守技法。这里仅举例示范部分，其他需由练习者在训练过程留心即可悟出。

咏春拳的研练欲领悟其真谛，应勤修不辍，心中要清澄明澈，以无困惑之心，以不懈之精神，悟出咏春拳之道，去认清自我，认清一切。

由各种不同的单一防守技法形成的综合立体防守技法，有无数种形式，这种形式的衍生亦是在基本的各式防守技术基础上形成。

因此，当练习者掌握了各式基本的防守技术技法之后，亦明白如何搭配立体综合防守技巧，以适应搏击中对手的攻守形式。

第十一节　防守反击技法

咏春搏击功夫，从理论上来说其技术可分攻击技法和防守技法两大部分，但实际上，这两者的重要性无分轻重。从攻防之道来看，两者是以攻求胜，恪守不败，是咏春拳自由搏击的精粹体现。而在咏春拳自由搏击中，最能体现此种攻击和防守紧密结合关系的技战术，就是防守反击技法。具体地讲，凡是结合防守（包括以攻为守）的后发攻击，均属咏春拳防守反击法，它是除了主动进攻技法之外，是咏春拳自由搏击最重要的制胜宗法。并因防守与反击在战术执行中不可分离，且防守乃攻击（反击）成功的前提条件。因此，咏春拳自由搏击大都将防守和反击技法融合在一起训练，以求两者结合精简、实效。

每一种防守动作，同时必伴有其反击动作执行。因为在对方进攻受挫之时，乃是其防御薄弱之间，即为我方进攻有利之时，此时正是进行反击的最好时机。反击是一种妙策，运用起来相当安全。而对于对手来说则具有极大破坏力，因为对手在逼近时极易遭受反击。而且，如与一个与己方技艺差不多的对手交手，可能因对手在发起进攻时处于暴露状态，而使己方占据优势。然而无论怎样，都须保持防御状态，以等待对手露出破绽。引诱对手先行攻击，比等待对手主动进攻更为可取。

防守反击的技术，应在刺激对手发出攻击或己方故意露出破绽引诱对手上当之后运用。反击时应避开进攻，而在对手身体失去平衡或防守薄弱时打击对手。

进行反击，必须精通技击术，实际上反击是一种更高形式的攻击。对

第十一章　咏春防守技法

付攻击有多种反击方法，但应该能立即选择最有效的一种。只有长期不断地苦练，才能具有做出这种反应的能力。

反击之后，要趁机一直压制对手，不给对手喘息之机，直到将对手打倒。在寻机反攻时，要特别警惕惯用两次攻击的对手，因为他的第一次攻击往往只是引诱，而己方要反击时，对手发起了第二次攻击，而这第二次攻击才是真正的攻击。

一、防守反击释义

咏春拳中的反击是一种充分利用对方进攻暴露的破绽而实施的后发制人的战略战术。反击，也就是防守（防御）反击的简称，是咏春拳最基本的攻击与防守技法的简单配合。

反击需要极高深的技巧、极妥善的计划与极完美的动作。它运用到各种主要的防御方法，如封挡、护手、阻截、闪身、潜闪、侧移、虚招、诱骗对方等等。它也运用到各种擒摔法、踢法与手法。除了上述技术外，尤需正确地把握时机，正确地做出判断，和保持冷静等。它包含了细密的思虑，果敢地做动作与稳妥地控制。

防守反击是在对手先攻的情况下做出的反应，因此动作必须要及时准确。防守既要使对手攻击失效，又要能及时（甚至直接）反击对手。如此使防守反击在实质上成为一种更高形式的攻击。反击，必须在多种防守（攻击）技术都能熟练运用的基础上才能达到自由发挥，并对搏击者观察判断反应力要求较高。

采取防守反击法可以借着对方因攻击而暴露的空当达到最佳的反击效果。它对于防守者来说是十分安全的，但对主动攻击者却具有极大的伤害力。进行防守反击必须先要精通所有的攻防技术，使其运作熟练自如，从而更好地实施防守反击。

咏春拳中的防守反击打法是积极主动的，因此，在搏击中始终要将防守和攻击作为一体来执行，两者不可分开，即在每一次防守时必须伴随反击，至少也要为立即转入反击创造条件。反击时，要以坚决的反击来表达反攻意念，以取得行动和精神上的优势。而以攻击来作为防守，防守动作本身就是攻击动作，更是咏春拳用于自由搏击提倡的积极主动的打法。

二、运用防守反击基本要求

1. 正确预知何种空当造成的何种攻击能力

在搏击中，当头部或身体上路暴露出正面空当时，对手基本会采取直线的拳法或手法打击。当侧面暴露空当时，对手则可能采取弧线的勾拳或摆拳类的攻击。如此类推，可以预见对手在何时该采用何种打法，随即思考该采用何种相应的防守法最为恰当，并为此有针对性地进行训练。

2. 正确预知攻击所产生的不同形式的空当

任何形式的攻击总会暴露出空门而引起对方的反击。例如，在双方对峙时，对手以前手直拳攻击上路目标时，其身体侧面包括前腿则处于完全暴露空当状态，如果变换角度反击，则对方身体左右两侧也可以是攻击的目标。对手如以后手攻击时，其身体中线目标几乎完全暴露出来了，特别是眼睛和裆部处于无遮护的状态。从前后手出击暴露空当面积的大小、目标多少的对比来看，前手出击的自护性明显强于后手，这正是咏春拳强调多以前手前腿出击的重要原因之一，即安全性。在对方以中、低位踢腿攻击时，对方支撑腿及裆部则明显成为反击目标。换句话说，对方起腿越高，其遭受凌厉反击的可能性越大。

3. 正确预知不同的防守对于反击的不同影响

在通常的情况下，如果采取阻挡、格挡、拍击等接触类防守时，在一手（咏春拳提倡以后手）防守时，往往只能以空着的另一手来实施反击（提倡多以前手，因为它更接近攻击目标或对手）。如果是采取闪躲类的非接触类防守方式，则空出的双拳均可任意运用于反击中去。但是，在接触类防守法中虽然对于反击的手法有相对限制，但若能充分发挥防御之手在顺势牵带、搂抓对方攻击拳脚，以控制对方重心平衡，破其体势方面的作用，亦可为后续反击创造极为有利的条件。也就是说，咏春拳没有绝对最好的防守方法，只有靠练习者能否熟练自如地运用各种防守法达到为反击创造机会的目的。另外要注意的是，对同样的攻击，应经常变换采取不同的防守方法，这是让对手，特别是让富有经验的老手无法找到你的防守破绽的基本策略。

4. 正确掌握全面的攻击技术促使反击的方式多样化

反击，包含所有的咏春拳攻击技法在内。因此，具体采用何种反击手段，不仅取决于对手的攻击手段，亦与自己的防守方式和攻击技术的全面性有着密切的关系。实际反击时，应按照咏春拳的原则，宜尽量采用最靠近对手之前手、前脚来实施，直接攻击对方最近之目标（此亦非绝对，只是尽量）。至于随后的截击、连消带打或防守后再反击，则依自己的技术水平以及当时的战况而灵活应变。

当所有的复杂回归精简时，记住，有效的反击取决于以下三点：

首先，抢在对方后续攻击之前反击并令对方破势。

其次，自己的反击动作必须和谐流畅。

再次，全力攻击对方的弱点——实施定位打击！

三、防守反击技法运用要诀

以下是根据咏春拳自由搏击防守反击之法总结出的重要要求，此对于习武者在搏击中实施反击有着重要意义。

1. 咏春拳所有的攻击技法均可运用于反击，并根据搏击战况具体采用不同的攻击打法。一般多采取直接攻击或搭配攻击。

2. 严密观察对手的一举一动，或应主动地刺激或引诱对手攻击，如此，当可使采取何种反击行动胸有成竹。

3. 始终保持对心理及身体的良好控制，反击的动作与日常训练中的姿势要保持一致，以平常心对之。

4. 准确把握反击的适当时机和距离，及时采取相应的防守反击战术和技术，在激战时也不忘反击之法。

5. 一旦反击，必须全力以赴、不容对手有喘息之机，直至取胜对手。

6. 进入防守反击时，当身体处于反击状态时，精神也应处于反击状态，身体与精神本能一致地发挥。

7. 反击时，要注意善用复合攻击的对手，防止其引诱后做的真实攻击。因此，第二意图的再防守与再反击是训练与搏击的一大重要问题。

四、防守反击法训练

为了提高练习者的防守反击能力,通常按下面方法进行训练:

1. 熟练掌握攻防技法

通过反复的训练掌握各种攻防技法,并在训练过程中左右姿势交替进行,将各种攻防技术掌握至随心所欲地施展动作。

攻防技术训练,要提高攻防技术的运用能力,掌握这些技术的作用、特点、运用变化规律,研究其速度、距离、力点的相互关系,提高攻防的准确性和合理性,进而完善攻防动作的规格,初步形成自己特有的战术意识。

然后,将各种攻防技术结合步法训练,再配合默想训练。

2. 攻防配合训练

与教练或同伴进行攻防实战训练。两人可先按条件实战练习的目的,将过去所学的攻防和反击技、战术动作,由教练有计划地规定好其中一些拳法或踢法,或某一战术方法,或某一防守方法,或某一反击方法,运用到实战中去,通过练习以便改进和提高攻防与反击技术的实战技巧。两人配合练习时,可先于慢速配合练习中掌握好攻防和反击的先后顺序、步法的移动、距离的调整,暂不求攻防和反击的动作连贯、完整和速度、力度。待实战技术熟练之后,可以加快攻防和反击的速度,并逐渐加大动作力量,使所学的攻防和反击的动作基本上能适合实战的要求。

3. 交换配合训练

可与同伴进行交换训练,掌握攻防和反击技术。在攻防配合训练动作掌握熟练后,双方交换攻防的位置,学习掌握另一方的动作,使攻防和反击技术能全面掌握。

4. 实战训练

实战训练,是提高反应判断能力和灵活运用攻防与反击技术的能力。主要是通过实战训练,来提高实战对抗能力。开始时只能进行条件实战,在逐步取得一些实战经验,待攻防和反击基本技术掌握比较全面熟练后,有了一定的实战经验,方可进行有条件限制的自由实战训练,以提高灵活运用各种攻防和反击技术、战术的能力。

总　结

咏春搏击功夫进攻、防守和反击技法

经过严格、科学、正确的各种进攻与防守及反击技法的训练，在熟练掌握各种进攻、防守和反击技法之后，要将所有的训练精简、高效、实用地结合起来。即在从开始简单的学习和训练过程中不断增加更多东西的同时，要将这些不断增加的东西趋于简单，就是在不断的学习和训练之中，去除过分复杂和装饰性的东西。此也是咏春拳学习和训练最终所要达到的搏击的艺术阶段。咏春搏击的艺术阶段，是对自我的表达，方法越复杂越限制人，表达原始自由感的机会就越小。

咏春拳之所以深受习武者的青睐，是因为它很容易被练习者学习、施用。当练习者经刻苦训练、纯熟掌握咏春自由搏击之法以后，即能依凭咏春之技在对抗搏击中克敌制胜，实现自我美好愿望，获得内心深处的宁谧。

咏春，进攻、防守和反击技法融合为一时，是为攻守兼备。

咏春自由搏击功夫

咏春自由搏击功夫，即咏春拳攻防实战技术，亦可称为咏春拳搏击术。它是以身体素质为基础，融技艺、意志、智慧为一体，充分展示人体力量与健美的艺术。优秀的咏春拳练习者表现出的勇敢、顽强的品质和作风都是以精湛的技术和扎实的基本功为基础,在比赛实战中能够有效地实施进攻、防守、反击,最后战胜对手。

咏春拳是"艺术化的搏斗"。一个拳艺高超的咏春拳手不但发招突然、隐蔽、快速有力,而且动作潇洒,姿态优美,给人以如饮甘醇的美感。例如,咏春拳中的"快手"消打法,其高超的搏技使人为之倾倒。咏春拳运动不但能全面发展人的素质,有强烈的示范效应,而且是力量、技艺、意志、智慧的竞技和健美的艺术。

咏春拳自由搏击术,是对主动进攻技术、全面防守技术、防守反击技术等综合地运用于实战中,形成激烈的自由攻防实战之法。

咏春拳实战打斗招式有些凶残,其实,任何能用于战斗的武术,莫不凶残,否则是沦为花拳绣腿。甚至有闻咏春拳比赛中往往有伤亡事故,事实上,任何运动都出过伤亡事故,不能以偶然的伤损事故而忽略咏春拳自卫的价值。咏春拳和世界其他武术一样,有着其本身的发展历程,其培养人们坚强、果断、勇敢等性格的价值,绝不亚于任何其他形式的武术。国人这一久远的民族武术,由于受今日各种传播手段的影响,势必更能刺激技术的提高,而对于培养人的坚强、果断、勇敢的性格,成效更速。

因此,可以说,咏春拳术是"性格"培养,习武最终目的是达到"冷静"。话虽如此,但若有功力相当的咏春拳师擂台相遇,"殊死"的搏斗乃在所难免,这也是拳术的本性。

咏春拳绝非是表演性质的,或野蛮的拳术,而是根源于传统优秀的中华武术,并逐渐形成实用的武技,其技术技巧完全符合科学化。

世人有肤浅者认为咏春拳是蛮撞乱踢的搏斗,其实质上咏春拳的科学化与其拳理,比较任何现存的武术,绝不逊色,只不过是咏春拳拳师并非人人注重形式或遵循正统。

咏春拳认为,拳术之道,应以人的因素衡之,才合道理。优秀的咏春拳技术,不光符合科学原理,就以其艺术性而言,咏春拳的拳脚肘膝的协调配合,亦是极为美观的造型艺术。所以,咏春拳不仅仅是训练强韧体力、坚强意志的实用拳术,亦是搏击的艺术。

总结

咏春拳术之丰富内涵非一般人能轻易想象。因此，当习练了咏春拳的一些基本技术动作和身体素质上的训练之后，便要进行全面综合搏击实战的功夫练习，此一期间，多多实践，积累实战经验，并要有意识地将所学各种技术技法，运用到实践中去，将其"实际化"，进一步掌握一些复杂而高效的综合实战技术技巧，可谓毫无愧色地踏入咏春拳堂室之地。

咏春拳由于被认为是以弱胜强的搏击术，因此它多攻击人体最薄弱环节，这成为咏春拳拳手日常训练与实战训练重点针对的目标。例如，打击面部鼻梁，以标指戳眼，用手擒挟脖颈，撑踢裆部等。

攻与防是咏春拳的矛盾，进与退是攻防的路线变化。攻即为守，防也要攻，是为咏春拳指导思想。即使是在不利的情况下后退，也要留有随时进攻的余地，即在后退中依然要有进攻。

拳艺精纯，是咏春拳拳手将功力与技术的有机结合。拳手由于有了良好的身体素质，不畏惧贴身近打，敢于在近程中作战，这也是咏春拳一大特征，而这种拳艺精纯的境界是要通过艰苦训练来获得。

咏春拳指导思想，即注重简单、直接的技击法，无论是用拳、腿、肘、膝任何招式，都以实用为主。进攻时力求发挥最大威力，防守时则力求严密稳固。

咏春拳攻防实战最高境界，是将内与外协调合一，这绝非是轻易的事情，而是要经无数的训练和实践达到。

因此，当学习和掌握咏春拳的多种技巧后，最终是回归简朴、本能。

咏春拳最终是全面综合实战的拳术，攻防兼备，立体作战，招法攻击讲究勇猛、简捷、直接。

无论是拳、腿、肘、膝、摔法，都以简单实用为主旨。

实战时，手足并用，自由发挥，将技艺、体能、战术和精神力量完美统一起来。

一切围绕实战是咏春拳战胜对手的目的，是咏春拳术的拳学依据。

咏春自由搏击功夫，即攻击、防守与反击，以及谋略（战术）等等的结合，都是在有限的基本技术技法的基础上，根据拳手不同的体能、素质，在实战中完善起来的。每个拳手所使用的咏春拳攻防实战技术，都具有鲜明的个性,从这个意义上来讲,这些综合技术技法是无限的,而且是从教科书上学不到的。

咏春自由搏击功夫,并非不可捉摸,而是根据一些实战技术技法衍变而生的。可谓是咏春拳包罗万象,融汇百家,是技巧之王,是当之无愧的格斗艺术。它看起来是破碎的,却是永久的。

咏春自由搏击功夫,需能运用全身武器于顷刻间击倒对手,并将技艺、气力、智谋和精神力量综合,机巧圆通,变化无常,而不局限于任何拳术技法或招数。

咏春拳搏击,拳手必须具有勇气,能够无所畏惧地去面对各种伤痛和危险。

咏春拳搏击,是一种新颖、独特的实用技术,它是在咏春拳"无形之形,无式之式"的宗旨指导下,根据搏击(实战、格斗)情况,融汇谋略战术、技法等,为习武者获取真正搏击(实战)能力而特设的。

咏春拳自由搏击,简单地说就是如何用简捷、直接的形式,达到克敌制胜;如何表现真正的自我,因为搏击是习武者心灵极高的孕育与肉体发挥至极限的检验手段之一。

咏春拳自由搏击技巧,是把习武者经过长期、系统、严格、艰苦训练所获得的实力,极限发挥于搏击(实战)中的手段或形式,依此以战胜对手为最终目的。

咏春拳经过不断的实践和发展,均以表明,事实上世上不管有多少种搏击、格斗或实战技术形式,或攻守之法,从具体来看均不过自由搏击攻守变化之形式,这也是咏春拳对武学精髓的总结。

咏春拳示范的搏击之法,亦是咏春拳风格的自由搏击之法,其虽称为攻击,但也是搏击之法,也只是引导习武者的一个形式。对搏击实战唯一有效的应付方法是凭本能反应和直觉进行攻防。因此,习武者应明白,所谓咏春拳自由搏击之法并无模式限制,可以转化、灵活施用。

习武者唯有在领悟咏春拳各技巧原理,经过实践开发自身潜能,才有可能具备真正的搏击实战能力。

咏春拳自由搏击之法,可使习武者领悟咏春拳自由搏击的原理,顿悟

总　结

拳技真谛。

1. 标指直接简捷攻击

甲方以问手式与乙方对峙时（图1），乙方迅速向甲方靠近，缩短了双方之间的距离。未等乙方发动攻势，甲方在乙方向前移动瞬间，可突发左手标指直接戳刺乙方眼睛（图2、图3）。

标指直接简捷攻击，动作要突然、毫无预动地直接攻击。

图1　　　　　　　　　　　　　图2

图3　　　　　　　　　　　　　图4

2. 铲手直接简捷攻击

甲方与乙方对峙时（图4），甲方与乙方互相进入打击距离范围，甲方可直接突发左铲手掌砍击乙方右侧颈部（图5、图6）。

图 5　　　　　　　　　　图 6

掌法砍击要抓住时机，准确直接攻击。

3. 冲拳直接简捷攻击

甲方与乙方迂回移动对峙中（图7），甲方判断距离直接突发前手日字冲拳猛击乙方面部（图8、图9）。

抓住时机，即可以冲拳实施突然直接的攻击。

4. 斜踩腿直接简捷攻击

甲方与乙方对峙时，乙方移动欲发动攻势（图10），甲方注视乙方变化，紧接迅速起前脚踏踢乙方前伸的腿膝部（图11、图12）。

图 7　　　　　　　　　　图 8

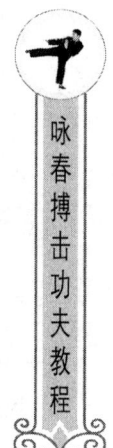

图9　　　　　　　　　　图10

图11　　　　　　　　　　图12

以踩踢直接攻击，动作要准确、短促，同时要注意防守。

5. 前撑腿直接简捷攻击

甲方与乙方互相逼近瞬间（图13），甲方可直接用前脚向前蹬踢乙方中路（图14～图18）。

前蹬踢直接攻击，动作要流畅，同时控制自身平衡，实施有力踢击。

6. 侧撑腿直接简捷攻击

甲方与乙方对峙中（图19），甲方突然直接用前脚侧撑踢乙方前伸的腿膝部（图20～图22）；或用侧撑腿直接踢击乙方中路或上路（图23～图26）。

图 13　　　　　　　　　　图 14

图 15　　　　　　　　　　图 16

图 17　　　　　　　　　　图 18

总　结

733

图 19　　　　　　　　图 20

图 21　　　　　　　　图 22

图 23　　　　　　　　图 24

图 25　　　　　　　　　　　图 26

侧撑腿直接简捷攻击，多是以前脚动作。这种踢法作为强有力的攻击形式，也是常用的攻击技术。用于直接踢击，动作要准确、快速，并毫无预动地隐蔽出击，踢击后要及时做好防守动作。

7. 捯手配合直接简捷攻击

甲方与乙方对峙时（图27），甲方判断好距离，突以捯手方式改变前手冲拳路线直接突击乙方面门（图28、图29）。

捯手动作要直接并奏效，紧接的手法要简捷，攻击要准确、有力。

图 27　　　　　　　　　　　图 28

8. 前后手的配合实施直接攻击

甲方与乙方对峙移动中，甲方迅速用前手成捯手将乙方的攻击手变换方向，乘机发后手冲拳直接攻击乙方面门（图30～图32）。

图 29　　　　　　　　　　图 30

图 31　　　　　　　　　　图 32

改变对手攻击手奏效同时，即刻实施直接、简捷、有力的手法攻击。

9. 虚招配合直接简捷攻击

甲方与乙方对峙时（图33），甲方在乙方欲发动攻势时，迅速提前脚诱引乙方反应，紧接改变起脚的角度，突向上撑踢乙方上路（图34～图37）。

图 33　　　　　　　　图 34

图 35　　　　　　　　图 36

简捷直接攻击，有时可以适当用虚招以假动作巧妙引起对手反应，紧接对其实施有力的简捷直击。

10. 闪躲改变角度直接批肘攻击

甲方与乙方对峙时（图38），乙方向甲方靠近，同时迅速发前手拳击打甲方头部。甲方迅疾以步法变化闪进乙方中门避开其拳击，同时改变身势角度，突发右批肘顶击乙方左颈侧（图39、图40）。

图 37 　　　　　　　　　　　图 38

图 39 　　　　　　　　　　　图 40

闪躲的动作幅度也不必过大，能及时改变角度直接攻击即可。

11. 左右冲拳

甲方与乙方对峙时（所采取的戒备姿势可任取左或右式）（图41），甲方先用左冲拳虚晃击乙方面部，迫使乙方做出防守反应（图42）。乙方并没有做出太大反应，甲方突然上前，用左右手冲拳猛击乙方面部（图43、图44）。

虚晃击打动作要逼真，左右冲拳配合连击动作要迅速、有力。

12. 左勾撞拳 – 右冲拳

甲方与乙方对峙时（图45），甲方以左冲拳假击乙方面部，迫使乙方用右手推拍防守（图46）。甲方速将左冲拳改变弧线成勾撞拳击打乙方头部，随即以右冲拳直击乙方面部（图47、图48）。

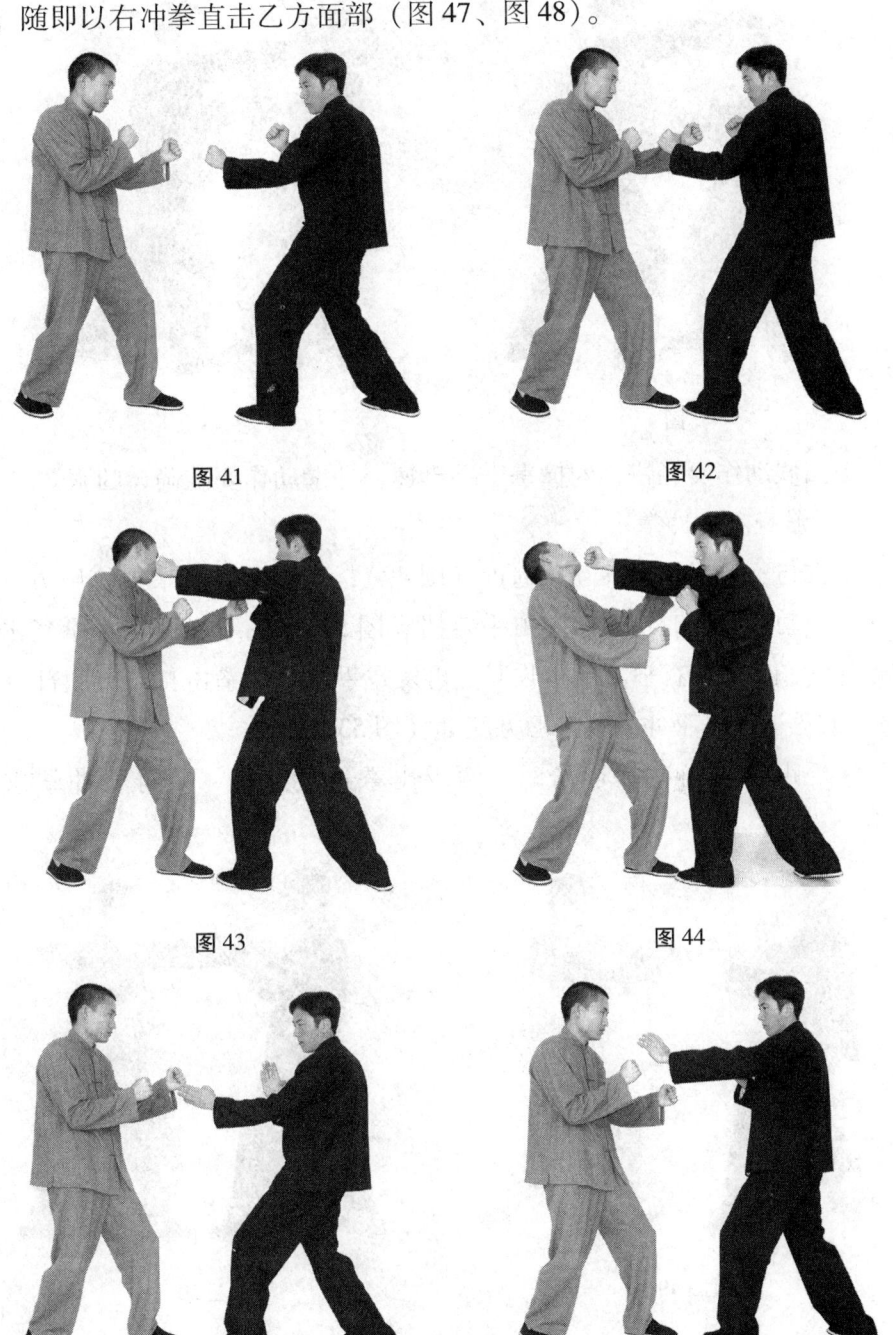

图41

图42

图43

图44

图45

图46

图 47

图 48

虚招假动作要轻快,勾撞拳击要迅速,冲拳动作要准确、凶狠。

13. 贴身左右冲拳

甲方与乙方对峙,并互相逼近(图49),乙方欲发右拳击打甲方。甲方在乙方动作的同时迅速用左摊手摊挡(图50),右手贴身发冲拳猛击乙方腹部(图51),右拳击出稍收回,再发左手贴身冲拳击打乙方腹部(图52),或再追加右手冲拳攻击乙方腹部(图53)。

在近距离中发冲拳连击时,两手出拳适度屈肘,贴身发冲拳重创对手。

图 49

图 50

图51　　　　　　　　图52

14. 贴身冲拳 – 抽撞拳 – 勾撞拳

　　甲方与乙方互相逼近，甲方先挥动前手引起乙方反应（图54），乙方发动攻势。甲方顺势上抬左手成摊手摊挡乙方攻击出的右拳臂（图55），随即用右手短冲拳猛击乙方腹部（图56），左手以短抽撞拳紧接右手拳重击乙方腹部（图57），乙方遭到攻击晃动身体，甲方攻势不停，右手成勾撞拳猛击乙方头部左侧（图58）。

图53　　　　　　　　图54

图 55

图 56

图 57

图 58

不同的拳法配合实施近距离短击,动作要准确、凶狠、有力,从可能的角度或位置实施重击。

15. 冲拳 – 铲手

甲方与乙方对峙时(图59),甲方上提前腿晃击乙方腹部,迫使乙方提腿防守(图60)。甲方迅速前腿落地,同时发左冲拳直击乙方面部(图61),随即用右掌猛力劈砍乙方头颈部(图62)。

腿晃击奏效,即可实施拳掌配合攻击,两手动作要配合协调。

16. 铲手 – 侧掌

甲方与乙方对峙时(图63),甲方用左直拳引诱乙方反应,在乙方用右手实施防护瞬间(图64),甲方迅速前踏右脚,用右掌劈砍乙方左颈侧

（图65），随即左手成掌撑击乙方左肋部（图66）。

图59　　　　　　　　　图60

图61　　　　　　　　　图62

图63　　　　　　　　　图64

总　结

图 65　　　　　　　　图 66

用拳法的假动作诱击，抓住时机实施掌法的不同角度和位置的连击。

17. 勾撞拳 – 及肘

甲方与乙方迂回对峙中（图 67），甲方在趋近乙方瞬间，突发右手勾撞拳摆击乙方头部，乙方被迫用后手欲防御（图 68）。甲方乘机向前踏步逼近乙方，用前脚抵住其前腿脚，左手成摊手摊挡乙方右拳臂，紧接突发右及肘猛击乙方头或颈部（图 69、图 70）。

拳法与肘法配合攻击，要根据与对手之间的距离变化，随时调整拳或肘击的弯曲度，发招出击要巧妙利用躯干力量增加攻击的威力。

图 67　　　　　　　　图 68

图69　　　　　　　　　　图70

18. 勾撞拳 – 砸肘

甲方在乙方靠近时，突发左手勾撞拳击打乙方头部（图71），乙方防护不及时，欲调整姿势（图72）。甲方向前踏步进马逼近乙方，同时上扬右肘砸击乙方肩胛、后背或头颈后部（图73、图74）。

把握好距离，以拳肘配合适时发招，勾撞拳借助拧身发力击打，砸肘则以身体下压之势直线插击。

19. 勾踢腿 – 斜撑腿

甲方与乙方交战中，甲方晃动右手吸引乙方的注意力，随即向左转体，起右脚勾踢乙方前伸的左脚跟（图75），乙方反应及时，提起左脚闪避（图76）。甲方右脚迅速落地，身体左转，带动左腿猛力向外摆撑踢乙方后背或头颈后部位（图77、图78）。

图71　　　　　　　　　　图72

图 73 　　　　　　　　　　图 74

图 75 　　　　　　　　　　图 76

图 77 　　　　　　　　　　图 78

踢法配合，在精纯掌握技术的基础上，可根据战况随时灵活搭配不同的踢法适应不同的战况。踢击以准确、迅速、有力为要。

20. 斜踩腿－侧撑腿

甲方与乙方互相逼近（图79），甲方突起右脚踏踩乙方前伸的左腿膝处（图80），乙方遭到踢击后撤。甲方随即前落右脚，身体右转，带动左腿迅速扫踢乙方中路腰肋部（图81、图82）。

图79　　　　　　　　　图80

图81　　　　　　　　　图82

踩踢要猛力，侧撑踢要及时、有力，两腿上下配合从不同的角度实施有力的踢击。

21. 跪肘－上顶膝

甲方与乙方互相逼近（图83），甲方抢先用冲拳击打乙方面部，乙方迅速用后手防护（图84）。甲方随即向前逼近乙方，收右拳，发左跪肘顶击乙方太阳穴或头颈部（图85），乙方遭到肘击防守失措。甲方顺势用双手臂搂抱住乙方头颈，同时起左膝向上或向前顶击乙方腹部（图86）。

图83　　　　　　　　　　　图84

图85　　　　　　　　　　　图86

决斗中，如果实施肘膝配合攻击，先前的拳击无论击中与否，都要逼近对手发动肘膝猛击，从上到下给对手出其不意的重挫。肘膝配合攻击，出击要果断、协调、快速。肘膝攻击，要巧妙配合腰马的瞬间拧转以促强力攻击，肘膝发力要凶狠。

22. 前顶膝－左右批肘

甲方与乙方交战，乙方发前手拳击打甲方上路。甲方迅速向右侧稍避闪乙方拳攻，同时用左手抢抓乙方左手腕（图87），随即右脚支撑，突起左膝向前顶撞乙方胸腹部（图88），乙方遭到膝击俯身。甲方落左脚，前踏右脚，左臂屈肘成左批肘摆击乙方头或颈部（图89），紧接再以右跪肘摆击乙方头部（图90）。

图87　　　　　　　　　　图88

图89　　　　　　　　　　图90

抢抓对手攻击手要及时，前顶膝要突然、准确、直接，左右肘击要凶狠。近距离膝肘配合上下攻击，常可以身体腰马配合肘膝短促发力，可为出招增加极强的摧毁力。

23. 上顶膝－批肘

甲方与乙方对峙时（图91），乙方挥动右拳攻击。甲方及时用左手拍挡（图92），紧接向前迅速由左上方向右下方搂住乙方后颈部并回拉，同时右腿屈膝猛向前上方撞击乙方腹部（图93），右脚攻击后向前下方落脚，同时右臂屈肘成批肘横摆击乙方面部或下颌（图94）。

图91

图92

图93

图94

拍挡同时逼近实施膝肘上下连击，在近距离中同样需要把握好时机、距离，为膝肘重挫做好连击准备。

24. 抹颈勾腿

甲方与乙方互相逼近（图95），乙方欲挥左拳击打甲方头部。甲方及时以身体稍向左转，用左手拍挡开乙方的攻击（图96），随即右手成掌，由左上方向右下方抹砍乙方左颈部，同时用右脚由右向左勾踢乙方左脚踝，将乙方上抹下勾摔跌倒地（图97、图98）。

图95　　　　　　　　　　　图96

图97　　　　　　　　　　　图98

抹颈配合勾腿，要视对手当时所处的位置及身体姿势、防护情况再及时决定手与脚的上下攻击，整个动作要毫无迹象，迅速、流畅地动作。

25. 抄腿绊摔

甲方与乙方对峙时（图99），甲方欲逼近乙方，乙方挥左拳击打甲方上路。甲方顺势用左置的前臂成高膀手予以消挡（图100），同时向前下落右手抄抱住乙方前伸的左腿并予以回拉，左腿同时向前插入乙方两腿之间（图101），然后猛力向右后方回拉，以左腿后侧绊击乙方支撑右腿，左手配合按压乙方髋部，将乙方绊击倒摔在地（图102）。

图99 图100

图101 图102

向前逼近抄腿要及时，绊腿要有力，手与腿上下协调一致，动作要沉着、冷静，同时注意对手反击，一旦得手后，要迅速、有力地展开攻击。

26. 擒臂踹膝

甲方与乙方迂回对峙中（图103），甲方晃动前手引诱乙方反应，乙方挥出前伸的左拳击打甲方头部。甲方迅速向右侧闪避，同时用左手抢抓住乙方左腕（图104），右手顺势按压乙方左肘，配合左手回拉拧转，将乙方擒住（图105），同时右腿向乙方左膝侧撑踹击，将乙方踹倒擒锁住（图106）。

图 103　　　　　　　　图 104

图 105　　　　　　　　图 106

抓对手腕臂要及时、牢固，两手配合拿制上肢要迅速，撑蹬对手膝部要突然、准确，手脚动作配合要视对手的动作而动作，对攻击的时机把握要恰到好处。

27. 抱腿顶摔

甲方与乙方互相逼近（图 107），甲方晃动前手吸引乙方注意力，乙方突起右脚扫踢甲方上路。甲方迅速下潜闪避（图 108），同时迅速向前用双手抢抱住乙方支撑左腿（图 109），同时用肩猛力向前顶靠乙方，将乙方顶摔倒地（图 110）。

图 107 　　　　　　　　　图 108

图 109 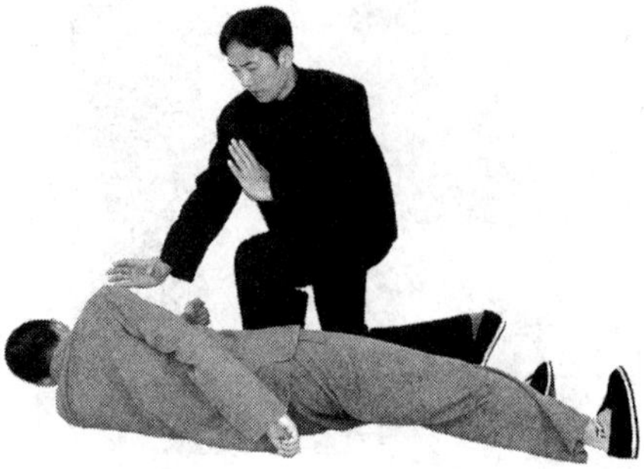　　　　　　　　　图 110

抱腿顶摔，手与肩顶配合要协调、有力，擒摔时，要对时机、角度把握好，一旦对手出现空当，要及时给予迅速的猛击。

图书在版编目（CIP）数据

咏春搏击功夫教程／舒建臣著．——太原：山西科学技术出版社，2017.4
ISBN 978-7-5377-5453-8

Ⅰ．①咏… Ⅱ．①舒… Ⅲ．①南拳－教材 Ⅳ．①G852.13

中国版本图书馆 CIP 数据核字（2016）第 307580 号

咏春搏击功夫教程

出　版　人：赵建伟
著　　　者：舒建臣
责 任 编 辑：徐俊杰
责 任 发 行：阎文凯
封 面 设 计：吕雁军

出 版 发 行　山西出版传媒集团・山西科学技术出版社
　　　　　　地址：太原市建设南路21号　邮编：030012
编辑部电话　0351-4956118
发 行 电 话　0351-4922121
经　　　销　各地新华书店
印　　　刷　山西新华印业有限公司
网　　　址　www.sxkxjscbs.com
微　　　信　sxkjcbs

开　　本：720mm×1010mm　1/16　印张：48
字　　数：711千字
版　　次：2017年4月第1版　2017年4月太原第1次印刷
书　　号：ISBN 978-7-5377-5453-8
定　　价：78.00元

本社常年法律顾问：王葆柯
如发现印、装质量问题，影响阅读，请与印刷厂联系调换。